Jürgen Dittmann / Claudia Schmidt (Hg.)

Über Wörter
Grundkurs Linguistik

ROMBACH GRUNDKURS

Band 5

Jürgen Dittmann / Claudia Schmidt (Hg.)

Über Wörter

Grundkurs Linguistik

ROMBACH VERLAG

Umschlagbild: Marcel Broodthaers: Un Coup de Dés, 1969
(© VG Bild-Kunst, Bonn 2002)

Die Deutsche Bibliothek – CIP-Einheitsaufnahme

Über Wörter – Grundkurs Linguistik
Jürgen Dittmann/Claudia Schmidt (Hg.) – 1. Aufl. –
Freiburg im Breisgau : Rombach, 2002
(Rombach Grundkurs ; Bd. 5)
ISBN 3-7930-9316-6

© 2002. Rombach Druck- und Verlagshaus GmbH & Co. KG,
Freiburg im Breisgau
1. Auflage. Alle Rechte vorbehalten
Lektorin: Dr. Edelgard Spaude
Umschlaggestaltung: Barbara Müller-Wiesinger & Ulrike Höllwarth
Satz: blue caro marketing+werbung, Freiburg im Breisgau
Herstellung: Rombach Druck- und Verlagshaus GmbH & Co. KG,
Freiburg im Breisgau
Printed in Germany
ISBN 3-7930-9316-6

Inhalt

Vorwort

Alle Beiträge dieses Bandes haben das Wort zum Gegenstand. Von der Einheit ›Wort‹ ausgehend, werden verschiedene Bereiche der Linguistik mit ihren spezifischen Fragestellungen und theoretischen Grundannahmen vorgestellt: Semiotik, Semantik, Wortbildungslehre, Morphologie, Phonologie, Dialektologie, Namenkunde, Orthografie, Sprachkritik, Fachsprachenforschung, Soziolinguistik, Gesprächsforschung, Psycholinguistik, Erstspracherwerb, Zweitsprachenerwerb und Neurolinguistik. Auf sachliche Bezüge zwischen den Bereichen wird in den einzelnen Artikeln hingewiesen.

Die Teildisziplin Syntax, die die Einheit Satz behandelt, haben wir ausgeklammert. Die Bildung von Sätzen unterliegt Regeln eigenen Typs, die sich nicht einfach als Wortfolgeregeln beschreiben lassen. Als einführende Darstellung moderner Syntaxtheorien empfehlen wir die entsprechenden Kapitel in Patrick Brandt, Daniel Dettmer, Rolf-Albert Dietrich und Georg Schön: *Sprachwissenschaft. Ein roter Faden für das Studium*. Köln, Weimar, Wien: Böhlau 1999 (= Böhlau-Studienbücher: Grundlagen des Studiums).

Unser Band ist konzipiert als Begleitbuch für Einführungsveranstaltungen; einzelne Beiträge können aber auch als Grundlagentexte für weiterführende Pro- und Hauptseminare sowie zur Prüfungsvorbereitung eingesetzt werden. Weiterführende Literatur ist in den Literaturverzeichnissen der einzelnen Artikel mit dem Asterisk (*) gekennzeichnet.

Wir danken dem Reihenherausgeber, Prof. Dr. Günter Schnitzler, für die Anregung zu diesem Band, und Dr. Edelgard Spaude vom Rombach-Verlag für die praktische Unterstützung.

Jürgen Dittmann und Claudia Schmidt

Winfried Nöth

Wörter als Zeichen. Einige semiotische Aspekte der Sprache

1. Einleitung: Linguistik und Semiotik

Wörter sind sprachliche Zeichen. Als Wissenschaft von den sprachlichen Zeichen basiert die Linguistik somit auf der Wissenschaft von den Zeichen allgemein. Diese allgemeine Zeichenwissenschaft heißt auch *Semiotik*.

Das Wort *Semiotik* kommt aus dem Griechischen, wo die Wörter *séma* und *sémeion* ›Zeichen‹ bedeuten, und *sémeiotiké* die Lehre von den Zeichen ist. Über die Natur der Zeichen allgemein und über die sprachlichen Zeichen im Besonderen haben bereits Platon und Aristoteles nachgedacht, und es gibt eine Geschichte der Semiotik, die von der Antike über die mittelalterliche Scholastik bis in unsere Zeit reicht. Heute ist die Semiotik, besonders soweit sie für die Linguistik relevant ist, vor allem von den Theorien zweier Forscher geprägt, die ihre Zeichenmodelle an der Schwelle zum 20. Jh. entwickelt haben. Der eine ist der Genfer Sprachwissenschaftler Ferdinand de

Saussure (1857–1913) und der andere ist der amerikanische Philosoph und Universalgelehrte Charles Sanders Peirce (1839–1914) (dessen Name sich wie engl. ›purse‹ und nicht wie ›pierce‹ ausspricht). Saussure hat vor allem in seinem *Cours de linguistique générale* (1916; dt. 1931: *Grundfragen der allg. Sprachwissenschaft*) Gedanken über das Wesen des Sprachzeichens und über die Sprache als System entwickelt. Peirce' Arbeiten zur Allgemeinen Zeichentheorie sind hauptsächlich in seinen *Collected Papers* zusammengefasst, die erst 1931–1958 herausgegeben wurden.

Die Semiotik versteht sich heute als eine allgemeine Wissenschaft von den Zeichen in Natur und Kultur. Sie ist somit umfassender als die Sprachwissenschaft. Das Gesamtgebiet der Semiotik schließt die Linguistik als eines ihrer Teilgebiete mit ein. Außer mit der Sprache befasst sich die Semiotik noch mit vielen anderen Zeichensystemen und -prozessen. So untersucht sie etwa biologische Prozesse der Zeichenverarbeitung im Immunsystem oder beim genetischen Kode, den Zeichengebrauch bei Tieren, die nonverbale Kommunikation der Menschen (durch Gestik oder Mimik), die verschiedenen Alternativen zur gesprochenen Sprache (Schrift, Gebärdensprache und die sog. Sprachsubstitute), visuelle Zeichensysteme im Alltagsleben (Verkehrszeichen, Beschilderungen in öffentlichen Räumen), mathematische und logische Symbolsysteme und schließlich die Wahrnehmung und Wirkung von Bildern und Musik.

Als transdisziplinäre, die Einzeldisziplinen überschreitende und zugleich verbindende Wissenschaft hat die Semiotik viele besondere Berührungspunkte mit den Sprach-, Literatur-, Medien- und Kulturwissenschaften. Neben der Semiotik der Sprache gibt es die Text-, Literatur-, Medien- und Kultursemiotik als besondere Forschungsfelder der Angewandten Semiotik. Spezielle Teilgebiete dieser Angewandten Semiotik sind etwa die Semiotik der Mythen, Erzählungen und Ideologien, die Semiotik der Musik, der Malerei, der Fotografie und der Architektur, die Semiotik des Films, des Fernsehens, der Comics oder der Werbung und schließlich die Semiotik der Gegenstände, Sitten und Gebräuche des Alltags und der Feste in den verschiedenen Kulturen. Einen Überblick über das Gesamtgebiet der Semiotik einschließlich der Semiotik der Sprache vermittelt das *Handbuch der Semiotik* (Nöth 2000).

2. Wörter und andere Zeichen: Bestimmungsmerkmale der Sprache

Die Besonderheiten der sprachlichen Zeichen werden deutlich, wenn man diese mit verschiedenen nichtsprachlichen Zeichen vergleicht. Durch einen solchen Vergleich hat der Linguist Charles Hockett (1958, 574–584; 1977, 124–162) sechzehn Bestimmungsmerkmale der Sprache herausgearbeitet. Die Bezugspunkte sind die gesprochene (und nicht die geschriebene) Sprache einerseits und einige Zeichensysteme verschiedener Tierarten (u. a. Bienen, Vögel, Schimpansen) andererseits. Durch einen solchen Vergleich lässt sich auch der evolutionsgeschichtliche Fortschritt aufzeigen, welchen die Menschheit mit ihrer »Erfindung« der Sprache gegenüber dem Zeichengebrauch von Tieren erreicht hat. Im Einzelnen handelt es sich um folgende Merkmale (vgl. Nöth 2000, 268–72, 331–34):

2.1 Merkmale des Kanals

Hier geht es um den Übertragungsweg der Zeichen: Gesprochene Wörter sind

(1) *vokal-auditive* Zeichen, d. h. sie werden mit der Stimme akustisch produziert und mit dem Gehör (auditiv) empfangen. Es erfolgt

(2) *Rundumvermittlung und gerichteter Empfang*, d. h., Sprachzeichen werden vom Sprecher in alle Richtungen ausgesandt, während die Empfängerin die Schallquelle lokalisieren kann. Beides bietet insbesondere den Vorteil der Verständigung im Dunkeln und über Sichthindernisse (sei es im Urwald oder im Straßenverkehr) hinweg. Akustische Sprachzeichen bieten ferner den ökologischen Vorteil des

(3) *schnellen Verklingens*, d. h., sie hinterlassen keine materiellen Spuren und machen sofort den Weg frei für nachfolgende Zeichen. Bis zur Erfindung des Fernsehens waren alle visuellen Zeichen noch ohne diesen Vorteil. Sie waren an Zeichenträger gebunden, welche Material und Platz in Anspruch nahmen. Wie nachteilig eine derartige Sprache sein kann, zeigte Jonathan Swift in seiner Satire von der Akademie von Lagado (*Gulliver's Travels V.3*). Dort hatten die Akademiker eine Sprache erfunden, in der statt mit Wörtern mit Gegenständen kommuniziert wurde. Statt ein Lexikon (»im Kopf«) benutzen zu können, mussten die Menschen die Zeichen, mittels derer sie sich verständigen wollten, in einem Sack mit sich herumschleppen.

2.2 Merkmale der Kommunikationssituation

Sprechen ist eine Handlung, welche durch die
(4) *Austauschbarkeit* der Zeichen gekennzeichnet ist. Sprecher können unmittelbar zu Hörern und Hörer zu Sprechern werden. Es gibt dabei eine
(5) *völlige Rückkoppelung*, d. h., eine Sprecherin kann sich selbst hören und ggf. das Gehörte sofort korrigieren. Kennzeichnend für das Sprechen ist ferner die
(6) *Spezialisierung*. Die Produktion von Wörtern dient keinem anderen Zweck als dem der Kommunikation. Die Handlung verlangt wenig physische Anstrengung und erlaubt die gleichzeitige Ausübung anderer Tätigkeiten, z. B. körperliches Arbeiten.

2.3 Merkmale der Bedeutungs- und Bezeichnungsfähigkeit

Welche Art von Bedeutung können die Zeichen haben, und was können sie bezeichnen? Die folgenden fünf Bestimmungsmerkmale der Sprache nach Hockett geben Antwort auf diese grundsätzlichen Fragen:
(7) Das Merkmal der *Semantizität* besagt zunächst nur allgemein, dass Sprachzeichen Gegenstände oder Situationen im Umfeld der Zeichenbenutzer einzeln oder auch als Klasse bezeichnen können. Für die Beziehung der Wörter zu den bezeichneten Dingen gilt dabei typischerweise das Merkmal der
(8) *Arbitrarität*, d. h., Wort und bezeichnete Sache sind sich in keiner Weise ähnlich. Das Zeichen ist in keiner Weise von der Sache abgeleitet (s. u. 3.1 (2)). Die Zeichen erlauben ferner, die
(9) *Entfernungsüberbrückung*, denn sie können auf zeitlich und räumlich entfernte Gegenstände und Sachverhalte verweisen. Sprache bietet ferner die Möglichkeit der
(10) *Lüge*: Wir können Dinge sagen, die falsch oder auch bedeutungslos sind. Lügen ist allerdings nicht mit Einzelwörtern, sondern nur mit ganzen Aussagesätzen möglich, denn ein einzelnes Wort allein kann weder falsch noch wahr sein. In der Sprache gibt es ferner die Möglichkeit der
(11) *Reflexivität*: mit Wörtern können wir über Wörter sprechen und reflektieren. Sprache, die sich auf diese Weise auf Sprache bezieht, heißt auch Metasprache. Die Sprache der Linguisten ist typischerweise reflexiv bzw. metasprachlich, denn sie dient ja dazu, Sprache zu beschreiben.

2.4 Bestimmungsmerkmale hinsichtlich des Kodes

Die Sprachzeichen bilden ein System, das System der Sprache. Zeichensysteme werden in der Semiotik oft auch als Kodes bezeichnet. Allgemein besteht ein Kode aus einem Zeichenvorrat und den Regeln für die Kombination der Zeichen. In der Sprache bildet der Wortschatz den Zeichenvorrat, und die Syntax liefert die Regeln für die möglichen Zeichenkombinationen. Welche besonderen Kennzeichen weisen nun die Sprachzeichen hinsichtlich des Sprachkodes auf? Hockett nennt die folgenden drei:

(12) *Diskretheit*: Das Zeichenrepertoire besteht aus mehr oder weniger deutlich voneinander abgrenzbaren und sich irgendwann wiederholenden Einzelzeichen. Die Einzelzeichen sind also diskret, nicht kontinuierlich. In der Regel besteht auch kein Zweifel daran, ob etwas ein Sprachzeichen ist oder nicht, denn es gibt keinen graduellen Übergang zwischen Zeichen und solchen Phänomenen, die nicht Zeichen sind. Wörter sind im allgemeinen deutlich von Nichtwörtern zu unterscheiden.

(13) *Produktivität*, *Kreativität* oder *Offenheit*: Durch die Kombination von Sprachzeichen kann leicht Neues und dennoch Verständliches erdacht und bezeichnet werden. Während die Zahl der Wörter einer Sprache zwar groß, aber doch begrenzt ist, ist die Zahl der möglichen Aussagen in Form von Sätzen oder gar Texten unbegrenzt.

(14) *Doppelte Gliederung*: Die Struktur des Sprachsystems ist doppelt gegliedert, denn es gibt zwei ganz unterschiedlich geartete Elemente, welche zwei verschiedene Gliederungsebenen der Sprache ausmachen. Die erste ist diejenige der Wörter bzw. der sog. **Morpheme** (vgl. den Beitrag von Norbert Richard Wolf in diesem Band, Abschnitt 1). Auf dieser Ebene haben die Elemente Bedeutung. Das Wort *Junge* beispielsweise bedeutet ›männliches Kind‹. Auf der Ebene der zweiten Gliederung bedeuten die Elemente des Sprachkodes nichts, sie dienen lediglich dazu, den Unterschied zwischen den Sprachzeichen zu markieren. Dies ist die Ebene der sprachlichen Minimaleinheiten, der **Phoneme** (vgl. den Beitrag von Helmut Spiekermann in diesem Band, Abschnitt 3). Das Wort *Junge* beginnt mit dem Phonem /j/. Es bedeutet nichts, aber es hat die Funktion, das Wort *Junge* von dem Wort *Lunge* zu unterscheiden, welches mit dem Phonem /l/ beginnt.

2.5 Bestimmungsmerkmale hinsichtlich der Lernbarkeit von Sprache(n)

Im Gegensatz zum instinktiven und von Geburt an vorhandenen Zeichenverhalten muss Sprache durch Lernen erworben werden. Hockett formuliert hierzu zwei Bestimmungsmerkmale:

(15) *Tradierung*: Sprache wird nicht genetisch sondern durch Lehren und Lernen, nicht durch Natur, sondern durch Kultur von Generation zu Generation weitergegeben.

(16) *Lernbarkeit*: Wer eine Sprache spricht, kann auch eine andere lernen.

2.6 Exemplarische Analyse: »Sprache« der Vögel?

Betrachten wir im Folgenden den Zeichengebrauch von Vögeln im Vergleich zur menschlichen Sprache, um durch diesen Vergleich einige der Merkmale zu bestimmen, die für die menschliche Sprache gelten (Nöth 2000, 262–272). Vögel kommunizieren zwar nicht vokal (sie haben keine Stimme, sondern eine andere Art von Schallproduktion), aber doch akustisch und auditiv. Sie haben mit den Menschen also im Wesentlichen den *Kommunikationskanal* gemeinsam. Es gelten auch die Merkmale der *Rundumvermittlung*, des *schnellen Verklingens*, der *völligen Rückkoppelung*, der *Spezialisierung* (Vogelrufe dienen ausschließlich zur Kommunikation) und in gleichem Maße wie bei der Lautsprache, aber weniger als bei der Schrift, der *Entfernungsüberbrückung*.

Die Lautproduktion der Vögel wird in Rufe und Gesänge eingeteilt. *Vogelrufe* bestehen aus kurzen Lauten, die zur Übermittlung von Informationen über Objekte in der unmittelbaren Umgebung der Tiere dienen, z. B. über Nahrung, Gefahren oder Nistplätze. Dies bedeutet: es gibt auch das Merkmal der *Semantizität*. Einige Vogelarten haben sogar unterschiedliche Rufe für Feinde in der Luft und auf dem Boden. Die Zahl der Rufeinheiten einzelner Vogelarten liegt etwa bei zwanzig. Die Möglichkeit der *Lüge* im engeren Sinn besteht dabei nicht, denn sprachliche Lüge ist nur in Form von Sätzen (Propositionen) möglich. Im weiteren Sinne kommt Lüge im Sinne von Täuschung aber sehr wohl bei Tieren vor. – Außer zur Information dienen die Rufe auch zum Ausdruck von Emotionen (Alarmiertheit, Erregung) und des Appells an die Artgenossen (Warnung, Rufen). Insofern diese akustischen Zeichen dem Bezeichneten nicht ähnlich sind, wei-

sen sie das Merkmal der *Arbitrarität* auf. Die Rufe sind den Vogelarten aber weitgehend angeboren und damit nicht arbiträr (weil ohne Alternative). Hinsichtlich der *Austauschbarkeit* der Rufe und Gesänge gibt es geschlechtsspezifische Einschränkungen, denn manche dieser Zeichen (Lockrufe und Gesänge) werden nur von den männlichen Artgenossen produziert. *Vogelgesänge* bestehen aus komplexen Lautmustern, die sich in sog. Silben, Phrasen, Verse und Strophen gliedern. Hier zeigt sich deutlich das Merkmal der *Diskretheit*. Den diskreten Elemente der Lautproduktion entsprechen allerdings keine bestimmten Bedeutungen. Im Gegensatz zu den Rufen müssen die Gesänge von den Vögeln weitgehend gelernt werden. Isoliert man einen Vogel von den Artgenossen, so lernt er nach einer bestimmten Altersschwelle die Gesänge seiner Art nicht mehr. *Lernbarkeit* und *Tradierung* sind also nicht nur Merkmale der menschlichen Sprache. Dabei gibt es sogar noch zwei besondere Parallelen mit dem menschlichen Spracherwerb: Die eine ist die kritische Altersgrenze, denn wie man von isoliert von Mitmenschen aufgewachsenen Kindern, den sog. Wolfskindern, weiß, ist auch beim Menschen nach der Pubertät Spracherwerb kaum noch möglich. Die andere Parallele ist das Vorhandensein von regionalen »Dialekten«, durch die sich Vogelgesänge einer Art unterscheiden können. Insoweit sich Vogelgesänge dialektal unterscheiden, sind sie *arbiträr*.
Außer der Fähigkeit zur *Lüge* fehlt es dem Kommunikationssystem der Vögel vor allem an folgenden Merkmalen der menschlichen Sprache: *Produktivität*, *Reflexivität* und *doppelte Gliederung*. Die Produktivität fehlt zwar nicht völlig, denn es können ja verschiedene Feinde oder Futterquellen angezeigt werden, aber sie ist natürlich durch das geringe Zeicheninventar eingeschränkt. Allen Tierarten fehlt es völlig an der Reflexivität der Zeichen, denn Tiere reflektieren nicht über ihre eigenen Zeichen und Kommunikation. Nirgendwo im Tierreich gibt es auch das Merkmal der *doppelten Gliederung* und die damit verbundene *Syntax* der Zeichen.

3. Wörter als Zeichen: Modelle des Sprachzeichens

Betrachten wir nach den Besonderheiten, welche die Wörter von den anderen Zeichen unterscheiden, nun die noch allgemeinere Frage nach der Natur des sprachlichen Zeichens als solchem. Was ist ein Sprachzeichen, welches sind seine materiellen und mentalen Konstituenten, und worauf bezieht es sich? Auf diese Grundfragen versuchen die Modelle des sprachlichen Zeichens eine Antwort zu geben, welche in der Semiotik der Sprache entwickelt worden sind. Es gibt sehr verschiedene Zeichenmodelle. Hier müssen wir uns auf zwei Modelle beschränken, die für verschiedene Richtungen und Tendenzen der Semiotik des 20. Jh.s von maßgebendem Einfluss gewesen sind, das Modell Saussures und das Modell von C. S. Peirce (Nöth 2000, 74, 63). Beide Modelle unterscheiden zwischen der Lautung und der Bedeutung der Wörter als zwei Konstituenten des Sprachzeichens. Für Saussure gibt es nur diese beiden Seiten des Sprachzeichens. Er vertritt somit ein zweiseitiges (dyadisches) Modell des Sprachzeichens. Peirce erweitert dieses Modell zu einem triadischen Modell, indem er den Aspekt der Bezugnahme der Zeichen auf die Welt der Gegenstände und Sachverhalte berücksichtigt, auf welche sich die Zeichen beziehen.

3.1 Saussures dyadisches Modell des Sprachzeichens

Die Saussuresche Theorie des Sprachzeichens basiert auf den folgenden Hauptgedanken: (1) Bilateralität, (2) Arbitrarität, (3) mentale Struktur, (4) Ausschluss des Referenzobjektes, (5) Differenzcharakter der Zeichen und (6) Dependenz der Ideen von den Zeichen.

(1) *Bilateralität: Signifikant und Signifikat.* Saussure entwickelt sein Modell des zweiseitigen Sprachzeichens am Beispiel des Wortes *Baum*. Die eine Seite dieses Sprachzeichens ist seine Lautung, also die artikulierbare und hörbare Folge der Konsonanten und Vokale /baum/. Saussure nennt diese Seite des Sprachzeichens den *Signifikanten*. Die andere Seite des Sprachzeichens ist seine Bedeutung, womit Saussure die mit dem Wort verbundenen Vorstellungen und Ideen meint. Diese Seite des Sprachzeichens heißt das *Signifikat*. Das Signifikat des Wortes *Baum* wäre z. B. das, was man in einem Wörterbuch als Definition findet, etwa: ›große Pflanze mit Blättern, Zweigen und hölzernem Stamm‹. *Beide* Seiten des Sprachzeichens sind in der Vorstellung der Sprecher so untrennbar miteinander verbunden wie die

Vorder- und die Rückseite eines Blattes Papier: »Der Gedanke ist die Vorder-
und der Laut die Rückseite. Man kann die Vorderseite nicht zerschneiden,
ohne zugleich die Rückseite zu zerschneiden«, sagt Saussure (1916, 157)
und meint damit letztlich: Ohne Sprache ist Denken nicht möglich.

(2) *Arbitrarität*: Die Beziehung zwischen dem Signifikanten und dem Signifikat
ist arbiträr, d. h. willkürlich, insofern es keine natürlichen Beziehungen
zwischen beiden gibt. Das Wort *Baum* besteht aus einer Silbe mit einem
Diphthong und zwei Konsonanten, die Idee ›Baum‹ hat aber keinerlei Ähnlichkeit mit diesen Lauten. Den Beweis für die Arbitrarität der Wörter liefert auch der Sprachvergleich: Es gibt keine Notwendigkeit für die Wahl
des Sprachzeichens *Baum*, denn *tree*, *arbre* oder *árbol* können die gleiche
Bedeutung zum Ausdruck bringen.

(3) *Mentale Struktur*: Sowohl der Signifikant als auch das Signifikat sind nach
diesem Modell als mentale Größen konzipiert. Bei der Lautseite des Wortes handelt es sich nicht etwa um ein konkretes Schallereignis, sondern um
ein mentales »Lautbild«, nicht um etwas »Physikalisches, sondern vielmehr
um den psychischen Eindruck dieses Lautes, die Repräsentation, die uns
das Zeugnis unserer Sinne von diesem Laut gibt« (ibid., 98). Es geht Saussure allerdings nicht um ein mentales Modell der Wörter, wie sie sich im
Geist der einzelnen Sprecher darstellen. Saussure will Sprache nämlich nicht
psychologisch interpretieren, sondern sie als eine »soziale Tatsache« begreifen. Die zwei Seiten des Sprachzeichens sind für ihn mithin nicht individuelle, sondern »kollektive« Lautbilder und Vorstellungen. Die Sprache als
System und als soziale Tatsache bezeichnet man auch in der heutigen Linguistik noch mit dem von Saussure hierfür eingeführten Begriff der *langue*.
Im Gegensatz zur Sprache als *langue* steht die Sprache, wie sie im aktuellen
Sprechen vorkommt. Saussure nannte sie *parole*, und auch diesen französischen Begriff hat die moderne Linguistik von Saussure übernommen.
Manchmal wird er als »Rede« übersetzt.

(4) *Ausschluss des Referenzobjektes*: Die Bedeutungs- oder auch Inhaltsseite des
Sprachzeichens definiert Saussure ausdrücklich unter Ausschluss der Dinge und Sachverhalte, auf die sich die Sprecher mit Wörtern beziehen: »Das
sprachliche Zeichen verbindet nicht eine Sache und einen Namen, sondern
eine Vorstellung und ein Lautbild« (ibid., 98). Die Dinge der Welt, so dieses Argument, haben nichts mit den Zeichen zu tun. Sie sind keine
semiotischen Tatsachen. Die Bedeutungen der Wörter können nicht durch
einen Verweis auf die außersprachliche Welt, sondern nur durch den Bezug auf andere Wörter geklärt werden. (In der Tat definiert ja auch jedes
Lexikon Wörter auf nur diese Weise, nämlich durch Definitionen, die ih-

rerseits aus Wörtern bestehen.) Diese Gedanken führen zu einer Grund-
these des linguistischen Strukturalismus, der These von dem
(5) *Differenzcharakter der Zeichen*: Zeichen und Bedeutungen gewinnen ihren
Wert nur aus ihrer Differenz zu anderen Zeichen. Für sich allein hat ein
Zeichen keine eigene semiotische »Substanz«. Das Wort ist nur ein Element
in einem Beziehungsgeflecht von Strukturen. Die Bedeutung eines Sprachzeichens ist sein struktureller Wert im System der Zeichen. Diese These
von der Bedeutung als einem differentiellem Wert veranschaulicht ein Vergleich des deutschen Wortes *Schwein* mit dem englischen Wort *pig*. Obwohl
beide Wörter allgemein auf die gleiche Klasse von Haustieren verweisen,
ist ihr struktureller Wert im System der beiden Sprachen doch unterschiedlich. Wenn es sich nämlich um Fleisch vom Schwein handelt, heißt es im
Englischen nicht *pig*, sondern *pork*, und auch hinsichtlich ihrer Nebenbedeutungen unterscheiden sich beide Wörter: so bedeutet nämlich *pig* im
Gegensatz zum deutschen Wort *Schwein* im englischen Slang ›Polizist‹, und
auch für die Bezeichnung *male chauvinist pig* (dt. etwa ›Macho‹) gibt es im
Bedeutungsspektrum des deutschen Wortes *Schwein* keine Entsprechung.
(6) *Dependenz der Ideen von den Zeichen*: Wenn sich Zeichen letztlich immer
nur auf Zeichen beziehen können und ihre Bedeutung nur durch ihre Differenz zu anderen Zeichen entstehen kann, so bedeutet dies letztlich eine
völlige Selbstbezüglichkeit der Zeichen. Saussure radikalisiert diese These
noch weiter dadurch, dass er nicht nur die Unabhängigkeit der Sprachzeichen von den Dingen und Sachverhalten der Welt postuliert, sondern
gewissermaßen auch deren Unabhängigkeit von der Welt der Ideen oder
umgekehrt die Dependenz der Ideen von den Zeichen. »Fertige Ideen, welche schon vor den Worten vorhanden sein könnten«, kann es nach Saussure (1916, 97) nicht geben. Unter Denken ohne sprachliche Form, unter
Ideen ohne deren Verkörperung durch Sprachzeichen darf man sich nämlich allenfalls eine »amorphe und unbestimmte Masse« vorstellen, denn
»das Denken, für sich allein genommen, ist wie ein Nebelstern, in welchem
nichts notwendigerweise begrenzt ist. Es gibt keine von vornherein festste-
henden Ideen, und nichts ist bestimmt, ehe die Sprache in Erscheinung
tritt« (ibid., 155).
Noch heute können viele Einsichten Saussures in die Strukturen des Sprachsystems als grundlegend für die Linguistik gelten. Die Radikalisierungen,
die mit der These von der Selbstbezüglichkeit der Sprache verbunden sind,
stehen jedoch im Widerspruch zu Erkenntnissen, welche die neuere Linguistik in die evolutionsgeschichtlichen und kognitiven Determinanten der
Sprache sowie in die Ikonizität und die Indexikalität (s. u.) der Sprach-

zeichen gewonnen hat. Das evolutionsgeschichtliche Gegenargument lautet: Wenn sich Sprachzeichen schon immer nur auf Zeichen bezogen haben, wie kann es da eine Evolution der Sprachzeichen aus noch nicht sprachlichen Zeichen gegeben haben? Der Kognitiven Linguistik hält Saussure entgegen, dass die Arbitrarität der Sprachzeichen durch jene Sprachstrukturen begrenzt ist, die allen Sprachen gemeinsam sind, weil sie Modalitäten der menschlichen Wahrnehmung der Welt, z. B. von Raum oder Farben, reflektieren. Es ist z. B. nicht arbiträr, sondern durch die Bedingungen der menschlichen Physiologie und Kognition bedingt, dass es im Wortschatz der meisten Sprachen Wörter für *rot* und *grün* gibt, aber oft keine Wörter für *rosa* und *lila*. In der natürlichen Umwelt der Menschen sind eben die Farben *rot* und *grün* häufiger anzutreffen als die Farben *rosa* und *lila*. Ebenso entsprechen die sprachlichen Koordinaten, welche uns Raumwörter wie *oben-unten, hoch-tief* oder *rechts-links* bieten, natürlichen Bedingungen der menschlichen Orientierung im Raum auf dieser Erde. Die Gesetze der Schwerkraft und die natürliche Körperorientierung lassen für unsere Erfahrung diese Dimensionen wichtiger erscheinen.

3.2 Peirce' triadisches Modell des Sprachzeichens

Das Zeichenmodell von Peirce ist zwar nicht auf Sprachzeichen beschränkt, aber es gilt natürlich auch für diese. Betrachten wir also zunächst die Definition des Zeichens und seiner drei Korrelate nach Peirce, und fragen wir dann nach der Relevanz dieser Elemente der Allgemeinen Semiotik für die Linguistik.

(1) *Zeichendefinition*: Sehr vereinfachend, charakterisiert Peirce ein Zeichen als eine »dreifache Verbindung zwischen dem *Zeichen* [etwa einem gesprochenen oder geschriebenen Wort], der *bezeichneten Sache* und der *im Geist produzierten Kognition*« (CP 1.372). Ausführlicher und genauer heißt es an anderer Stelle: »Ein Zeichen oder *Repräsentamen* ist etwas, das für jemanden in gewisser Hinsicht oder Fähigkeit für etwas steht. Es wendet sich an jemanden, d. h., erzeugt im Geist dieser Person ein äquivalentes Zeichen oder vielleicht ein noch weiter entwickeltes Zeichen. Das Zeichen, welches es erzeugt, nenne ich den *Interpretanten* des ersten Zeichens. Das Zeichen steht für etwas, sein *Objekt*. Es steht für dieses Objekt nicht in jeder Hinsicht, sondern im Hinblick auf eine Art Idee« (CP 2.308). – Beziehen wir diese Definition auf das Sprachzeichen *Baum*: Das Repräsentamen ist die gesprochene oder geschriebene Form dieses Wortes. Das Objekt, für das es

nicht in jeder Hinsicht stehen kann, ist (zunächst vereinfacht) der Baum
oder die Klasse der Bäume, auf welche sich dieses Zeichen bezieht. Mit
dem Interpretanten ist die Bedeutung des Wortes gemeint. – Als Beispiele
für sprachliche Zeichen nennt Peirce nicht nur Wörter, sondern auch Be-
fehle, Sätze, Bücher oder gar Büchereien. Dabei gilt, dass »nichts Zeichen
ist, was nicht als Zeichen interpretiert wird« (CP 2.308).

(2) *Zeichen und Repräsentamen:* Zwischen dem Zeichen als der Triade, die
auch das Objekt und den Interpretanten umfasst, und dem Zeichenträger
oder Repräsentamen wird nicht immer genau terminologisch unterschieden. Genauer ist das Repräsentamen nur »das erste Korrelat der triadischen
Zeichenrelation« (CP 2.242). Peirce spricht auch von dem »wahrnehmba-
ren Gegenstand«, der als Zeichen fungiert (CP 2.230), von einem »Vehikel,
welches dem Geist etwas von außen übermittelt« oder auch vom Zeichen
selbst in seiner eigenen materiellen Natur« (CP 1.339, 8.333–34). Das
Repräsentamen eines Wortes ist dessen akustisch oder visuell wahrgenom-
mene Laut- bzw. Schriftform, etwa die Lautfolge /baum/ oder die Buchsta-
benfolge *Baum.*

(3) *Objekt des Zeichens:* Das Objekt des Zeichens ist das, was das Zeichen
»repräsentiert« (CP 2.230). Dabei kann es sich um einen konkreten Gegenstand, einen Sachverhalt oder eine Klasse von Gegenständen handeln, vorausgesetzt, wir sind damit »wahrnehmungsmäßig vertraut« (CP 2.232). Der
Unterschied zwischen Zeichen und Objekt trennt jedoch nicht die Welt des
Zeichenhaften auf der einen Seite von der Welt der nichtzeichenhaften Dinge
auf der anderen Seite. Das Objekt kann nämlich auch etwas bloß Mentales
oder Imaginäres, etwas »von der Natur eines Zeichens oder Gedankens
sein« (CP 1.538). Nicht nur Wörter wie *Baum* oder *Haus* haben mithin ein
Objekt, sondern auch Wörter wie *Liebe, Demokratie, Sphinx* oder *Zentaur.*
Was verbleibt aber nun noch als Unterschied zwischen dem Zeichen und
seinem Objekt, wenn das Objekt selbst auch ein Zeichen sein kann? Dieser
Unterschied lässt sich nur mit Bezug auf den Zeichenprozess erklären: Das
Objekt geht seiner Repräsentation im Zeichen erfahrungsmäßig voraus. Es
ist das Vorwissen der Zeicheninterpreten von dem, was das Zeichen repräsentiert, das also, was wir von *Liebe, Demokratie* oder *Zentauren* bereits wissen, bevor wir in einer neuen Zeichensituation in einem neuen Kontext
diesem Sprachzeichen wieder begegnen. Moderner ausgedrückt: das Objekt ist unsere kognitive Erfahrung und unser Weltwissen von dem, worauf
sich die Zeichen beziehen. Das Objekt geht im Prozess des Zeichengebrauchs
dem aktuellen Zeichen (dem Repräsentamen) zeitlich voraus. Ihm folgt die
Interpretation der Zeichen. Im zeitlichen Ablauf des Zeichenprozesses ge-

hört das Objekt zur Vergangenheit, das Repräsentamen zur Gegenwart und der Interpretant zur Zukunft der Zeichen.

(4) *Interpretant des Zeichens*: Der Interpretant (nicht zu verwechseln mit dem Interpreten) entspricht annähernd der *Bedeutung* des Zeichens. Anders als bei Saussure ist damit jedoch nicht eine Art kollektive Vorstellung gemeint, die mit einem Wort verbunden ist, sondern das Ergebnis eines Prozesses der Semiose. Peirce nennt den Interpretanten »das eigentliche bedeutungshafte Resultat« oder die »Wirkung des Zeichens« (CP 5.474–75), »etwas, was im Geist des Interpreten erzeugt wird« (CP 8.179). Da sich Denken nach Peirce in Form von Zeichen vollzieht, ist der Interpretant notwendigerweise selbst ein Zeichen. Semiose ist somit ein Prozess der Weiterentwicklung, des »Wachstums« von Zeichen: »Ein Zeichen wendet sich an jemanden, d. h., es erzeugt im Geiste dieser Person ein äquivalentes Zeichen oder vielleicht ein noch weiter entwickeltes Zeichen. Das Zeichen, welches es erzeugt, nenne ich den *Interpretanten* des ersten Zeichens« (CP 2.228). Die Interpretanten von Sprachzeichen sind folglich die (kon)textuellen Bedeutungen der Wörter, das, was wir über deren Objekte in einer gegebenen Zeichensituation an Neuem erfahren. Wir lesen einen Artikel über die *Zentauren*, hören einen Bericht über *Bäume* und *Baumsterben* oder lesen ein Buch über die *Demokratie* – jede dieser Zeichensituation veranschaulicht die Weiterentwicklung von Interpretanten im Prozess des Wachstums der Zeichen in unserem Geist. Diese Weiterentwicklung der Zeichen im Interpretanten bleibt jedoch nicht auf den Geist des einzelnen Interpreten beschränkt. Sie vollzieht sich vielmehr auch in der Gemeinschaft der Zeicheninterpreten, wo sie ihren Niederschlag in sich stets ändernden Wörterbüchern und Enzyklopädien findet.

(5) *Dialogizität und unendliche Semiose*: Da jedes Zeichen durch seinen Interpretanten ein neues Zeichen generiert, beginnt auf diese Weise der sog. Prozess der »unendlichen Semiose«. Danach findet eine »Folge sukzessiver Interpretanten *ad infinitum*« statt (CP 2.303, 2.92), bei der es kein ›erstes‹ und kein ›letztes‹ Zeichen gibt und sich »jeder Gedanke selbst an einen anderen wenden muss« (CP 5.253). Denken ereignet sich mithin »immer in Form eines Dialogs – eines Dialogs zwischen verschiedenen Phasen des Egos – so dass das Denken, da es dialogisch ist, wesentlich aus Zeichen besteht« (CP 4.6).

4. Typologie der Sprachzeichen

Saussure hat das Prinzip der Arbitrarität der Sprachzeichen betont (s. o.).
Er verkannte zwar nicht, dass Wörter auch »motiviert« sein können, und
nannte lautmalerische Wörter wie *platsch!* oder *Kuckuck* und Interjektionen
wie *Ah!* oder *Pfui!* als Beispiele für phonetisch motivierte Wörter. (*Pfui!* äh-
nelt z. B. lautlich dem Geräusch, das beim Ausspucken entsteht.) Derartige
Formen der Motivation von Wörtern hielt Saussure aber letztlich nur für
Randphänomene des Wortschatzes. Allerdings unterstrich er, dass die
Motiviertheit der Sprachzeichen auf der Ebene der Wortbildung und der
Grammatik zum wesentlichen Prinzip wird. Während nämlich einfache
Wörter wie z. B. *Baum*, *Apfel* oder *zehn* völlig arbiträre Zeichen sind, sind
Wortbildungen wie *Apfelbaum*, *fünfzehn* und die flektierten Formen *Bäume*
und *Äpfel* durch Regeln motiviert. Die Grenzen des Prinzips der Arbitrarität
hat die Linguistik jedoch auf der Grundlage der Zeichentypologie von Peirce
weit differenzierter bestimmen können. Für Peirce gibt es nämlich nicht
nur die Opposition »arbiträr vs. motiviert«, sondern mehrere Formen der
Motiviertheit im Rahmen seiner Unterscheidungen zwischen ikonischen,
indexikalischen und symbolischen Zeichen. Die Differenzierung zwischen
diesen drei Zeichenklassen basiert auf der Untersuchung der Relation der
Zeichen zu ihrem Objekt. Während es sich beim Ikon und beim Index um
motivierte Zeichen handelt, gilt dies nicht für das Symbol.

4.1 Wörter als Symbole

Der Begriff des Symbols ist sehr vielschichtig. In der Kunst- und Literaturwissenschaft bedeutet er etwas anderes als in der Mathematik. In der
Semiotik ist mit dem Symbolbegriff zumeist das Kriterium der Arbitrarität
und der Konventionalität der Zeichen verbunden. Nach Peirce ist allerdings der Gesichtspunkt der Konvention wichtiger als derjenige der
Arbitrarität: »Jedes Repräsentamen, das von Konventionen bestimmt ist« –
so Peirce (CP 4.447) – »ist ein Symbol«. Der eigentliche Schlüssel zum
Peirceschen Symbolbegriff liegt aber in den Kriterien der Gewohnheit, der
Gesetzmäßigkeit und Allgemeinheit. Ein Symbol ist nämlich »ein
Repräsentamen, dessen besondere Eignung, das zu repräsentieren, was es
gerade repräsentiert, in nichts anderem als der Tatsache begründet liegt,
dass es eine Gewohnheit, Disposition oder eine andere wirksame Regel

gibt, dass es so interpretiert wird« (CP 4.447). Symbole bedeuten dabei immer etwas Allgemeines.

Jedes Sprachzeichen ist nach diesen Vorgaben ein Symbol. Wir verwenden Wörter nach den Konventionen und Regeln unserer Sprache, der Gebrauch dieser Regeln ist uns zu einer Gewohnheit geworden. Isoliert betrachtet (z. B. als Lexikoneintrag), bedeutet jedes Wort etwas Allgemeines. Die Allgemeinheit der Bedeutung gilt nicht nur für Wörter wie *Baum* oder *Haus*, sondern auch für Wörter wie *hier* und *ich*. (Im Lexikon ist mit dem Wort *hier* ja nicht der konkrete Ort gemeint, an dem dieses Wort gedruckt ist.) Mit dieser Feststellung ist aber nur einer der Aspekte der Wörter erfasst. Zugleich kann ein sprachliches Symbol nämlich auch ein Ikon oder ein Index sein, ja im konkreten Sprachgebrauch hat das sprachliche Symbol sogar *immer* etwas Indexikalisches und *auch* etwas Ikonisches an sich. Die Indexikalität der Wörter beim Sprachgebrauch liegt nämlich darin begründet, dass sie in einer bestimmten Situation die Aufmerksamkeit der Zeichenbenutzer auf ganz konkrete (individuelle, nicht allgemeine) Objekte oder Sachverhalte lenken. Ihre Ikonizität besteht darin, dass die Wörter in unseren Vorstellungen auch Bilder evozieren (CP 2.292–302, 4.447). Somit sind die Sprachzeichen in ihrer semiotischen Struktur von vornherein unter mehreren Aspekten zu bestimmen. Peirce fasst deshalb zusammen: Ein reines Symbol, »ein Symbol an sich« kann es nicht geben. Ein solches Zeichen wäre »ein bloßer Traum« (CP 4.56). Die Polyvalenz der Wörter ist schließlich auch eine der Quellen für das, was Peirce das Wachstum der Zeichen nennt: »Symbole wachsen. Sie entstehen, indem sie sich aus anderen Zeichen entwickeln, insbesondere aus Ikons« (CP 2.302).

4.2 Wörter als Indices

Ein Index oder auch Anzeichen ist insofern motiviert, als dieses Zeichen mit seinem Objekt in einer zeitlichen, räumlichen oder kausalen Beziehung steht. Indices verweisen auf einen Zeitpunkt, einen Ort oder eine Ursache und deuten dabei immer auf etwas konkret Existierendes, nie auf etwas Allgemeines (wie die Symbole). Indices zeigen an, aber sie stellen nichts dar.

Sprachliche Indices lokalisieren in erster Linie Objekte in Zeit und Raum. Kausalität ist eher ein Kriterium für nichtsprachliche Indices, wie etwa die Spuren, die Sherlock Holmes zu sichern hat. Aber auch sprachliche Zeichen können auf Ursachen verweisen, etwa die Stimme des Sprechers oder die Handschrift eines Autors, welche die Identität des Sprechenden oder Schreibenden verrät oder seine gegenwärtigen Emotionen anzeigt. Semiotisch lässt sich das Feld der sprachlichen Indexikalität nach zwei Gesichtspunkten unterteilen, (1) der Art der Zeichen und (2) der Art der Objekte dieser Zeichen.

4.2.1 Mittel der indexikalischen Information

Träger der indexikalischen Informationen beim Sprachgebrauch sind (1) die deiktischen Wörter, (2) Gesten, (3) Strukturwörter und -morpheme sowie (4) Wörter überhaupt hinsichtlich ihrer referentiellen Funktion.

(1) *Deiktische Wörter und Ausdrücke* sind entweder lokaler (*hier/dort*), temporaler (*jetzt/bald, heute/gestern/morgen*) oder personaler Art (*ich/du/der da*). Gemeinsames Kennzeichen dieser besonderen Klasse von Sprachzeichen ist es, dass wir im konkreten Sprachgebrauch ihre Bedeutung nur verstehen können, wenn wir wissen, an welchem Ort, zu welchem Zeitpunkt oder von welcher Person das deiktische Wort geäußert wird. Was *hier, jetzt* und *ich* heißt, ändert sich von Ort zu Ort, Stunde zu Stunde und von Sprecher zu Sprecher.

(2) *Gesten* sind zwar keine sprachlichen Zeichen, aber es gibt sprachliche Kontexte, die ohne redebegleitende Gesten unvollständig sind. Ein Satz wie *Ich meine nicht die, sondern die!* ist ohne zwei in verschiedene Richtungen weisende Gesten unverständlich.

(3) *Strukturwörter* wie etwa die Artikel oder Relativpronomen sind nicht so unmittelbar indexikalisch wie die deiktischen Wörter und die Gesten, denn sie verweisen nicht auf die Welt, sondern auf andere Wörter in der Sprache. (Peirce spricht deshalb auch von »degenerierten Indices«, womit er in etwa ›sekundäre‹ Indices meint, vgl. CP 8.368.) Gleichermaßen gilt dies auch für *grammatische Morpheme* (Wortelemente). Ähnlich wie z. B. der Artikel *die* anzeigt, dass ein Substantiv (feminin oder im Plural) folgt, zeigt das Morphem *ge-* in *gekauft* an, dass ein Partizip folgt.

(4) *Referenz*: ganz allgemein hat jedes Wort im Sprachgebrauch generell etwas Indexikalisches an sich, denn es verweist im Kontext anderer Wörter auf die Welt. (Diesen Verweis nennt man auch *Referenz*.) Der Satz *Ich habe eben einen blauen Schmetterling gesehen* verweist nicht nur indexikalisch auf eine Person und einen Zeitpunkt, sondern er richtet unsere Aufmerksamkeit auch auf einen Gegenstand, nämlich einen Schmetterling, selbst wenn wir uns diesen zunächst nur vorstellen können, ohne ihn wirklich zu sehen.

(Allerdings können wir versuchen, ihn zu finden.) Texte unterscheiden sich hinsichtlich ihres Grades an Indexikalität. Realistische Texte haben eine größere Indexikalität als fiktionale Texte (Romane oder gar Science Fiction).

4.2.2 Objekte des sprachlich-indexikalischen Verweises

Die Objekte des indexikalischen Verweises sind (1) in der Welt der referentiellen Gegenstände oder Sachverhalte, (2) in der Kommunikationssituation oder (3) in der Sprache selbst lokalisiert. Im ersten Fall spricht man auch von einem exophorischen (von den Wörtern nach »außen« auf die Welt gerichteten), im dritten Fall von einem endophorischen (nach »innen« auf andere Zeichen gerichteten) Verweis. Dazwischen liegt die auf die Kommunikationssituation gerichtete situationale Indexikalität, denn sie bezieht sich auf den Gebrauch der Zeichen in der Welt.

(1) *Exophorische Indexikalität*: Orte, Zeitpunkte und -räume sowie Personen sind die Objekte der deiktischen Wörter. Die Objekte der allgemein referentiellen Indexikalität sind Gegenstände und Sachverhalte jeglicher Art. Die Objekte, auf die sich sprachliche Indices beziehen, können real oder auch nur imaginär sein, denn auch im mentalen Raum gibt es eine zeitliche und räumliche Orientierung. (Z. B.: *Stell dir vor, du landest morgen auf einer unbekannten Insel, gehst immer geradeaus, bis du in der Mitte angekommen bist. Dann gehst du nach rechts...*)

(2) *Endophorische Indexikalität*: Endophorische Indexikalität verweist auf Stellen im Text bzw. in der Rede. Diese Stellen können entweder zurück liegen (*oben, soeben erwähnt*), zeitgleich sein (*hier* oder *an dieser Stelle*) oder dem Äußerungszeitpunkt folgen (*unten, auf Seite 29*). Zur endophorischen Indexikalität gehören u. a. auch die Anaphern, die grammatisch an Vorangehendes anknüpfen (*Es war einmal eine Prinzessin. Sie war...*), die Konjunktionen (die Verknüpfungen anzeigen) und die Relativpronomen (die syntaktische Bezüge anzeigen).

(3) *Situationale Indexikalität* ist zuerst mit der Personendeixis (*ich, du, der da*) verbunden, dann mit der sog. Ausdrucks- und der Appellfunktion der Sprache. Die sprachliche Ausdrucksfunktion verweist nämlich auf die Person des Sprechers (der sich gewissermaßen selbst »zeigt«, indem er seine Persönlichkeit in den Vordergrund stellt), etwa in selbstbezüglichen (auf eigene Emotionen verweisenden) Ausrufen wie *Juchhee!* oder *Hurrah!* Die Appellfunktion verweist auf den Hörer, an den eine Aufforderung (*Halt!*), eine Frage (*Was willst du?*) oder ein sonstiger Appell (*He!, Hallo!*) gerichtet ist.

4.3 Wörter als ikonische Zeichen

Ikonisch sind Zeichen, die ihrem Objekt ähnlich sind. Darstellende Bilder, Photos oder gegenständliche Skulpturen sind Beispiele für visuelle Zeichen der Zeichenklasse Ikon. Die Frage, ob und ggf. in welchem Umfang Wörter den Dingen, die sie bezeichnen, ähnlich sind, hat die Theorie der Sprache seit der Antike beschäftigt. Sie spielt schon in Platons Dialog *Kratylos* eine besondere Rolle. Die strukturale Linguistik hat unter dem Einfluss von Saussure die ikonischen Elemente in der Sprache zu Randphänomenen der Sprache erklärt (s. o.), aber in der neueren Linguistik hat das Thema der sprachlichen Ikonizität stärkere Beachtung gefunden, seitdem die Fragen nach den Einflüssen der Kognition und damit der nichtsprachlichen Erkenntnis auf die Sprache in den Mittelpunkt des Interesses gerückt sind. Wenn nämlich die Wahrnehmung der Welt und deren mentale Repräsentation sich auch in der Struktur der Sprache widerspiegelt, so ist schon diese allgemeine Korrespondenz zwischen Kognition und Sprachstruktur ein Phänomen der Ikonizität.

Wesentlich für die heutige Theorie der sprachlichen Ikonizität ist die Erweiterung ihrer Grundlagen durch Peirce' Unterscheidung von drei Unterklassen der ikonischen Zeichen, die er (1) Bild, (2) Diagramm und (3) Metapher nennt. Bildikonizität beruht auf einer Korrespondenz »einfacher Qualitäten« zwischen Zeichen und Objekt, diagrammatische Ikonizität basiert auf einer bloß strukturellen Ähnlichkeit, und die Ähnlichkeit bei den Metaphern besteht in »einem Parallelismus hinsichtlich etwas anderem« (CP 2.277).

(1) *Endophorische und exophorische Ikonizität*. Wie auch bei der sprachlichen Indexikalität muss zwischen exophorischer und endophorischer Ikonizität unterschieden werden. Zumeist wird nur die exophorische Ikonizität beachtet, die auf Ähnlichkeiten der Sprachzeichen mit den Dingen in der bezeichneten Welt beruht, wie etwa beim Wort *Kikeriki*, das dem Schrei des Hahnes ähnelt. Endophorische Ikonizität beruht dagegen auf Ähnlichkeiten von Wörtern mit anderen Wörtern im Text. Wiederholungen, Parallelismen, Reim und andere Formen der sprachlichen Bezugnahme auf ähnliche Wörter im Text sind Beispiele endophorischer Ikonizität. Im Werbeslogan *Nimm Vim!* etwa ist die Wiederholung der Laute /-im/ im zweiten Wort ein endophorisches Ikon, denn es verweist durch seine phonetische Ähnlichkeit (oder gar Gleichheit) vom zweiten auf das erste Wort.

(2) *Bildikonizität* in der Sprache basiert auf einer unmittelbaren und einfachen Ähnlichkeit zwischen dem Sprachzeichen und dem, was es bezeich-

net. Unmittelbar können gesprochene Wörter den bezeichneten Objekten eigentlich nur in akustischer Hinsicht ähnlich sein. Eine solche Art von Ähnlichkeit gilt für die lautmalerischen Wörter. (Man spricht hier auch von Lautsymbolik oder Onomatopöie.) Typische Beispiele sind Schallwörter wie *zwitschern, quaken, krachen* oder *ticken.* Da der nichtsprachliche akustische Erfahrungshorizont der Menschen (sieht man einmal von der Musik ab) relativ begrenzt ist, ist es nicht verwunderlich, dass das bildikonische Potential der Lautsprache recht gering ist.

Es sind vor allem zwei Eigenschaften der Sprachlaute, die sich als Mittel der Abbildung von Schallereignissen eignen, die Qualität und die Quantität (Länge und Kürze) der Vokale und Konsonanten. Das qualitative bildikonische Potential der Laute wird z. B. in einigen Bezeichnungen für Konsonanten und Vokale deutlich, die in der auditiven Phonetik zu finden sind: Begriffe wie ›Zischlaut‹ (Sibilant), ›Reibelaut‹ (Frikativ) oder ›Gleitlaut‹ (Liquida) lassen die mit ihnen verbundenen akustischen Assoziationen leicht erkennen. Bei den Vokalen sind diese Assoziationen eher synästhetisch, d. h. auf Assoziationen zwischen akustischen und visuellen Impressionen beruhend. Man bezeichnet sie bekanntlich als ›hoch‹ oder ›tief‹, ›hell‹ oder ›dunkel‹. Quantitative Bildikonizität zeigt sich etwa in Wörtern wie *kurz* (mit kurzem Vokal), *eng* (ebenfalls kurz, außerdem mit Verschlusslaut endend), *groß* oder *weit* (lange Vokale).

Das bildikonische Potential der Schrift erweitert die Möglichkeiten der sprachlichen Ikonizität auf visuelle Phänomene. Die Geschichte der Schrift von den frühen Piktographien bis zur heutigen Typographie, bietet viele Beispiele, die zeigen, wie viel größer die Möglichkeiten der Bildikonizität durch visuelle Zeichen sind.

(3) *Diagrammatische Ikonizität* beruht auf strukturellen Ähnlichkeiten zwischen den Wörtern und ihren Objekten. Hier entsprechen Relationen zwischen den Elementen der Sprachzeichen den Strukturen der Gegenstände oder Sachverhalte, auf die sie verweisen. Derartige strukturelle Entsprechungen sind in der sprachlichen Morphologie (Formenlehre), in der Syntax und in der Reihenfolge der Wörter im Text zu erkennen.

Beispiele aus der Morphologie sind die Plural- und die Steigerungsformen. Das Strukturmuster *Katze/Katzen, Dach/Dächer,* bei dem eine einfache Grundform (nennen wir sie *a*) einer komplexeren Form (*a+x*) gegenübersteht, hat ihre Entsprechung in der Bedeutung: das Konzept der Mehrzahl ist komplexer als dasjenige der Einzahl. Ähnliches gilt für das morphologische Strukturmuster Grundform/Steigerungsform/Superlativ (*hoch/höher/am höchsten*): der zunehmenden Komplexität in der Folge der Sprachzeichen (*a /*

a+*x* / *a*+*x*+*y*) entspricht die Zunahme der inhaltlichen Komplexität in der Folge dieser drei Formen.

Die Reihenfolge der Sprachzeichen im Text wird zu einem Diagramm, wenn sie eine inhaltliche Entsprechung hat. Zwei Hauptformen einer solchen diagrammatischen Korrespondenz sind die Chronologie der Ereignisse (*Er kam, er sah, er siegte*) und die Gewichtung der Konzepte oder Sachverhalte nach dem Prinzip ›Wichtigeres vor weniger Wichtigem‹. Danach erscheint uns etwa die Reihenfolge von *Gold und Silber*, *Mark und Pfennig*, *Whiskey und Soda* oder *König und Bettelmann* natürlicher als die jeweils umgekehrte Reihenfolge.

(4) *Metaphorische Ikonizität.* Metaphern beruhen, jedenfalls nach ihrer klassischen Definition, auf dem Prinzip der Similarität. Im Sprichwort *Reden ist Silber, Schweigen ist Gold* sind die Wörter *Silber* und *Gold* Metaphern für *gut* und *besser*. Es gibt dabei keine unmittelbare Ähnlichkeit zwischen *Silber* und *gut* bzw. *Gold* und *sehr gut* – die Metalle sind ja dem, was die Adjektive meinen, nicht ähnlich –, sondern nur eine mittelbare Korrespondenz, die durch den Begriff ›Wert‹ vermittelt wird: Der Wert von *Silber* entspricht dem Wert von *gut* (und der Wert von *Gold* demjenigen von *sehr gut*). Dies sind die Überlegungen, die Peirce dazu veranlassten, die Metapher als dritte Kategorie der ikonischen Zeichen zu definieren, die auf dem Prinzip einer bloß mittelbaren Ähnlichkeit beruhen.

4.4 Exemplarische Analysen: Zeichenhaftigkeit der Wörter in Alices Wunderland

Betrachten wir im Folgenden einige weitere Beispiele für die Unterschiede beim Gebrauch von symbolischen, indexikalischen und ikonischen Wörtern in verschiedenen sprachlichen und situationalen Kontexten. Die Beispiele entstammen nicht dem alltäglichen Sprachgebrauch, sondern der Welt von *Alice in Wonderland* (AW) und *Through the Looking Glass* (LG), zwei Kinderbüchern, in denen der Autor, der englische Logiker Charles L. Dodgson, alias Lewis Carroll, durch allerlei Sprachspiele und Verwirrungen auf die Zeichenhaftigkeit der Wörter aufmerksam macht (vgl. Nöth 1980). Viele der Merkwürdigkeiten, über die sich Alice wundert, finden ihre Erklärung in Fehlern beim Gebrauch von Wörtern und falschen Annahmen und Erwartungen hinsichtlich der semiotischen Struktur der Sprachzeichen. Durch Nachdenken über diese Merkwürdigkeiten können wir u. a. lernen, inwiefern Wörter triadische Zeichen sind und symbolische, indexikalische und ikonische Funktionen haben:

(1) *Wörter als Zeichen.* Einsichten in die Zeichenstruktur der Wörter gewinnt Alice in verschiedenen Situationen, in denen das Fehlen eines der Korrelate des Sprachzeichens thematisiert wird.

Das *Repräsentamen*, also der Zeichenträger der Wörter, fehlt z. B. im »Wald, wo die Dinge keinen Namen haben« (LG Kap. III). Alice hat hier keinerlei Schwierigkeiten, sich unter den Bäumen zu orientieren, d. h., die *Objekte* sind vorhanden, aber es fehlen die Wörter als Repräsentamen, um die Objekte zu bezeichnen. Da es ohne Repräsentamen Zeichen nicht geben kann, kann sich auch kein Interpretant entwickeln, denn der Interpretant ist selbst ein Zeichen, welches ein vorangehendes Zeichen als dessen Bedeutung (weiter)entwickelt. Das Ergebnis ist die gedankliche Orientierungslosigkeit Alices, die vom Wald und den Bäumen sprechen möchte, aber nur auf Sprachfragmente ohne diese Wörter reduziert ist und somit keinen Gedanken entwickeln kann: »It's a great comfort [...] after being so hot, to get into the–into the–into *what*? [...] I mean to get under the–under the–under *this*, you know!«

Nur das *Objekt* des Sprachzeichens fehlt, wenn Alice während ihres freien Falls durch ein Loch in der Erde (AWI), am Mittelpunkt der Erde angekommen, schließlich fragt: »I wonder what Latitude or Longitude I've got to?« Die Wörter sind da, und ihre allgemeine Bedeutung kennen wir, d. h. die *Repräsentamen* und die *Interpretanten* der Sprachzeichen sind vorhanden. Da aber der Mittelpunkt der Erde kein Ort ist, der auf den Breiten- und Längenkreisen der Erde lokalisierbar wäre, fehlt diesen Zeichen an diesem Ort das indexikalisch angezeigte *Objekt*.

Um das Fehlen des *Interpretanten* der Wörter (und damit allerdings auch der *Objekte*) geht es in erster Linie, wenn die Dronte Dodo (AW III) sich in so gelehrten Wörtern äußert, dass sie niemand mehr versteht und der junge Adler ausruft: »I don't know the meaning of half those long words, and what's more, I don't believe you do either!«

Sowohl das *Objekt* als auch der *Interpretant* der Sprachzeichen bleiben Alice verborgen, wenn sie die folgenden Nonsenswörter des sog. Jabberwocky-Gedichtes hört (LG I): »Twas brillig, and the slithy toves / Did gyre and gimble in the wabe [...].« Es scheint sich um Sprachzeichen zu handeln, denn die Wörter (als Repräsentamen) hören sich englisch an, aber in Wirklichkeit bedeuten sie doch nichts, denn sie gehören gar nicht zum System der englischen Sprache.

(2) *Wörter sind Symbole.* Nur wenn wir die Konventionen kennen, die ihrem Gebrauch zugrunde liegen, und der Gebrauch der Wörter uns selbst zur Gewohnheit geworden ist, können wir uns verständigen. Genau diese Einsicht muss Alice gewinnen, wenn sie die rätselhaften Pseudowörter des Jabberwocky-Gedichtes hört. Sie versteht diese Wörter nicht, weil ihr die Konventionen ihres Gebrauchs unbekannt sind oder weil es einen solchen Gebrauch gar nicht gibt. – Meister in der Produktion von Sprachzeichen, denen es am Erfordernis der Konventionalität und somit Symbolizität mangelt, ist Humpty Dumpty (LG VI). Er erfindet und gebraucht nicht nur so unenglische Wörter wie *un-birthday present* (für ›ein Geschenk für alle 364 Tage, die nicht Geburtstag sind‹), sondern er verfällt auch auf die Idee, Wörter in einem gänzlich privatsprachlichen Sinn zu gebrauchen. Das Wort *glory* z. B. verwendet er auf eine Weise, die Alice völlig unverständlich ist, so dass sie protestiert: »I don't know what you mean by ›glory‹.« Die Antwort Humptys beweist seinen absurden Versuch, Wörter entgegen den bestehenden Konventionen mit Bedeutungen zu gebrauchen, die nur er festlegen darf: »Of course you don't know – till I tell you. I meant ›there's a nice knock-down argument for you‹!« So kann Sprache eben nicht funktionieren, denn sie ist ein System von in erster Linie symbolischen Zeichen.

(3) *Das Wort als Index.* Wörter sind nicht nur Symbole mit einer stets generellen Bedeutung, sondern sie müssen auch in der konkreten Realität situational verankert sein. Hierzu dienen die indexikalischen Wörter, die immer nur zum Zeitpunkt und am Ort der Sprechsituation richtig interpretiert werden können. Diese indexikalische Verankerung der Rede in der Redesituation ignoriert z. B. die Weiße Königin (LG V), wenn sie Alice als Kammermädchen engagieren und dabei deren Entlohnung wie folgt regeln möchte: »Two pence a week, and jam every other day. [...] The rule is, jam tomorrow and jam yesterday – but never jam *to-day*.« Mit dieser Interpretation will die Königin erreichen, dass sie ihrem Kammermädchen niemals Marmelade, sondern immer nur trocken Brot anbieten muss. Welches ist ihre semiotische Mogelei? Die vertragliche Vereinbarung »jam every other day" verweist zunächst auf eine zeitlich noch offene Reihe von Tagen, deren Festlegung so lange unbestimmt ist, wie der Tag des Dienstantritts noch nicht vereinbart ist. In ihrer Allgemeinheit sind die Wörter zunächst also Symbole ohne eine genaue zeitliche Festlegung. Mit der Vereinbarung des Dienstantritts für einen bestimmten Tag X erhält die Regel aber ihren indexikalischen Bezugspunkt. Sie gilt von diesem Tag an jeden zweiten Tag, vermutlich an den Tagen X+1, X+3, X+5 etc. Diese indexikalische Verankerung der Regel will die Weiße Königin aber zu ihrem eigenen Nut-

zen uminterpretieren, indem sie den vertraglich bestimmten Bezugszeitpunkt X täglich neu festzulegen gedenkt. An *jedem* folgenden Tag will sie X erneut bestimmen und dadurch erreichen, dass die Regel einen sich täglich verschiebenden Bezugszeitpunkt erhält. Da nämlich jeder einzelne Tag *hier und heute* noch nicht ein *anderer* Tag sein kann (allenfalls ein anderer, wenn der Bezugstag *gestern* wäre), so kommt die Marmeladenregel bei einer solchen täglichen Neufestsetzung ihrer Indexikalität nie zur Geltung.

(4) *Das Wort als Ikon.* Seltener als die Indexikalität der Wörter thematisiert Carroll deren Ikonizität. Ikonische Wörter sind dem ähnlich, was sie bezeichnen. Humpty Dumpty behauptet von seinem eigenen Namen: „My name means the shape I am" (LG VI) und meint damit, sein Name verweise ikonisch auf seine eigene eierförmige Körpergestalt. In der Tat hat das engl. Wort *hump* (›Buckel‹) etwas Lautmalerisches an sich, denn es ist wohl kein Zufall (nicht arbiträr), dass auch die lautähnlichen Wörter *rump* (›Rumpf‹), *stump* (›Stumpf‹) und *lump* (›Kloß‹) kompakte und gedrungene Formen bezeichnen. – Schließen wir mit einem ganz anderen Beispiel für eine ungewöhnliche Ikoninisierung der Sprachzeichen in ihrer schriftlichen Form. Im Land hinter den Spiegeln unterhält sich Alice auch mit einer Mücke, deren »extremely small voice« Carroll im gedruckten Text wie folgt ikonisch darstellt (LG III): »[...] And an extremely small voice, close to her ear, said ›You might make a joke on that [...].‹«

5. Literatur

Hockett, Charles (1958): *A Course in Modern Linguistics*, New York: MacMillan.

Hockett, Charles (1977): *The View from Language*, Athens: Univ. of Georgia Press.

*Keller, Rudi (1995): *Zeichentheorie*, Tübingen: Francke.

*Mersch, Dieter (Hg.) (1997): *Zeichen über Zeichen. Texte zur Semiotik von Peirce bis Eco und Derrida*, München: dtv.

*Nöth, Winfried (1975): *Semiotik: Eine Einführung mit Beispielen für Reklameanalysen*, Tübingen: Niemeyer.

Nöth, Winfried (1980): *Literatursemiotische Analysen zu Lewis Carrolls Alice-Büchern*, Tübingen: Narr.

Nöth, Winfried (2000): *Handbuch der Semiotik*, 2. Aufl., Stuttgart: Metzler.

Peirce, Charles Sanders (1931-1958). *Collected Papers of Charles Sanders Peirce*, hg. von Charles Hartshorne/Paul Weiss/Arthur Burks, Cambridge, Mass.: Harvard Univ. Press. – Zitiert als CP.

Saussure, Ferdinand de (1916): *Cours de linguistique générale*, 15. Aufl., Paris: Payot, 1969. – Dt. (1931): *Grundfragen der Allgemeinen Sprachwissenschaft*, übers. von H. Lommel, Berlin: de Gruyter, 1967.

*Sebeok, Thomas A. (1994): *An Introduction to Semiotics*, London: Pinter.

*Sottong, Hermann/Müller, Michael (1998): *Zwischen Sender und Empfänger: Eine Einführung in die Semiotik der Kommunikationsanalyse*, Berlin: Erich Schmidt.

*Trabant, Jürgen (1989): *Zeichen des Menschen: Elemente der Semiotik*, Frankfurt am Main: Fischer.

Peter Rolf Lutzeier

Wort und Bedeutung. Grundzüge der lexikalischen Semantik

1. Einleitung: Einordnung und Bestimmung der lexikalischen Semantik

Sprache funktioniert für den Laien, insofern zählen Untersuchungsbereiche und Fragestellungen der Linguistik normalerweise nicht zu den Dingen, die im Alltag relevant sind. Mit einer Ausnahme vielleicht: Wörter sind häufig Gegenstand allgemeinen Interesses. Eltern können kaum warten, bis das erste Wort ihres Kindes fällt. Scrabble ist ein populäres Spiel und Zeitungen reservieren eigens Kolumnen, die im öffentlichen Interesse stehenden Wörtern gewidmet sind.[1] Hierzu zählen dann auch die jedes Jahr von der Gesellschaft für deutsche Sprache in Darmstadt gewählten Wörter und Unwörter des Jahres oder die jedes Jahr erfolgenden Veröffentlichungen zu den beliebtesten männlichen und weiblichen Vornamen.
Schon im Alten Testament ist der Gedanke verankert, dass Menschen sich die Welt untertan machen können, indem sie der Wirklichkeit um sie her-

um Namen geben: »Jahwe Gott bildete noch aus dem Erdboden alle Tiere des Feldes und alle Vögel des Himmels, und er führte sie zum Menschen, um zu sehen, wie er sie benennen würde: so, wie der Mensch sie benennen würde, sollte ihr Name sein."[2] Alles im perzeptuellen und konzeptuellen Bereich, was in Form eines Wortes zur Sprache gebracht werden kann, ist der Aufmerksamkeit und Kontrolle der Menschen zugänglich. Das Vertrauen in einen wirtschaftlichen Wert der Wörter scheint allerdings gering zu sein, wenn wir den Sprichwörtern glauben dürfen. Im Deutschen haben wir »Worte sind gut, aber Hühner legen Eier"[3] und im Englischen ist seit dem 16. Jahrhundert in Gebrauch »Words are but words, but money buys land".[4] Dafür haben Wörter eine nicht zu unterschätzende Kraft, wenn wir unsere Mitmenschen beeinflussen wollen. Dies machen sich Werbeagenturen und Firmen im Marken- und Produktnamenbereich zunutze.

Weshalb funktioniert dies überhaupt? Wörter sind semiotisch gesehen Zeichen und bestehen deshalb aus einer Form und einem Inhalt. Die Semantik oder Bedeutungslehre als Disziplin der Semiotik kümmert sich um die Inhalte von Zeichen.[5] Die linguistische Semantik als Disziplin der Linguistik ist dann für die Inhalte oder Bedeutungen sprachlicher (Zeichen-)Formen zuständig. Nach der üblichen Unterteilung der sprachlichen (Zeichen-)Formen in lexikalische Elemente und Sätze teilt sich die linguistische Semantik in eine lexikalische Semantik und eine Satzsemantik. Wir verstehen dabei unter einer lexikalischen Semantik denjenigen Teil der linguistischen Semantik, der sich mit den Inhalten von lexikalischen Elementen beschäftigt. Zu den lexikalischen Elementen gehören unsere Wörter, aber auch die sog. Phraseologismen wie *sich einen bären aufbinden lassen*, *mit fug und recht* oder *in den himmel kommen*. Phraseologismen verhalten sich auf der Inhaltsebene mehr oder weniger wie Wörter, d. h. ihr Inhalt muss als eine globale Einheit erfasst werden. Die Inhalte normaler Phrasen wie *das teure kleid* oder *durch den wald* bis zu Sätzen wie *tausende suchen erholung im urlaub* lassen sich dagegen Schritt für Schritt kompositionell aus den Inhalten der Bestandteile der Phrasen und der Interpretation der jeweiligen Verknüpfungsweisen ermitteln.

---

[1] So z. B. in der Süddeutschen Zeitung die Rubrik ›Aktuelles Lexikon‹.
[2] Die Bibel/Genesis (2,19–20) (1965, 2).
[3] Beyer/Beyer (1987, 684).
[4] The Oxford Dictionary of English Proverbs (1970, 915).
[5] Vgl. hierzu den Beitrag von Winfried Nöth in diesem Band.

Die lexikalische Semantik als die Bedeutungslehre der lexikalischen Elemente erlaubt schließlich wie jede andere linguistische Disziplin eine diachrone, längere Zeiträume betreffende Betrachtung und eine synchrone, einzelne Zeitperioden betreffende Betrachtung. Wir werden uns hier auf die synchrone Betrachtungsweise, insbesondere die Gegenwartsperiode konzentrieren.

Die Wörter und Phraseologismen, also die lexikalischen Elemente, bilden den Wortschatz der Sprache. Die Lexikologie ist eine weitere linguistische Disziplin, die für Fragen des Aufbaus und der Strukturierung des Wortschatzes auf der Form- und Inhaltsebene zuständig ist. Die Lexikologie ist insofern holistisch ausgerichtet, als sie immer die Beziehungen zwischen mehreren Wörtern/lexikalischen Elementen oder innerhalb relevanter Ausschnitte des Wortschatzes im Auge hat, während die lexikalische Semantik eher atomistisch ausgerichtet ist. Sie beschäftigt sich in erster Linie mit Fragen zu Inhalten einzelner Wörter und Phraseologismen bzw. zu der für die Beschreibung solcher Inhalte relevanten Terminologie.

2. Einige Grundfragen der lexikalischen Semantik

Sprache funktioniert normalerweise im Alltag. Probleme gibt es immer dann, wenn Missverständnisse auftreten und Menschen sich fragen, was er/sie mit einer bestimmten Äußerung gemeint hat? Ein Zuschauer, der sich zum ersten Mal ein Fußballspiel ansieht und den Ausruf »Hand, Herr Schiedsrichter!" hört, mag sich sehr wohl fragen, welche Bewandtnis es mit einer Hand beim Fußball hat. Eine Zuschauerin, die sich auskennt, kann ihn jedoch aufklären: Mit dem Ausruf ist gemeint, dass der Schiedsrichter einen Elfmeter pfeifen sollte.

Diese Fragestellung des mit einer Äußerung Gemeinten ist nicht die Domäne der Semantik, es ist die Domäne der Pragmatik. SprecherInnen und SchreiberInnen meinen etwas, sprachliche (Zeichen-)Formen dagegen bedeuten etwas. Da wir für das Gemeinte neben anderen Ausdrucksformen wie Gesten, Bilder, Musik, Tanz usw. sprachliche Formen benützen, liegt eine Verbindung zwischen den gebrauchten Formen und dem Gemeinten nahe. Die gebrauchten Formen bedeuten etwas – haben einen Inhalt – und bei einem Interesse an geglückter Kommunikation sollten diese Inhalte eine Brücke zu dem Gemeinten bilden.

Das Problem hierbei ist, dass Inhalte/Bedeutungen für uns nicht greifbar sind. Allein Formen in einem Medium wie dem Schrift- oder Lautmedium sind uns zugänglich. Wir meinen zwar, etwas begriffen zu haben, aber genau besehen, gibt es ›hinter‹ den Formen nichts zu begreifen. Schlimmer noch, die sprachlichen Formen selbst sind im Normalfall kein direktes Anzeichen für deren Inhalte. Allenfalls die sog. onomatopoetischen Wörter wie z. B. *boing* oder *üüh*, deren Form im Laut- oder Schriftmedium das Auszudrückende reflektiert, sind semiotisch gesehen ikonische Zeichen. Wörter normalerweise sind semiotisch gesehen symbolische Zeichen, d. h. die jeweilige Verbindung zwischen Form und Inhalt ist arbiträr (vgl. hierzu den Beitrag von Winfried Nöth in diesem Band, Abschnitt 2.3). Man vergleiche in diesem Zusammenhang das symbolische Wort *niesen* mit dem ikonischen Wort *hatschi*.

Bedeutungswörterbücher, so wichtig und vertraut sie uns sind, sind in diesem Sinne eine Vorspiegelung falscher Tatsachen. Bedeutungen finden wir sicherlich nicht in ihnen, wir finden wiederum nichts anderes als Ketten von Formen oder Bildern, die uns den Inhalt des zu erklärenden Wortes näher bringen sollen.

Die unbequeme Erkenntnis, dass wir über die Formen nicht hinauskommen, verkompliziert die bereits angesprochene Trennung zwischen ›bedeuten‹ und ›meinen‹. Wenn sprachliche Formen etwas bedeuten und SprecherInnen und SchreiberInnen etwas meinen, dann sollten eigentlich diese Bedeutungen für die jeweilige natürliche Sprache einheitlich gegeben sein, während wohl das Gemeinte individuell variieren könnte. Einheitlich gegeben, wie wir gelernt haben, sind jedoch allenfalls die Formen der Sprache, deren Inhalte sind dafür im jeweiligen individuellen Verständnis gegeben. Mit anderen Worten, die Vorstellung von allgemeinen, sprachlichen Inhalten lexikalischer Formen ist ein vor allem durch die Bedeutungswörterbücher gepflegtes Konstrukt. Kommunikation muss offensichtlich klappen auf der Basis von allgemein verfügbaren lexikalischen Formen und deren individuell in der Sprachgemeinschaft durchaus variierenden Inhalten. Die Toleranzbreite der individuellen Schwankungen in einer Sprachgemeinschaft erschöpft sich in dem normalerweise gegebenen Wunsch, von anderen verstanden zu werden.

Ein spezifischer Fall des Meinens ist das Referieren. In der Handlung des Referierens bezieht sich das Individuum mit Hilfe von lexikalischen Formen auf etwas außerhalb dieser Formen. Dieses kann etwas Sprachliches wie bei *dieser satz ist falsch* oder etwas Nicht-Sprachliches wie bei *dies ist ein auto* sein. Als Referent erwarten wir normalerweise eine Entität, die zu der angesprochenen Kategorie zählt. Somit wird die Hörerin von *dieses auto gefällt mir wegen seiner ausgefallenen form* normalerweise nach einem Auto in der unmittelbaren Umgebung des Sprechers Ausschau halten. Diese mit der Form *auto* bezeichnete Entität kann vielerlei umfassen – man denke an ein ›echtes‹ Auto oder ein Spielzeugauto, aber ein Fahrrad oder einen Ball wohl nicht.

Unser Wissen über solche sprachlichen Kategorien ist durch die Psychologie entscheidend gefördert worden. Dies betrifft sowohl den inneren Aufbau der Kategorien als auch die Abgrenzung nach außen. Entscheidend dabei ist, dass die Elemente einer solchen Kategorie sich nicht im aristotelischen Sinne aufgrund einiger notwendigen und hinreichenden Eigenschaften charakterisieren lassen. Mathematische Kategorien erlauben eventuell eine solche Charakterisierung. Dies ist z. B. der Fall für die Klasse der geraden Zahlen im Bereich der natürlichen Zahlen. Als notwendige und hinreichende Eigenschaft dient hier die Eigenschaft ›durch zwei ohne Rest dividierbar‹. Bei sprachlichen Kategorien finden wir dagegen:

– Nicht alle Elemente der Kategorie sind gleich gute Repräsentanten der Kategorie. So gehören zu der mit dem Nomen *auto* bezeichneten Kategorie zumindest Familienautos, Kabrioletts, Sportwagen, Geländewagen, dreirädrige Automobile, und Formel 1 Rennautos. Alle diese verschiedenen Arten von Autos haben sicherlich einen unterschiedlichen Status im Hinblick auf die Vertretung der gesamten Kategorie. Geht es etwa um die Vorstellung eines Fahrzeuges, das Personen möglichst bequem von A nach B auf dem Lande befördert, dann scheinen Familienautos gute Repräsentanten von der mit dem Nomen *auto* bezeichneten Kategorie zu sein, während Sportwagen und Formel 1 Rennautos in den Vordergrund rücken, wenn es um die möglichst rasche Beförderung von A nach B auf dem Lande geht.

– Es gibt zwar Ähnlichkeiten zwischen den Elementen einer Kategorie untereinander, aber diese Ähnlichkeiten können variieren. Sportwagen haben wohl mehr gemeinsam mit Rennautos als mit Geländewagen, und Familienautos wiederum haben mehr gemeinsam mit Kabrioletts als mit dreirädrigen Automobilen. Der Philosoph Wittgenstein (1960, 324f.) spricht in diesem Zusammenhang von ›Familienähnlichkeit‹:

> »66. Betrachte z. B. einmal die Vorgänge, die wir ›Spiele‹ nennen. Ich meine Brettspiele, Kartenspiele, Ballspiel, Kampfspiele, usw. Was ist allen diesen gemeinsam? – Sag nicht: »Es muss ihnen etwas gemeinsam sein, sonst hießen sie nicht ›Spiele‹« – sondern schau, ob ihnen allen etwas gemeinsam ist. – Denn, wenn du sie anschaust, wirst du zwar nicht etwas sehen, was allen gemeinsam wäre, aber du wirst Ähnlichkeiten, Verwandtschaften, sehen, und zwar eine ganze Reihe. [...] 67. Ich kann diese Ähnlichkeiten nicht besser charakterisieren als durch das Wort ›Familienähnlichkeiten‹; denn so übergreifen und kreuzen

sich die verschiedenen Ähnlichkeiten, die zwischen den Gliedern einer Familie bestehen [...].«

– Die Grenzen der Kategorie sind nicht unbedingt eindeutig. Wir sind uns meist über die Zugehörigkeit der ›guten‹ Repräsentanten und über die Nicht-Zugehörigkeit von bestimmten Entitäten ziemlich sicher, aber dazwischen gibt es jeweils Entitäten, für die die Entscheidung der Mitgliedschaft nicht so ohne weiteres getroffen werden kann. Fahrräder, wie gesagt, werden nicht zur Kategorie ›Auto‹ gezählt, schwieriger wird es bei Amphibienfahrzeugen und Omnibussen.

Diese allgemeinen Aussagen über die Struktur von Kategorien, vgl. Rosch (1978), werden im weiteren Verlauf noch weiter verfeinert werden müssen. Sprache dynamisiert diese Struktur auf entscheidende Weise.

3. Was gehört zum Inhalt lexikalischer Formen?

Um Wörter und Phraseologismen ranken sich Geschichten, aber spielen diese Geschichten beim Gebrauch der lexikalischen Elemente in der Kommunikation eine Rolle? Die Antwort hier kann nur potenziell ja und potenziell nein lauten. Es ist ein ›ja‹ angebracht, da ein Zweck des Gebrauchs von Sprache ja gerade ist, diese Geschichten zu tradieren und je nach dem jeweils in einer Äußerungssituation Gemeinten können die unterschiedlichsten Aspekte dieser Geschichten relevant sein. Es ist aber auch ein ›nein‹ angebracht, da die Inhalte individuell gegeben sind und in der jeweiligen Äußerungssituation meist etwas Spezifisches gemeint ist und deshalb zum Verständnis nicht unbedingt das gesamte Ausmaß der Geschichten bekannt sein muss. Insofern wird das Ausmaß an semantischem Wissen zu lexikalischen Elementen stark variieren, aber da potenziell alles sprachlich relevant sein kann, gibt es in der Sprachbeschreibung und damit auch für die lexikalische Semantik keine vernünftige Grenze zu ziehen zwischen einem Wissen über die Sprache und einem Wissen über die Welt. Sprachliche Inhalte sind enzyklopädisch zu sehen, es lässt sich für Wörter kein allgemein gültiger Kern an ›sprachlichem‹ Inhalt ausgrenzen (vgl. dazu den Beitrag von Jürgen Dittmann in diesem Band, Abschnitt 3.2). Da wir nun nicht jedem Wort eine einzelne Enzyklopädie widmen können, sind Lexikographen/Lexikographinnen häufig gezwungen, bei Bedeutungswörterbüchern über das für den Inhalt eines Wortes zu Behandelnde schwierige Entscheidungen zu treffen.

Abgesehen von AutorInnenwörterbüchern kann dann auch bei allgemein-sprachlichen Beschreibungen nicht detailliert auf individuelle Auffassun-gen zu den Inhalten von Wörtern eingegangen werden. Was zählt ist die Erfassung des in repräsentativen gesprochen- und geschriebensprachlichen Texten verankerten Inhalts von Wörtern.

4. Annäherungen an den Bedeutungsbegriff

›Hinter‹ die Formebene der Wörter können wir zwar nicht gelangen, aber das Vorkommen eines bestimmten Wortes im Text hat sicherlich zu einem großen Teil mit seinem Inhalt zu tun. Man erwartet, dass der Inhalt des einzelnen Elementes zu dem Bedeutungsrahmen des Kontextes passt; vgl. *die passagiere besteigen das flugzeug/das schiff/den zug/*das fahrrad/*das haus*. Aus-nahmen hiervon sind obsolet und damit häufig inhaltsleer gewordene Wör-ter, die nur noch in festen Wendungen auftreten – man denke an das Sub-stantiv *fug* in der Wendung mit *fug und recht* – oder Ausdrücke, die nur aufgrund ihrer Laut- oder Schriftgestalt an einer bestimmten Stelle auftre-ten. Vergleiche hierzu die ersten zwei Zeilen eines Gedichtes von Hugo Ball: *1 Stern und 7 kazamogipuffel/ macht 13 zakopaddogei.*[6]
Insofern wird jede einzelne Verwendung eines Wortes einen spezifischen Beitrag zum Inhalt des Wortes leisten und mit jedem neuen Gebrauch des Wortes wird dessen Inhalt sozusagen fortgeschrieben bzw. fortgesprochen. Idealerweise soll natürlich die Beschreibung des Inhaltes eines Wortes der vollen Bandbreite der Verwendungen auf der Gebrauchsebene Rechnung tragen. Gleichzeitig muss aber auch eine Unterscheidung zwischen dem Zentralen und dem weniger Zentralen getroffen werden. Das Einzelne, Spezifische oder Konkrete ist sozusagen nur dann interessant, wenn es uns etwas Typisches, Verallgemeinerbares mitteilen kann. Mit anderen Wor-ten, in der semantischen Beschreibung sind wir immer mit dem Dilemma zweier entgegengesetzter Tendenzen und Ansprüche konfrontiert. Zum ei-nen haben wir die Tendenz zur Abstraktion und zum anderen haben wir die Tendenz zur Konkretisierung.
Ein weiteres Dilemma, das sich bei der Bedeutungsbeschreibung im Medi-um der Sprache unweigerlich ergibt, wurde von dem englischen Philoso-phen George Edward Moore deutlich angesprochen und wird deshalb das

---

[6] http://gutenberg.aol.de//.

Mooresche Paradox der Analyse genannt. Eine bei Langford (1942, 323) zu findende Formulierung der Paradoxie lautet: »If the verbal expression representing the analysandum has the same meaning as the verbal expression representing the analysans, the analysis states a bare identity and is trivial; but if the two verbal expressions do not have the same meaning, the analysis is incorrect.« Mit anderen Worten, eine im gewählten Medium anzustrebende maximale Übertragungstreue der Bedeutung lässt sich nicht mit dem Ziel einer Beschreibung mit Erklärungsgehalt vereinbaren. Maximale Übertragungstreue ist fraglos mit folgendem Angabeschema garantiert: Für jede Form *w* der Sprache S gilt: *w* bedeutet w; d. h. etwa für die Form *wasser* als Form des Deutschen: *wasser* bedeutet Wasser. Diese Angabe ist Ausdruck der Tatsache, dass Wasser Wasser ist, aber eben auch nichts weiter. Die im Medium der Sprache übertragungstreueste Version führt uns auf eine reine Selbstreferenz mit, wenn überhaupt, geringem Erklärungsgehalt. Umgekehrt gilt dann auch: jede Version mit Erklärungsgehalt muss aus der reinen Selbstreferenz heraus, wird also andere Formen als die zu erklärende Form gebrauchen und damit unweigerlich Abstriche in der Übertragungstreue mit sich bringen. Da der Zweck von Bedeutungsangaben sicherlich ist, ›neue‹ Informationen zu liefern, wird man eine Lösung mit Erklärungsgehalt einer Lösung mit maximaler Übertragungstreue vorziehen. Die in den Bedeutungswörterbüchern daraufhin meist favorisierte Lösung benützt das Schema:

Der Inhalt von *w* ist identisch mit einem Oberbegriff von w mit spezifizierenden Merkmalen; d. h. z. B.: der Inhalt von *tüte* ist identisch mit einem Oberbegriff von Tüte mit spezifizierenden Merkmalen, also der Inhalt von *tüte* ist identisch mit einem kleinen Sack aus Papier oder Plastik, in den man einzelne Dinge beim Einkauf stecken kann. (Oberbegriff: Sack, spezifizierende Merkmale: klein; aus Papier oder Plastik; zur Aufbewahrung von einzelnen Dingen beim Einkauf). Wenn wir ehrlich sind, muss sich damit die lexikalische Semantik mit reinen Bedeutungsumschreibungen begnügen.

Häufig wird der Versuch unternommen, Wörtern zwei prinzipiell verschiedene Arten der Ausdrückbarkeit von Bedeutungen zuzusprechen. Zum einen soll die Ausdrückbarkeit in einer direkten, unmittelbaren Weise geschehen, zum anderen in einer indirekten, von anderen Wörtern abhängigen Weise. Otto (1943, 8) spricht für die Inhalte im ersten Fall von Begriffsbedeutung und im zweiten Fall von Beziehungsbedeutung. Formen, die eine solche Begriffsbedeutung tragen sollen, werden ›Vollwörter‹, ›Bedeutungswörter‹, ›Autosemantika‹ oder ›kategorematische Ausdrücke‹

genannt, während für Formen, die eine solche Beziehungsbedeutung tragen sollen, ›Strukturwörter‹, ›Funktionswörter‹ oder ›synkategorematische Ausdrücke‹ reserviert sind. Der Versuch einer solchen Trennung geht einher mit der Vorstellung, dass auf der Inhaltsebene eine analog klare Unterscheidung zwischen eher objekthaft konzipierten Inhalten und eher relational konzipierten Inhalten möglich ist. Bereits aufgrund rein formaler Gesichtspunkte muss diese Sichtweise zurückgewiesen werden, denn relational konzipierte Inhalte auf einer Ebene lassen sich auf einer abstrakteren Ebene selbst wieder als Objekte konzipieren. Wichtiger noch, diejenigen Wörter, die mit objekthaften Inhalten fraglos einhergehen sollten, nämlich die Eigennamen, lassen sich nicht allein in dieser Weise beschreiben. Mit einem Eigennamen wird über den unmittelbaren Bezug auf eine Person, der Referenz, immer auch noch etwas Zusätzliches ausgesagt. Vergleichen wir hierzu die Sätze

(1) *Schiller war Zögling der Karlsschule.*
(2) *Schiller wurde 1789 zum unbesoldeten Professor der Geschichte und Philosophie in Jena ernannt.*

Bei Satz (1) ist mit dem Namen *Schiller* der junge, ungestüme Schiller gemeint, während diese Phase mit dem Gebrauch des Namens *Schiller* in Satz (2) bereits vorbei ist. Unterschiedliche Lebensabschnitte mit ihren verschiedenen Konnotationen werden mit ein und demselben Eigennamen in diesen Sätzen bezeichnet. Das über das rein Objekthafte Hinausgehende wird nun erst über die Beziehungen zu den anderen Elementen im Satz deutlich. So entscheidet der jeweilige Kontext des Namens *Schiller* in den beiden Sätzen, was über den reinen Bezug auf die Person ›Friedrich Schiller‹ mit angedeutet wird. Ähnliche Überlegungen können für diejenigen Wörter angestellt werden, die mit relational konzipierten Inhalten fraglos einhergehen sollen. So kann zwar auf der einen Seite der Inhalt der Konjunktion *als* im Deutschen mit ›näher zu bezeichnende temporale Beziehung, die zwischen zwei Sachverhalten herrscht‹ charakterisiert werden, auf der anderen Seite muss diese Charakterisierung aber wiederum präzisiert werden, um eine Differenzierung zu anderen temporalen Konjunktionen wie *ehe*, *nachdem* usw. zu erzielen. In diesem Fall wird die präzisierte temporale Relation selbst wieder als Objekt betrachtet.

Die einzige Möglichkeit, wie wir diese Ergebnisse verwerten können, ist die Ablehnung jeglicher klaren Unterscheidung zwischen sog. Vollwörtern und sog. Strukturwörtern. Jedes Wort hat einen direkten Anteil an Bedeutung und einen indirekten Anteil an Bedeutung. Die Verteilung der Anteile wird von Wort zu Wort und dann auch von Wortart zu Wortart variieren,

aber es gibt letztlich keine prinzipiellen, absoluten Unterschiede. Dies sollte uns nicht überraschen, wenn wir berücksichtigen, dass die Wörter in
Phrasen miteinander kombiniert werden. Insofern muss jedes Wort einen
Eigenbeitrag zur Gesamtbedeutung der Phrase leisten, was den objekthaft
konzipierten Anteil ausmacht, und bestimmte Anziehungskräfte und bestimmte Abstoßungskräfte auf andere Wörter in der Phrase ausüben, was
den relational konzipierten Anteil ausmacht.

5. Die Komplexität der Bedeutung

Ein Modell der Beschreibung, das die Flexibilität zwischen den beiden bereits angesprochenen Tendenzen der Abstraktion und der Konkretisierung
bewahrt, arbeitet am besten mit verschiedenen Ebenen und sollte folgenden Erscheinungen Rechnung tragen:
Der Wortschatz einer natürlichen Sprache weist einige Wörter auf, die bei
jeder Verwendung mit ihrem globalen Inhalt gleichermaßen involviert sind.
Solche Wörter nennen wir ›monosem‹ bzw. ›eindeutig‹. Beispiele im Deutschen für monoseme Wörter sind *eber* mit dem Inhalt ›männliches Haus-
schwein‹ und *grammofon* mit dem Inhalt ›Plattenspieler‹.
Bei genauerer Betrachtung des Wortschatzes bzw. bei einer Orientierung
im Wörterbuch wird man rasch bemerken, dass es relativ wenige monoseme
Wörter gibt. Die Mehrzahl der Wörter scheint eine komplexere Inhaltsseite
aufzuweisen. Bei diesen Wörtern wird bei einer Verwendung niemals der
gesamte globale Inhalt involviert, vielmehr jeweils ein in sich geschlossener
Teil des Inhalts. Solche Teile des globalen Inhalts nennen wir ›Lesarten‹
und solche Wörter sind polysem bzw. viel- oder mehrdeutig.
Auf der allgemeinsten Ebene lassen sich die Verwendungen polysemer
Wörter und damit deren Lesarten bestimmten Domänen zuordnen. Mit
Domänen meinen wir allgemeine Bereiche, die in der Sprache thematisiert
werden. Als Domänen kommen somit Bereiche wie Raum/Lokalität, Zeit/
Temporalität, Modalität, Kausalität, Emotionalität in Frage, aber sicherlich
auch analog zu einer Unterteilung der Varietäten einer Sprache in allge-
mein- und sondersprachliche Bereiche wie Alltag, Jagd, Computer, Recht
und Sport. Da solche Domänen nicht unbedingt klar voneinander differenziert sind, kann es manchmal mehrere Domänen als Kandidaten geben.
Präpositionen sind auf den ersten Blick zwar kleine, unscheinbare Wörter,
aber sie sind häufig in hohem Maße polysem. Betrachten wir die Präposition *in* mit folgenden Verwendungen:

(3) *Wir treffen uns in der Stadt.*

(4) *Wir treffen uns in zwei Tagen,*

dann wird im Falle von Beispiel (3) eine Lesart von *in* involviert, die zur Domäne ›Lokalität‹ gehört und im Falle von Beispiel (4) eine andere Lesart von *in*, die zur Domäne ›Temporalität‹ zählt.

Da Domänen relativ allgemeine Bereiche umfassen, sollte es nicht überraschen, dass manche polyseme Wörter verschiedene Lesarten aufweisen, die alle ein und derselben Domäne zugeordnet werden können. Man vergleiche hierzu die beiden Verwendungen der Präposition *um*:

(5) *Wir treffen uns um 8 Uhr vor dem Kinoeingang.*

(6) *Meine Dissertation sollte um die Osterzeit fertig werden.*

Beide Verwendungen sind der Domäne ›Temporalität‹ zuzuordnen, dennoch scheinen jeweils in sich verschiedene geschlossene Teile des globalen Inhalts von *um* angesprochen zu werden. Die Art und Weise der zeitlichen Festlegungen in (5) und (6) ist deutlich verschieden: In Beispiel (5) ist eine präzise Festlegung des Treffens gemeint, während in Beispiel (6) mit der Osterzeit eine ungefähre Festlegung angegeben wird. Da wir diese Lesarten voneinander unterscheiden wollen, müssen wir eine weitere Ebene der Differenzierung unterhalb der Ebene der Domänen vorsehen. Wir sprechen hier von Aspekten, die zur Spezifizierung von einzelnen Lesarten herangezogen werden können. Für Beispiel (5) ist somit der Aspekt ›präzise Zeitangabe‹ zuständig und bei Beispiel (6) der Aspekt ›ungefähre Zeitangabe‹.

Lesarten, als Kategorien betrachtet, weisen die bereits unter 2. angeführten Eigenschaften auf: Verwendungen einer Lesart werden nicht alle gleich gute Repräsentanten der Lesart darstellen, die Verwendungen weisen Familienähnlichkeiten untereinander auf und es mag Abgrenzungsschwierigkeiten zu Verwendungen einer anderen Lesart geben. Die Konzentration auf die erste Erscheinung der unterschiedlichen Güte der Repräsentanten führt uns zu einer weiteren Komplexität des Bedeutungsbegriffs.

Die Lesarten des Substantivs *tasse* lassen eine grobe Unterteilung in die Domänen ›Objekt‹ und ›Maß‹ zu. Innerhalb der Objektdomäne haben wir eine kulturell geprägte Vorstellung von Tassen. Man denke z. B. an die typische Gestalt einer bei uns gebräuchlichen Tasse und die in Japan für eine Teezeremonie verwendeten Tassen. Zu den bei uns gebräuchlichen Tassen passt wohl ganz gut eine Verwendung wie

(7) A: *Deck mir bitte den Frühstückstisch.*

   B: *Welche Tassen soll ich nehmen?*,

weniger dagegen eine Verwendung wie

(8) *Pass auf, beide Hände für die Tasse, Anna!*

Wenn wir jedoch herausfinden, dass es sich bei Anna um ein Kleinkind handelt, das gerade das Trinken aus einer Schnabeltasse lernt, dann ist nichts mehr ungewöhnlich mit dem Vorkommen von *tasse* in Beispiel (8). Schnabeltassen weisen im Unterschied zu Kaffeetassen zwei Henkel auf. Gleichzeitig würden wir wohl nicht von verschiedenen Lesarten für *tasse* bei (7) und (8) reden wollen. Das Objekt ›Tasse‹ lässt vielmehr verschiedene Vorstellungen seiner ›guten‹ Gestalt zu, je nachdem, welche Gesichtspunkte spezifiziert werden. Für die Verwendung in (7) haben wir den Gesichtspunkt ›Frühstück für Erwachsene‹, wohingegen für die Verwendung in (8) der Gesichtspunkt ›Frühstück für Kleinkind‹ relevant wäre. D. h. die Güteverteilung der Repräsentanten einer Lesart kann je nach Gesichtspunkt variieren und ist nicht ein für alle Mal fest vorgegeben. Diese Art von Flexibilität und Dynamik in den gegebenen Strukturen ist für den erfolgreichen Einsatz von Sprache als Kommunikationsmittel wichtig. In der Kommunikation wechseln Gesichtspunkte und Perspektiven laufend, wobei es von Vorteil ist, wenn ein und dieselbe Form verschiedene Gesichtspunkte abdecken kann.

Bei dem Vergleich der eingeführten Begrifflichkeit untereinander ist es wichtig zu beachten, dass die Begriffe ›Domäne‹, ›Aspekt‹ und ›Gesichtspunkt‹ relativ zueinander zu sehen sind. Je nach Komplexität des Inhalts wird man entweder alle drei Begriffe oder eventuell nur einen der Begriffe verwenden wollen. Dabei kann dann auch ein Bereich, der in einem Zusammenhang als ›Domäne‹ bezeichnet wird, in anderen Zusammenhängen als ›Aspekt‹ auftreten. ›Domäne‹ und ›Aspekt‹ sind Begriffe, die zur Charakterisierung von Lesarten dienen, wohingegen ›Gesichtspunkt‹ zur Charakterisierung bestimmter Vorstellungen innerhalb einer Lesart herangezogen wird.

6. Polysemie als Struktur der Lesarten

Es ist sicherlich ein Gewinn an Effizienz, wenn der Inhalt einer Form in unterschiedliche Teile zerlegt und damit mit einer Form unterschiedliche Dinge ausgedrückt werden können. Der Inhalt solcher polysemer Wörter besteht aus voneinander unterschiedenen Lesarten. Nun ist der Inhalt solcher Wörter jedoch nicht einfach eine arbiträr angeordnete Liste der Lesarten. Ganz im Gegenteil: Die Lesarten bilden untereinander eine strukturierte Einheit mit klaren Ähnlichkeiten.

Gehen wir zurück zu unserer Präposition *in* mit den Verwendungen in Beispielen (3) und (4). Obwohl zwei verschiedene Domänen involviert sind, können wir klare Ähnlichkeiten erkennen: Bei einer traditionellen Vorstellung von Raum und Zeit sehen wir den Raum als dreidimensionale Entität und die Zeit als eindimensionale Entität oder als eindimensionalen Raum. Die Verwendung in (3) kann als Lokalisierung eines Ereignisses – das Treffen – innerhalb eines drei- oder zweidimensionalen Behälters, sprich in einem Raum oder einer Fläche, gesehen werden. Insofern kann dann die Verwendung in (4) ebenfalls als ›Lokalisierung‹ eines Ereignisses – das Treffen – in einem eindimensionalen Behälter, sprich in einem Intervall, verstanden werden. Vergleichen wir die Illustrationen:

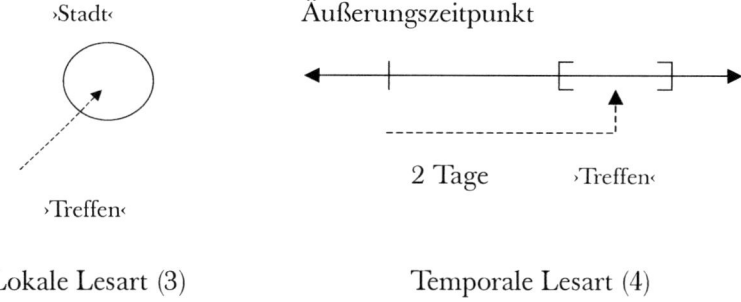

Lokale Lesart (3)   Temporale Lesart (4)

Wir haben hier eine klare Verbindung zwischen einer konkreteren Vorstellung und einer etwas abstrakteren Vorstellung. Solche Verbindungen mit einem konkreteren Ausgangspunkt zu einem abstrakteren Zielpunkt sind aus der historischen Semantik wohl bekannt.[7]

Selbstverständlich könnte man nun geneigt sein, diese zwei Lesarten in eine einzige zu kombinieren: Wir könnten für den Inhalt der Präposition *in* z. B. einen Teil ansetzen, der die Relation zwischen den Manifestationen zweier Entitäten vorsieht, wobei die Manifestation der einen Entität Anteil an der Manifestation der anderen Entität hat. Je nach Kontext ließe sich dann die Relation lokal oder temporal interpretieren. In diesem Fall hätten wir eine Lesart mit uninterpretierter, abstrakter Relation im Vergleich zu dem geschilderten Fall von einer lokalen und einer temporalen Lesart mit klarer Verbindung.

---

[7] Vgl. z. B. Fritz (1998, 3.3).

Auf der Ebene der Beschreibung sind beide Möglichkeiten denkbar. Wir werden an dieser Stelle wieder von dem bereits angesprochenen allgemeinen Dilemma zwischen dem anzustrebenden Grad der Abstraktion und dem anzustrebenden Grad der Konkretisierung eingeholt. Nicht nur die historisch bekannte Entwicklung der temporalen Lesart aus der lokalen Lesart, auch die jedem Sprecher/jeder Sprecherin vertraute und sinnlich zugängliche räumliche Umgebung führt uns allerdings dazu, lieber mit Domänen wie Raum und Zeit zu arbeiten.

Wenn wir nun von Polysemie eines Wortes reden, dann ist damit für den Semantiker/die Semantikerin die Aufgabe verbunden, über die in Wörterbüchern angeführten Listen von Lesarten hinaus die darunter liegende Struktur der Lesarten aufzuzeigen.

Wir wollen dies an einem Beispiel demonstrieren und wählen hierfür das polyseme Verb *einwerfen*. Ein Blick in die gegenwartssprachlichen Wörterbücher liefert für *einwerfen* folgende Lesarten:[8]

(L1) ›einen Brief/eine Postkarte, in einen Briefkasten werfen, damit er/sie durch die Post nach B befördert wird‹; z. B. *Würdest du bitte für mich die Postkarte einwerfen?*

(L2) ›eine Münze in einen Automaten stecken‹; z. B. *Du musst eine Mark einwerfen, dann bekommst du drei Spiele.*

(L3) ›Etwas durch Werfen zerstören‹; z. B. *Die Jungs haben schon wieder eine Scheibe eingeworfen.*

(L4) ›Jemanden im Sprechen unterbrechen‹; z. B. *Lassen Sie mich folgende Bemerkung einwerfen.*

(L5) ›einen Ball nach den Regeln des Spiels in das Spielfeld werfen‹; z. B. *Der Spieler wirft den Ball vom Seitenaus ein.*

(L6) ›den Ball ins Tor werfen‹; z. B. *in letzter Minute konnte er den Ball zum Sieg einwerfen.*

Folgende Domänen und Aspekte können für diese Lesarten Anwendung finden:

L1: Domäne ›Alltag‹, Aspekt ›Transfer‹
L2: Domäne ›Alltag/Spiel‹, Aspekt ›Transfer‹
L3: Domäne ›Freizeit‹, Aspekt ›Streiche‹
L4: Domäne ›Konversation‹, Aspekt ›Sprecherwechsel‹
L5: Domäne ›Ballsport‹, Aspekt ›Spielzug/Transfer‹
L6: Domäne ›Handball‹, Aspekt ›Transfer‹

---

[8] Vgl. Duden WB (1999, 990); Langenscheidt WB (1997, 271); dtv WB (1978, 244). Die Wörterbücher stimmen keinesfalls in ihren Listen überein und die aufgeführten Formulierungen sind weitgehend meine eigenen.

Die Struktur der Lesarten, die den gesamten Inhalt von *einwerfen* ausmacht, wird am besten über ein Diagramm ersichtlich. Einige erläuternde Kommentare müssen genügen: Die gewählte Struktur erfasst die Ähnlichkeiten, wie sie vom synchronen Standpunkt des Gegenwartsdeutschen zu sehen sind. L1 und L2 sind zwar eng miteinander verbunden, aber im Gegensatz zum Duden-Wörterbuch setzen wir verschiedene Lesarten an. L1 verkörpert am besten die allgemeine Idee des Transfers, und die Bereiche sind deutlich voneinander getrennt. Mit fortschreitender Entwicklung der Telekommunikation mag sehr wohl die Relevanz von L1 schwinden. L5 und L6 sind ebenfalls eng miteinander verbunden und haben eine klare Ähnlichkeit zu L1 und L2 über die gemeinsame Transfer-Vorstellung. L3 ist auf den ersten Blick der Außenseiter, ist aber über die Idee der ›Zerstörung‹ mit L4 verbunden. Der Übergang von der allgemeinen Transfer-Vorstellung zu dem Fokus auf die Wirkung in der Endphase vermittelt schließlich die Ähnlichkeit zwischen L1, L2 und L4.

INHALT VON *einwerfen*:

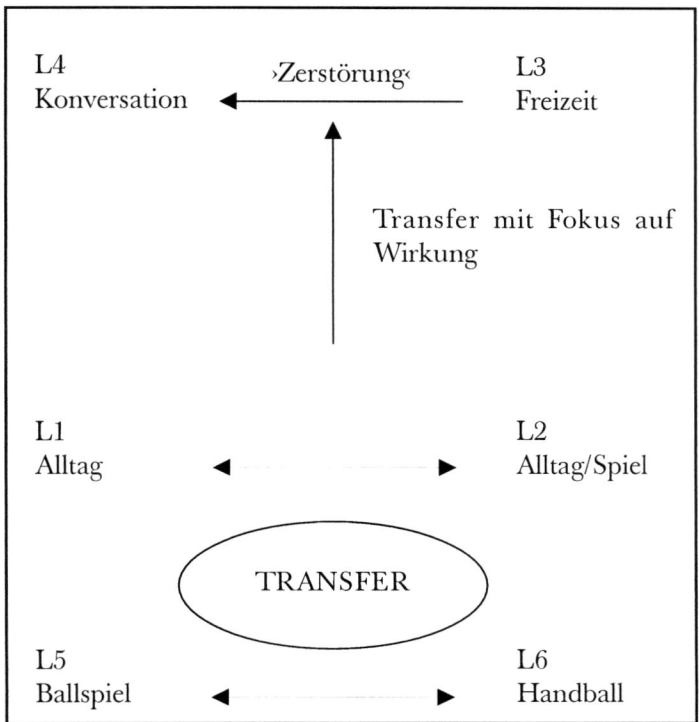

Die Ähnlichkeiten zwischen den einzelnen Lesarten eines polysemen Wortes sind letztlich die Begründung für die Erfassung der Lesarten als Teile eines globalen Inhaltes, womit die Einheit des Wortes gewährleistet ist. So wie Tag und Nacht unweigerlich zusammengehören, können wir auch unter der Einheit des Wortes das Extrem von untereinander gegensätzlichen Lesarten als Teil der polysemen Struktur finden. Carl Abel (1884) hat diese Erscheinung ›Gegensinn‹ genannt und die Beispiele (9) und (10) zeigen, dass das Verb *abhalten* ein solches Beispiel für Gegensinn darstellt:

(9) *Seine Geistesgegenwart am Steuer hielt ein größeres Unheil ab.*

(10) *Der Gemeinderat hielt letztes Jahr Wahlen ab.*

(9) illustriert eine Lesart im Sinne von ›etwas kommt nicht zustande‹ und (10) illustriert eine Lesart im Sinne von ›etwas kommt zustande‹. Beide Lesarten gehören zur Domäne ›Alltag‹.[9]

Im Unterschied zur Polysemie gibt es Wörter, deren Formen aus synchron nicht einsichtigen Gründen identisch sind und völlig unzusammenhängende Inhalte aufweisen. Solche Wörter sind Homonyme und Beispiele hierfür sind: *kiefer* mit Inhalt ›Knochen, aus denen die Zähne wachsen‹ vs. *kiefer* mit Inhalt ›Nadelbaum‹; *gericht* mit Inhalt ›Justiz‹ vs. *gericht* mit Inhalt ›Speise‹ und *futter* mit Inhalt ›Nahrung für Tiere‹ vs. *futter* mit Inhalt ›innere Stoffschicht‹. Häufig wird die Sichtweise als unterschiedliche Wörter durch grammatikalische Unterschiede wie z. B. Genus unterstützt, aber, wie das Beispiel *futter* zeigt, ist dies nicht immer der Fall.

Wir haben uns bei der Diskussion von Polysemie und Homonymie konsequent auf den synchronen Standpunkt gestellt. Theoretisch könnte man auch diachrone Kriterien mit einführen. Solange jedoch für die jeweiligen Wörter deren Ursprung und Form- und Bedeutungsentwicklung nicht lückenlos bekannt ist, ist deren Anwendbarkeit nicht garantiert. Ferner will man mit den Entscheidungen nahe am Empfinden der gegenwartssprachlichen Sprachgemeinschaft verbleiben.

7. Synonymie

Das Gegenstück zur Homonymie, wo wir zwei Wörter mit identischer Form und verschiedenen Inhalten haben, ist der Fall der Synonymie, wo wir zwei Wörter mit verschiedenen Formen und identischen Inhalten haben. Bei-

---

[9] Weitere Details zum Gegensinn können in Lutzeier (1997) gefunden werden.

spiele für diese allgemeine Auffassung von ›totaler‹ Synonymie sind wohl nicht im Wortschatz des Deutschen zu finden. Manche Linguisten/Linguistinnen, so etwa Lyons (1968, 7), würden sogar behaupten, es könne solche Synonyme überhaupt nicht geben, denn sie bedeuteten eine Irregularität der Sprache bzw. einen völligen Luxus für die Sprecher/Sprecherinnen der Sprache. Mit der Zunahme an Formen wäre nichts gewonnen, da sich auf der Inhaltsebene keine neuen Möglichkeiten ergeben würden. Historisch gesehen käme Bréals (1924, 26) ›loi de la répartition‹ ins Spiel: ein Gesetz, das aussagt, dass alles, was aus irgendwelchem Grunde aus ›verschiedenen Richtungen‹ auf der Formebene oder Inhaltsebene zusammengefallen ist, wiederum differenziert werden muss.

Wenn wir uns an die Erörterungen zur Komplexität der Bedeutungen in 5. erinnern, dann wäre es in der Tat überraschend, wenn die Möglichkeiten der Differenzierung nicht an wenigstens einer Stelle der verschiedenen Ebenen ausgenutzt würden. So finden wir Beispiele, die auf den ersten Blick als Kandidaten für (totale) Synonymie aussehen, bei näherer Betrachtung der tatsächlichen Verwendung aber bald Unterschiede aufweisen. Nehmen wir etwa die beiden Substantive *ferien* und *urlaub*. Gegenseitige Ersetzbarkeit ohne entscheidende Unterschiede können wir bei den Sätzen (11) bis (14) erkennen:

(11) *vom 1.8. bis 20.8. machen wir Ferien*

(12) *vom 1.8. bis 20.8. machen wir Urlaub*,

als Mitteilung an der Tür eines Geschäftes,

(13) *sie verbringt ihren Urlaub an der See*

(14) *sie verbringt ihre Ferien an der See*,

als Auskunft über die Abwesenheit einer Dozentin.

Unterschiede bei den Komposita *semesterferien/schulferien* vs. **semesterurlaub/ *schulurlaub* sind nun sicherlich nicht nur Ausdruck zufälliger Kombinationsbeschränkungen, sie führen uns vielmehr auf eine entscheidende Spur: *urlaub* profiliert tendenziell die Gruppe von Menschen, die unter einem Arbeitsvertrag stehen. Auf diesem Hintergrund stellen Studenten/Studentinnen genauso wie Pensionäre und Arbeitslose allenfalls eine Randgruppe der Kategorie *urlaub* dar. Man würde demnach (14) als Aussage über eine Studentin der Aussage (13) vorziehen.

Was wir somit bei verschiedenen Wörtern allenfalls erwarten sollten, ist eine partielle Synonymie, d. h. eine Situation, bei der die Wörter einzelne identische Lesarten aufweisen. So passen sowohl *urlaub* als auch *ferien* zur Domäne ›Lebensrhythmus des Menschen‹ und bei der Angabe des Aspektes A1 = ›Abstand vom normalen Alltag‹ können wir für diesen Aspekt A1 wohl von partieller Synonymie der beiden Substantive sprechen. Sobald wir jedoch den Aspekt A2 = ›Abstand von vertraglicher Tätigkeit‹ annehmen, ergibt sich eine klare Differenzierung zwischen beiden Substantiven: *urlaub* weist eine Lesart auf, die zu dem Aspekt A2 passt, während dies für *ferien* nicht gilt.

Die bereits betonte Flexibilität der Sprache erweist sich auch hier wieder als vorteilhaft. Ähnlichkeiten bzw. Verschiedenheiten zwischen Lesarten können sprachlich ausgenützt werden. So lassen sich für ein vorgegebenes Wortpaar jeweils Kontexte finden, die die Gemeinsamkeiten betonen und Kontexte finden, die die Verschiedenheit betonen. Nehmen wir zur Illustration die beiden Elemente *München* und *die Hauptstadt Bayerns* und vergleichen Satz (15) mit Satz (16):

(15) *München ist die Hauptstad Bayerns.*

(16) *München steht als Hauptstadt Bayerns nicht zur Diskussion und auch als Industriestandort braucht es in Bayern keinen Vergleich zu scheuen.*

Satz (15) hat die Form eines klassischen Identitätssatzes. Solange jedoch die beiden Argumente des Kopulaverbs *sein* nicht identisch sind, vgl. *München ist München* bzw. *die Hauptstadt Bayerns ist die Hauptstadt Bayerns*, kann von absoluter Identität keine Rede sein. Allenfalls wird von einer Gleichheit hinsichtlich einiger Gesichtspunkte auf dem Hintergrund eines gemeinsamen Rahmens gesprochen. Sowohl für (15) als auch für (16) können wir von dem Rahmen ›Stadt‹ ausgehen. Die in (15) behauptete Gleichheit betrifft nun den Gesichtspunkt des politischen, repräsentativen Status der Stadt München bzw. der Hauptstadt Bayerns. Die ›Stadt‹auffassung von München erschöpft sich jedoch nicht im politischen, repräsentativen Status, wie an (16) abzulesen ist.

Die relevanten Gesichtspunkte ergeben sich aus der konkreten Äußerungssituation und dem jeweiligen sprachlichen Kontext. Sprache erlaubt uns auf dem Hintergrund solcher unterstützender Informationen, mit dem Reichtum der Lesarten flexibel und gemäß unserer Intentionen umzugehen.

8. Bedeutungskonzeptionen

Wenn wir von Bedeutungen reden, dann liegt es in der Natur der Sache, dass wir uns diesen Bedeutungen nur in der Form eines konkreten Mediums wie der Sprache oder der Bildlichkeit nähern können. Die Arten der jeweiligen Bedeutungsumschreibungen hängen dabei von den Bedeutungskonzeptionen ab, die in der lexikalischen Semantik gängig waren bzw. sind. Wir führen hier kurz die Merkmalskonzeption, die gebrauchstheoretische Konzeption, die psychologische Konzeption und die holistische Konzeption an. Dabei muss deutlich gesagt werden, dass jede angeführte Konzeption selbstverständlich selbst wiederum für eine ganze Bandbreite von Spielarten steht, der in der jeweiligen Grobcharakterisierung hier nicht Rechnung getragen werden kann.

8.1 Merkmalskonzeption

Spielarten der Merkmalskonzeption arbeiten mit der Vorstellung, dass Bedeutungen zerlegbar sind und somit der Inhalt eines Wortes in Komponenten/Merkmale zerlegt werden kann. Der Prozess der Ermittlung solcher Komponenten wird auch gerne ›Komponentialanalyse‹ genannt. Ein typisches Zitat für diesen Ansatz liefert Bendix (1971, 393): »A minimal definition of the meaning of an item will be a statement of the semantic components necessary and sufficient to distinguish the meaning paradigmatically from the meanings of all other items in the language.« Das anvisierte Ziel der Ausdifferenzierung eines Wortes im Vergleich zu allen anderen Wörtern im Wortschatz lässt sich im praktischen Vorgehen, wenn überhaupt, nur schrittweise angehen. Man beginnt normalerweise mit dem Versuch der Kontrastierung von zwei Wörtern. Vorbild für dieses Vorgehen ist das bekannte Aufstellen von Minimalpaaren in der Phonologie (vgl. den Beitrag von Helmut Spiekermann in diesem Band, Abschnitt 3). Bei der Komponentialanalyse ist die Idee vorherrschend, solche zwei Wörter als Minimalpaar zu behandeln, die auf dem Hintergrund einer größtmöglichen semantischen Gemeinsamkeit sich bezüglich einer Dimension nur in einem Merkmal voneinander unterscheiden und so sukzessive für das zu untersuchende Wort die relevanten Merkmale aufzufinden. Die Formen *vater* und *mutter* können als Beispiel dienen: Die Substantive bilden ein Minimalpaar, da sie sowohl bedeutungsmäßig vieles gemeinsam haben – beides sind Verwandtschaftsbezeichnungen –, als auch bezüglich einer Dimension, der Dimension ›Geschlecht‹, in nur einem Merkmal voneinander unterschieden sind. Wir erhalten hierdurch für *vater* das Merkmal ›männlich‹ und für *mutter* das Merkmal ›weiblich‹.

Die Merkmalskonzeption liefert somit immerhin ein konkretes Verfahren für die schrittweise Ermittlung des Inhalts lexikalischer Elemente. Sie hat deshalb in der Semantik schon immer eine weite Verbreitung gefunden und wird nicht nur in der Linguistik, sondern auch in mit Feldforschungen beschäftigten Disziplinen wie der Anthropologie angewandt. Das Verfahren lässt sich jedoch selten so problemlos anwenden wie bei unserem Beispiel. Im Unterschied zur Minimalpaaranalyse in der Phonologie haben wir keine generell akzeptierte Liste von semantischen Merkmalen. Ferner herrscht keine Einigkeit über den Status dieser Merkmale. Sind sie einfach sprachliche Etiketten, die dann in der Summe eine Bedeutungsumschreibung im Sinne einer Paraphrase liefern, oder sind sie sprachliche Ausdrücke mentaler Einheiten? Es ist höchst beeindruckend, wie Wierzbicka (1985) sich von beiden Problemen nicht abhalten lässt und zweifellos beachtenswerte Analysen für den Wortschatz einer natürlichen Sprache in Form der Merkmalskonzeption angibt.

8.2 Gebrauchstheoretische Konzeption

Spielarten der gebrauchstheoretischen Konzeption lehnen in Übereinstimmung mit dem Philosophen Ludwig Wittgenstein jedes direkte Reden über Inhalte ab und interessieren sich stattdessen für die Bandbreite der Verwendungen eines Wortes in schrift- und lautsprachlichen Texten. Neben dem Herkunftsbereich in der Philosophie findet dieser Ansatz besonderen Anklang in der Pragmatik. Reden und Schreiben erfolgt hiernach in Form von in Äußerungen gegebenen Sprachspielen und lexikalische Elemente leisten ihren Beitrag zu solchen Sprachspielen. Das selbstverständliche Umgehen mit interaktiven Sprachspielen ist es, worauf es für den Sprachteilnehmer/die Sprachteilnehmerin ankommt. Man kann nur dann in einer Sprachgemeinschaft erfolgreich kommunizieren, wenn man die Sprachspiele kennt, die durch einzelne Ausdrücke hervorgerufen werden.

Zwar hat man damit die zentrale Frage nach der Bedeutung vermieden, aber selbstverständlich tun sich mit diesem Ansatz ebenfalls immense Probleme auf. Da Gebrauch mit Realisierungen zu tun hat, wird man zu jedem Zeitpunkt immer nur einen Ausschnitt der tatsächlichen Verwendungen erfassen können, von den noch nicht realisierten, potenziellen Verwendungen ganz zu schweigen. Bei jeder konkreten Beschreibung wird man ferner wiederum bald von dem Dilemma zwischen der Tendenz zur Abstraktion und der Tendenz zur Konkretisierung eingeholt.

Die lexikalische Semantik kann sich mit der Ablehnung des Redens über Bedeutung nicht zufrieden geben. Sie muss es aber auch nicht: Aufgrund eines bestimmten Inhalts oder einer bestimmten Lesart kann ein Wort in bestimmten Kontexten auftreten. Deshalb kann die Ermittlung von Gebrauchsweisen im Sinne der gebrauchstheoretischen Konzeption als nützlicher Schritt auf dem Weg zur Erfassung des Inhalts von Wörtern angesehen werden. Eine ausgezeichnete Demonstration dieses Vorgehens liefert z. B. Hindelang (2000).

8.3 Psychologische Konzeption

Spielarten der psychologischen Konzeption sehen Bedeutungen konsequent als Begriffe, mentale Entitäten an oder sie benützen Verfahrensweisen, die in der experimentellen Psychologie vertraut sind (vgl. den Beitrag von Jürgen Dittmann in diesem Band, Abschnitt 1). Eine Kombination beider Möglichkeiten ist die sog. Prototypentheorie, die im Zuge kognitiver Tendenzen auch in der Sprachwissenschaft Anklang gefunden hat.

Die Psychologin Eleanor Rosch beschäftigte sich mit Fragen der Kategorisierung von in erster Linie konkreten, perzeptuell erfassbaren Dingen der Wirklichkeit. In zahlreichen Experimenten ergaben sich die bereits unter 2. für sprachliche Kategorien angeführten Eigenschaften: Kategorien solcher Objekte sind nicht homogen, sie haben bessere und weniger gute Mitglieder. Die Grenzen der Kategorien sind häufig fließend und die Mitgliedschaft in der Kategorie lässt sich nicht über die Angabe essenzieller Eigenschaften klären. Die Mitglieder weisen eher die Eigenschaft der Familienähnlichkeit auf.

Für die Kategorie ›Vogel‹ stellte sich in USA das Rotkehlchen als ›bestes‹ Exemplar der Kategorie heraus. Als notwendige Merkmale für Vögel ergaben sich die Eigenschaften ›zwei Flügel‹, ›zwei Beine‹, ›einen Schnabel‹, ›Federn‹ und ›legt Eier‹. Für die Bewertung der Güte einzelner Mitglieder schienen jedoch Eigenschaften wie ›kann fliegen‹ und ›zwitschert oder singt‹ sehr viel wichtiger zu sein. Dies erklärt, weshalb Vögel wie Papageien oder Strauße als weniger gute Exemplare eingestuft wurden, denn Papageien singen nicht und Strauße können nicht fliegen.

Die ›besten‹ Exemplare einer Kategorie wurden von Rosch (1973, 113) Prototyp genannt, wobei ein Prototyp als Referenzpunkt gesehen werden kann, um den sich die anderen Mitglieder gruppieren: »(…) subjects appear to operate inductively by abstracting a ›prototype‹ (a central tendency) of the distribution (…), a ›prototype‹ which then appears to ›operate‹ in classification and recognition of instances.« Die Ausführungen von Rosch sind leider selten präzise, insofern sind sie meist verschiedenen Interpretationen zugänglich. Dies gilt insbesondere auch für den Begriff ›Prototyp‹. Die für die Sprachwissenschaft wohl einleuchtendste Interpretation ist eine Auffassung, bei der Prototypen sich als mentale Repräsentationen, als kognitive Orientierungspunkte von Kategorien ergeben.[10] Bei dieser Auffassung ist dann auch von vornherein zu erwarten, dass die Prototypen sich je nach angenommenem Gesichtspunkt verändern können. Dies passt zu der von uns immer wieder betonten Flexibilität der Sprache, bei der lexikalische Elemente eben nicht kontextlos wie in den meisten Experimenten der Psychologie präsentiert werden.

8.4 Holistische Konzeption

Spielarten der holistischen Konzeption sehen Inhalte von Wörtern als ganzheitliche Einheiten an und stehen damit in klarem Gegensatz zu einer merkmalstheoretischen Konzeption (vgl. den Beitrag von Jürgen Dittmann in diesem Band, Abschnitt 3.4.2). Bedeutungen werden in diesem Zusammenhang häufig mit dem aus der Gestaltpsychologie bekannten Gestaltbegriff in Verbindung gebracht. Dabei sind folgende Eigenschaften von Gestalten wichtig:
– Je nach Gesichtspunkt kann man Teile aus der Gestalt aussondern, aber die Gestalt lässt sich nicht als einfache Kombination der Teile auffassen. Arnheim (1961, 91) formuliert dieses berühmte Prinzip ›Die Ganzheit ist mehr als die Summe seiner Teile‹ so: »We do not say: the whole is ›more‹ than the sum of the parts; we prefer to assert that the whole is ›something else‹ than the sum of its parts.«
– Eine Gestalt kann eine Eigenschaft besitzen, die keines seiner Teile besitzt. So kann man z. B. ein Quadrat als aus vier Dreiecken zusammengesetzt verstehen, jedoch die Eigenschaft ›quadratisch‹ wird nicht über die Dreiecke vererbt. Vergleiche die Illustration:

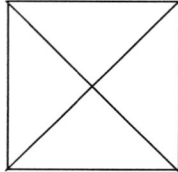

---

[10] Diese Auffassung findet sich in Rosch/Mervis (1975, 575).

– Gestalten stellen prägnante Figuren dar. D. h. unvollständige Figuren werden im Hinblick auf die ideale Figur vervollständigt. Also wird ein mit der Hand nicht perfekt gezeichneter Kreis dennoch als Kreis verstanden und ein nicht ganz zu Ende gezeichnetes Dreieck wird dennoch als Dreieck verstanden.

– Gestalten ergeben sich als auffallende, hervorstehende Figuren in der Umgebung eines Hintergrundes, d. h. Gesamteindrücke weisen immer eine Unterteilung in Figur und Grund auf. Die Unterteilung ist nicht eindeutig vorgegeben, aber bestimmte Eigenschaften mögen für den Status als Figur sprechen. Hierzu zählen unter anderem: (1) Ein bewegliches oder bewegtes Objekt gegenüber einem ruhenden Hintergrund, z. B. die Spinne an der Wand. (2) Ein Objekt kleinerer Größe, z. B. das Buch auf dem Tisch. (3) Geometrisch einfachere Objekte, z. B. der Mond am Nachthimmel. (4) Menschen vs. andere Lebewesen, z. B. *der Mann führt den Hund spazieren*. Solche ganzheitlichen Auffassungen passen sehr gut zu der bereits unter 3. angeführten Auffassung, dass Inhalte/Bedeutungen prinzipiell enzyklopädisch zu konzipieren sind. Der Philosoph Hilary Putnam kommt beiden Sichtweisen nahe, wenn er (1975, 169) die Vorstellungen eines Sprechers/einer Sprecherin mit Alltagstheorien in Verbindung bringt und hierfür den Begriff ›Stereotyp‹ einführt: »In ordinary parlance a ›stereotype‹ is a conventional (frequently malicious) idea (which may be wildly inaccurate) of what an X looks like or acts like or is.«
Ganzheitliche Konzeptionen stellen selbstverständlich für konkrete Beschreibungen ein Problem dar. Man kommt hierbei dann nicht umhin, entweder eine bildliche Repräsentation oder eine propositionale Repräsentation für ein Stereotyp zu geben, wobei die propositionale Repräsentation unweigerlich Anleihen bei einer merkmalstheoretischen Konzeption machen wird.

9. Methodologie

Die Theorie ist eine Seite der lexikalischen Semantik, die praktische Beschreibung ist eine andere und hier stellt sich dann die Frage nach den zu
benützenden Hilfsmitteln und den praktischen Vorgehensweisen.
Bedeutungswörterbücher stellen eine unentbehrliche Grundlage für das
konkrete Arbeiten in der lexikalischen Semantik dar. Allerdings muss man
sich die Grenzen der jeweiligen Angaben in Wörterbüchern deutlich vor
Augen führen: Selten ist das ›Vokabular‹ der Beschreibungssprache nor-
miert, d. h. selbst innerhalb ein und desselben Wörterbuches mag nicht
eine einheitliche, kontrollierte Verwendung von Oberbegriffen und spezifizierenden Merkmalen garantiert sein. Dies kann dann eventuell zu zirkulä-
ren Bedeutungsangaben führen. Ein Vergleich mehrerer Wörterbücher zeigt
sehr schnell, dass die Auffassungen zu Homonymie und Polysemie stark
variieren können. Gleiches gilt dann natürlich auch für die Listen von Lesarten für polyseme Wörter. Schließlich sind selbst Wörterbücher zur Gegenwartssprache unweigerlich nicht auf dem neuesten Stand.
In der lexikalischen Semantik kann man sich somit nicht auf die Wörterbücher als einziges Hilfsmittel verlassen. Jedes ernsthafte Arbeiten zu Fragen
der Inhaltsseite von Wörtern muss eine eigene empirische Seite aufweisen.
Dies heißt nichts anderes, als dass man sich um tatsächliche Verwendungen in schrift- und lautsprachlichen Texten kümmern muss. Dies kann geschehen, indem man sich auf vorhandene Korpora stützt und dort
Gebrauchsweisen der zu untersuchenden Wörter zusammenstellt. Neben
solchen auf dem weiteren Kontext basierenden Untersuchungen sollte man
auch die unmittelbare, benachbarte Kombinierbarkeit eines Wortes in Form
seiner Kollokationen zu Rate ziehen. Dies geht zurück auf die bereits früher angesprochene Idee der Anziehungs- und Abstoßungskräfte eines jeden Wortes.
So sehr man sich nun auch auf einzelne, konkrete Verwendungen einlässt,
jedes einzelne Beispiel muss vom Linguisten/von der Linguistin interpretiert werden. Bei diesem Prozess spielt die Intuition eine entscheidende Rolle.
Intuition wird häufig als eine unkontrollierte, nicht nachvollziehbare Erkenntnis abgetan. Ein besseres Verständnis von Intuition geht zurück auf
das lateinische *tueri* ›geistig etwas ansehen‹, was sehr wohl ein Element der
Reflexion, des Abstandnehmens mit sich bringt. Die mit Hilfe der Intuition
formulierten Hypothesen müssen dann am empirischen Material selbst
wieder bestätigt bzw. falsifiziert werden.

10. Literatur

Abel, Carl (1884): *Über den Gegensinn der Urworte*, Leipzig: Wilhelm Friedrich.

Arnheim, Rudolf (1961): »Gestalten – Yesterday and today«, in: *Documents of Gestalt Psychology*, hg. von Mary Henle, Berkeley: University of California Press, 90–96.

Bendix, Edward Herman (1971): »The data of semantic description«, in: *Semantics. An Interdisciplinary Reader in Philosophy, Linguistics and Psychology*, hg. von Danny D. Steinberg/Leon A. Jakobovits, Cambridge: At the University Press, 393–409.

Beyer, Horst/Beyer, Annelies (1987): *Sprichwörterlexikon*, München: Verlag C.H.Beck.

Die Bibel. Die Heilige Schrift des Alten und Neuen Bundes, Vollständige Deutsche Ausgabe, Freiburg im Breisgau: Verlag Herder 1965.

Bréal, Michel (1924), *Essai de sémantique. Science des significations*, Paris: Librairie Hachette (Sixième édition).

dtv–Wörterbuch der deutschen Sprache, hg. von Gerhard Wahrig, München: Deutscher Taschenbuch Verlag 1978.

Duden. Das große Wörterbuch der deutschen Sprache in zehn Bänden. Band 3: Einl–Geld, Mannheim: Dudenverlag (3. Auflage) 1999.

*Fritz, Gerd (1998): *Historische Semantik*, Stuttgart: Metzler Verlag.

Langenscheidts Großwörterbuch. Deutsch als Fremdsprache, hg. von Dieter Götz/Günther Haensch/Hans Wellmann, Berlin: Langenscheidt (8. Auflage) 1997.

Hindelang, Götz (2000): »Die Bedeutung von *schwarz* kann man nicht erraten«, in: *Sprachspiel und Bedeutung. Festschrift für Franz Hundsnurscher zum 65. Geburtstag*, hg. von Susanne Beckmann/Peter-Paul König/Georg Wolf, Tübingen: Niemeyer, 61–72.

Langford, Cooper Harold (1942): »Moore's notion of analysis«, in: *The Philosophy of G. E. Moore*, hg. von Paul Arthur Schilpp, Evanston: Northwestern University, 319–342.

*Lutzeier, Peter (1985): *Linguistische Semantik*, Stuttgart: Metzler Verlag.

*Lutzeier, Peter (1995): *Lexikologie. Ein Arbeitsbuch*, Tübingen: Stauffenburg Verlag.

Lutzeier, Peter (1997): »Gegensinn als besondere Form lexikalischer Ambiguität«, in: *Linguistische Berichte* 171, 381–395.

Lyons, John (1968): *Introduction to Theoretical Linguistics*, Cambridge: Cambridge University Press.

Otto, Ernst (1943): Sprache und Sprachbetrachtung. Eine Satzlehre unter Berücksichtigung der Wortart. *Abhandlungen der deutschen Akademie der Wissenschaften in Prag. Philosophisch-historische Klasse*, 7. Heft.

The Oxford Dictionary of English Proverbs, Oxford: at the Clarendon Press 1970 (3rd edition).

Putnam, Hilary (1975): »The meaning of meaning«, in: Hilary Putnam, *Mind, Language and Reality. Philosophical Papers Vol.2*, Cambridge: University Press, 215–271.

Rosch, Eleanor (1973): »On the internal structure of perceptual and semantic categories«, in: *Cognitive Development and the Acquisition of Language*, hg. von Timothy E. Moore, New York: Academic Press, 111–144.

Rosch, Eleanor (1978): »Principles of categorization«, in: *Cognition and Categorization*, hg. von Eleanor Rosch/Barbara B. Lloyd, Hillsdale (NJ): Lawrence Erlbaum, 27–48.

Rosch, Eleanor/Mervis, Carolyn B. (1975): »Family resemblances: studies in the internal structure of categories«, in: *Cognitive Psychology* 7, 573–605.

Wierzbicka, Anna (1985): *Lexicography and Conceptual Analysis*, Ann Arbor: Karoma.

Wittgenstein, Ludwig (1960): »Philosophische Untersuchungen«, in: Ludwig Wittgenstein, *Schriften 1*, Frankfurt am Main: Suhrkamp Verlag.

Norbert Richard Wolf

Wörter bilden. Grundzüge der Wortbildungslehre

1. Ein Wort besteht aus mehreren Teilen

In der Hamburger Wochenzeitung ›Die Zeit‹ vom 28. 12. 2000 findet sich auf S. 4 des Ressorts ›Leben‹ folgender Satz:

> Neulich flatterte mir schon wieder ein Haftbefehl gegen einen Bürger aus Ex-Jugoslawien auf den Tisch.

Dieser Satz besteht aus 15 Einheiten, die durch Spatien voneinander getrennt sind; diese Einheiten nennen wir gemeinhin ›Wörter‹. Auch dem unbefangenen Leser fällt auf, dass sich eine Reihe von Wörtern aus kleineren Einheiten, gewissermaßen aus ›unterwortwertigen‹ Einheiten zusammensetzt:

Neu-lich konstituiert sich rein ausdrucksseitig aus *neu-* und *-lich*; *neu* ist als Adjektiv wohl jedem Sprecher des Deutschen bekannt, *-lich* begegnet in zahlreichen Adjektiven und Adverbien.

Die Verbform *flatterte* enthält die Einheit *flatter-*, die die Bedeutung ›unruhig fliegen‹ hat, während *-te* die Tempusbedeutung ›Präteritum‹ ausdrückt.

Das Substantiv *Haftbefehl* setzt sich wiederum aus zwei Substantiven zusammen, und zwar aus *Haft* und aus *Befehl*, das sich seinerseits auf das Verbum *befehlen*, das eine Kombination aus der Basis *befehl-* und der Infinitivendung *-en* ist, zurückführen lässt.

Nur noch ein historisch oder/und sprachgeschichtlich gebildeter Leser wird *Bürger* auf *Burg* in der Bedeutung ›Stadt‹ beziehen und erkennen, dass wir im Substantiv *Städter* eine vergleichbare Bildung vor uns haben: *Bürg-er* und *Städt-er*, wobei bei beiden Bildungen auch der Umlaut ($u > ü$, $a > ä$) auffällt.

Ex-Jugoslawien ist schon durch den Bindestrich als eine spezielle Bildung erkennbar gemacht: Das Element *Ex-* bedeutet ›ehemalig‹, kommt heute ebenfalls in zahlreichen Wörtern vor (etwa *Exfreund, Expolitiker*) und bezeichnet einen Staat, der aus der seinerzeitigen südslawischen Föderation Jugoslawien hervorgegangen ist.

Wir finden in diesen wenigen Beispielen Elemente ganz unterschiedlicher Funktion (wobei wir das Namen-Zeichen *Jugoslawien* im Weiteren außer Acht lassen wollen) bzw. ganz unterschiedlicher Bedeutung; wir bezeichnen solche Elemente als **Morpheme** und meinen damit die kleinsten sprachlichen Einheiten, die (irgend)eine Bedeutung haben. Wie unsere Beispiele allesamt zeigen, müssen Morpheme nicht selbständig vorkommen, sondern begegnen häufig genug nur in Kombination mit anderen Morphemen. Im Einzelnen können wir drei Klassen von Morphemen unterscheiden:

neu-, flatter-, Haft-, -befehl oder *Burg* sind ›Basen‹ für die Bildung von Wortformen oder/und Wörtern: **Basis-/Grundmorpheme**, die durch eine lexikalisch-begriffliche Bedeutung gekennzeichnet sind und auf diese Weise, wie schon angedeutet, die ausdrucks- und inhaltsseitigen Kerne von Wörtern bilden.

Die Präteritalendung *-te-* oder das Infinitivflexiv *-en* haben nur eine sehr allgemeine, hauptsächlich grammatische Bedeutung, wie z. B. auch Kasusendungen beim Substantiv oder Adjektiv und Personalendungen beim Verb: **Flexionsmorpheme**, zu denen man auch die Artikelformen *der/den* oder *ein/einen* rechnen kann; sie werden zur Bildung von Wortformen benötigt.

-lich, -er oder *Ex-* dienen in Kooperation mit Basismorphemen der Bildung von (neuen) Wörtern: Aus einem Adjektiv wird ein Adverb (*neu* → *neu-lich*), aus der Bezeichnung für eine Stadt wird eine Personenbezeichnung (*Burg* → *Bürg-er*), und ein Staatsname wird zu einer Bezeichnung für ein ehemaliges politisches Gebilde, das so nicht mehr existiert (*Jugoslawien* → *Ex-Jugoslawien*): **Wortbildungs-/Formationsmorpheme**, auch **Affixe** genannt, die links vom Basismorphem als **Präfixe** und rechts davon als **Suffixe** zu stehen kommen.

Bisweilen werden die Basismorpheme auch als ›freie‹ Morpheme angesehen, das will sagen, dass ›freie‹ Morpheme ohne die Hilfe anderer Morphe wortfähig sind. Demgegenüber sind Wortbildungs- und Flexionsmorpheme

›gebundene‹ Morpheme. Diese plausibel scheinende Klassifikation trifft zumindest für das Deutsche nicht zu: Ein ›Kompositum‹ (darüber s. u. mehr) wie *Bügelbrett* hat die Wortbildungsbedeutung (darüber s. u. Genaueres) ›ein Brett zum Bügeln‹. Nun kann man *Brett* (zunächst ohne größere Schwierigkeiten) als ein freies Morphem ansehen, auf die Form *bügel* dürfte dies indes nicht zutreffen; anders formuliert, der Ausdruck *bügel* kommt in dieser Bedeutung frei nicht vor. Er ist ohne Zweifel das Basismorphem des Verbums *bügeln*, wobei *-n* das Morph des verbalen Infinitivs ist. Daraus ist sehr leicht zu sehen, dass verbale Grundmorpheme nie als frei eingeschätzt werden können, da sie immer einer Personalendung bedürfen, um dann gemeinsam als Verbform in einem Satz fungieren zu können. Man kann diese Beobachtung verallgemeinern: Kontextfreie Formen von Verben, ja von Vertretern flexibler Wortklassen kommen in Texten, der originären Form, in der uns Sprache überhaupt begegnet, nicht vor. Auch der Nominativ eines Substantivs ist nicht einfach das freie Vorkommen eines (substantivischen) Basismorphems, sondern besteht aus dem Basismorphem mit einer ›Nullendung‹, dem flexionsmorphologischen Kennzeichen des Nominativs Singular, sowie in der Regel einer Artikelform, die ein freies grammatisches, im Speziellen: Flexionsmorphem mit zusätzlicher textsyntaktischer Funktion realisiert. Das will sagen, dass es im Bereich der Flexibilia keine freien Morpheme gibt; Wortformen, die wie ein einziges Morphem aussehen, sind vielmehr ›Portmanteaumorphe‹, also Ausdrücke, die in sich die Bedeutungen mehrerer Morpheme vereinigen. Grundmorpheme, die gleichzeitig freie Morpheme sind, gibt es – falls eine derartige Feststellung überhaupt sinnvoll ist – nur bei den Inflexibilia[1], doch diese spielen in der Wortbildung und somit auch in der Wortbildungslehre kaum eine Rolle.

Für die Wortbildung sind die Basismorpheme und die Wortbildungsmorpheme relevant. Die Flexionsmorpheme – der Terminus sagt dies schon – dienen nicht der Bildung von Wörtern, sondern ›lediglich‹ von Wortformen.

---

[1] Ein Inflexibile (Plural: Inflexibilia) ist ein Wort als Element einer Wortklasse, die nicht flektierbar, d. h. weder deklinierbar noch konjugierbar ist, z. B. Konjunktionen, Subjunktionen, Präpositionen. In der traditionellen Grammatik werden die Inflexibilia auch ›Partikeln‹ genannt. Zu ›Partikeln‹ aus gesprächsanalytischer Sicht vgl. den Beitrag von Johannes Schwitalla in diesem Band.

2. Was ist Wortbildung, und wozu braucht man sie?

Schon ein kurzer Blick in irgendeinen Text der deutschen Gegenwartssprache zeigt uns, dass darin zahlreiche Wörter enthalten sind, die aus mehreren (Basis- und Wortbildungs-)Morphemen bestehen. Ein großer Teil des deutschen Wortschatzes ist ›sekundär‹, das will sagen, dass er aus ›primären‹ Elementen gebildet worden ist. In diesem Sinn ist **Wortbildung** die Erzeugung von Wörtern mit Material, das in der Sprache schon vorhanden ist, mit den (Basis- und Wortbildungs-)Morphemen. Auf diese Weise grenzt sich die Wortbildung von der **Wortschöpfung/Urschöpfung** ab, bei der einer Inhaltsseite eine völlig neue, bislang noch nicht da gewesene Ausdrucksseite zugewiesen wird; die Annahme liegt nahe, dass in historischer Zeit Ergebnisse von Wortschöpfung kaum zu beobachten sind, es handelt sich hier wohl mehr um eine bloß theoretische Möglichkeit.

Der größte Teil des Wortschatzes dient dazu, ›Begriffe‹ zu benennen. Mit dem Erwerb der Muttersprache und der damit verbundenen Enkulturation lernt schon das Kind, Phänomene, die es sinnlich wahrnimmt, zu Klassen zusammenzufassen, indem von individuellen Eigenschaften abstrahiert wird und gemeinsame Merkmale generalisiert werden (vgl. den Beitrag von Gisela Szagun in diesem Band, Abschnitt 5). Auf diese Weise entstehen ›Begriffe‹ als Einheiten des Denkens, oder mit anderen Worten: **Begriffe** sind Konzepte, die eine Sprachgemeinschaft von Phänomenen bzw. von Phänomenklassen hat. Um diese Konzepte kommunizierbar zu machen, bedarf es sprachlicher Einheiten, der ›Wörter‹, im Speziellen der **Begriffszeichen/Appellative**. Ein Substantiv wie *Tisch* bezeichnet nicht ein spezielles Möbelstück, sondern benennt den Begriff ›Tisch‹, also das (abstrakte) Konzept, das wir von dieser Klasse von Möbelstücken haben (zu ›Konzept‹ vgl. den Beitrag von Jürgen Dittmann in diesem Band, Abschnitt 3.2). Ein Verb wie *gehen* referiert nicht auf die Fortbewegung eines individuellen Lebewesens, sondern benennt eine kollektive Vorstellung von der Fortbewegung auf Beinen. Noch schwerer ist es festzulegen, welche Qualität ein Adjektiv wie *gut* genau bezeichnet; das kollektive Konzept der Sprachgemeinschaft dürfte nur so weit gehen, dass es nicht mehr und nicht weniger als eine positive Eigenschaft einer Entität zuspricht (*eine gute Sache, Speise, Note; ein guter Mensch* usw.). Diese wenigen Hinweise müssen in unserem Zusammenhang genügen. Sie sollten klar machen, dass Appellativa nicht auf Objekte der Außenwelt referieren, sondern auf Begriffe, mithin auf Konzepte, die in den Köpfen der Mitglieder einer Sprachgemeinschaft existieren. Diese Leistung der Begriffszeichen nennen wir auch **Nomination** oder **Benennung**; sie ist für das Erfassen der Welt sowie für die alltägliche Kommunikation von nicht zu überschätzender Bedeutung.

Nach diesen Erörterungen können wir die Definition von Wortbildung ein wenig modifizieren: Wortbildung ist die Erzeugung von **Nominations**-/ **Benennungseinheiten** mit vorhandenem sprachlichen Material.

Damit ist auch angedeutet, warum der Prozess der Wortbildung nie an ein Ende gelangt:

(1) Stets kommen neue Phänomene, neue Sachverhalte auf, für die die Sprachgemeinschaft Begriffe bildet, die dann der Benennungen bedürfen.

(2) Bereits vorhandene Phänomene, Sachverhalte werden umgedeutet, das heißt, dass Sachverhalte anders als bislang gesehen werden und somit in neuen Begriffen zusammengefasst werden, die dann wiederum neu benannt werden.

(3) Sprachliche, in Sonderheit textliche Bedürfnisse erfordern Vertreter bestimmter Wortklassen, die mit den Mitteln der Wortbildung erzeugt werden können.

Ad (1): Allein die technische Entwicklung der letzten Jahrzehnte hat uns eine Fülle von neuen Wörtern beschert. Man denke nur an die Weltraumfahrt seit den 60er Jahren und die elektronische Datenverarbeitung. Beide Bereiche hatten und haben einen großen Bedarf an Wörtern. Grundsätzlich gibt es zwei Möglichkeiten, diesen Bedarf zu stillen: entweder durch die Übernahme eines Wortes (Lehnwort: Entlehnung von Ausdrucks- und Inhaltsseite) oder einer Bedeutung (Lehnbedeutung: Übertragung einer Inhaltsseite auf eine vorhandene Ausdrucksseite) aus einer fremden Sprache oder Bildung eines mit Mitteln der aufnehmenden Sprache (Wortbildung). Beispiele aus der EDV-Sprache für Lehnbedeutungen wären *Maus* oder *Menü*. Die zentrale Einheit einer Datenverarbeitungsanlage wird mit dem Fremdwort *Computer* oder mit der Wortbildung *Rechner* benannt. Diese Wortbildung setzt sich aus dem Basismorphem *rechn-* und dem Suffix *-er* zusammen, das die Klassenbedeutung ›Gerät, mit dem man die Tätigkeit, die das Basisverb ausdrückt, ausführen kann‹ hat (vgl. *Bohrer*, *Lenker*).

Ad (2): Im Laufe der Kommunikationsgeschichte einer Sprachgemeinschaft entsteht immer wieder das Bedürfnis einen Sachverhalt oder ein Phänomen neu, anders als bisher zu bewerten. Das heißt, dass für einen Sachverhalt ein neuer Begriff gesucht wird, der dann mit einem neuen Wort benannt wird, das dann mit dem Mitteln der Wortbildung erzeugt wird:

> Urlauber und Besucher sind Gäste und keine Fremden, erkannte man im Allgäu und beschloß in einer Mitgliederversammlung des Fremdenverkehrsverbandes Allgäu/Bayerisch-Schwaben, das Wort »Fremdenverkehr« im künfti-

gen Sprachgebrauch zu vermeiden. Konsequent wurde auch der Verbandsname geändert, er heißt jetzt Tourismusverband Allgäu/Bayerisch-Schwaben e. V. (SZ 21.5.91, 56)

Aus ähnlichen Motiven wurde aus dem *Fremdarbeiter* ein *Gastarbeiter*, und gerade auch die Frauenbewegung der 70er und 80er Jahre war bestrebt, einer neuen Bewertung von Geschlechterrollen Ausdruck zu verleihen. In diesem Sinn wird in der politischen Auseinandersetzung gerne und häufig verfahren:

> So sei es in ganz Europa, zumal im Osten, und die Ursachen seien unerklärt, heißt es im bayerischen Bericht. Der ist jetzt »Waldzustandsbericht« überschrieben statt Waldschadensbericht, was den Schaden aber nicht behebt. (SZ 5.11.91, 4.)

Gerade auch Tabubereiche im menschlichen Leben werden häufig umbenannt:

> Wir helfen weiter. Erd- und Feuerbestattung. Überführung. Vorsorge. TrauerHilfe Denk. (SZ 30.12.85, 28)

Trauerhilfe klingt positiver, mit mehr Mitmenschlichkeit erfüllt als *Bestattungsunternehmen*, eine Bezeichnung, die immer noch erkennen lässt, dass mit einer Tätigkeit in erster Linie Geld verdient wird.

Ad (3): In diesem Beispiel wird zudem ein weiteres Motiv für Wortbildung erkennbar: Der Kernbegriff, den das Verbum *helfen* benennt, wird in einer substantivischen Bezeichnung benötigt, um in einem Firmennamen verwendet werden zu können. Wortbildung dient häufig auch dazu, Wörter einer Wortklasse in eine andere zu überführen, gerade wenn textliche Notwendigkeiten dies erfordern:

> Selbst wenn mich die überraschend späten Steinpilze und Maronen an diesen besonderen Stand gelockt haben mögen, folgte ich doch nach nur kurzem Schreck – oder war es der Glockenschlag? – einer Verführung besonderer Art, nein, einem Sog [...] (Grass 8)

Zwei deverbale Substantive, *Verführung* und *Sog*, stehen in der Rolle einer Dativergänzung zum verbalen Kern *folgen*. Dies könnte verbal kaum so einfach, so »elegant«, will sagen: so knapp ausgedrückt werden, zumal sich Dativergänzungen einer satzförmigen Realisierung sehr häufig verschließen.

3. Warum verstehen wir Wortbildungen, auch wenn wir sie noch nie gehört haben?

In der Wortbildung werden also (elementare) sprachliche Zeichen, im einfachsten Fall: Morpheme miteinander zu einer größeren sprachlichen Einheit, einem Wort, kombiniert. Dies ist eine Gemeinsamkeit mit der (Satz-) Syntax, in der ebenfalls sprachliche Zeichen zu größeren Einheiten resp. zu Einheiten höherer Ordnung gefügt werden. Dennoch darf die Wortbildung nicht als ein Teil der Syntax gesehen werden, denn es werden nicht ›Sätze‹ erzeugt, sondern eben ›Wörter‹. Andererseits muss die Kombination auch von Morphemen nach konventionalisierten Regeln vor sich gehen, damit jede Wortbildung(skonstruktion) auch verständlich wird bzw. bleibt.

> Ich werde jetzt Überstunden machen, damit ich endlich einen Erlediger anstellen kann. Denn entweder arbeitet man dann, wenn fast alle anderen auch arbeiten und hat somit keine Zeit, etwas zu erledigen, [...] (SZ-Magazin 22.2.91, 8)

Erlediger ist kein Wort, das häufig in Texten begegnet; keines der großen Wörterbücher bucht es als Stichwort, es wurde speziell für diesen Kontext gebildet, es ist eine **Ad-hoc-Bildung**. Trotzdem ist es leicht verständlich, und dies deshalb, weil dieses Wort nach bekannten Regeln, nach einem bekannten ›(Wortbildungs-)Modell‹ gebildet ist: Es ist vom Verb *erledig-en* ›abgeleitet‹, d. h. an das Basismorph(em) *erledig-* wird das Suffix *-er* angefügt; somit ist aus dem Verb ein Substantiv, im Speziellen eine ›Täterbezeichnung‹ resp. ein ›Nomen agentis‹ gebildet worden. Wir können diese Bildungsweise, die Nutzung dieses Bildungsmodells mit Hilfe einer ›Wortbildungsparaphrase‹ rekonstruieren: ›Ein *Erlediger* ist jemand/eine Person, der/die etwas *erledigt*‹. Nach diesem Modell sind bereits viele weitere Substantive, Nomina agentis, gebildet worden: *Bäcker* (jemand, der bäckt), *Lehrer* (jemand, der lehrt), *Schläger* (jemand, der schlägt), wobei es keine Rolle spielt, dass zahlreiche Vertreter dieses Modells das zusätzliche semantische Merkmal ›berufsmäßig‹ (*Lehrer, Bäcker*) oder ›gewohnheitsmäßig‹ (*Schläger*) erhalten haben.

Die beiden Morphe, aus denen sich jedes dieser Wörter zusammensetzt, sind die beiden ›Konstituenten‹ der Wortbildungskonstruktion. Man kann die Regel formulieren, dass eine Wortbildungskonstruktion der deutschen Gegenwartssprache aus zwei Konstituenten besteht. Dies gilt auch für ›Komposita‹, für Wortbildungen, die sich aus zwei Basismorphemen zusammen setzen: *Schreib - Tisch*. Es gibt nun von allen Wortbildungsmodellen einfache und komplexe Realisierungsformen. Ein Kompositum z. B. kann seinerseits wiederum Konstituente eines Kompositums sein: *Schreibtisch - Lampe*; die Paraphrase zeigt, dass auch dieses Wort nicht mehr und nicht weniger als eine ›binäre Struktur‹ hat: ›eine Lampe, die auf einem Schreibtisch steht‹. Des Weiteren können auch ›Ableitungen‹ Konstituenten sein: *Schreibtisch - Täter*. Mit anderen Worten, deutsche Wortbildungskonstruktionen haben, von wenigen peripheren Ausnahmen abgesehen, immer zwei ›unmittelbare‹ Konstituenten, die durch eine Paraphrase ermittelt werden können.

Diese binäre Struktur der deutschen Wortbildungen verweist auf eine fundamentale semantische Eigenschaft: Die erste Konstituente fungiert als determinierendes (›Determinans‹), die zweite als determiniertes Element (›Determinatum‹):

Bauplan	Beispiel	Determinans	Determinatum
BM^1 + BM	*Spielfeld*	*Spiel*	*Feld*
BM + WM^2	*Spieler*	*Spiel*	*-er*
WM + BM	*verspielen*	*ver-*	*spiel(en)*

^{1} BM = Basismorphem; ^{2} WM = Wortbildungsmorphem

Wichtig ist dabei, dass die zweite Konstituente, das Determinatum, auch wichtige grammatische Funktionen innehat: Es bestimmt die Wortklasse des zu bildenden Wortes und bei Substantiven dessen Genus.

Wörter werden also nicht nur mit vorhandenen Mitteln, sondern ganz wesentlich auch nach vorhandenen Modellen gebildet. Wortbildungsmodelle sind demnach ausdrucksseitig und inhaltsseitig zu beschreibende Strukturschemata, nach denen Wörter gebildet werden (können). Somit unterscheiden wir bei einem **Wortbildungsmodell** zunächst einen **Wortbildungsbauplan**, also die ausdrucksseitige Struktur einer Wortbildung bzw. einer ›Wortbildungskonstruktion‹, also die Morphemstruktur einer Wortbildung. Der Bauplan dient dem Ausdruck des **Inhaltsmusters**, der Inhaltsseite einer Wortbildung, wie sie am besten mit einer **Wortbildungsparaphrase** beschrieben werden kann; eine solche Wortbildungsparaphrase soll die jeweils unmittelbaren Konstituenten einer Wortbildungskonstruktion so wörtlich wie möglich enthalten und das inhaltliche Verhältnis, die semantische Relation zwischen den beiden unmittelbaren Konstituenten am besten satzförmig beschreiben. Wenn wir eine Technik zur Ermittlung von ›Wortbildungsbedeutungen‹ so streng formulieren, dann wird auch deut-

lich, dass die Paraphrase als Inhaltsanalyse bereits die Formanalyse enthält: Wenn wir ein geradezu berühmtes deutsches ›Dekompositum‹ nehmen wie *Donaudampfschifffahrtsgesellschaft*, dann gibt es – rein formal, ausdrucksseitig gesehen – mehrere Segmentierungsmöglichkeiten:
(1) *Donau - Dampfschifffahrtsgesellschaft*,
(2) *Donaudampf - Schifffahrtsgesellschaft*,
(3) *Donaudampfschiff - Fahrtsgesellschaft* und schließlich
(4) *Donaudampfschifffahrt - Gesellschaft*.
Welche Segmentierung die adäquate und somit die richtige ist, erfahren wir erst durch die möglichen Paraphrasen:
(1') Dampfschifffahrtsgesellschaft, die auf der Donau agiert,
(2') Schifffahrtsgesellschaft, die mit Donaudampf arbeitet,
(3') Fahrtsgesellschaft, die Donaudampfschiffe betreibt,
(4') Gesellschaft, die die Donaudampfschifffahrt organisiert.
Es zeigt sich gleich, dass die Paraphrasen (2) und (3) kaum adäquat sind, dies allein schon deshalb, weil der Existenz der Komposita *Donaudampf* und *Fahrtsgesellschaft* nur wenig Plausibilität zugesprochen werden kann. Ohne weiter diskutieren zu wollen, kann jetzt schon festgestellt werden, dass die Paraphrasen (1) und (4) sicherlich als adäquater angesehen werden können.
Die Formulierung »so wörtlich wie möglich« (als eine Bedingung für methodisch saubere Wortbildungsparaphrasen) bezieht sich auf Affixbildungen, von denen bekanntlich eine Konstituente eben nicht wortfähig ist und somit nicht wörtlich gleich wiederholt werden kann.
Die Unterscheidung zwischen Bauplänen und Inhaltsmustern ist auch deshalb sinnvoll, weil zwischen diesen beiden keine 1:1-Beziehung besteht. Ein Bauplan kann durchaus zwei Inhaltsmuster realisieren. So ist das maskuline Substantiv *Anhänger* als Bauplan eindeutig:
Anhäng - er
Dieser Bauplan Verbstamm + Suffix repräsentiert zwei Inhaltsmuster:
(1) ›jemand, der (jemandem) anhängt‹, (*ein Anhänger einer Partei*),
(2) ›etwas, das (an etwas, z. B. an ein Fahrzeug, an eine Schmuckkette) angehängt wird‹.
Und umgekehrt, kann ein Inhaltsmuster durch ganz unterschiedliche Baupläne realisiert werden. So stehen z. B. zur Erzeugung von Nomina actionis (das sind deverbale Bildungen, die einen Vorgang oder ein Geschehen substantivisch bezeichnen, auch ›Verbalabstrakta‹ genannt, die gewissermaßen das Prädikat eines Satzes nominalisieren) folgende Affixe zur Verfügung – ›Konversionen‹ (vgl. unten, Abschnitt 5) und ›implizite Ableitungen‹ (vgl. unten, Abschnitt 4) bleiben hier außer Betracht; ›BV‹ steht für ›Basisverb‹:

BV-*ung*:   *Füg-ung* ›die Tatsache, dass jemand (etwas) fügt‹
                Verführ-ung ›die Tatsache, dass jemand (jemanden) verführt‹
BV-(*at*)*ion*: *Spekul-ation* ›die Tatsache, dass jemand spekuliert‹
                Produk-tion ›die Tatsache, dass jemand produziert‹
BV-(*er*)*ei*: *Zappel-ei* ›die Tatsache, dass jemand zappelt‹
Rechthab-erei ›die Tatsache, dass jemand Recht hat‹; dieses Wort ist mögli-
                cherweise doppelt ›motiviert‹, es könnte auch auf den Bau-
                plan Basissubstantiv-*ei* (*Rechthaber-ei*) zurückzuführen sein.
Ge-BV-(*e*)   *Ge-schrei* ›die Tatsache, dass jemand schreit‹
Ge-dräng-e   ›die Tatsache, dass jemand drängt‹
BV-*nis*   *Erlaub-nis* ›die Tatsache, dass jemand (jemandem etwas) er-
                laubt‹
BV-*er*   *Seufz-er* ›die Tatsache, dass jemand seufzt‹
BV-*e* (fem.)   *Reis-e* ›die Tatsache, dass jemand reist‹
BV-*tum*   *Irr-tum* ›die Tatsache, dass sich jemand irrt‹

Durch die Paraphrase wird zudem ermittelt, ob die Konstruktionen **motiviert** sind.[2] Ein sprachliches Zeichen ist dann ›motiviert‹, wenn das
›Benennungsmotiv‹ erkennbar ist; eine motivierte Wortbildungskonstruktion
ist in dem Sinn ›durchsichtig‹ (vgl. Gauger 1971) oder ›durchschaubar‹,
dass eine Paraphrase möglich ist, die Inhaltsseite der Wortbildungskonstruktion sich also aus der Ausdrucksseite ergibt: Die Bedeutung einer
Wortbildung ergibt sich aus der Summe der Bedeutungen der beiden unmittelbaren Konstituenten und aus der semantischen Beziehung zwischen
den Konstituenten.

Zahlreiche Wörter sehen aus wie Wortbildungskonstruktionen und können auch äußerlich segmentiert werden: *Bürg-er*, *neu-lich*. Allerdings ist bei
diesen Wörtern eine Wortbildungsparaphrase nicht möglich. So ist ein *Städt-
er* eine ›Person, die in der Stadt wohnt‹, doch ein *Bürg-er* ist nicht eine ›Person, die in der Burg wohnt‹. Ein *grün-licher* Farbton ist ein ›Farbton, der wie
grün ist‹; eine vergleichbare Operation lässt sich mit *neulich* nicht durchführen. Wörter wie *Bürger* und *neulich* sind demnach demotiviert (*Bürger* kann
u. U. als ›teilmotiviert‹ angesehen werden, weil die Bedeutung ›Stadt‹ von
Burg nicht mehr erhalten ist), sie sind ›idiomatisiert‹ (d. h., dass die Bedeutung des Ganzen nicht mehr aus seinen Teilen erschließbar ist) oder ›lexi-
kalisiert‹ (sie sind als eine untrennbare Einheit ins Lexikon eingetragen,
ihre Bedeutung beruht nicht mehr auf einem Inhaltsmuster).

---

[2] Zum Terminus ›motiviert‹ vgl. auch den Beitrag von Winfried Nöth in diesem Band,
Abschnitt 4.

4. Nach welchen Bauplänen bilden wir Wörter?

Wie gesagt, Basis- und Wortbildungsmorpheme sind die Bausteine für das Erzeugen von (neuen) Wörtern. Sie können auf verschiedene Weise miteinander kombiniert werden, und auf diese Weise konstituieren sich die unterschiedlichen Wortbildungsbaupläne; hier zunächst die Übersicht:

(1) **Kompositum/Zusammensetzung**
Grundtyp: Basismorphem + Basismorphem
(1.1) Determinativkompositum
Haustür, Bügelbrett, Frischmilch; *arbeitsfähig, erwägenswert*; *sitzen bleiben* (›nicht in die nächste Klasse aufsteigen dürfen‹), *Rad fahren, gesundbeten*
Sondertypus Zusammenrückung: *Fünfmarkstück*
(1.2) Possessivkompositum: *Rotkehlchen*
(1.3) Kopulativkompositum: *Dichterkomponist*
Ein Kompositum, von dem mindestens eine Konstituente wiederum ein Kompositum ist, nennt man ›Dekompositum‹: *Tischbein-fabrik*.

(2) **Derivat/Ableitung**
Grundtypen: Basismorphem + Wortbildungsmorphem (Suffixableitung), Wortbildungsmorphem + Basismorphem (Präfixableitung)
(2.1) (explizite) Suffixableitung: *Reform-er, häus-lich, telefon-ier-(en)*
(2.2) (explizite) Präfixableitung: *Erz-bischof, un-klug, ver-gehen*
(2.3) implizite Ableitung: *Flug, Gang*
(2.4) Zusammenbildung als Sondertypus der Suffixableitung: *zweistöckig*
(2.5) Kombinierte Präfix-Suffix-Ableitung: *be-aufsicht-ig-(en), be-grad-ig-(en), ver-absolut-ier-(en)*

Die erste grundlegende Unterscheidung ist also die, ob zwei Basismorpheme (1) oder ein Basis- und ein Wortbildungsmorphem (2) zusammengefügt werden. In beiden Fällen ist dann noch zwischen dem Prozess (Komposition, Derivation) und dessen Resultat (Kompositum, Derivat) zu differenzieren. Wie schon angedeutet, können die jeweiligen Grundtypen erweitert werden, statt Basismorphemen können auch komplexe Wörter zusammengesetzt werden oder als Basis für Ableitungen dienen.
Man kann derartige komplexere Strukturen auf einfache zurückführen (mit ›BM‹ für ›Basismorphem‹ und ›WM‹ für ›Wortbildungsmorphem‹):

Beispielwort	Strukturschema	Wortbildungsmodell
Prüferzimmer	(BM+WM)+BM	Kompositum, dessen erste Konstituente ein Suffix- derivat ist
prunksüchtig	(BM+BM)+WM	Suffixderivat, dessen Basis ein Kompositum (*Prunksucht*) ist
Erlebnis	(WM+BM)+WM	Suffixderivat, dessen Basis ein Präfixderivat ist
Prozess- verschleppung	BM+[(WM+BM)+WM]	Kompositum, dessen zweite Konstituente das Suffix- derivat von einem Präfixderivat ist

Im sprachspielerischen Bereich kann es zu ziemlich komplexen Konstruktionen kommen:

> Das eine Aug' auf die Einschaltziffern fixiert, im andern den **Kulturbildungs- undmenschenformungsauftrag** – dieses Blickfeld führt zwangsläufig zum Schielen. (SZ 7./8.10.89, II)

Ad (1.1): Das Determinativkompositum ist geradezu das prototypische Resultat der Zusammensetzung. Determinativkomposita sind die häufigsten Komposita, und sie realisieren die Struktur ›Determinans – Determinatum‹, weswegen die erste Konstituente auch ›Bestimmungswort‹ und die zweite ›Grundwort‹ genannt wird. Unausgedrückt bleibt die Art der semantischen Beziehung zwischen den beiden Konstituenten; gleiche Baupläne können auch hier auf unterschiedliche Inhaltsmuster verweisen:

> Blumentopf: ›ein Topf, der für Blumen bestimmt ist‹
> Steintopf: ›ein Topf, der aus Stein ist‹
>
> Kaffeemühle: ›eine Mühle, mit der man Kaffee mahlt‹
> Windmühle: ›eine Mühle, die von Wind angetrieben wird‹
>
> Naturschutz: ›Schutz der Natur‹
> Lärmschutz: ›Schutz vor Lärm‹

Derartiges kann sprachspielerisch verwendet werden: *Zwar handelt der Gewohnheitsverbrecher aus Gewohnheit, der Sittlichkeitsverbrecher aber wirklich nicht aus Sittlichkeit.* (Hirsch 1982, 72)

Wie die oben aufgeführten Beispielwörter angedeutet haben, werden unterschiedliche Baupläne verwirklicht:

Bauplan	Beispielbildungen
Substantiv + Substantiv	*Haus-tür, Fenster-brett*
Verb + Substantiv	*Bügel-brett, Wasch-maschine*
Adjektiv + Substantiv	*Frisch-milch, Höchst-leistung*
Partikel + Substantiv	*Nach-wort, Neben-einkünfte*
Substantiv + Adjektiv	*arbeit-s-fähig, preis-würdig*
Verb + Adjektiv	*erwägen-s-wert, trink-fest*
Adjektiv + Adjektiv	*dick-flüssig, hell-blau*
Substantiv + Verb	*Rad fahren, Hof halten*
Verb + Verb	*sitzen bleiben* ›nicht in die nächste Klasse aufsteigen dürfen‹, *flöten gehen* ›abhanden kommen‹
Adjektiv + Verb	*gesund-beten, ernst nehmen*
Adverb + Verb	*aufwärts gehen* ›besser werden‹

Die Orthografiereform vom Jahre 1996[3] hat vor allem im Bereich der Getrennt- und Zusammenschreibung einige Gewohnheiten durch (neue) Regeln ersetzt. So werden die verbalen Komposita, die aus den Konstituenten ›Verb + Verb‹ (*kennen lernen, sitzen bleiben*) und ›Substantiv + Verb‹ (*Auto fahren, Rad fahren*) durchweg getrennt geschrieben; beim Bauplan ›Adjektiv + Verb‹ gelten spezielle Regeln. Für das Problem der Worteinheit können also Zusammen- bzw. Getrenntschreibung nicht als Argument dienen.
Ein Sonderfall sind die sog. Partikelkomposita, die vor allem den Bauplan ›Richtungsadverb + Bewegungsverb‹ betreffen: *herein kommen, hinüber gehen, hinauf steigen*. Die Adverbien können als Kompositionsglieder oder als Satzglieder (Ergänzungen zu den Verben) interpretiert werden. Eindeutigkeit können Verwendungen wie die folgende schaffen:

> Der Gemeindepolizist, ein Schwinger, ging dann hin, zu denen nach Hause, hat ihnen die Hosen runtergelassen und ihnen den Hintern versohlt, [...] (Bichsel 1999, 29)

Die Tatsache, dass hier das Adverb *hin* mit einer Apposition attribuiert ist, könnte zeigen, dass wir es hier mit einer syntaktischen Fügung und nicht mit einer Wortbildung zu tun haben.

---

[3] Vgl. dazu auch den Beitrag von Burkhard Schaeder in diesem Band.

Der Sonderfall **Zusammenrückung** ist dadurch gekennzeichnet, dass eine Konstituente kein Wort, sondern eine Wortgruppe ist: *fünf Mark + Stück* → *Fünfmarkstück*, *vier Farben + Stift* → *Vierfarbstift*. Davon zu unterscheiden sind ebenfalls komplexe Bildungen, deren erste Konstituente ein Satz oder eine satzwertige Konstruktion ist: *Sabrina Setlur auf der berühmten* **»Wetten dass ..?«-Couch**. (Bild 2001)

Ad (1.2): Das **Possessivkompositum** ist als ein Sonderfall des Determinativkompositums anzusehen: Auch dieses Modell weist die Struktur ›Determinans – Determinatum‹ auf, doch spezifiziert solch ein Wort nicht die Bedeutung der zweiten Konstituente (*Frischmilch* ist eine spezielle *Milch*), sondern ist wohl eine metonymische Übertragung auf ein Lebewesen mit den Eigenschaften, die das Possessivkompositum ausdrückt: Ein *Rotkehlchen* ist nicht ein *rotes Kehlchen*, sondern ein Lebewesen, das ein *rotes Kehlchen* hat; ein *Dickwanst* ist ein Mensch, der einen *dicken Wanst* hat.

Ad (1.3): **Kopulativkomposita** sind die Ausnahme von der Regel; sie realisieren eine einfache *und*-Struktur, weswegen sie auch ›Additivkomposita‹ genannt worden sind: Ein *Dichterkomponist* ist ein *Dichter* **und** ein *Komponist*. Dieses Modell begegnet vor allem im adjektivischen Bereich: *taubstumm, schwarzrotgold*. Bildungen wie *schwarzrotgold* brauchen nicht die ansonsten übliche binäre Struktur aufzuweisen, da es nicht um die Abfolge Determinans – Determinatum geht.

Insgesamt kann festgehalten werden, dass die Modelle ›Possessiv-‹ und ›Kopulativkompositum‹ nicht allzu häufig verwendet werden.

In zwei Wörtern der Tabelle kommt zwischen den beiden Konstituenten jeweils ein *-s-* zu stehen: *arbeitsfähig, erwägenswert*. Beide Wörter zeigen deutlich, dass das *s* kein Genitivmorph sein kann: *Arbeit* als Femininum bildet seinen Genitiv anders, und *erwägen* ist ein Verb und somit nicht ›genitivfähig‹. In einem Fall wie *Bischofskonferenz* kann es sich auch nicht um einen Genitiv Singular handeln, da in der Regel mehrere Bischöfe an einer solchen Zusammenkunft teilnehmen. Das *-s-* hat also keine Bedeutung, es hat, wenn überhaupt, euphonische Funktion und ist ein **Fugenelement**[4]. Auch

---

[4] Fugenelemente können an der Nahtstelle zwischen den Bestandteilen von Komposita stehen und markieren diese ›Fuge‹, ohne etwas über die Bedeutungsbeziehung zwischen den Bestandteilen zu sagen. So ist die *Bischofskonferenz* eine Konferenz nicht des Bischofs, sondern mehrerer Bischöfe; umgekehrt ist das *Kirchenschiff* das Schiff einer Kirche (Beispiele aus *Duden. Grammatik der deutschen Gegenwartssprache*. 5. Aufl. Mannheim etc.: DudenVerlag 1995, 481).

andere Laute oder Lautkombinationen begegnen als Fugenelemente; vergleichbare Bildungen, zeigen, dass sie nicht immer stehen müssen:

Fugenelement	Beispielwort	Beispiel ohne Fugenelement
-(e)s	Hilfsverb	Hilferuf
-e-	Lesebuch	Kochbuch
-(e)n-	Augenfarbe	Augapfel
-er-	Kinderzimmer	Kindbett

Überdies kann man beobachten, dass die Setzung eines Fugenelements auch ein areallinguistisches Thema sein kann: Der Süden des deutschen Sprachraums gilt im Gegensatz zum Norden als »fugenfreundlich«, insbesondere was das -s- betrifft: *Schweinebraten/Rinderbraten* vs. süddt. *Schweinsbraten/Rindsbraten, Aufnahmeprüfung* vs. österr. *Aufnahmsprüfung.*
Da, wie gesagt, das Fugenelement eo ipso keine Bedeutung hat, wird es zur semantischen Differenzierung nur selten genutzt. Bekannt ist das oppositive Paar *Landmann* ›Bauer‹ vs. *Landsmann* ›Mann, der aus demselben Land stammt‹; oder – vermutlich nicht usuell –:

> Auch im deutschen **Bankgewerbe** steht man hinsichtlich des Millionenbetrugs zu Lasten des Wolfsburger Volkswagenwerks vor einem Rätsel. Bei der Jahresversammlung des **Bundesverbandes deutscher Banken** sagte der ausscheidende Präsident ..., es gebe bisher keine Erkenntnisse darüber, wie es zu der betrügerischen Transaktion habe kommen können. Somit seien auch keine gezielten Maßnahmen zur Verhinderung ähnlicher Manipulationen möglich. Nach verbandsinternen Ermittlungen sei jedoch auszuschließen, daß Mitgliedsunternehmen des **Bankenverbandes** an dem Devisenbetrug beteiligt seien. Als Nachfolger Schroeder-Hohenwarths hat der Vorstandssprecher der Dresdner Bank, Wolfgang Röller, das Amt des **Bankenpräsidenten** übernommen. (SZ 17.3.87, 1)

Ad (2.1): Suffixableitungen dienen vor allem dazu, Substantive und Adjektive, hingegen viel weniger dazu, Verben zu erzeugen. Dafür stehen zahlreiche Suffixe zur Verfügung, z. B.:
Zur Bildung von Substantiven aus Verben (mit ›BV‹ für ›Basisverb‹, ›BS‹ für ›Basissubstantiv‹):

Inhaltsmuster und Paraphrase	Suffix	Beispielwort	Paraphrase
Personenbezeichnung (Nomen agentis): jmd., der BVt	-er	Lehr-er	jmd., der lehrt
	-ant/ -ent	Inform-ant, Korrespond-ent	jdm., der informiert/ korrespondiert
	-ator	Koordin-ator	jmd., koordiniert
	-eur	Fris-eur	jmd., der frisiert
	-ling	Eindring-ling	jmd., der eindringt
Verbalabstraktum (Nomen actionis): Tatsache, dass jmd. (jmdn./etw.) BVt	-ung	Liefer-ung	Tatsache, dass jmd. etw. liefert
	-(at)ion	Oper-ation, Rezens-ion	Tatsache, dass jmd. jmdn./etw. operiert/ rezensiert
	-e	Klag-e	Tatsache, dass jdmd. klagt
	-er	Seufz-er	Tatsache, dass jmd. seufzt
	-atur	Repar-atur	Tatsache, dass jmd. etw. repariert

Ein Nomen actionis wie *Rezension* bezeichnet nicht nur die Tatsache, dass jemand etwas rezensiert, den Vorgang des Rezensierens, sondern oft auch das Ergebnis dieser Tätigkeit: *Im letzten Teil finden sich vier Rezensionen.* (Reich-Ranicki 1993, 11) Hier ist *Rezension* nicht mehr ein Nomen actionis, sondern ein *Nomen acti/facti*. Verbalabstrakta werden in bestimmten Kontexten konkretisiert (vgl. etwa auch *Lieferung, Klage, Seufzer*), was sich, wie in unserem Beispiel, durch den Plural ausdrückt.

Zur Bildung von Adjektiven aus Substantiven:

Inhaltsmuster und Paraphrase	Suffix	Beispielwort (mit Bezugssubst.)	Paraphrase
Possessive Adjektive: (Subst., das) BS hat	-isch	heidn-isch(e Sitten)	(Sitten, die) Heiden haben
	-lich	ärzt-lich(e Praxis)	(Praxis, die) ein Arzt hat
	-al	nation-al(es Problem)	(Problem, das) eine Nation hat

Zur Bildung von Adjektiven aus Verben:

Inhaltsmuster und Parapahrase	Suffix	Beispielwort (mit Bezugssubst.)	Paraphrase
Modal-passivische Adjektive: (Subst., das) man BVen kann	-bar	teil-bar(e Menge)	(Menge, die) man teilen kann
	-lich	erklär-lich(e Erregung)	(Erregung, die) man erklären kann
	-abel	repar-abl(er Schaden)	(Schaden, den) man reparieren kann
	-sam	biegsam(es Material)	(Material, das man) biegen kann

Bei Angehörigen dieses Inhaltsmusters gibt es eine Reihe von Bildungen, die nur mit *un-* negiert vorkommen (*unaufhaltsam*).

Ad (2.2): Präfixe sind vor allem im verbalen Bereich wirksam. Dabei unterscheidet man zwischen festen/untrennbaren (*be-, ent-, er-, miss-, ver-, zer-*) und trennbaren (*ab-, an-, auf-, aus-, bei-, durch-, ein-, nach-, über-, um-, unter-, ver-, wider-, wieder-*) Präfixen. Der Unterschied wird besonders in einem Satz mit Verbzweitstellung sichtbar, in dem finites Verb und das trennbare Präfix eine Klammer bilden: *Mein Freund **kommt** heute um 12 Uhr in Würzburg **an**.* In einigen wenigen Fällen begegnen homonyme Präfixe, deren topologisches Verhalten der Bedeutungsdifferenzierung dient: *Der Fährmann hat* *uns **übergesetzt*** vs. *Der Roman ist in viele Sprachen **übersetzt** worden* (Duden 1999, 9, 4034), *von einem Skiläufer **umgefahren** werden* vs. *Wir haben die Innenstadt auf der Ringstraße **umfahren*** (Duden 1999, 9, 4056). Trennbare Suffixe sind, wenn sie nicht in Distanzstellung zum Basisverb stehen, betont (in den Beispielen durch Unterstreichung markiert), und ihr Partizip II ist durch *-ge-* zwischen Präfix und Verb gekennzeichnet.

Auch die Präfixe können vielfältige Aufgaben übernehmen.
Beispiel für ein festes Präfix:

Präfix	Semantisch-syntaktische Funktion und Paraphrase	Beispielwort	Paraphrase
be-	Transitivierung: Subst. im Präpositionalkasus BVen	*be-jubeln*	über jmdn./etw. jubeln
	Subst. im Dativ BVen	*be-dienen*	jmdm. dienen
	Reflexivierung und Fokussierung der Verbalhandlung	*sich be-trinken*	viel trinken
	Fokussierung der Verbalhandlung	*be-grüßen*	jmdn. grüßen

Beispiel für ein trennbares Präfix:

Präfix	Semantische Funktion und Paraphrase	Beispielwort	Paraphrase
auf-	Punktualität des Verbalprozesses: zu BVen beginnen	*auf-lachen*	zu lachen beginnen
	Vertikale Orientierung des Verbalprozesses: empor BVen	*auf-heben*	empor heben
	Lokale Beziehung herstellen: auf eine Oberfläche BVen	*auf-schreiben*	auf eine Oberfläche schreiben
	Durch BV öffnen	*auf-knöpfen*	durch Knöpfen öffnen

Ad (2.3): Nicht mehr produktiv, doch im Gefüge der Textbildung immer noch aktiv ist das Modell der **impliziten Ableitung**, die nicht durch ein Affix, sondern durch Alternanz des Stammvokals und in seltenen Fällen auch des stammauslautenden Konsonanten geschieht: *fliegen* → *Flug, ziehen* → *Zug, gehen* → *Gang.* Dass es sich hier um deverbale Ableitungen handelt, macht eine Paraphrase deutlich: *Flug* → ›Tatsache, dass jemand *fliegt*‹, der ›Vorgang des *Fliegens*‹. *Der Zug der Wildgänse nach Norden hat begonnen* (Duden 1999, 10, 4658) → ›Tatsache, dass die Wildgänse nach Norden ziehen‹. Es handelt sich bei der impliziten Ableitung zunächst um die Bildung von Verbalabstrakta/Nomina actionis. Sowie eine Wortbildungskonstruktion von der Sprachgemeinschaft akzeptiert worden ist, tendiert sie zur Verselbständigung, zur Demotivierung. Es überrascht daher nicht, dass eine Bildung wie *Zug*, gleichsam in einem metonymischen Prozess, heute auch in ›konkreter‹ Bedeutung erscheint: *ein langer Zug von Demonstranten* → »sich fortbewegende Gruppe« (Duden 1999, 10, 4658) oder auch *Zug* ›Eisenbahn‹.

Ad (2.4): Vergleichbar den Zusammenrückungen gibt es auch bei den adjektivischen Suffixderivaten (meistens mit *-ig*) Konstruktionen, deren Basis nicht ein Basismorphem oder ein Wort ist, sondern eine Wortgruppe (**Zusammenbildungen**): *vier Farben habend* → *vierfarbig, drei Köpfe habend* → *dreiköpfig*.

Ad (2.5): Ein Verb wie *reinigen* ist vom Adjektiv *rein* mit Hilfe des Suffixes *-ig* abgeleitet; die Wortbildungsbedeutung dieses Verbs kann mit ›etwas BA machen‹ (mit ›BA‹ für ›Basisadjektiv‹, hier *rein*) paraphrasiert werden. Die Bedeutung ›etwas gerade machen‹ ist demgegenüber nicht als **gradigen* realisiert, sondern nur als *be-grad-igen*, also als eine **kombinierte Präfix-Suffix-Ableitung**. Dennoch widerspricht eine solche Bildung nicht der Regel von der binären Struktur der deutschen Wortbildungen. Diese Bildungen fügen sich in das Paradigma der unpräfigierten Suffixderivate, die, von den Regeln der Langue[5] aus gesehen, durchaus denkbar, aber (noch?) nicht realisiert sind.

5. Wir brauchen nicht immer Affixe: die Konversion

Komposition und Derivation bewirken, dass ein Begriff mit einem komplexen Zeichen benannt wird, dessen Ausdrucksseite sich aus mehreren Subzeichen zusammensetzt. Dies ist aber nicht die einzige Möglichkeit:

> Das **Leben** lebt sich ohne Sie, Herr Pfarrer. (Rinser 1984, 350)

Leben ist, historisch gesehen, der substantivierte Infinitiv des Verbums *leben*; es wird kein Suffix angefügt, lediglich der Artikel macht deutlich, dass

---

[5] ›Langue‹ bezeichnet das Sprachsystem, im Gegensatz zur ›Parole‹, dem aktuellen Sprachgebrauch; vgl. den Beitrag von Winfried Nöth in diesem Band, Abschnitt 3.1.

es sich nicht mehr um ein Verb handelt. Eine derartige Überführung von einer Wortklasse in eine andere ohne Affix nennen wir **Konversion**. In diesem Fall sprechen wir von einer ›Infinitivkonversion‹, da der Infinitiv eines Verbs mit Hilfe flexionsmorphologischer Elemente (Artikelformen, Flexive) zu einem Substantiv geworden ist:

> Die Frau hatte sich nicht angemeldet. Dennoch war sie sicher, daß Lisa Engström über **ihr Kommen** unterrichtet sein würde. (Demski 1993, 219)

Umgekehrt können auf ähnliche Weise aus Substantiven auch Verben gebildet werden, was auch aus dem Kontext heraus in Form von Ad-hoc-Bildungen deutlich werden kann:

> Der **Ritter** muß **rittern** und reiten, will er sich und seinem Namen Ehre machen. (Brandstetter 1986, 17)

> ..., ich brauche einen Lieblingsausdruck Mocks, des **Bildhauers**, der sich viel mit Physik abgibt und wenig **bildhauert**. (Dürrenmatt 1987, 125)

> Am Rande des Abgrunds balancieren zu müssen, ist für die FDP keine neue Erfahrung. Sie **panikt** deshalb, obwohl es um Sein oder Nichtsein geht und nicht nur um Machtverlust, immer noch weniger als die Union. (SZ 25.4.89, 4)

Insgesamt können wir, je nach Ausgangsform, eine Reihe von Konversionstypen klassifizieren:

Konversion
(1.) Deverbal
(1.1) Verbstammkonversion: *Ruf, Besuch*
(1.2) Infinitivkonversion: *das Lesen*
(1.3) Personalformkonversion: *das Muss, das Ist*
(1.4) Partizipkonversion: *der/die Angestellte, der/die Studierende*
(2.) Deadjektivisch: *der/die/das Hohe, das Hoch*; *lahm-(en), grün-(en)*
(3.) Desubstantivisch: *film-(en), haus-(en)*; *spitze, klasse*
(4.) Kombinierte Präfixkonversion: *be-jah-(en), ver-nein-(en), ver-schöner-(n)*.
Eine Variante der Infinitivkonversion ist die ›Verbgruppenkonversion‹:

> Jedenfalls ging es bei unserem eigenen angelegten Vorrat an Gemüse, Kompotten und Marmeladen regelmäßig mit dem Teufel zu, wie ich Mutter heute noch über die häufigen Mißerfolge und Rückschläge mit dem Schimmel, dem **Sauer- und Ranzigwerden**, dem **Gären**, dem **Umkippen** und **Brechen**, dem **Geschmackverlieren** und **Verfaulen** klagen und jammern höre. (Brandstetter 1989, 55)

Es könnte sich die Frage stellen, ob nicht *Besuch* ebenfalls das Produkt eines Verbstamms ist. Die Antwort gibt die Wortbildungssemantik: Abstrakta/Nomina actionis sind in der Regel deverbale Bildungen; demgegenüber sind Konkreta wie *Film* (→ *filmen*) oder *Fisch* (→ *fischen*) die Basis für desubstantivische Konversionen.

6. Semantische Prozesse: überführen und abwandeln

Wie schon mehrfach angedeutet, dient die Wortbildung dazu, Nominations- bzw. Benennungseinheiten zu erzeugen. Vorhandene semantische Einheiten, Morpheme (bzw. in der Folge Morphemkomplexe resp. Wörter) werden dazu eingesetzt, als Ergebnisse von semantischen Prozessen eben diese neuen Einheiten zu bilden. Aus einem Wort wie *Kind* wird mit Hilfe des Suffixes *-heit* das neue Wort *Kindheit*; aus einer altersspezifischen Personenbezeichnung wird also mit dem generalisierenden Suffix *-heit* eine Bezeichnung eines Lebensalters abgeleitet. Mit Hilfe eines Affixes wird ein Wort aus einer Benennungs-/Bezeichnungsklasse in eine andere übergeführt, dies nennt man Transposition. Anders formuliert: Transposition ist das Erzeugen einer neuen Bezeichnungsklasse mit Hilfe der Ableitung.

In älteren Darstellungen der Wortbildungslehre wird Transposition als Überführung von einer Wortklasse in eine andere definiert: *prüfen* → *Prüfung*, *Angst* → *sich ängstigen*, *Angst* → *ängstlich*, *schön* → *verschönern*. Auch bei diesen Fällen handelt es sich um Transpositionen, da eine neue Wortklasse auch eine neue Bezeichnungsklasse ist: jeder Wortklasse kommen unterschiedliche kategoriale Bedeutungen (Substantiv: Substanz, Verb: Prozess, Adjektiv: Qualität) zu. Allerdings sind Vorgänge wie der oben angeführte oder wie *Wissenschaft* → *Wissenschaft(l)er* dann nicht erfasst; dennoch können wir diese Änderungen nicht als ›Modifikation‹ (vgl. dazu unten) klassifizieren, da wir es hier ohne Zweifel mit einer Änderung der onomasiologischen[6] Klasse zu tun haben.

---

[6] Onomasiologisch ist die Untersuchungsrichtung, die danach fragt, welche Ausdrücke für einen bestimmten Begriff oder eine bestimmte Begriffsklasse in einer Sprache zur Verfügung stehen. In unserem Fall wird also danach gefragt, welche Affixe der Bildung von Personenbezeichnungen oder Nomina agentis dienen. Als ›semasiologisch‹ bezeichnet man die umgekehrte Fragerichtung: Ausgehend vom Wort werden alle mit ihm verbundenen Bedeutungen untersucht.

Es sind vor allem die Suffixderivation und die Konversion, die Transpositionen durchführen. Durch Präfixableitungen hingegen, aber auch durch einige spezielle Suffixableitungen kommen zu einer Bedeutung nur einzelne semantische Merkmale hinzu: *brechen* → *zerbrechen*; die Präfigierung fügt das Merkmal ›vollständig‹ hinzu, sodass die erweiterte Bedeutung ›vollständig brechen‹ entsteht. Eine neue Bezeichnungsklasse entsteht dadurch nicht. Hier seien nun drei Klassen der Modifikation vorgestellt:

(1) Negation

Vor allem das Präfix *un-* ist imstande, Substantive und Adjektive zu negieren.

Substantive: *Ordnung* → *Unordnung* ›keine Ordnung‹, *Lust* → *Unlust* ›keine Lust‹. Von der Negation ist es nur ein kurzer Weg zur Pejoration: *Sitte* → *Unsitte* ›schlechte Sitte‹, *Tat* → *Untat* ›schlechte Tat‹, *Kraut* → *Unkraut* ›schlechtes Kraut‹. Ähnlich verhält sich das Präfix *Miss-*: *Misserfolg* ›kein Erfolg‹, *Missbehagen* ›kein Behagen‹ neben *Missgriff* ›schlechter Griff‹.

Adjektive: *schön* → *unschön* ›nicht schön‹, *klug* → *unklug* ›nicht klug‹. In diesem Paradigma gibt es zahlreiche Adjektive, von denen nur die *un-*Variante, nicht jedoch die positive Form existiert: *unaufhaltsam* ← **aufhaltsam* (nur sprachspielerisch von Bert Brecht verwendet), *unabweislich* ← **abweislich*. Es kann keine Regel formuliert werden, welche Adjektive mit *un-* negiert werden können; so kennen wir zwar *unschön*, aber nicht **unhässlich*, *unklug*, aber nicht **undumm*, *ungut*, aber nicht **unschlecht*.

(2) Diminution und Augmentation

Die **Diminution** betrifft in erster Linie Substantive und ist ein Inhaltsmuster, das sich mit ›kleines, zierliches, niedliches, vertrautes, lieb gewordenes … BS‹ paraphrasieren lässt (mit ›BS‹ für ›Basissubstantiv‹). Die häufigsten Affixe hier sind *-chen* und *-lein*:

> »Sehen Sie denn nicht, lieber Quandt«, sagte darauf der Pfarrer, »daß das lauter armselige kleine **Lüglein** sind, kaum daß sie den Namen verdienen?« (Wassermann 1983, 279)

Dieses literarische Beispiel mit einer Ad-hoc-Bildung macht deutlich, dass mit der Diminution immer auch Wertungen verbunden sind. Noch deutlicher wird dies beim Suffix *-ling*: *Schreiberling*, *Dichterling*, *Reimerling* und:

> … ein **Selbstsüchtling** wie Sie schert sich wenig um die Leiden anderer Menschen, … (Wassermann 1983, 274)

Dabei gibt es auch Bildungen mit diesem Suffix, die nicht pejorativ zu verstehen sind:

> Am eigentümlichsten war es aber anzusehen, wenn er auf dem Nachhauseweg mitten unter der Knabenschaft ging, ..., männlich unter den **Halbwüchslingen**, ... (Wassermann 1983, 16)

Die Opposition zu den Diminutiva sind die **Augmentativa**; im Deutschen aber gibt es im Gegensatz zu anderen Sprachen (etwa dem Italienischen) kein altes, überkommenes Affix, sondern eine Reihe von, sprachgeschichtlich gesehen, jungen Präfixen, z. B. *Affen-, Bomben-, Heiden-, Höllen-, Mords-, Pfunds-, Riesen-, Spitzen-, Super-*:

> Das war ein **Heidenspaß**. (Huber 1993, 81)
> Es wird eine **Mordsschlepperei**, sagte sie. (Demski 1993, 228)

Derartiges kann auch bei Adjektiven begegnen: *»Mach doch einen mit mir alleine.« Über diese Bemerkung lacht Rosa noch heute, aber inzwischen hat er wirklich einen Film mit mir alleine gemacht: ›**Affengeil**‹.* (Huber 1993, 162)

(3) Motion/Movierung

So nennt man die Kennzeichnung des Geschlechts mit Wortbildungsmitteln. Meistens ist die Movierungsrichtung männlich → weiblich zu finden, das häufigste Suffix ist *-in*: *Lehrerin, Studentin, Ärztin.* Dieses Modell wurde durch die Frauenbewegung, deren Sprachkritik und deren Streben, jede Frau als Frau zu bezeichnen, stark genutzt, was auch zu ironisierenden Verwendungen geführt hat:

> Ein „Festival der Frauen" veranstaltet Hamburg vom 23. August bis zum 15. September. Drei Wochen lang bieten **Musikerinnen**, **Schriftstellerinnen**, **Schauspielerinnen**, **Künstlerinnen** und **Clowninnen** ein non-stop-Programm mit **Aufführunginnen**, **Konzertinnen**, **Lesunginnen**, **Clownerinnen** und **Volksspektakelinnen**. (Zeit 11.7.86, 42)

> Zum Glück kümmern sich die Leuchtkäfer beim Leuchten um wesentlichere Dinge: Im Dunkel der Nacht findet der **Käfer** die **Käferin** leichter, wenn sie ihm strahlend den Weg weist. Warum und wie die Glühwürmchen funkeln, die hierzulande selten geworden sind, ... (Zeit-Magazin 13.6.86, 3)

Seltener kommt die Motion in der Richtung weiblich → männlich mit dem Suffix *-er* vor: *Witwer, Hexer*; ein Beispiel wie *Hurer* ist fraglich oder doppelmotiviert, da es auch eine *-er*-Ableitung vom Verb *huren* sein kann. Bei Tieren begegnet auch das Suffix *-erich*: *Gänserich, Enterich, Mäuserich*, sprachspielerisch auch auf Menschen übertragen:

Überzeugende Beispiele weltgeschichtlicher Muttersöhne sind Hitler und Sta-
lin. Pilgrim widmet ihnen lange Abschnitte und das vorgeführte Material paßt
zum Modell. Schon Hitlers Vater war ein Muttersohn, von unehelicher Geburt
und schlimmer Brutalität: »Hitler dilettierte, lebte ziellos herum, lernte nichts,
studierte nicht, band sich nicht in Liebesbeziehungen, wohnte in einem Männer-
wohnhaus ..., kostümierte sich mit Männlichkeitszeichen: Schwellkörper Uniform, Versteifung rechter Arm in die Höhe, eindringendes Augenrollen, hin-
und herreibende Rede, multiple Ohnmacht des Höhepunktes bei jeder Mas-
senveranstaltung. Er selbst blieb ein **Jungferich**.« (Zeit 9.1.87, 9)

7. Zum Abschluss: Aküspra

In der Gegenwartssprache wird gerne die Möglichkeit genutzt, Begriffe mit
Abkürzungen bzw. Kurzformen: *LKW* ← *Lastkraftwagen*, *Uni* ← *Universität*,
Bus ← *Omnibus*. Im Gegensatz zu rein schriftlichen Abkürzungsgraphien wie
usw. oder *z. B.* werden die Kurzformen auch gesprochen: [ɛlkɑveː], aber
nicht *[uːɛsveː]. Schon die obigen drei Beispiele haben gezeigt, dass ganz
unterschiedliche Kürzungsprozesse wirksam sind. Dementsprechend kann
man verschiedene Kurzformtypen unterscheiden:

Kurzformtypen	Realisierungs-formen	Struktur	Beispiele
Unisegmentale Formen	Kopfformen	Morpheme	*Hoch* ← *Hochdruckgebiet* *Korn* ← *Kornschnaps* (1)
		Morphem-teile	*Uni* ← *Universität* *Info* ← *Information*
	Endformen	Morpheme	*Rad* ← *Fahrrad* *Bahn* ← *Eisenbahn*
		Morphem-teile (2)	*Bus* ← *Omnibus* *Cello* ← *Violoncello*
Abkürzungs-formen	Initialabkür-zungsformen	Buchsta-bennamen werden gesprochen	*WG* ← *Wohngemeinschaft* *EDV* ← *elektronische Datenverarbeitung* (3)
	Initialkurz-formen	Buchsta-benlautwert wird ge-sprochen	*BAFöG* ← *Bundes-ausbildungs-förderungsgesetz* *APO* ← *Außerparlamen-tarische Opposition*

Plurisegmentale Formen	Initialkomposita	KF + BM	*U-Bahn ← Untergrundbahn*
	Kurzform-komposita	KF + KF	*Obus ← Oberleitungs-Omnibus*
	Silben-komposita	KF + KF	*Schiri ← Schiedsrichter* *Kripo ← Kriminalpolizei*
		KF + BM	*Dispokredit ← Dispositionskredit* *Biokost ← biologische Kost*
	Klammer-komposita	BM + BM	*Weltraumtechnik ← Weltraumfahrttechnik* *Gesundheitsreform ← Gesundheitswesensreform* (4)

Ad 1: Das Genus *Korn* in der Bedeutung ›Kornschnaps, -branntwein‹ belegt, dass es sich um eine Kopfform handelt, die das maskuline Genus vom Grundwort des vollständigen Kompositums übernommen hat. Anders: *der Bund ← die Bundeswehr*, wo das Genus von *Bund* beibehalten wurde; *das Foto* (*← die Fotografie*) könnte das neutrale Genus vom bedeutungsverwandten Substantiv *das Bild* übernommen haben.

Ad 2: Diese beiden Beispiele sind die einzigen, die sich in der einschlägigen Literatur finden.

Ad 3: *EDV* und *Biokost* sind Beispiele auch dafür, dass auch Wortgruppen zu Kurzformen reduziert werden können. Ein komplexer Fall liegt auch vor in *MUCK ← multifunktionale Universitäts-Chipkarte*.

Ad 4: Klammerkomposita können bisweilen auch auf Wortgruppen zurückgeführt werden, wie folgender Beleg zeigt:

> Noch keine Entscheidung zur **Gesundheitsreform**
> Die von einer Koalitionskommission bisher erarbeiteten Vorschläge für eine Struktur**reform des Gesundheitswesens** sind noch nicht das letzte Wort. (SZ 10./11.10.87, 1.)

Allerdings kann man nicht sagen, dass die ›vollständigen‹ Formen immer der tatsächliche Ausgang für die Klammerformen sind. Sie sind wohl in erster Linie regulierende Muster, die Wortbildungen dürften in zahlreichen Fällen ›ohne Umwege‹ erzeugt worden sein.

Wenn man allerdings, wie es hier geschehen ist, Wortbildung als die Erzeugung von Nominations-/Benennungseinheiten definiert, dann wird es fraglich, ob die Kurzformen als Wortbildungskonstruktionen anzusehen sind, weil eben ein schon vorhandener Ausdruck nur verkürzt wird. Klammerformen und die nachfolgend vorgestellten Kontaminationen sind hingegen sehr wohl auch Wortbildungskonstruktionen in diesem Sinn.

Zu den Kürzungserscheinungen sind auch **Wortkreuzungen** bzw. **Kontaminationen** zu zählen: Von einem Wort wird der Anfang, von einem zweiten das Ende genommen, die beiden Teile werden zusammengefügt. Ein bekanntes Beispiel dafür stammt aus dem Englischen, das Resultat ist auch ins Deutsche entlehnt worden: *Smog* ← *smoke* + *fog*. Hier ist zu erkennen, dass der ausdrucksseitigen »Verschmelzung« eine Verschmelzung der Inhalte entspricht. Vgl. des Weiteren: *Kurlaub* ← *Kur* + *Urlaub*, *Stagflation* ← **Stag**nation + *Inflation*, *Grusical* ← *gruseln* + *Musical*. Diese Form bietet sich für spielerischen Umgang an: Vgl. den Buchtitel *Identitätlichkeiten* (Sammlung von »Kriminalparodien« [Klammerbildung ← **Kriminal**erzählungen + **Parodien**]) (Boileau/Narcejac 1982) oder:

> Nun fragt man sich, wie wohl das erste »Hinter-den-Kulissen«-Buch über die Clintons ausfallen wird. Bislang läßt sich nur feststellen, daß die neue Mann- und Frauschaft um **Billary** [← Bill + Hillary Clinton] sich mit fast bewundernswerter Zielstrebigkeit auf jedes auffindbare Fettnäpfchen stürzt. (Taz 2.6.93, 16)

> Zartbesaitet psychophysischer, leptosomer, lediger Nostalgielingamist, polyglottbewegt, moraldiskursfundiert, picknickbesexseelt Dich gemütsfeminin robinsonadenfrohe, müslioasengeprägt kreatividealistisch sublimherzenskluge Musengourmetfee (29-58). Postlagerkennwort: »**Romantiquariatshumor**«, 1130 Wien. (Falter 31, 1991, 42)

8. Abkürzungen

BA: Basisadjektiv
BM: Basismorphem
BS: Basissubstantiv
BV: Basisverb
Bven: Basisverb im Infinitiv
Bvt: Basisverb 3. Pers. Sing.
KF: Kurzform
WM: Wortbildungsmorphem

9. Literatur

Die einführende Beschreibung der deutschen Wortbildung wurde hier bewusst ohne Hinweise auf die zahlreiche Forschungsliteratur und Auseinandersetzung mit ihr geschrieben, um die Darstellung nicht allzu sehr zu belasten. Sehr schnell wird sichtbar, woher bestimmte Anregungen oder Termini stammen. Deshalb bucht das nachfolgende Verzeichnis der wissenschaftlichen Literatur (9.2.) nur die Gesamtdarstellungen der deutschen Wortbildungslehre, eine Studienbibliographie und zwei Monographien. Von diesen Arbeiten aus führt der Weg sehr schnell zur einschlägigen Spezialliteratur.

9.1. Quellentexte

Bichsel, Peter (1999): *Cherubin Hammer und Cherubin Hammer*, Frankfurt am Main: Suhrkamp.

Bild (2001): Bild online. http://www.bild.de/service/archive...ml?body=sport/sabrina.html 20.01.01.,18.24.

Boileau, Pierre/Narcejac, Thomas (1982): *Identitätlichkeiten*, Reinbek: Rohwolt.

Brandstetter, Alois (1989): *Vom Schnee der vergangenen Jahre*, München: dtv.

Brandstetter, Alois (1986): *Die Burg*, Salzburg/Wien: Residenz.

Demski, Eva (1993): *Scheintod*, München: dtv.

Duden (1999): *Duden. Das große Wörterbuch der deutschen Sprache in zehn Bänden*, 3. Aufl., Mannheim u. a.: Dudenverlag.

Dürrenmatt, Friedrich (1987): *Justiz*, Zürich: Diogenes.

Falter (1991): *Stadtzeitung Wien*.

Grass, Günter (1994): *Unkenrufe*, München: dtv.

Hirsch, Eike Christian (1982): *Den Leuten aufs Maul*, Hamburg: Hoffmann und Campe.

Huber, Lotti (1993): *Diese Zitrone hat noch viel Saft!*, 3. Aufl. München: dtv.

Reich-Ranicki, Marcel (1993): *Über Ruhestörer. Juden in der deutschen Literatur*, München: dtv.

Rinser, Luise (1984): *Den Wolf umarmen*, Frankfurt am Main: Fischer.

SZ: *Süddeutsche Zeitung*, München.

Taz: *die tageszeitung*, Berlin.

Wassermann, Jakob (1983): *Caspar Hauser*, München: dtv.

9.2. Wissenschaftliche Literatur

Deutsche Wortbildung. Typen und Tendenzen in der Gegenwartssprache. Eine Bestands-aufnahme des Instituts für deutsche Sprache, Forschungsstelle Innsbruck.
1. Hauptteil: Ingeburg Kühnhold/Hans Wellmann: *Das Verb*, Düsseldorf: Schwann 1973.
2. Hauptteil: Hans Wellmann: *Das Substantiv*, Düsseldorf: Schwann 1975.
3. Hauptteil: Ingeburg Kühnhold/Oskar Putzer/Hans Wellmann: *Das Adjektiv*, Düsseldorf 1978.
4. Hauptteil: Lorelies Ortner/Elgin Müller-Bollhagen: *Substantivkomposita*, Berlin/New York: de Gruyter 1991.
5. Hauptteil: Maria Pümpel-Mader/Elisabeth Gassner-Koch/Hans Wellmann: *Adjektivkomposita und Partizipialbildungen*, Berlin/New York: de Gruyter 1992.
Morphem- und Sachregister zu Bd. 1–3, von Ingeburg Kühnhold/Heinz-Peter Prell, Düsseldorf: Schwann 1984.
Eichinger, Ludwig M. (1994): *Deutsche Wortbildung*, Heidelberg: Groos.
*Eichinger, Ludwig M. (2000): *Deutsche Wortbildung. Eine Einführung*, Tübingen: Narr.
*Erben, Johannes (2000): *Einführung in die deutsche Wortbildungslehre*, 4. Aufl., Berlin: Erich Schmidt.
*Fleischer, Wolfgang/Barz, Irmhild (1995): *Wortbildung der deutschen Gegenwartssprache*, 2. Aufl., Tübingen: Niemeyer.
Gauger, Hans-Martin (1971): *Durchsichtige Wörter. Zur Theorie der Wortbildung*, Heidelberg: Winter.
Kobler-Trill, Dorothea (1994): *Das Kurzwort im Deutschen. Eine Untersuchung zu Definition, Typologie und Entwicklung*, Tübingen: Niemeyer.
Motsch, Wolfgang (1999): *Deutsche Wortbildung in Grundzügen*, Berlin/New York: de Gruyter.
*Wellmann, Hans (1998): »Die Wortbildung«, in: *Duden. Grammatik der deutschen Gegenwartssprache*, 6. Aufl., Mannheim u. a.: Dudenverlag, 408–557.

Damaris Nübling

Wörter beugen. Grundzüge der Flexionsmorphologie.

1. Die Flexionsmorphologie als linguistische Teildisziplin

Die Flexionsmorphologie befasst sich mit der »Beugung« von Wörtern, d. h. mit der **systematischen Kombination** von (meist) **Lexemen** mit bestimmten sog. grammatischen Informationen (auch: **Flexionskategorien**). So wird die Wortart der Substantive im Deutschen mit den Informationen Kasus und vor allem Numerus (Singular und Plural) versehen. Verben werden immer nach Tempus, Modus, Numerus und Person spezifiziert. Im Unterschied zur Derivation, dem nächstverwandten morphologischen Typ (vgl. den Beitrag von Norbert Richard Wolf in diesem Band, Abschnitt 4), erfolgt der Ausdruck grammatischer Kategorien am Wort **obligatorisch**, d. h. bei jedem Verb, das man verwendet (abgesehen vom Infinitiv und anderen infiniten Formen), muss man Auskunft geben über die Zeitstufe (z. B. Präsens oder Präteritum), den Modus (Indikativ, Konjunktiv, Imperativ) sowie über die Anzahl (Numerus) und die Art (1.–3. Person) der Handlungsträger. Selbst wenn man über längere Zeit hinweg die abgeschlossenen Handlungen ein und derselben Person referiert, ist man gezwungen, jedes Verb in die Vergangenheit und in die 3. Person Singular zu setzen. Unter anderem wegen dieser systematischen und obligatorischen Zusatzauskünfte am Wort wird die Flexion auch als »Morphologie par excellence« bezeichnet (Wurzel 1984, 49). Flexion ist ein, wenn nicht sogar der zentrale Bestandteil der Grammatik und wird oft zur typologischen Klassifizierung von Sprachen herangezogen. Auch die Wortartenunterscheidung folgt zumeist und zuerst dem Kriterium der Flektier- bzw. Unflektierbarkeit (vgl. die Duden-Grammatik 1998, 85 ff.). Der Flexionsmorphologie kommt damit höchste Bedeutung bei der Charakterisierung und Typisierung von Einzelsprachen zu.

2. Wozu Flexion?

Warum verpflichten sich die SprecherInnen einer Sprache, zu bestimmten Wörtern permanent (und oft mehrfach – redundant – ausgedrückt) spezielle Zusatzinformationen zu liefern? Offensichtlich sind diese – salopp ausgedrückt – Zwangsinformationen so wichtig, dass sich dieser Aufwand lohnt. Ein Beispiel: Substantive bezeichnen prototypischerweise konkrete und damit auch zählbare Gegenstände der Welt. Die Kategorie Numerus gibt an, ob nur einer dieser Gegenstände vorliegt (dann im Singular: *Baum*) oder ob mehr als einer (dann im Plural: *Bäume*). Manche Sprachen (wie das Arabische) bezeichnen auch die Zweizahl extra und praktizieren damit eine dreifache Numerusunterscheidung: Singular (›ein X‹), Dual (›zwei X‹) und Plural (›mehr als zwei X‹). Solche Flexionskategorien werden in der Regel sehr ökonomisch, d. h. mit minimalem Aufwand, ausgedrückt (vgl. typische Flexive wie nhd. *-t, -e, -er, -n, -en* etc., die darüber hinaus meist multifunktional eingesetzt werden). Sprachen ohne Numerusflexion (wie das Chinesische) verwenden, wenn die Anzahl irrelevant oder bereits bekannt ist, eine Einheitsform (z. B. ›Baum‹). Soll die Mehrzahl thematisiert werden, müssen quantifizierende Wörter wie z. B. ›einige‹, ›mehrere‹, ›viele‹, ›drei‹ etc. zu ›Baum‹ hinzugefügt werden. Solche Zusatzwörter sind in der Regel länger als Flexive, die oft nur aus einem Laut (oder gar nur einem Lautwechsel) bestehen. Einerseits entfällt für solche Sprachen der permanente Zwang zur Numerusangabe, andererseits muss, wenn Numerus wichtig wird, relativ viel materieller Aufwand betrieben werden (Extrawort). Da Numerus bei der Bezeichnung von Gegenständen jedoch sehr oft eine Rolle spielt, kann es sich durchaus lohnen, ihn gleich fest und obligatorisch in minimaler Ausstattung ans Substantiv zu koppeln. Daher haben viele Sprachen der Welt eine nominale Numerusflexion ausgebildet.
Verben dienen üblicherweise der Bezeichnung von Handlungen und Ereignissen, die zum einen an die Zeitachse gebunden sind und zum anderen

i. d. R. einen oder mehrere Verursacher haben. Es ist für uns ziemlich wichtig, ob jemand gerade kommt, schon angekommen ist oder erst kommen wird, ebenso wer und wie viele kommen. Flexionsmorphologisch unterscheidet das Deutsche zwischen Präsens (zur Sprechsituation gleichzeitige Handlung: *ich komme*) und Präteritum (bereits vollzogene Handlung: *ich kam*). Mithilfe weiterer sog. Funktionswörter (z. B. Hilfsverben) verfügt das Deutsche auch über syntaktische Verfahren der Tempusbezeichnung (Periphrasen): Futur (*ich werde kommen*), Perfekt (*ich bin gekommen*), Plusquamperfekt (als Vorvergangenheit) (*ich war gekommen*). Unter Aufwendung lexikalischer Wörter, z. B. Temporaladverbien oder sogar ganzer Sätze, kann der Zeitpunkt noch näher bestimmt werden (*vorgestern kam sie*; *nachdem er weggegangen war, kam sie*; *in drei Jahren wird sie kommen*) – doch wird hier deutlich, dass die Grammatik hierzu keineswegs verpflichtet. Zu den temporalen Flexionskategorien zählen im Deutschen nur Präsens und Präteritum. Diese beiden müssen morphologisch am Verb ausgedrückt (markiert, symbolisiert, kodiert) werden. Präsens und Präteritum gehören zu den beiden Zeitstufen, die man am häufigsten verwendet. Über zukünftige Ereignisse spricht man seltener als über vergangene. Daher lassen sich gewisse Implikationen bilden: Wenn eine Sprache Futurflexion aufweist (z. B. Französisch, Spanisch), dann drückt sie auch die Vergangenheit flexivisch aus.

Dass z. B. das Präsens nicht nur gegenwärtige Ereignisse bezeichnen kann, sondern auch allgemein gültige oder zukünftige (*die Erde ist rund*; *sie kommt in drei Wochen*), dass Kategorien also mehrere Funktionen haben können, sei hier erwähnt, doch nicht weiter vertieft.

Die Frage nach dem Wann ist für eine Handlung oder ein Ereignis so relevant, dass sehr viele Sprachen, die Flexionsmorphologie besitzen, Tempusflexion am Verb aufweisen. Dies betrifft in diesem Ausmaß nicht die Frage nach dem Wer oder Was, d. h. nach dem Aktanten, der die Handlung verursacht. Die Kategorie ›Person‹ klärt, ob es der/die Sprechende ist (1. Person: *ich*), der/die Angesprochene (2. Person: *du*), oder eine dritte (an- oder abwesende) Person oder Sache (3. Person: *sie, er, es*). Gekoppelt ist diese Personeninformation mit der Kategorie Numerus, die angibt, ob die Handlung durch eine oder mehr als eine Person/Sache ausgeführt wird. Die Personalpronomina oben beziehen sich nur auf den Singular. Die Pluralformen sind *wir – ihr – sie*. Nun sind diese Proformen keine Verbendungen (Flexive), sondern syntaktisch selbständige Wortformen, die dem Verb vorangestellt werden. Flexivisch werden diese Informationen wie folgt ausgedrückt:

Person \ Numerus	Singular	Plural
1.	*komm-e*	*komm-en*
2.	*komm-st*	**komm-t**
3.	**komm-t**	*komm-en*

Figur 1: Das Präsensparadigma von *kommen*: Die Person/Numerus-Flexive

Die Person- und Numeruskategorie wird im Deutschen untrennbar verschmolzen auf einem Flexiv (sog. Personalendung) ausgedrückt. Solche **Portmanteaumorphe** kommen in der Flexion häufig vor und verhindern, dass das Wort zu lang wird. Wie die Flexionsformen von *kommen* zeigen, werden die Person/Numerus-Informationen nicht immer eindeutig markiert (vgl. Fettdruck bzw. Unterstreichung). Solche Homonymien innerhalb eines Paradigmas (als der systematischen Auflistung von Flexionsformen) nennt man **Synkretismen**. Das Deutsche stellt dem Verb zur Vereindeutigung dieser mehrdeutigen Endungen entweder ein nominales Subjekt oder ein obligatorisches Subjektpronomen voran (*er kommt* vs. *ihr kommt*). Anders im Spanischen (und noch im Althochdeutschen um 800), wo oft ausschließlich die Verbendung die Person/Numerus-Kategorie, also das Subjekt markiert. Extremer als das Deutsche verfährt das Englische, das nur noch die 3. Pers. Sg. im Präsens kennzeichnet (durch *-s: comes*) und das Schwedische, das überhaupt keine Pers./Num.-Flexive (mehr) hat: Hier existiert im Präsens nur noch die Einheitsform *kommer* und im Präteritum *kom*. Doch haben das Englische und das Schwedische durchaus die Tempusflexion bewahrt, was darauf hindeutet, dass die Tempuskategorie für ein Verb bzw. die von ihm bezeichnete Handlung wichtiger ist als der Verursacher der Handlung, der ohnehin durch das obligatorische Subjekt bezeichnet wird (vgl. 3.2).

Flexion als Verpflichtung zur Auskunft wichtiger und häufig erforderter Informationen sollte erwarten lassen, dass die Sprachen gleiche oder zumindest ähnliche Flexionskategorien ausbilden. Tatsächlich gibt es ein Inventar flexivisch sehr häufig realisierter Kategorien wie z. B. Modus und Tempus am Verb oder Numerus am Substantiv und/oder Pronomen (oder anderen nominalen Wortarten) (vgl. hierzu eingehend Bybee 1985). Ein Blick auf die slawischen und romanischen Sprachen, ebenso auf das Englische und Schwedische, zeigt jedoch auch Unterschiede: Diese haben die Kategorie des Aspekts, der Auskunft über Dauer, Verlauf, Beginn, Ende und ähnliche »Aspekte« der Handlung/des Geschehens gibt, grammatikalisiert (im Französischen als passé composé versus imparfait). Im Deutschen können (müssen aber nicht) solche Informationen bei Bedarf anderweitig ausgedrückt werden, z. B. derivationell (*erblühen* ›Beginn‹ vs. *blühen* ›Verlauf‹ vs. *verblühen* ›Ende‹) oder – häufiger – syntaktisch, d. h. bei Verwendung mehrerer Wörter (*anfangen, zu Xen*; *am/beim Xen sein*; *plötzlich Xen*; *aufhören, zu Xen* etc.). Dass die Ausbildung von Flexionskategorien auch kulturabhängig sein kann, zeigt das Koreanische, das Höflichkeit (Distanz, Status, Hierarchiegefälle) flexivisch am Verb markiert. Auch dies lässt sich letztlich unter die Relevanz von Flexionskategorien subsumieren: In dieser Kultur sind solche Informationen so wichtig, dass man sie grammatikalisiert, d. h. sich zu ihrer Auskunft »verpflichtet« hat. Dabei handelt es sich selbstverständlich um unbewusste Prozesse.

3. Die Flexionskategorien des Deutschen

3.1 Bestand

Im Deutschen unterscheidet man drei Bereiche der Flexion:
1. Die Konjugation (Verbflexion);
Kategorien: Tempus (Präsens, Präteritum; periphrastisch noch mehr Tempora), Modus (Indikativ, Konjunktiv, Imperativ), Numerus (Singular, Plural), Person (1., 2., 3.), mithilfe einer (Passiv-)Periphrase auch Diathese (Aktiv/Passiv);
2. die Deklination (Nominalflexion, also Substantive, Adjektive einschließlich Possessiva etc., Pronomina);
Kategorien: Numerus (Singular, Plural), Kasus (Nominativ, Genitiv, Dativ, Akkusativ), Definitheit (+ definit, – definit) – meist auch Genus (Femininum, Maskulinum, Neutrum), dessen genaue Funktion sich jedoch bis heute unserer Kenntnis entzieht und das damit streng genommen nicht zu den Kategorien im oben definierten Sinn gezählt werden kann und soll;
3. die Komparation (Adjektiv- und Adverbsteigerung);
Kategorien: Positiv, Komparativ, Superlativ.

3.2 Relevanzhierarchie der Flexionskategorien

Ausgehend von der bereits angesprochenen Frage, welche Informationen sich als (obligatorische) Flexionskategorien eignen und welche weniger oder nicht, lassen sich nach Bybee (1985) zwei Prinzipien formulieren, die Kategorialität steuern: (1) das Relevanzprinzip und (2) das Allgemeingültigkeitsprinzip. Zu (1), dem Relevanzprinzip:

> »A meaning element is **relevant** to another meaning element **if the semantic content of the first directly affects or modifies the semantic content of the second.** If two meaning elements are, by their content, highly relevant to one another, then it is predicted that they may have lexical or inflectional expression, but if they are irrelevant to one another, then their combination will be restricted to syntactic expression.« (Bybee 1985, 13; Hervorhebung im Original)

> Übersetzung: Eine bedeutungstragende Einheit ist **relevant** bezüglich einer anderen bedeutungstragenden Einheit, **wenn die Bedeutung der ersten bedeutungstragenden Einheit unmittelbar die Bedeutung der zweiten Einheit affiziert oder modifiziert.** Wenn zwei bedeutungstragende Einheiten in einem Verhältnis hoher Relevanz zueinander stehen, so wird vorausgesagt, dass sie lexikalisch oder flexivisch ausgedrückt werden, doch wenn sie zueinander irrelevant sind, dann wird sich ihre Kombination auf den syntaktischen Ausdruck beschränken. [Das heißt, die Informationen werden durch mehrere Wörter ausgedrückt.]

Auf das Verb bezogen sind Kategorien, die die bezeichnete Handlung in ihrer Integrität modifizieren, relevanter als etwa die Nennung des Agens, das die Handlung als ganze zwar ausführt, doch nicht in deren eigentlichen Verlauf eingreift. In diesem Sinn hochrelevant ist der Aspekt, indem er, wie bereits erwähnt, die Handlung bezüglich ihres Beginns, ihrer zeitlichen Ausdehnung und/oder ihres Endes modifiziert, sie also in ihrer Integrität berührt. Tempus berührt die Handlung als solche nicht, sondern transponiert sie in verschiedene Zeitstufen. Damit ist noch ein gewisser »Handlungsbezug« gegeben – jede Handlung/jeder Zustand ist zwingend an die Zeitachse gebunden –, während Modus »nur« die Einstellung, die Haltung des Sprechers zum Wahrheitsgehalt, zur Wahrscheinlichkeit etc. des Sachverhalts angibt. Im Fall des Imperativs wird zum Vollzug der Handlung aufgefordert. Numerus bezeichnet schließlich, wie bereits ausgeführt, die Ein- bzw. Mehrzahl der Agentia und ist relevanter als die Personenkategorie, die angibt, ob es sich um die sprechende, die angesprochene oder um eine besprochene Person (bzw. Sache) handelt. Damit gelangt man zu folgender Relevanzabfolge der Verbalkategorien, wobei das Deutsche den Aspekt nicht grammatikalisiert hat:

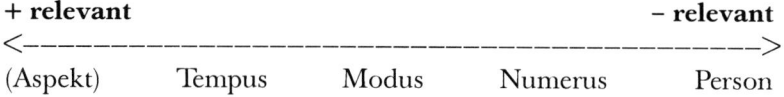

Figur 2: Relevanzhierarchie der verbalen Flexionskategorien im Deutschen

Der zweite Faktor der Allgemeingültigkeit spielt bei der Entscheidung dessen, was sich als Flexionskategorie eignet, eine weitere wichtige Rolle: Flexionskategorien sollten aus einer möglichst allgemeinen Bedeutung mit begrenztem Inhalt bestehen, damit sie mit möglichst vielen Einheiten einer Wortart kombinierbar sind. So ist die Pers./Num.-Kategorie von hoher Allgemeingültigkeit und, damit verbunden, hochgradig kompatibel mit fast allen Verben.

Auf das Substantiv bezogen ist Numerus relevanter als Kasus: Während Numerus die Ein- oder Mehrzahl des denotierten Objekts ausweist und damit den Referenzbereich direkt affiziert, gibt Kasus lediglich Auskunft über die Rolle, die die an sich bereits fest denotierten Gegenstände im Handlungszusammenhang spielen (also ob z. B. als Agens die Handlung verursachend und dann meist (im Aktivsatz) im Nominativ oder ob als Patiens Zielpunkt der Handlung und damit in einem Objektkasus). Die Kategorie ›Diminutiv‹ erweist sich jedoch als zu relevant und zu wenig allgemein gültig, indem sie das denotierte Objekt in seiner Integrität stark modifiziert (ein *Bäumchen* ist weniger als ein *Baum*, ein *Leibchen* etwas substanziell anderes als ein *Leib*) und indem sie sich nicht auf alle Gegenstände zu beziehen vermag (**Rieschen*, **Chamäleonchen*). Hier handelt es sich um eine Derivationskategorie (vgl. hierzu den Beitrag von Norbert Richard Wolf in diesem Band, Abschnitt 4).

3.3 Ausdrucksmöglichkeiten

Prinzipiell verfügen Sprachen mit Flexion über die folgenden Ausdrucks-verfahren:

lexikalisch – derivationell – *flexivisch* – klitisch – syntaktisch
<—————————————————————————————————————
Zunehmender Fusionsgrad
Zunehmende Frequenz
+ Relevanz   – Relevanz
– Allgemeingültigkeit   + Allgemeingültigkeit

Figur 3: Die wichtigsten Ausdrucksverfahren (in Anlehnung an Bybee 1985, 12)

Diese Skala repräsentiert die von rechts nach links hin zunehmende Dichte (Fusionsgrad), mit der Informationen ausgedrückt werden. Während das syntaktische Verfahren mehrere Wörter zum Ausdruck von Informationen verwendet (z. B. *Gebäude, in dem Menschen leben*), werden diese beim lexikali-schen Verfahren in nur einem Ausdruck fusioniert (*Haus*). Ähnliches gilt für die Morphologie, die hier von derivationell bis klitisch reicht. So ist die Informationsdichte bei den schwachen Verben deutlich geringer als bei den starken: bei *mach-t-en* wird die Tempusinformation additiv durch ein der Wurzel *mach-* angefügtes *-t-* (das sog. Dentalsuffix) realisiert, danach folgt die Pers./Num.-Endung *-en*. Diese Abfolge Tempus vor Modus ist nicht zufällig, sondern ergibt sich direkt aus deren Relevanzgrad (vgl. Figur 2): Je relevanter eine Kategorie, desto dichter rückt sie an die lexikalische Wurzel (oft wird sie sogar innerhalb dieser Wurzel markiert), je weniger relevant eine Kategorie, desto eher wird sie an der Peripherie des Wortes ausge-drückt (hier: *-en* ›1./3. Pers. Pl.‹). Noch deutlicher manifestieren sich Infor-mationsverdichtung und -abfolge bei den starken Verben, bei denen Tem-pus (hier: ›Präteritum‹) modulatorisch durch Vokalwechsel (Ablaut) mar-kiert wird: *komm-en* [kɔmən] vs. *kam-en* [kaːmən]. Hier wird der Tempus-ausdruck in das Zentrum des Lexems verlagert (Wechsel von [ɔ] und [aː]). Die Frage, warum das Deutsche sowohl das Prinzip der starken wie auch der schwachen Flexion kultiviert, lässt sich nur mit einem weiteren Faktor, der den Dichte- bzw. Fusionsgrad steuert, beantworten, der **Häufigkeit**, mit der das betreffende Wort verwendet wird (sog. **Gebrauchs- oder Tokenfrequenz**) (vgl. Figur 3). In einem laufenden Text finden sich mehr starke und unregelmäßige Verben als schwache, obwohl es insgesamt nur ca. 150 starke und 20 irreguläre Verben gegenüber ca. 4000 schwachen gibt (sog. **Typenfrequenz**). Dieses umgekehrt proportionale Verhältnis von Typen- und Tokenfrequenz veranschaulicht Figur 4 (nach Augst 1975).

Frequenz \ Klasse	**Typenfrequenz:** von 4000 Verben im Lexikon sind	**Tokenfrequenz:** von in einem fließenden Text vorkommenden Verben sind
schwach	3811 = 95,3%	41%
stark	169 = 4,2%	41%
irregulär (*sein, gehen, stehen* etc.)	20 = 0,5%	18%

Figur 4: Type/Token-Verhältnis zwischen schwachen, starken und irregulären Verben

Zwar sind die meisten Verben im Deutschen schwach, aber in konkreten Texten kommen mehr starke bzw. irreguläre Verben als schwache Verben vor; m. a. W.: die Vorkommenshäufigkeit der starken bzw. irregulären Verben ist größer. Die Großklasse der schwachen Verben ist auch die einzig produktive, d. h. sie gewinnt weiter an Mitgliedern, sei es aus anderen Sprachen (entlehnte Verben wie *surfen – surfte – gesurft*; *joggen – joggte – gejoggt*), sei es aus anderen Klassen, denn hohe Typenfrequenz übt eine große Anziehungskraft auf instabil(er)e Verben aus, z. B. solche mit zurückgehender Tokenfrequenz: *bleichen – blich – geblichen* > *bleichte – gebleicht*.
Bei den starken Verben wird also – frequenzbedingt – der Ausdruck der Tempuskategorie weitaus stärker verdichtet als bei den schwachen Verben, obwohl der Relevanzgrad identisch ist. Statt eines gleichzeitigen Ineinanders des Kategorienausdrucks praktizieren die schwachen Verben ein segmentierbares Nacheinander.
Eine wichtige Folge des verstärkten Fusionsgrads ist die Kürze des gesamten Wortes: *(sie) kam* ist kürzer als *(sie) machte*. Kürze ist bei hoher Frequenz wiederum von großem Vorteil, da es ökonomisch ist, häufig gebrauchte Inhaltskomplexe möglichst einfach und schnell aussprechbar zu halten. Der Preis im Deutschen dafür ist, dass das Verfahren weniger regelmäßig, d. h.

schwieriger zu erlernen ist.[1] Während bei schwachen Verben im Präteritum immer das einheitliche (uniforme) Dentalsuffix angehängt wird, gibt es bei den starken Verben kaum (noch) Regeln des Vokalwechsels: Die Vokalalternanzen belaufen sich im heutigen Deutsch auf 40 bis 50. Sie sind in den wenigsten Fällen regelgebunden, also vorhersagbar. Im Extremfall – hier spricht man dann von unregelmäßigen oder irregulären Verben – kommen außerdem konsonantische Veränderungen hinzu (vgl. *leiden – litten* [d]: → [t]; *ziehen* [tsi:ən] – *zogen* [tso:gən]: [i:] → [o:g]). Das Höchstmaß an Irregularität ist erreicht, wenn die gesamte Wortform wechselt (Suppletion): *bin – ist – war*. Weder besteht zwischen der Personenkategorie (*bin* ›1. Sg.‹ vs. *ist* ›3. Sg.‹) noch zwischen der Tempuskategorie (*bin/ist* ›Präsens‹ vs. *war* ›Präteritum‹) irgendeine Form äußerer Ähnlichkeit. Hier haben sich ursprünglich drei verschiedene Verben des Indogermanischen im Laufe der Sprachgeschichte zu einem einzigen Paradigma, *sein*, vereint.

Wichtig ist die Einsicht, Irregularität einschließlich Suppletion nicht nur einseitig (und negativ) als chaotische Regellosigkeit zu betrachten, die irgendwann wieder in ein regelmäßiges Flexionsverfahren überführt wird. Irregularität hat den Vorteil, dass die Formen kurz und distinktiv sind und sich damit gerade für den häufigen Gebrauch eignen (vgl. *bin, ist, war* versus *lache, lacht, lachte*). Verändern sich die Frequenzen (etwa weil bestimmte, z. B. bäuerlich-handwerkliche Tätigkeiten heute nicht mehr so oft ausgeübt und damit versprachlicht werden), erhöht sich auch die Regularität. So gingen und gehen auch derzeit viele starke Verben in die regelmäßige schwache Flexion über: bei *falten – faltete – gefaltet* (früher: *falten – fielt – gefalten*) ist dies längst abgeschlossen, bei Verben wie *backen, melken, scheren, flechten* etc. gerade im Gange (*backen – buk* → *backte – gebacken*). Eine andere Möglichkeit, zu mehr Regelmäßigkeit zu gelangen, besteht in der sog. **Analogie**, d. h. bestimmte vom Paradigma abweichende Formen werden an die restlichen Formen des Paradigmas angeglichen (paradigmatischer Ausgleich): Inhaltlich Ähnliches wird auch formal ähnlich kodiert. So müsste es lautgesetzlich entwickelt, wie noch um 1600, heißen: *ich schleuße, du schleußt, er/ sie schleußt*, doch wurden diese Formen an den Infinitiv und den Plural angeglichen, daher heute: *ich schließe* etc. Umgekehrt können Verben bei Frequenzzunahme auch irregulär(er) werden (was insgesamt aber seltener geschieht): So hat das einst schwache Verb *haben*, das durch seine zunehmende Hilfsverbfunktion bei der Perfektbildung (*ich habe gesehen*) seit dem

---

[1] Diese Kosten-Nutzen-Rechnung erklärt, weshalb gerade der (frequente) Grundwortschatz aus so vielen unregelmäßigen Wörtern besteht – was sich besonders beim Zweitspracherwerb erschwerend bemerkbar macht.

Althochdeutschen eine starke Frequenzzunahme erlebt hat, auch eine Irregularisierung vollzogen. Wäre es regelmäßig geblieben, müsste es wie *laben* flektieren: *ich habe, du *habst, sie *habt; ich *habte* etc. Stattdessen fehlt das *b* in bestimmten Formen, was das Paradigma nicht nur irregularisiert, sondern gleichzeitig die betreffenden Formen verkürzt. Dieser Prozess geht im heutigen Deutschen weiter: *(wir/sie) haben* > *ham* (*sie ham gefragt*), was bei einem Vergleichsverb wie *graben* ausgeschlossen ist (*graben* > **gram*). Damit kommt der Gebrauchsfrequenz (neben dem Relevanzgrad) als Faktor, der die Verdichtung von Informationen und damit die Wortkürze steuert, eine zentrale Funktion zu.

3.4 Die Beziehung zwischen Inhalt (Kategorie) und Ausdruck

Die Beziehung von Inhalt und Ausdruck kann, gerade im Deutschen, sehr unterschiedlich organisiert sein. Wie bereits erwähnt, können Morphe nacheinander angeordnet werden (schwache Verben) oder aber miteinander untrennbar verschmolzen werden (starke Verben). Das Verfahren des morphologischen Nacheinanders bezeichnet man als **agglutinierendes Verfahren**. Sprachen, die ihre Flexionsmorphe prinzipiell nebeneinander und gut segmentierbar anordnen, bezeichnet man daher als **agglutinierende Sprachen** (z. B. Türkisch, Finnisch, Bantu). Sprachen, die ihre Flexionsmorphe miteinander und/oder mit der lexikalischen Wurzel verschmelzen, nennt man **flektierende Sprachen**, wobei »flektierend« hier in einem engeren, typologischen Sinn (und in Opposition zu »agglutinierend«) verwendet wird. Das Deutsche stellt mit seinen starken und schwachen Verben einen Mischtyp dar, tendiert aber insgesamt deutlich zum flektierenden Sprachtyp (vgl. Werner 1987a). Davon zeugt auch die Substantivflexion, wenn man sich die folgenden Plurale ansieht:

Mensch –	*Mensch-en*:	additiv (*-en*) → agglutinierend
Kind –	*Kind-er*:	additiv (*-er*) → agglutinierend
Bild –	*Bild-er*:	additiv mit leichten Veränderungen
[bɪlt] –	[bɪldər]	(Sonorisierung) in der Morphemfuge
Mann –	*Männ-er*:	additiv (*-er*) + modulatorisch (Umlaut) → flektierend
Mutter –	*Mütter*:	nur modulatorisch (Umlaut) → flektierend

Insgesamt verfügt das Deutsche über neun Möglichkeiten (Varianten) des Pluralausdrucks (Allomorphie).

In ideal agglutinierenden Sprachen kommen solche Allomorphe nicht vor, d. h. jede Information korreliert mit genau einem festen Ausdruck. Diese 1:1-Beziehung zwischen Inhalt → Ausdruck nennt man **Uniformität**. Das Deutsche verletzt die Uniformität sehr oft, z. B. mit seinen neun Pluralallomorphen oder mit seinen an die 50 verschiedenen Möglichkeiten des Tempusausdrucks bei den starken und irregulären Verben. Umgekehrt sollte bei streng agglutinierenden Sprachen eine bestimmte Ausdruckseinheit (Morph) auch nur mit einer bestimmten Information (Morphem) korrelieren, d. h. es sollte auch eine 1:1-Beziehung zwischen Ausdruck → Inhalt bestehen. Auch dem widersetzt sich das Deutsche vielfach durch seine zahlreichen homonymen Morphe (vgl. *-en* und *-t* in Figur 1). Besteht eine eineindeutige Beziehung zwischen Inhalt und Ausdruck, spricht man von **Transparenz**.

Wenn morphologischer Sprachwandel eintritt, so führt dieser sehr oft zu einer Annäherung an diese Prinzipien (vgl. den Übergang starker Verben in die schwache Flexion). Die Theorie, die sich intensiv mit solchen Optimierungen befasst, ist die **Natürlichkeitstheorie** (zu einem Überblick vgl. Wurzel 1994). Sie postuliert als Ideal der Flexionsmorphologie die Agglutination.

Ein weiteres wichtiges Natürlichkeitsprinzip besteht im sog. **konstruktionellen Ikonismus**, der wiederum auf der sog. **Markiertheitstheorie** basiert: Kategorien kommen immer in mehreren Ausprägungen vor, so Tempus in Präsens, Präteritum, Futur etc. oder Numerus in Singular und Plural. Diese einzelnen Ausprägungen sind inhaltlich nicht gleichwertig, sondern unterscheiden sich bezüglich ihrer semantischen Markiertheit. Diese leitet sich aus den sog. prototypischen Sprechereigenschaften ab: Die Sprechenden begreifen sich und die sie umgebende Welt als real (deshalb ist der Indikativ weniger markiert als der Konjunktiv), sie leben jetzt (deshalb ist das Präsens weniger markiert als das Nichtpräsens), die Sprecherin/der Sprecher begreift sich als Einzahl (deshalb ist der Singular semantisch weniger markiert als der Plural) etc., d. h. das, was den Sprechenden am nächsten liegt, ist semantisch unmarkiert. Diese semantischen Markiertheitsunterschiede sollten sich gemäß dem Prinzip des konstruktionellen Ikonismus gleichermaßen (ikonisch) auf der Formseite niederschlagen: Semantisch markierte Kategorien sollten ikonisch auch durch mehr materiellen Aufwand (sog. Merkmalhaftigkeit) markiert werden, im Idealfall durch ein zusätzliches (additives) Affix. Beispiel: *Mensch* ›Sg.‹ → *Mensch-en* ›Pl.‹. Mit dem semantisch unmarkierten Singular korreliert auch eine formal unmarkierte (merkmallose) Form (*Mensch*), und mit dem semantisch markierten Plural auch eine formal markierte (merkmalhafte) Form (*Menschen*), d. h. einem Mehr auf der Inhaltsseite entspricht auch ein Mehr auf der Ausdrucksseite (hier: *-en*). Damit besteht Natürlichkeit. Weniger ideal (und damit weniger natürlich) ist es, wenn das Mehr auf der Ausdrucksseite modulatorisch, d. h. durch nur den Austausch eines Segments wie z. B. Vokalwechsel (Umlaut, Ablaut) realisiert (symbolisiert) wird: *Mutter* ›Sg.‹ → *Mütter* ›Pl.‹ ([ʊ] → [Y]). Nicht natürlich ist die sog. Nullmarkierung, d. h. wenn zum Ausdruck des Plurals gegenüber der Singularform nichts verändert wird (sog. Nullallomorph): *Schlüssel* ›Sg.‹ → *Schlüssel* ›Pl.‹. Höchste Unnatürlichkeit liegt dann vor, wenn ein sog. kontraikonisches Verhältnis zwischen Inhalt und Ausdruck besteht: Ein Mehr auf der Inhaltsseite (z. B. ›Plural‹) wird durch ein Weniger auf der Ausdrucksseite (Subtraktion) symbolisiert. Das deutsche Pluralsystem liefert hierfür keine eindeutigen Fälle, doch das Luxemburgische, z. B. bei *Frënd* ›Freund‹: lux. *Frënd* [frənd] ›Sg.‹ → *Frënn* [frən] ›Pl.‹. Der Plural wird also durch ein Weniger, durch die Subtraktion von [d], symbolisiert. Sprachwandel, so die Prognose der Natürlichkeitstheorie, verläuft immer von weniger zu mehr Natürlichkeit, womit solchen subtraktiven Pluralen keine lange Zukunft beschieden wird (allerdings gibt es im Luxemburgischen keine Abbautendenzen). Tatsächlich symbolisieren die meisten Sprachen den Plural und nicht – was theoretisch denkbar wäre – den Singular zusätzlich. Ebenso ist das Präsens i. d. R. formal unmarkiert (nhd. *mach-e*), während das Präteritum extra angezeigt wird (Dentalsuffix: *mach-ṯ-e*). Die Morphologische Natürlichkeitstheorie, deren Beginn mit Mayerthaler (1981) angesetzt wird, ist seither vielfach modifiziert, kritisiert und in verschiedene Richtungen ausdifferenziert worden (zu einem Überblick vgl. Wurzel 1994). Kritik kam z. B. von Seiten der **Ökonomietheorie**, die auf die Wichtigkeit des von der Natürlichkeitstheorie unberücksichtigt gebliebenen Faktors der Gebrauchsfrequenz hinweist: Je frequenter bestimmte Wörter, desto weniger greifen die Natürlichkeitsprinzipien des konstruktionellen Ikonismus, der Uniformität und der Transparenz. Irregularität verstößt gegen die Uniformität, oft auch gegen den konstruktionellen Ikonismus, vgl. etwa schwed. *kommer* ›kommen‹ im Präsens versus *kom* ›kommen‹ im Präteritum, ebenso bei ›sagen‹: *säger* ›Präsens‹ versus *sa* ›Präteritum‹. Auch bei den deutschen starken Präterita ist das (unmarkierte) Präsens länger als das (markierte) Präteritum: *komme/ kommt* versus *kam*.

4. Abgrenzung der Flexion von der Derivation und von der Klise

Die konstitutiven Eigenschaften eines Gegenstands lassen sich oft am besten im Kontrast zu seinen Nachbargegenständen ermitteln. Daher soll die Flexion abschließend einerseits von der Derivation und andererseits von der Klise abgehoben werden (vgl. hierzu Figur 3).

4.1 Prototypische Unterschiede zwischen Flexion und Derivation

Die Derivation wird (zusammen mit der Komposition als der Verbindung zweier selbständiger Wörter) unter die Wortbildung gefasst und dient primär der Erweiterung des Lexikons: *kommen* → *verkommen, entkommen, bekommen; vorkommen, aufkommen, umkommen* etc. (zur Wortbildung vgl. den Beitrag von Norbert Richard Wolf in diesem Band). Nicht so die Flexion, die zur Wortformbildung gefasst wird und Einheiten schafft, die keine neuen Konzepte bezeichnen, sondern die ein gleich bleibendes Konzept (z. B. ›kommen‹) systematisch mit Zusatzinformationen grammatisch-kategorieller Natur versieht (z. B. ›Person‹ und ›Numerus‹ – *komme, kommst, kommt, kommen* – und ›Tempus‹: *kam, kamst, kamen, kamt*). Flexive verbinden sich in der Regel mit sämtlichen Mitgliedern einer Wortklasse (*Reihenbildung*), was für die Derivation keineswegs gilt. So lassen sich sämtliche Verben konjugieren, doch nicht mit den Derivationspräfixen *ent-* oder *ver-* verbinden (**enthören, *verlächeln*). Ebenso ist jedes (konkrete) Substantiv pluralisierbar, doch nicht, wie schon angedeutet, diminuierbar. Hier bestehen viele Blockaden: **Rieschen, *Chamäleonchen, *Zeitungchen, *Felschen, *Heldchen* etc. Umgekehrt können sich Derivationsaffixe oft mit Basen unterschiedlicher Wortklassen verbinden, vgl. *-lich*: *kränklich* (← Adj.), *begreiflich* (← Verb), *begrifflich* (← Subst.).
Ein zentrales Unterscheidungskriterium liefert die sog. **Bedeutungskonstanz,** die von der Flexion hochgradig erfüllt wird im Gegensatz zur Derivation: Die Gesamtbedeutung eines flektierten Wortes ist immer exakt aus den Einzelbedeutungen seiner Morphe vorhersagbar (Prädiktabilität). So bewirkt das Dentalsuffix immer eine Transposition der durch die Wurzel bezeichneten Handlung ins Präteritum. Dagegen stehen bei der Derivation sog. Lexikalisierungen, also unvorhersagbare Gesamtbedeutungen, an der Tagesordnung: So bezeichnet(e) *Fräulein* keine kleine, sondern eine unverheiratete Frau; ein *Leibchen* ist ein Kleidungsstück und kein

kleiner Körperteil; ein *Herrchen* ist ein Hundehalter und kein kleiner Herr etc. Zuweilen gibt es auch derivierte Wörter, denen keine Grundform mehr zukommt (*Blutkörperchen* – **Blutkörper*, *Schneeglöckchen* – **Schneeglocke*, *Veilchen* – **Veil(e)*, *Mädchen* – **Mad*). Andere Sprachen wie das Niederländische haben dagegen die Diminution zur Flexion ausgebaut: Hier besteht die erforderliche Reihenbildung (keine Blockaden) und Bedeutungskonstanz (fast keine Lexikalisierungen). Allerdings hat die Diminution im Niederländischen eine andere Funktion als im Deutschen.

Weitere Unterschiede bestehen in dem oft mehrfachen Ausdruck gleicher Flexionskategorien (**Kongruenz**), was meist der Anzeige syntaktischer Zusammengehörigkeit dient (›Plural‹: *D-ie klein-en Bäum-e wachs-en*). Oft werden bestimmte Flexionsformen von der syntaktischen Umgebung erfordert (z. B. passt in die Lücke von *Die Bäume ... nur ein Verb in der 3. Person Plural*). Dies alles gilt nicht für die Derivation. Grundsätzlich hat die Flexion stärkere Affinitäten zur Syntax und die Derivation zur Lexik (was aus Figur 3 hervorgeht). Auch diachron speisen sich Derivation und Flexion aus verschiedenen Quellen: Die Derivation entwickelt sich aus lexikalischen, die Flexion dagegen aus syntaktischen Einheiten. Letzteres verdeutlicht der folgende Abschnitt.

4.2 Prototypische Unterschiede zwischen Flexion und Klise

Klitika sind unbetonte, unselbständige Wörter, die sich wie ein Affix mit einem anderen, selbständigen Wort, der sog. Basis, verbinden: *zu der* > *zur*, *von dem* > *vom*, *auf das* > *aufs*; *gibt es* > *gibt's*, *hast du* > *haste*. Klitika sieht man meist noch ihre Herkunft an, und oft sind sie auch noch ersetzbar durch die Vollform, aus der sie sich ableiten: *aufs* ~ *auf das*, *gibt's* ~ *gibt es*, *haste* ~ *hast du*. Das ist mit Flexiven nicht möglich (*groß-er* ~ *?*, *(du) komm-st* ~ *?*). Im Gegensatz zu Flexiven müssen Klitika im Allgemeinen nicht zwingend auftreten, d. h. für sie gilt nur eingeschränkte Obligatorik. Klitika heften sich immer an die äußerste Peripherie ihrer Basis, während Flexive tiefer in die Wurzel eindringen können (vgl. den Pluralumlaut bei *Mütter*). Klitika sind also eher additiv und damit besser segmentierbar. Des Weiteren entfällt bei klitischen Verbindungen die Fähigkeit zur Paradigmenbildung, d. h. im Gegensatz zu flektierenden Verben, bei denen die strikte Regel gilt, dass alle Verben mit allen Person-/Numerus-Endungen kombinierbar sein müssen, verbinden sich nicht alle Präpositionen mit allen Artikeln: Zwar gilt *in dem*

→ *im* und *in das* → *ins*, doch sind *in die* und *in der* unverschmelzbar, ebenso *wegen dem* und *trotz dem*.

Die prototypische Entstehungsquelle von Flexiven sind geschwächte (Funktions-)Wörter wie Artikel, Personalpronomina, Hilfsverben, Präpositionen etc. Die Entstehung von Flexiven läuft also über das Stadium der Klitika als geschwächte Wörter. Im Laufe dieses komplizierten (und lang andauernden) Sprachwandels verfestigen sich die Klitika zunehmend zu Flexiven; dabei gewinnen sie an Obligatorik, d. h. die freie Austauschbarkeit mit ihrer Vollform verringert sich kontinuierlich und reißt schließlich ab. Ein solcher Wandel von Funktionswörtern über Klitika zu Flexiven vollzieht sich derzeit im (geschriebenen und vor allem im gesprochenen) Deutschen, das flektierende Präpositionen aufzubauen scheint: So ist *aufs* durchaus noch mit *auf das* austauschbar (*sie steigt aufs* = *auf das Dach*), weniger dagegen *im* durch *in dem*: *sie ist im Kino* ist nicht referenzidentisch mit *sie ist in dem Kino*; während im ersten Satz das Kino als solches irrelevant ist (sie schaut sich primär einen Film an), spielt das konkrete Kino als Gebäude im zweiten Satz eine wichtige Rolle: Entweder ist es bereits definiert worden, oder dies geschieht noch durch einen Relativsatz (*sie ist in dem Kino, das gestern eröffnet wurde*). Jegliche Auflösung verbietet sich schließlich bei den folgenden Verschmelzungen: *sie fliegt zum/*zu dem Mond*; *sie ist im/*in dem Schwarzwald*. Im gegenwärtigen Deutschen bestehen also (hier nur grob angedeutete) Unterschiede hinsichtlich Obligatorik, Austauschbarkeit und Festigkeit von Klitika, die sich, wie die Dialekte und die gesprochene Sprache zeigen, sukzessive in Richtung Flexion weiterentwickeln (vgl. ausführlicher Nübling 1998).

Flexion ist also – was für sämtliche Bereiche der Sprache gilt – kein statisches Verfahren der Informationskodierung. Sie kann abgebaut werden (Deflexion), wofür die deutsche Sprachgeschichte viele Beispiele liefert wie etwa den kontinuierlichen Schwund der Kasussuffixe am Substantiv. Als Kategorie (und als Flexiv) abgebaut wurde der Dual, der im Germanischen noch neben Singular und Plural existierte. Flexion kann auch umgebaut werden, etwa indem die Kasussuffixe statt am Substantiv nun am Artikel markiert werden. Flexivischer Umbau besteht auch beim Übergang von starken zu schwachen Verben oder (in Richtung verstärkte Fusion) beim Pluralausdruck am Substantiv durch verstärkte (analogische) Umlautung (*Hahnen* > *Hähne*). Schließlich kann Flexion auch aufgebaut werden, worauf die gegenwärtige Verschmelzung von Präposition und Artikel hindeutet.

5. Literatur

Augst, Gerhard (1975): »Wie stark sind die starken Verben? Überlegungen zur Subklassifikation der nhd. Verben«, in: *Untersuchungen zum Morpheminventar der deutschen Gegenwartssprache*, hg. von Gerhard Augst, Tübingen: Narr, 231–281.

*Bybee, Joan L. (1985): *Morphology. A Study of the Relation between Meaning and Form*, Amsterdam: Benjamins.

Carstairs-McCarthy, Andrew (1992): *Current Morphology*, London/New York: Routhledge.

Diewald, Gabriele (1997): *Grammatikalisierung. Eine Einführung in Sein und Werden grammatischer Formen*, Tübingen: Niemeyer.

Dressler, Wolfgang U. et al. (1987): *Leitmotifs in Natural Morphology*, Amsterdam/Philadelphia: Benjamins.

Duden, Band 4: *Grammatik der deutschen Gegenwartssprache* (1998), Mannheim: Dudenverlag.

Eisenberg, Peter (1998): *Grundriß der deutschen Grammatik. Band 1: Das Wort*, Stuttgart: Metzler.

Fenk-Oczlon, Gertraud (1990a): »Ökonomieprinzipien in Kognition und Kommunikation«, in: *Spielarten der Natürlichkeit – Spielarten der Ökonomie*, Beiträge zum 5. Essener Kolloquium über »Grammatikalisierung: Natürlichkeit und Systemökonomie«, hg. von Norbert Boretzky et al., Bochum, 37–51.

Fenk-Oczlon, Gertraud (1991): »Frequenz und Kognition – Frequenz und Markiertheit«, in: *Folia Linguistica* XXV/3–4, 361–394.

Greenberg, Joseph (1966): *Universals of Language*, Cambridge: MIT Press.

Harnisch, Rüdiger (1988): »Natürliche Morphologie und morphologische Ökonomie«, in: *Zeitschrift für Phonetik, Sprachwissenschaft und Kommunikationsforschung* 41, 426–437.

Harnisch, Rüdiger (1990): »Morphologische Irregularität – Gebrauchshäufigkeit – psychische Nähe. Ein Zusammenhang im empirischen Befund und in seiner theoretischen Tragweite«, in: *Naturalists at Krems. Papers from the Workshop on Natural Phonology and Natural Morphology*, hg. von Julián Méndez Dosuna/Carmen Pensado, Salamanca: Universidad de Salamanca, 53–64.

Kern, Peter/Zutt, Herta (1977): *Geschichte des deutschen Flexionssystems*, Tübingen: Niemeyer.

Lehmann, Christian (1995): *Thoughts on Grammaticalization*, München: Lincom Europa.

Mayerthaler, Willi (1981): *Morphologische Natürlichkeit*, Wiesbaden: Athenaium.

Nübling, Damaris (1998): »Wann werden die deutschen Präpositionen flektieren? Grammatisierungswege zur Flexion«, in: *Models of Inflection*, hg. von Ray Fabri/Albert Ortmann/Teresa Parodi, Tübingen: Niemeyer, 266–289.

Nübling, Damaris (2000): *Prinzipien der Irregularisierung. Eine kontrastive Untersuchung von zehn Verben in zehn germanischen Sprachen*, Tübingen: Niemeyer.

Ronneberger-Sibold, Elke (1980): *Sprachverwendung – Sprachsystem. Ökonomie und Wandel*, Tübingen: Niemeyer.

Ronneberger-Sibold, Elke (1988): »Entstehung von Suppletion und Natürliche Morphologie«, in: *Zeitschrift für Phonetik, Sprachwissenschaft und Kommunikationsforschung* 41, 4, 453–462.

Ronneberger-Sibold, Elke (1989): *Historische Phonologie und Morphologie des Deutschen. Eine kommentierte Bibliographie zur strukturellen Forschung*, Tübingen: Niemeyer.

Simmler, Franz (1998): *Morphologie des Deutschen. Flexions- und Wortbildungslehre*, Berlin: Weidler.

*Werner, Otmar (1987a): »The aim of morphological change is a good mixture – not a uniform language type«, in: *Papers from the 7th International Conference on Historical Linguistics*, hg. von Anna Giacalone Ramat et al., Amsterdam, 591–616.

Werner, Otmar (1987b): »Natürlichkeit und Nutzen morphologischer Irregularität«, in: *Beiträge zum 3. Essener Kolloquium über Sprachwandel und seine bestimmenden Faktoren*, hg. von Norbert Boretzky et al., Bochum, 289–316.

Werner, Otmar (1989): »Sprachökonomie und Natürlichkeit im Bereich der Morphologie«, in: *Zeitschrift für Phonetik, Sprachwissenschaft und Kommunikationsforschung* 42, 34–47.

Wurzel, Wolfgang Ullrich (1984): *Flexionsmorphologie und Natürlichkeit*, Berlin: Akademie Verlag.

*Wurzel, Wolfgang Ullrich (1994): »Skizze der natürlichen Morphologie«, in: *Papiere zur Linguistik* 50, Heft 1, 23–50.

Helmut Spiekermann

Wörter zerlegen. Grundzüge der Wortphonologie

1. Einleitung

Denkt man an ein Wort, so hat man im Allgemeinen wohl ein Konzept von diesem Begriff vor Augen, das durch die Schrift geprägt ist. Man stellt sich darunter z. B. ein klar isolierbares Gebilde bestehend aus Buchstaben vor, das durch Leerzeichen (»Spatien«) von anderen Wörtern getrennt wird. Die Übertragung dieses Konzeptes auf Ausdrücke in der gesprochenen Sprache scheint auf den ersten Blick nicht schwer zu fallen. Muttersprachler des Deutschen sind z. B. durchaus in der Lage, gesprochensprachliche Äußerungen in »Wörter« zu zerlegen. In einem Satz wie [ˈʀiːtɐʔɪstˈkɛːzəˌkuːxən][1], *Rita isst Käsekuchen* sind die »Wörter« [ˈʀiːtɐ], *Rita*, [ʔɪst], *isst* und [ˈkɛːzəˌkuːxən], *Käsekuchen* leicht zu isolieren, wobei man bei [ˈkɛːzəˌkuːxən] u. U. bereits fragen kann, ob es nicht eigentlich aus zwei Wörtern besteht, nämlich aus [ˈkɛːzə] und [ˈkuːxən]. Schwieriger ist schon die Entscheidung, ob

---

[1] Gesprochensprachliche Äußerungen werden in einem besonderen, phonetischen Alphabet notiert, da die schriftsprachlichen Alphabete, wie z. B. das Lateinische, das die Basis des geschriebenen Deutschen bildet, für die Darstellung der Vielzahl von sprachlichen Lauten, die es in den Sprachen der Welt gibt, und weiterer gesprochensprachlicher Kennzeichen wie Akzent und Ton bei weitem nicht ausreichend sind. Die Konventionen der phonetischen Notation sind durch die International Phonetic Association – IPA (1949) festgelegt worden. Phonetische Umschriften stehen in eckigen Klammern [ ].

[hats], *hats* wie in *Rita hat's gewusst*, das aus den Teilen *hat* und *es* zusammengesetzt, »klitisiert« ist und in dieser Form typisch für die gesprochene Sprache zu sein scheint, als ein »Wort« zu bezeichnen ist. Tatsächlich gibt es Gründe dafür, dass es sich aus lautlicher Perspektive um ein »Wort« und nicht um zwei handelt, z. B. die Beobachtung, dass [hats], *hats* einsilbig ist. Andererseits ist *hats*, wie oben erläutert, aus zwei morphologischen »Wörtern« zusammengesetzt, was dafür spricht, dass das schriftbasierte »Wort«-Konzept in diesem Fall nicht ohne weiteres auf die gesprochene Sprache übertragbar ist. Es ist daher offenbar notwendig, hier eine andere Idee eines »Wortes« anzusetzen.

Die lautliche Seite von Sprache ist Gegenstand der linguistischen Teildisziplinen Phonetik und Phonologie. Während die Phonetik die eher naturwissenschaftlichen Aspekte von gesprochensprachlichen Äußerungen untersucht, wendet sich die Phonologie den eher geisteswissenschaftlichen Problemen zu, indem sie z. B. fragt, welche Funktionen Lauten zugewiesen werden können. Die Phonologie beschäftigt sich jedoch nicht allein mit Lauten, sondern auch mit größeren Einheiten, die aus Kombinationen von lautlichen Segmenten und sog. »suprasegmentalen« (oder: »prosodischen«) Einheiten bestehen können, die größer als Segmente sind (z. B. Akzent und Dauer). Zu diesen größeren phonologischen Einheiten gehört u. a. das Wort. Zerlegt man phonologische Wörter, so hat man es in nächstkleineren Einheiten mit dem metrischen Fuß, der Silbe und schließlich mit den Segmenten zu tun.

In diesem Beitrag soll es darum gehen, das »Wort« in der Phonologie in seinem Aufbau (beginnend bei den kleinsten Bausteinen von Wörtern, den Segmenten) und in seiner Funktion zu beschreiben. Ausgehend von grundlegenden Begriffen der artikulatorischen Phonetik werden die vier Einheiten »Phonem«, »Silbe«, »metrischer Fuß« und »phonologisches Wort« anhand von Beispielen aus dem Deutschen[2] genauer untersucht. Wir werden sehen, dass das »phonologische Wort«, anders als das Wort in anderen linguistischen Teildisziplinen, primär durch seinen funktionalen Charakter definiert ist[3].

---

[2] Hier ist mit »Deutsch« grundsätzlich das Standarddeutsche gemeint.

[3] Auch die Silbe und der metrische Fuß haben in einer prosodisch orientierten Phonologie (»Prosodie«= Bezug auf Einheiten, die größer sind als ein Phonem) eine Funktion ähnlich der des phonologischen Wortes, auf die jedoch im Rahmen dieses Aufsatzes nicht eingegangen werden kann, vgl. aber dazu z. B. grundlegend Nespor/Vogel (1986) sowie Gussenhoven/Jacobs (1998), Hall (2000).

2. Phonetische Grundlagen

Ziel der Phonetik ist es, gesprochene Sprache unter naturwissenschaftlicher Perspektive zu untersuchen. Traditionell stehen dabei Laute als kleinste Einheiten der gesprochenen Sprache im Vordergrund des Forschungsinteresses. Es werden jedoch zunehmend auch größere Einheiten phonetisch untersucht. So versucht z. B. die Intonationsforschung mit physikalischen Messmethoden akustisch-phonetischen Gesetzmäßigkeiten gesprochener Sprache auf Satzebene nachzugehen (zum Deutschen vgl. Uhmann 1991, Féry 1993).

Die Untersuchung von Sprachlauten erfolgt grundsätzlich aus drei verschiedenen Perspektiven. Die »artikulatorische Phonetik« fragt nach den biologisch-physiologischen Grundlagen der Lautproduktion. Im Bereich der »akustischen Phonetik« werden die physikalischen Eigenschaften bei der Lautübertragung vom Sprecher zum Hörer untersucht. Die »auditive (auch: »perzeptive«) Phonetik« schließlich beschäftigt sich mit den physiologischen Gegebenheiten und neuropsychologischen Vorgängen bei der Lautwahrnehmung. Insbesondere die Begrifflichkeiten der artikulatorischen Phonetik, auf die im Folgenden näher eingegangen wird, sind für die Phonologie von Bedeutung.

Die Produktion der Sprachlaute lässt sich in drei Phasen einteilen: a) die Atmung, die in Form des Luftstroms das Medium der Lautbildung bereitstellt, b) die Phonation, die durch das Vibrieren der im Kehlkopf befindlichen sog. »Stimmlippen« (= »Glottis«) den Luftstrom in periodische Schwingungen versetzen kann, und c) die Artikulation im engeren Sinne. Hierunter versteht man im Allgemeinen die lautspezifische Nutzung der beweglichen Artikulationsorgane im supraglottalen Bereich, d. h. im Bereich oberhalb der Glottis. Beteiligt an der Artikulation von Sprachlauten sind u. a. die Lippen, die z. B. bei [b] geschlossen, bei [o] gerundet sind, die Zunge, die sich relativ frei im Mundraum bewegen kann und deren Spitze z. B. bei [s] an die oberen Schneidezähne bzw. den direkt hinter den Zähnen befindlichen Zahndamm (= »Alveolen«) geführt werden kann[4].

Es ist allgemein üblich, bei der Beschreibung von Sprachlauten zunächst zwischen Vokalen und Konsonanten zu trennen. Artikulatorisch unterscheiden sich die beiden Lautgruppen dadurch, dass bei Vokalen der Luftstrom

---

[4] Eine differenzierte Beschreibung der an der Artikulation von Lauten beteiligten Kriterien liefern Pompino-Marschall (1995) oder Ladefoged/Maddieson (1995).

relativ ungehindert durch den Mund (bei Nasalvokalen durch die Nase)
entweichen kann, während er bei Konsonanten durch Verschluss- und Enge-
bildungen im Mundraum z. T. erheblich behindert wird.

Die konsonantischen Laute lassen sich nach drei Kriterien eindeutig beschreiben. Das erste Kriterium, der sog. »Artikulationsort« wurde oben
bereits angedeutet. Abhängig davon, ob sich z. B. die Zunge wie bei [s] an
die Alveolen bewegt oder sich wie bei [j] dem harten Gaumen nähert, handelt es sich um einen »alveolaren« bzw. »palatalen« Laut. Es ist für die
Beschreibung der Konsonanten des Deutschen sinnvoll, sieben unterschiedliche Artikualtionsorte zu unterscheiden (vgl. dazu Tabelle 1).

Das zweite Kriterium, die sog. »Artikulationsart«, macht Aussagen darüber,
wie Konsonanten gebildet werden. Hier lassen sich z. B. Laute, bei denen
der Mundraum völlig verschlossen und plötzlich wieder geöffnet wird
(= »Plosive«, z. B. [p]) von Lauten unterscheiden, bei denen der Mundraum z. B. durch die Anhebung der Zunge verengt wird (= »Frikative«,
z. B. [s]). Insgesamt lassen sich fünf unterschiedliche Artikulationsarten
(vgl. u. Tabelle 1) bei der Beschreibung der Konsonantenlaute des Deutschen differenzieren.

Das dritte Kriterium zur Beschreibung konsonantischer Laute betrifft die
Beteiligung der Glottis an der Artikulation. Schwingt die Glottis, d. h. un-
terlegt sie bei der Produktion eines Lautes den Luftstrom mit einer periodi-
schen Schwingung, so spricht man davon, dass der entsprechende Laut
»stimmhaft« ist. Schwingt die Glottis nicht, ist der Laut stimmlos[5]. Mit den
Kriterien Artikulationsort, Artikulationsart und Stimmhaftigkeit ist jetzt ein
Konsonant eindeutig beschreibbar. Bei einem [p] wie in ['panə], *Panne* handelt es sich z. B. um einen stimmlosen, labialen Plosiv, bei einem [z] wie in
['zɔnə], *Sonne* um einen stimmhaften, alveolarer Frikativ.

Das Inventar von Konsonanten lässt sich übersichtlich in Form von Tabellen darstellen. Die Angaben der Artikulationsorte kann man sich als Beschreibung des Mundraumes von den Lippen (»labial«) an einem Ende bis
zur Glottis (»glottal«) am anderen Ende vorstellen. Bei »palatal« bzw. »velar«
gebildeten Konsonanten nähert sich die Zunge dem harten bzw. weichen
Gaumen. »Postalveolar« markiert einen Übergangsraum zwischen den Alveolen und dem harten Gaumen. Bei einem »uvular« gebildeten Laut be-

---

[5] Es gibt verschiedene Tests um im Eigenversuch zu überprüfen, ob ein Laut stimmhaft
oder stimmlos gesprochen wird. Legt man etwa zwei Finger auf den Kehlkopf und
artikuliert [f] und [v] z. B. in ['faːʀən], *fahren* vs. ['vaːʀən], *waren*, so wird man beim
zweiten Laut, nämlich beim stimmhaften [v], die Vibration der Glottis spüren können.

wegt sich die Zunge in Richtung Rachen. Als Beispiel sei hier das Konsonanteninventar des Deutschen angegeben:

	labial	alveolar	post-alveolar	palatal	velar	uvular	glottal
Plosiv	p b	t d			k g		ʔ
Nasal	m	n		ŋ			
Trill		r			ʀ		
Frikativ	f v	s z	ʃ ʒ	ç j	x ɣ	ʁ	h
Lateral		l					

Tabelle 1: Konsonantisches Lautinventar des Deutschen

Plosive und Frikative (zusammengefasst als sog. »Obstruenten«) kommen häufig in Paaren vor, wobei die Laute in diesen Paaren sich im Stimmhaftigkeitsmerkmal unterscheiden (in der Tabelle erscheint der stimmhafte der beiden Laute jeweils rechts). Die sog. Sonanten (auch: Sonoranten), d. h. Nasale (der Luftstrom entweicht bei gesenktem Gaumensegel durch die Nase), Trills (Laute werden »gerollt« artikuliert) und Laterale (die Zunge wird bei der Artikulation an den Gaumen gehoben, wobei die Luft an den Seiten der Zunge entweichen kann), sind grundsätzlich stimmhaft.

Die Beschreibung von Vokalen erfolgt unter Angabe zweier Kriterien, zum einen nach der Position der Zunge, zum anderen nach der Stellung der Lippen. Bei der Artikulation der Vokale [o ɔ u ʊ y ʏ ø œ] sind die Lippen gerundet, bei allen anderen Vokalen gespreizt. Die Position der Zunge wird in vertikaler und horizontaler Richtung angegeben. Auf diese Weise lässt sich z. B. ein [e] eindeutig als vorderer, mittlerer, ungerundeter Vokal beschreiben, ein [u] als hinterer, hoher, gerundeter Vokal. Das Stimmhaftigkeitskriterium ist bei der Unterscheidung von Vokalen irrelevant, da alle Vokale grundsätzlich stimmhaft sind.

Das vokalische Inventar von Sprachen wird häufig in Form eines Vokaltrapezes dargestellt. Abbildung 1 gibt die Verhältnisse im Deutschen wieder.

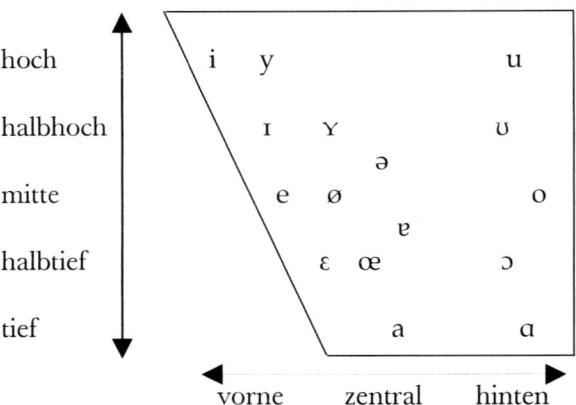

	vorne	zentral	hinten
hoch	i　y		u
halbhoch	ɪ　ʏ	ə	ʊ
mitte	e　ø	ɐ	o
halbtief	ɛ　œ		ɔ
tief		a	ɑ

Abbildung 1: Vokalisches Lautinventar des Deutschen

Grundsätzlich erscheinen im Deutschen die Vokale aus phonetischer Sicht in einer kurzen und einer langen Variante. Langes [i] und kurzes [ɪ] wie in *bieten* vs. *bitten* bilden in dieser Hinsicht ein Paar. Phonetisch besteht ein Unterschied jedoch nicht nur in Bezug auf eine messbare Dauer, sondern auch auf einen Grad an »Zentralisierung«. Bei der Artikulation der zentralen, phonetisch kurzen Vokale [a ɛ ɪ ɔ ʊ œ ʏ] ist festzustellen, dass sich die Zunge im Mundraum in einer zentraleren Position befindet als bei den peripheren, phonetisch langen [ɑ e i o u ø y]. Das Schwa [ə] (z. B. in ['hatə], *hatte*) und seine tiefe Variante [ɐ] (z. B. in [fɑːtɐ], *Vater* – beide sind nicht gerundet), die ohne periphere »Partner« sind, sind die Vokale, bei deren Artikulation sich die Zunge in zentralster Position befindet. Schwa wird deswegen auch als »Zentralvokal« bezeichnet.

3. Phoneme

In der strukturellen Phonologie der »Prager Schule« mit ihrem Hauptvertreter Trubetzkoy (1939) werden Phoneme einer Sprache nach ihrer Funktion als kleinste bedeutungsdifferenzierende Einheiten definiert[6]. Das

---

[6] Neben dem Strukturalismus hat insbesondere der von Chomsky begründete Generativismus einen erheblichen Einfluss auf die moderne Phonologie (vgl. als grundlegendes Werk Chomsky/Halle 1968), besonders im Rahmen der sog. Optimalitätstheorie (vgl. Prince/Smolensky 1993; McCarthy/Prince 1993), einer seit Beginn der 90er Jahre verbreiteten Weiterentwicklung der generativen Phonologie.

Verfahren zur Identifizierung von »Phonemen« wird »Minimalpaarbildung« genannt. Zwei Ausdrücke einer Sprache, die sich lediglich in einem minimalen Bestandteil, d. h. einem Laut unterscheiden, werden als Paar gegenübergestellt. Wenn innerhalb eines Minimalpaares Bedeutungsunterschiede festzustellen sind, handelt es sich bei den beiden unterscheidenden Lauten um Phoneme. Man spricht auch davon, dass die Laute miteinander »kontrastieren«, bzw. dass sie »in Opposition zueinander stehen«. Phoneme sind die kleinsten Bausteine phonologischer Wörter.

(1) Minimalpaare des Deutschen[7]
['kantə], *Kante* – ['tantə], *Tante* → Phoneme: /k/ und /t/
['ʀatə], *Ratte* – ['ʀɔtə], *Rotte* → Phoneme: /a/ und /ɔ/

Traditionell werden die Phoneme einer Sprache in zwei Gruppen geteilt, in Vokalphoneme und Konsonantenphoneme. Die Summe aller vokalischen und konsonantischen Phoneme wird als »Phonemsystem« bezeichnet.

3.1 Konsonantenphoneme des Deutschen

Unter Anwendung des Verfahrens der Minimalpaarbildung lassen sich für das Deutsche folgende Konsonantenphoneme ermitteln: /p t k b d g m n ŋ f v s z ʃ ʒ j x h ʀ l/. Z. B. kontrastieren die Laute [b] und [v] im Minimalpaar [bal], *Ball* und [val], *Wall* miteinander und sind so als Phoneme des Deutschen identifizierbar. Nicht alle in Abschnitt 2 beschriebenen Laute sind aber auch Phoneme. So kann z. B. der Glottisverschluss [ʔ] wie in [ʔaxt], *acht* oder ['kiʔɔsk], *Kiosk*, der im Deutschen ausschließlich zu Beginn von vokalisch anlautenden »Silben« (vgl. Abschnitt 4) erscheint, in seiner »Distribution«, d. h. in seinem Vorkommen in Verbindungen mit anderen Lauten, vorhergesagt werden. Das Vorkommen eines Phonems darf aber aus seiner lautlichen Umgebung **nicht** vorhersagbar sein (»Kriterium der Vorhersagbarkeit«).[8]
Im Deutschen gibt es Fälle, in denen Laute innerhalb eines Minimalpaares nicht miteinander kontrastieren können. Diese Laute werden in bestimmten Fällen als »Allophone« bezeichnet. Eine Definition von »Allophon« kann

---

[7] Phoneme werden in Schrägstrichen / / notiert. Beispiele werden im Folgenden grundsätzlich auch dann phonetisch wiedergegeben, d. h. in [ ], wenn diese sich auf ein phonologisches Phänomen beziehen.
[8] Zu einer Diskussion um den Phonemstatus des [ʔ] vgl. z. B. Ramers/Vater (1991).

wie folgt lauten: Ist im Minimalpaar ein Austausch zweier Laute möglich, ohne dass eine Bedeutungsdifferenzierung festzustellen ist, so handelt es sich bei den Lauten um Allophone eines Phonems. Für das Deutsche sind unterschiedliche Arten von Allophonie belegt, u. a. »regionale Variation« und »komplementäre Distribution«.

Unter regionaler Variation versteht man die regional unterschiedliche Realisierung eines Phonems. Im Deutschen variiert in diesem Sinne das Phonem /ʀ/. In Teilen Bayerns, aber nicht nur dort, wird es in bestimmten Silbenpositionen als alveolarer Trill [r] realisiert, im Rheinland als uvularer Frikativ [ʁ], in Norddeutschland und anderen Regionen i. d. R. als velarer Trill [ʀ].

(2) Regionale Variation
[ˈrɛnən] – [ˈʀɛnən] – [ˈʁɛnən], *rennen* → Allophone von /ʀ/: [r], [ʀ] und [ʁ]

In obigem Beispiel führt der Austausch von [r], [ʀ] und [ʁ] nicht zu einem Bedeutungswechsel. Diese Laute werden daher als Allophone einem abstrakten Phonem /ʀ/ zugerechnet, das selbst z. B. im Minimalpaar [ˈʀɛnən], *rennen* – [ˈkɛnən], *kennen* mit [k] kontrastiert und daher als Phonem des Deutschen identifizierbar ist.

Die beiden Konsonanten [x] und [ç] sind Allophone eines Phonems, da sie in Kontexten auftreten, in denen sie niemals miteinander kontrastieren können. Der hintere der beiden Laute, [x], erscheint im Standarddeutschen nur nach den nicht-vorderen Vokalen [a ɑ ɔ o ʊ u], z. B. in [fax], *Fach*, [ç] dagegen nach vorderen Vokalen [i ɪ e ɛ ø œ y ʏ], am Wortanfang und nach Sonanten, z. B. [lɪçt], *Licht*; [çeˈmiː], *Chemie*; [kɛlç], *Kelch*. In Bezug auf die Position nach Vokal decken die beiden Laute alle möglichen phonologischen Kontexte ab und zwar in der Weise, dass sie nie im selben Kontext vorkommen, d. h. ihre Distribution ist komplementär. Aus diesem Grunde können sie nicht miteinander kontrastieren. Man fasst [x] und [ç] auch deshalb zu einem Phonem zusammen, weil sie artikulatorische Ähnlichkeit aufweisen (beide sind stimmlose Frikative) und ihre geringe Unterschiedlichkeit in Bezug auf den Artikulationsort ganz offenbar mit dem vokalischen Kontext, in dem sie vorkommen, zusammenhängt.

3.2 Vokalphoneme des Deutschen

Das Deutsche weist im Vergleich mit anderen Sprachen ein sehr reiches System von vokalischen Lauten auf, das durch eine Zweiteilung in traditionell als »Kurz-« und »Langvokale« bezeichnete Gruppen gekennzeichnet ist. Folgende Minimalpaare machen den Unterschied zwischen beiden Gruppen deutlich:

(3) Vokalische Opposition im Deutschen
['biːtən], *bieten*   –   ['bɪtən], *bitten*
['hyːtə], *Hüte*   –   ['hʏtə], *Hütte*
['ʃpuːkən], *spuken*   –   ['ʃpʊkən], *spucken*
['beːtə], *Beete*   –   ['bɛtə], *Bette*
['bɛːtə], *bäte*   –   ['bɛtə], *Bette*
['høːlə], *Höhle*   –   ['hœlə], *Hölle*
['ʃoːtən], *Schoten*   –   ['ʃɔtən], *Schotten*
['ʁɑːtən], *raten*   –   ['ʁatən], *Ratten*

Phonologisch betrachtet unterscheiden sich /iː/ und /ɪ/ im Paar *bieten* vs. *bitten* in zwei Merkmalen, zum einen in der »Quantität«, d. h. in unterschiedlichen phonetischen Dauern, zum anderen in der »Qualität«, die sich phonetisch als »zentralisiert« vs. »peripher« beschreiben lässt. Quantität und Qualität werden auch als »distinktive Merkmale« der Vokalopposition im Deutschen betrachtet, da sie den phonologischen Unterschied zwischen Vokalen in Paaren wie *bieten* vs. *bitten* manifestieren (vgl. Ramers/Vater 1991). Quantitative Unterschiede werden unter Verwendung des Diakritikums [ː], das »Länge« wiedergibt, in der phonetischen Umschrift markiert. Unterschiedliche Qualitäten werden durch verschiedene Lautschriftzeichen (hier: [i] vs. [ɪ]) kenntlich gemacht. Im Deutschen geht vokalische Länge grundsätzlich mit peripherer Artikulation und Kürze mit zentralisierter Artikulation einher.
Seit Beginn der 90er Jahre hat sich in der phonologischen Diskussion um die Vokalopposition im Deutschen das Konzept des »Silbenschnittes« (vgl. Vennemann 1991, Becker 1998, Maas 1999) mehr und mehr durchgesetzt. In diesem Ansatz, der den oben skizzierten ersetzt, werden zwei unterschiedliche Arten des Überganges von Vokalen auf einen folgenden Konsonanten angenommen: bei »sanftem Silbenschnitt« läuft der Vokal zur Gänze ab (z. B. ['bi→tən], *bieten*), während er bei »scharfem Silbenschnitt« bereits dann vom Folgekonsonanten »geschnitten« wird, wenn er sein Intensitäts-

maximum erreicht (z. B. ['bi‿tən], *bitten*). In diesem Sinne ist der qualitative und quantitative Unterschied zwischen den /i/-Lauten im Minimalpaar *bieten* vs. *bitten* durch sanften bzw. scharfen Silbenschnitt vorhersagbar und phonologisch in Bezug auf die Bestimmung von Phonemen nicht relevant. [i:] und [ɪ] können daher als »Allophone« eines Phonems /i/ aufgefasst werden. Folgt man dieser Argumentation, umfasst das phonologische Vokalsystem des Deutschen genau acht Vokalphoneme /a e i o u ɛ ø y/ (vgl. Vennemann 1991 und 1992, Becker 1998), die abhängig von der Silbenstruktur in sanft geschnittener bzw. scharf geschnittener Variante vorkommen können. Eine Folge des sanften Schnittes ist eine größere phonetische Dauer und periphere Artikulation des Vokals, während scharfer Schnitt mit geringerer Dauer und zentralisierter Artikulation einhergeht. Quantität und Qualität sind also abhängig vom Silbenschnitt und aus diesem Grunde phonologisch im Deutschen nach der Theorie des Silbenschnittes nicht distinktiv.

Ein vokalischer Laut des Deutschen, das sog. Schwa [ə], z. B. in ['hatə], *hatte* wird nicht zu den Phonemen des Deutschen gezählt. Der Grund dafür liegt in seiner vorhersagbaren Distribution. Das Schwa kommt im Deutschen ausschließlich in unbetonten Silben (vgl. Abschnitt 4) vor.

Neben einfachen Vokalen (den »Monophthongen«) weist das Deutsche auch drei vokalische Zwielaute (»Diphthonge«) auf, nämlich /aɪ/, /aʊ/ und /ɔɪ/. Das Deutsche besitzt ausschließlich sog. »fallende Diphthonge«, d. h. der erste der zwei vokalischen Bestandteile ist grundsätzlich betonter (im Sinne z. B. einer deutlicheren Artikulation und Dauer) als der zweite.

4. Die Silbe

Aus den Grundbausteinen des phonologischen Wortes, den Phonemen, lässt sich auf der Basis von phonotaktischen Bedingungen, d. h. unter Rücksichtnahme auf eingeschränkte Kombinationsmöglichkeiten der Phoneme miteinander, in einem Zwischenschritt zum Wort eine weitere phonologische Einheiten bilden, die Silbe.

In der phonologischen Literatur kursieren unterschiedliche Darstellungsmodelle von Silben, die z. T. direkt aufeinander abbildbar sind. Die wohl am weitesten verbreiteten sind das Konstituentenmodell, das eine innere Hierarchie der Silbe annimmt, und das von Clements und Keyser (1983) entwickelte »CV-Modell«, das im Sinne einer Hierarchisierung »flach« ist.

Im Konstituentenmodell (zuletzt bei Maas 1999; vgl. Abb. 2) teilt sich die Silbe (σ) [s. Abb. 2] zunächst in einen »Anfangsrand« (A) und einen »Reim« (R), wobei sich letzterer weiter in »Kern« (N = »Nukleus«) und »Endrand« (E) zergliedert. Die Randpositionen können komplex sein, der Nukleus ist immer einfach belegt[9].

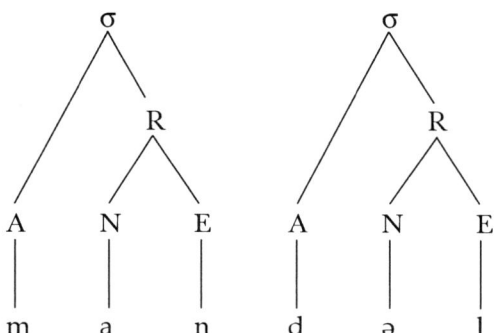

Abb. 2: Konstituentenmodell, Beispiel ['mandəl] *Mandel*

Das CV-Modell[10] (vgl. Abb. 3) verzichtet auf Zwischenebenen innerhalb der Silbe und verbindet Silbenknoten und Silbenbestandteile direkt. Letztere liegen hierarchisch auf einer Ebene. Im Modell markiert ein [V] auf der CV-Ebene den Silbenkern, ein [C] Randpositionen.

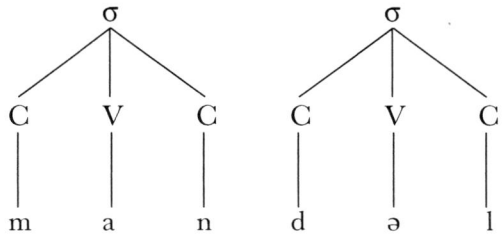

Abb. 3: CV-Modell, Beispiel ['mandəl] *Mandel*

---

⁹ Das gilt zumindest für das Modell nach Maas (1999). Die Möglichkeit verzweigender Silbenkerne nimmt dagegen u. a. Wiese (1996) an.

¹⁰ Das im Rahmen der sog. autosegmentalen Phonologie entwickelte CV-Modell hat den Vorteil, dass durch die strikte Trennung der Ebenen CV-Schicht und Silbe leicht weite-

Die Position der Phoneme innerhalb einer Silbe wird durch die sog. »Sonoritätshierarchie« bestimmt. Unter »Sonorität« versteht man ein Bündel von phonetischen Merkmalen, zu denen Aspiration (aspirierte Phoneme wie /p t k/ sind wenig sonor) und Stimmhaftigkeit (stimmhafte Phoneme sind sonor) zählen. Phoneme bzw. Phonemgruppen lassen sich auf einer Sonoritätsskala anordnen wie in Abbildung 4.

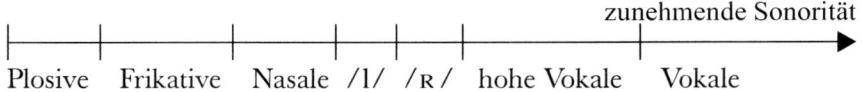

zunehmende Sonorität

Plosive   Frikative   Nasale /l/ /ʀ/ hohe Vokale   Vokale

Abb. 4: Sonoritätshierarchie nach Wiese (1988, 91)

Im Kern einer Silbe steht das sonorste Phonem, i. d. R. also ein Vokal; die Sonorität nimmt zu den Randpositionen hin immer weiter ab[11]. Dies lässt sich an einfachen Beispielen sehr schnell zeigen. Der einsilbige Ausdruck *Prunk* ist im Anfangsrand und Endrand komplex (vgl. Abb. 5).

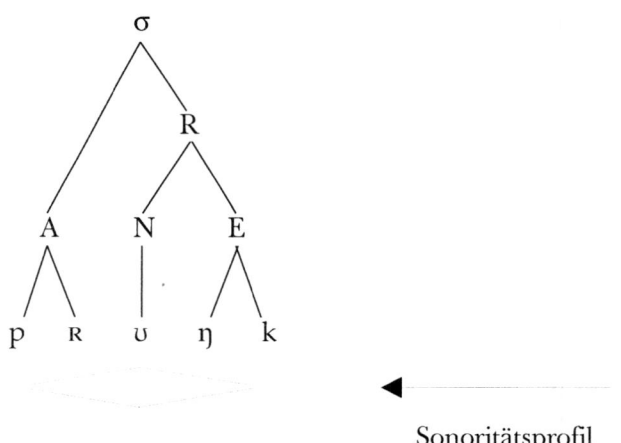

Sonoritätsprofil

Abb. 5: Sonoritätsprofil, Beispiel [pʀʊnk], *Prunk*

---

re Ebenen in das Modell integrierbar sind; so etwa eine Ebene für ›Töne‹ die z. B. in vielen ostasiatischen und afrikanischen Sprachen Bedeutungen differenzieren können, vgl. z. B. Yip (1995).

[11] Vennemann (1982) setzt der Sonoritätshierarchie sein Modell der »Konsonantischen Stärke« entgegen und erhält eine Hierarchisierung, die der nach dem Sonoritätsmodell genau entgegengesetzt ist.

Das »Sonoritätsprofil« (in Anlehnung an Darstellungen bei Lenerz 1985) zeigt sehr deutlich, dass zum Silbenkern hin größere Sonoritätswerte, angedeutet durch ein großes Auseinanderklaffen der horizontalen Linien, gemäß der Sonoritätshierarchie vorzufinden sind. Im Deutschen folgen lediglich die Phoneme /s/ und /ʃ/ dieser Regel nicht, so dass in Wörtern wie [ʃpiːl], *Spiel* und [skaːt], *Skat* jeweils der erste Konsonant in der Verbindung im Silbenanfangsrand entgegen der Hierarchie einen höheren Sonoritätswert aufweist als der zweite. Wiese (1988) analysiert aus diesem Grunde /s/ und /ʃ/ in Fällen wie oben als »extrasilbisch«, d. h. sie werden nicht mit den anderen Phonemen zu einer Silbe verbunden, sondern bilden eine eigene Silbe.

An Silben bindet sich i. d. R. der Wortakzent, sofern Sprachen diesen entwickelt haben. Bündel akustischer Merkmale, zu denen im Deutschen Intensität (»Lautstärke«), Tonhöhenveränderungen (»hohe« vs. »tiefe Stimme«) und größere Dauer der einzelnen Phoneme zählen, können Silben gegenüber benachbarten als betont markieren. In ['kastən], *Kasten* ist die erste Silbe betont (in der Umschrift durch ['] markiert), die zweite Silbe unbetont. In [ʔaˈleː], *Allee* ist die Reihenfolge ungekehrt. In zusammengesetzten Ausdrücken wie ['kɛːzəˌkuːxən], *Käsekuchen* ist eine Staffelung der betonten Silben in haupt- und nebenbetont erkennbar. Die Silben [kɛː] und [kuː] sind beide gegenüber den anderen hervorgehoben. Die Betonung von [kɛː] ist jedoch gegenüber [kuː] deutlicher, weshalb dieses als nur nebenbetont (in der Umschrift durch [ˌ] markiert) anzusehen ist.

5. Der metrische Fuß

Die nächsthöhere phonologische Ebene oberhalb der Silbe und unmittelbar unterhalb des phonologischen Wortes ist der sog. metrische Fuß. Dieser besteht i. d. R. aus einer Folge von Silben, die in Bezug auf ihre Betontheit eine Kontur aufweisen. Abhängig davon, welche Kombination von betonten und unbetonten Silben vorliegt, lassen sich unterschiedliche Formen metrischer Füße definieren. Ein Fuß (F) besteht mindestens aus einer betonten Silbe σ' [s. Abb. 6], die mit umgebenden unbetonten Silben (σ⁰) verbunden wird. Die Grenze zum benachbarten Fuß wird durch eine nächste betonte Silbe bestimmt. Im folgenden Beispiel (vgl. Abb. 6) bilden die betonte Silbe [kɛː] und die unbetonte Silbe [zə] einen Fuß. Da [kuː] ebenfalls betont ist, muss hier offensichtlich der nächste Fuß beginnen.

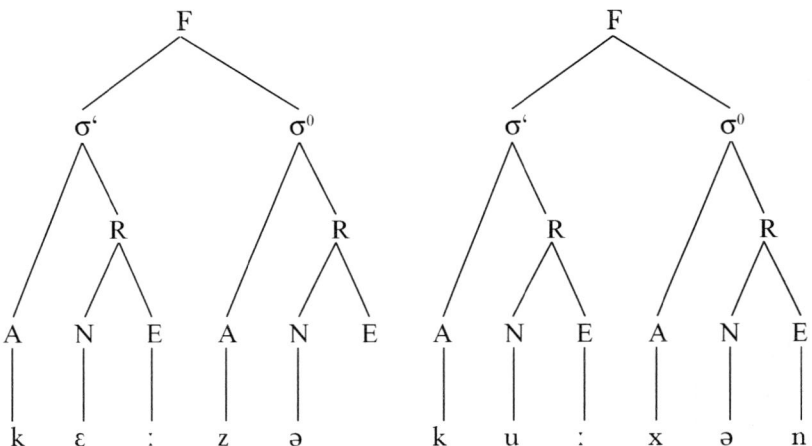

Abb. 6: metrische Füße und Silben, Beispiel ['kɛːzə̩kuːxən], *Käsekuchen*

Der Begriff des »metrischen Fußes« geht auf die antike Rhetorik zurück. Entsprechend werden in der metrischen Phonologie (vgl. Hogg/McCully 1987, Goldsmith 1990) bestimmte Folgen von betonten und unbetonten Silben mit den traditionellen Begriffen, den Metren, bezeichnet:
– Trochäus: Folge von betonter und unbetonter Silbe
– Jambus: Folge von unbetonter und betonter Silbe
– Daktylus: Folge von einer betonten und zwei unbetonten Silben
Ein metrischer Fuß kann auch aus nur einer Silbe bestehen. Einsilbler wie [baʊm], *Baum* werden als sog. degenerierte Füße betrachtet. In manchen Sprachen können diese, wie folgendes Beispiel zeigt, durch bestimmte morphologische Prozesse wieder in vollständige Füße verwandelt werden.
Im Deutschen scheint es eine Tendenz dahingehend zu geben, dass der Trochäus der bevorzugte metrische Fuß ist. Als Beleg für diese Annahme kann man Beobachtungen aus der Flexionsmorphologie[12] anführen. Sind z. B. Singularformen bei Nomina einsilbig, so erhalten sie im Plural eine Endung, die zu trochäischer Zweisilbigkeit führt. Sind Nomina dagegen bereits im Singular zweisilbig, wird im Plural i. d. R. die Zweisilbigkeit erhalten.

---

[12] Vgl. den Beitrag von Damaris Nübling in diesem Band.

(4) nominale Flexion im Deutschen

Stuhl _{Sg} – Stühle _{Pl} ← Pluralbildung durch Umlaut + {+e}
Stein _{Sg} – Steine _{Pl} ← Pluralbildung durch {+e}
Kind _{Sg} – Kinder _{Pl} ← Pluralbildung durch {+er}
Vater _{Sg} – Väter _{Pl} ← Pluralbildung durch Umlaut
Oma _{Sg} – Omas _{Pl} ← Pluralbildung durch {+s}
Ritter _{Sg} – Ritter _{Pl} ← Pluralbildung durch Ø

Wie diese (unvollständige) Liste von Beispielen zeigt, werden im Deutschen bei einsilbigen Nomina zur Pluralbildung Endungen mit vokalischem Anteil angefügt, der lautlich als [ə] realisiert wird und zur Bildung einer unbetonten, zweiten Silbe führt und so den degenerierten Fuß zu einem vollständigen Trochäus umgestaltet, während dies bei schon im Singular zweisilbigen Nomina i. d. R. nicht notwendig ist.

6. Das phonologische Wort

Der innere Aufbau des phonologischen Wortes (ω) wurde in den vorherigen Abschnitten nachgezeichnet. In seiner kleinsten Form besteht ein phonologisches Wort aus einer einzelnen Silbe. In Fällen wie [baʊm], *Baum* stimmen die Grenzen von Silbe, (degeneriertem) metrischem Fuß und phonologischem Wort überein. Sehr häufig fallen auch bei mehrsilbigen Ausdrücken die Grenzen von metrischen Füßen und phonologischen Wörtern zusammen. Dies ist deutlich erkennbar bei morphologisch komplexen, zusammengesetzten Ausdrücken (vgl. Abb. 7)[13].

---

[13] Das Beispiel zeigt auch, dass Teile von Komposita grundsätzlich eigene phonologische Wörter bilden.

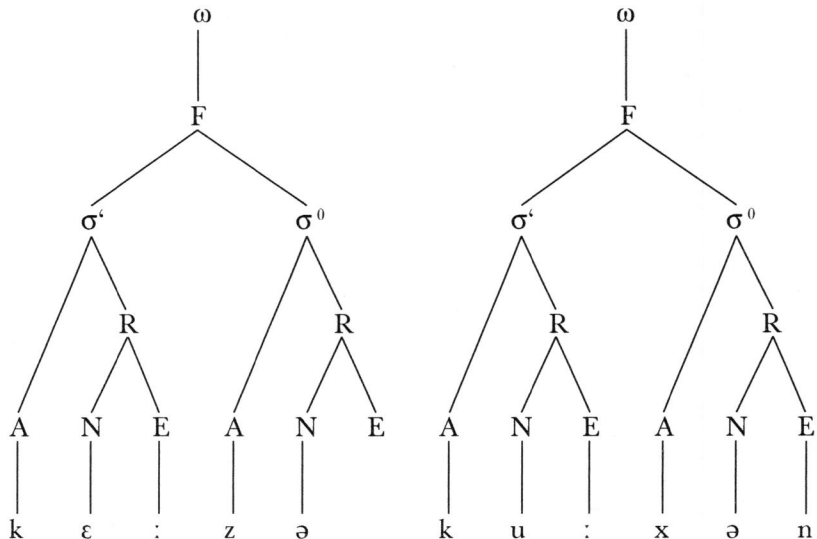

Abb. 7: Aufbau eines phonologischen Wortes, Beispiel ['kɛːzəˌkuːxən], *Käsekuchen*

In Abb. 7 gehen die Füße direkt in phonologische Wörter über. Es können jedoch auch mehrere Füße in einem phonologischen Wort enthalten sein. Im Deutschen ist dies z. B. bei (schwach betonten) morphologischen Endungen der Fall (vgl. Abb. 8).

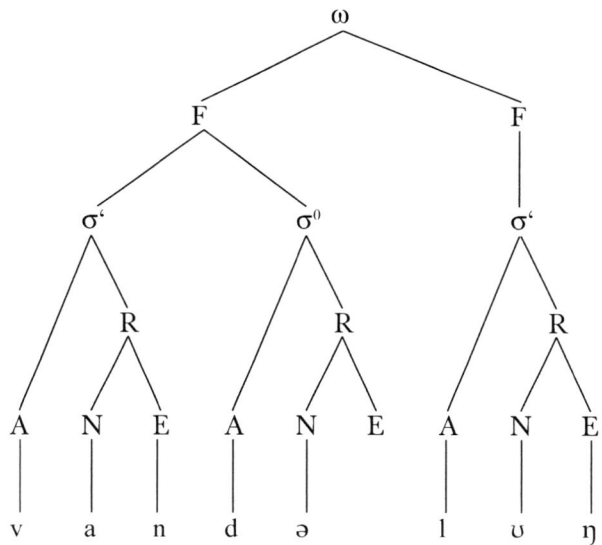

Abb. 8: Aufbau eines phonologischen Wortes, Beispiel ['vandə‚luŋ],
Wandelung

Löhken (1997) analysiert ['vandə‚luŋ], *Wandelung* wie oben dargestellt. Die
Silbe [luŋ] ist nach ihrer Analyse nebenbetont und bildet einen degenerierten Fuß. Gemeinsam mit dem ersten, vollständigen trochäischen Fuß bildet
sie das phonologische Wort[14].
Kommen wir jetzt, nachdem der Aufbau des phonologischen Wortes dargestellt worden ist, zur zweiten in der Einleitung formulierten Aufgabe zurück, nämlich zu der Beschreibung der Funktion eines Wortes in der Phonologie. An einem Beispiel aus dem Deutschen soll diese kurz gezeigt werden:
Man hat die Beobachtung gemacht, dass in manchen Fällen Silbengrenzen
»verschiebbar« sind. In ['vandel‚bar], *wandelbar* liegt eine Silbengrenze hinter
dem [l] von *Wandel*. Im obigen Beispiel ['vandə‚luŋ], *Wandelung* verschiebt
sie sich vor das [l]. Es gibt im Deutschen eine phonologische Regel, nach
der Silben möglichst konsonantisch beginnen sollen. Um diese Regel nicht

---

[14] Die Analyse der Silbe [luŋ] als nebenbetont ist sicher strittig. *Wandelung* kann u. U.
auch als einfacher Fuß, d. h. als Daktylus analysiert werden (vgl. auch Wiese 1996).

zu verletzen, muss in *Wandelung* vor dem [l] silbifiziert werden. Ein Fall wie [bə've:glɪç], *beweglich* mit einer Silbengrenze vor dem [g] zeigt, dass sogar komplexe Anfangsränder bevorzugt sein können. In Beispielen wie ['ve:kʀant], *Wegrand* ist eine Silbentrennung nur nach [k], nicht jedoch davor möglich. Worin besteht nun aber in Bezug auf die Möglichkeiten der Silbifizierung der Unterschied zwischen *beweglich* und *Wegrand*? In beiden Fällen enthalten die Beispielwörter zwei metrische Füße, nämlich auf der einen Seite [bəve:g] und [lɪç], auf der anderen Seite [ve:k] und [ʀant]. In ['ve:kʀant], *Wegrand* ist eine Silbentrennung nur nach [k] möglich, da das Kompositum *Wegrand* anders als *beweglich* aus zwei phonologischen Wörtern besteht (parallel zum Fall in Abb. 7), deren Grenze direkt auf [k] folgt. Silbifizierung scheint also im Deutschen nicht über die Grenzen eines phonologischen Wortes hinaus möglich zu sein. Das phonologische Wort stellt also, wie obiges Beispiel zeigt, den Wirkungsraum, d. h. die Domäne bestimmter phonologischer Prozesse dar. Diese Funktion definiert das Wort in der Phonologie.

7. Resümee und Ausblick

In den vorausgegangenen Abschnitten wurde der Aufbau eines phonologischen Wortes aus Phonemen, Silben und metrischen Füßen anhand von Beispielen aus dem Deutschen in einer gerafften Form dargestellt. Damit wurde der Aufbau gesprochensprachlicher Äußerungen bis zur Ebene des Wortes nachgezeichnet. Um einen umfassenden Blick auf gesprochene Sprache aus phonetischer und phonologischer Perspektive zu erhalten, fehlt jedoch noch eine Orientierung über das Wort hinaus.

Oberhalb der Ebene des phonologischen Wortes lassen sich die prosodische Kategorien »phonologische Phrase«, »Intonationsphrase« und »phonologische Äußerung« als phonologische Einheiten nennen. Um den Aufbau dieser Kategorien kurz zu skizzieren, kann man im Einklang mit Hall (2000) z. B. für die phonologische Phrase sagen, dass sie die Tendenz hat, mit einer syntaktischen Phrase übereinzustimmen. Die Intonationsphrase korreliert in dieser Weise mit einem Satz, die phonologische Phrase mit größeren Einheiten. Sie dienen wie das phonlogische Wort, der metrische Fuß und die Silbe als Domänen für jedoch unterschiedliche phonologische Prozesse (vgl. hierzu u. a. Hall 2000 für einen Überblick über die sog. »prosodische Hierarchie«). In diese Reihe von Kategorien ist das phonologische Wort eingebettet, doch würde deren Behandlung den Rahmen des vorliegenden Beitrags sprengen.

8. Literatur

Becker, Thomas (1998): *Das Vokalsystem der deutschen Standardsprache*, Frankfurt am Main/Berlin/Bern/New York/Paris/Wien: Peter Lang.

Chomsky, Noam/Halle, Morris (1968): *The Sound Pattern of English*, New York: Harper & Row.

Clements, George N./Keyser, Samuel J. (1983): *CV Phonology: a Generative Theory of the Syllable*, Cambridge: The MIT Press.

Essen, Otto von (1964): *Grundzüge der hochdeutschen Satzintonation*, Ratingen: Henn.

Féry, Caroline (1993): *German Intonational Patterns*, Tübingen: Niemeyer.

Goldsmith, John A. (1990): *Autosegmental & Metrical Phonology*, Oxford: Blackwell.

*Gussenhoven, Carlos/Jacobs, Haike (1998): *Understanding Phonology*, London/New York/Sydney/Auckland: Arnold.

Hakkarainen, Heikki J. (1995): *Phonetik des Deutschen*, München: Fink.

*Hall, T. Alan (2000): *Phonologie*, Berlin/New York: de Gruyter.

Hogg, Richard/McCully, C.B. (1987): *Metrical Phonology: a Coursebook*, Cambridge: Cambridge University Press.

Internationale Phonetische Assozation (1949): *The Principles of the International Phonetic Association (IPA)*, London (revised to 1996).

*Kohler, Klaus Jürgen ([2]1995): *Einführung in die Phonetik des Deutschen*, Berlin: Schmidt.

Ladefoged, Peter/Maddieson, Ian (1995): *Sounds of the World's Languages*, London: Blackwell.

Lenerz, Jürgen (1985): »Phonologische Aspekte der Assimilation im Deutschen«, in: *Zeitschrift für Sprachwissenschaft* 4, 5–36.

Löhken, Sylvia C. (1997): *Deutsche Wortprosodie*, Tübingen: Stauffenburg.

*Maas, Utz (1999): *Phonologie. Einführung in die funktionale Phonetik des Deutschen*, Wiesbaden, Opladen: Westdeutscher Verlag.

McCarthy, John J./Prince, Alan (1993): *Prosodic Morphology – Constraint Interaction and Satisfaction*, Technical Report 3 of the Rutgers University Center of Cognitive Sciences.

Nespor, Marina/Vogel, Irene (1986): *Prosodic Phonology*, Dordrecht: Foris.

Pompino-Marschall, Bernd (1995): *Einführung in die Phonetik*, Berlin: de Gruyter.

Prince, Alan/Smolensky, Paul (1993): *Optimality Theory*, Technical Report 2 of the Rutgers University Center of Cognitive Sciences.

Ramers, Karl Heinz (1988): *Vokalquantität und -qualität*, Tübingen: Niemeyer.

Ramers, Karl Heinz (1998): *Einführung in die Phonologie*, München: Fink.

*Ramers, Karl Heinz/Vater, Heinz (1991): *Einführung in die Phonologie*, Hürth-Efferen: Gabel (= Kölner Linguistische Arbeiten – Germanistik 11).

Sievers, Eduard (1872): *Grundzüge der Lautphysiologie zur Einführung in das Studium der Lautlehre der indogermanischen Sprachen*, Weimar [Nachdruck: Hildesheim: Olms 1980].

Spiekermann (2000): *Silbenschnitt in deutschen Dialekten*, Tübingen: Niemeyer.

Trubetzkoy, Nikolaj Sergejewitsch (1939): *Grundzüge der Phonologie*, [Nachdruck: Göttingen: Vandenhoeck & Ruprecht ⁷1989].

Uhmann, Susanne (1991): *Fokusphonologie*, Tübingen: Niemeyer.

Vennemann, Theo (1982): »Zur Silbenstruktur der deutschen Standardsprache«, in: Vennemann, Theo (Hg.): *Silben, Segmente, Akzente*, Tübingen: Niemeyer, 261–305.

Vennemann, Theo (1988): *Preference Laws for Syllable Structure and the Explanation of Sound Change*, Berlin: Mouton.

Vennemann, Theo (1991): »Syllable Structure and Syllable Cut Prosodies in Modern Standard German«, in: Bertinetto, P. M. et al. (Hg.): *Certamen phonologicum II*, Turin: Rosenberg & Cellier, 211–243.

Vennemann, Theo (1992): »Skizze der deutschen Wortprosodie«, in: Ramers, Karl Heinz/Richard Wiese (Hg.): *Prosodische Phonologie*, Göttingen: Vanderhoeck & Ruprecht, 86–111.

Wiese, Richard (1988): *Silbische und Lexikalische Phonologie*, Tübingen: Niemeyer.

Wiese, Richard (1995): *The Phonology of German*, Oxford: Oxford University Press.

Yip, Moira (1995): »Tone in East Asian Languages«, in: Goldsmith, John A. (Hg.): *The Handbook of Phonological Theory*, Oxford: Blackwell, 476–494.

Heinrich Löffler

Wörter in der Mundart. Grundzüge der Dialektologie, insbesondere der Wortgeografie

1. Einleitung: Zweierlei Wortschatz im Deutschen

Fast überall, wo die deutsche Sprache gilt, in Deutschland, in Österreich und in der Schweiz, gibt es neben der offiziellen Schrift- oder Standardsprache auch noch Dialekte. Anstelle von »Dialekt« wird manchmal auch das Wort »Mundart« gebraucht, um das Volkstümliche dabei zu betonen. »Dialekt« entspricht eher der internationalen Terminologie (frz. dialecte, engl. dialect) – und ist auch bei den Dialektsprechern selbst die übliche Bezeichnung. »Mundart« ist hingegen eine gelehrte Bildung nach dem Vorbild von »Schreibart« als deutsche Entsprechung für das lateinische Wort »Stil«. Im Folgenden werden beide Ausdrücke gleichbedeutend verwendet. Dialekte sind räumlich begrenzt, d. h. sie haben innerhalb des deutschen Sprachgebietes jeweils ein bestimmtes Verbreitungsgebiet oder Areal. Hingegen ist die deutsche Einheits- oder Standardsprache als die allen Deutschsprechenden gemeinsame »Hochsprache« überall gültig. Sie wird uneingeschränkt für alles Geschriebene und Gedruckte (Literatur, Poesie, Wissenschaft, Ausbildung und Schule, Medien) verwendet. Für die mündliche Kommunikation wird in der Regel eine durch landschaftliche Merkmale (»Akzent«) geprägte und durch Sprecherleichterung (Verschleifungen wie *geemer = gehen wir* oder Jargon-Ausdrücke wie *der hatse nich alle*) gekennzeichnete »Umgangssprache« gebraucht. Sie kennzeichnet einen großen Teil der Sprachwirklichkeit in Deutschland. Man versteht darunter eine lockere Verwendung der Standardsprache, entweder indem diese sehr verschliffen gesprochen und mit saloppem Wortschatz versehen ist (im Norden Deutschlands) oder indem sie eine sehr dialektnahe Aussprache zeigt und die saloppen Wörter eher aus dem regionalen Dialekt stammen (im Süden). In der Schweiz gibt es diese Umgangssprache als Zwischenform zwischen Standard und Dialekt nicht. Man spricht dort entweder Dialekt oder verwendet die »Schrift- oder Standardsprache«, jedoch nichts dazwischen (vgl. Löffler 1997).

In der Schule lernt man Schreiben und Lesen in der Standardsprache. Wenn Ausländerinnen und Ausländer in der Schule oder in Sprachkursen Deutsch lernen, handelt es sich um eine (vereinfachte) Form der Standardsprache (»Deutsch als Fremdsprache«). Der Wortschatz der Standardsprache ist in zahlreichen ein- oder zweisprachigen Wörterbüchern erfasst und dargestellt (z. B. DGW; vgl. Löffler 1998, 62–64). Auch für die Umgangssprache gibt es einige wenige Wörterbücher (Kretschmer 1969; Küpper 1982–84). Für den dialektalen Wortschatz gibt es für die meisten Gebiete Mundartwörterbücher (z. B. das Schwäbische Wörterbuch von Fischer 1904–36; weitere bei: Löffler 1990, 121 f. und Friebertshäuser 1983).

Die Dialekte oder Mundarten haben in der Regel keine offizielle Schriftform. (Vgl. auch den Beitrag von Burkhard Schaeder in diesem Band, Abschnitt 2.) Sie werden normalerweise nur gesprochen. Wer Dialekt spricht, hat dies meistens in der Familie als erste Muttersprache erlernt. Man ist also »von Hause aus« Dialektsprecher. Dies trifft für weit mehr als die Hälfte aller Deutschsprechenden zu. Für sie hat der Lese- und Schreibunterricht in der Schule manchen Aspekt eines ersten Fremdsprachenunterrichts (vgl. Löffler 1974).

Dialekte werden im Unterschied zur Standardsprache nur mündlich und bei inoffiziellen Anlässen, auf der Straße und im Haus, in der Familie und unter Freunden und Bekannten, als Alltagssprache zum Reden über die Dinge des täglichen Lebens gebraucht. Fremden gegenüber und bei offizielleren Anlässen, auf Ämtern und Behörden, in Kirche und Schule bemühen sich auch Dialektsprecherinnen und -sprecher, eine standardnahe Sprache zu sprechen (Umgangssprache).

Die deutschen Dialekte und die deutsche Standardsprache gehören zu ein und derselben Sprache. Sie haben einen gemeinsamen Grundwortschatz und dieselbe Grammatik. Sie bilden sozusagen eine eigene Familie innerhalb der größeren Sprachverwandtschaft der germanischen Sprachen, zu denen auch das Englische, das Niederländische und die skandinavischen Sprachen gehören. Die deutschen Dialekte sind »areale«, d. h. räumlich definierte Varietäten des Deutschen (vgl. Löffler 1994, 140–163). Die Unterschiede zwischen den einzelnen Dialekten und der deutschen Standardsprache sind nicht so groß, dass jemand, der die deutsche Standardsprache spricht, nach kurzer Zeit nicht auch einen Dialekt verstehen kann. Auch können Menschen aus benachbarten Dialektgebieten einander ohne weiteres verstehen. Dies gilt nicht für weiter auseinander liegende Dialekte. So dürften die Tiroler mit ihrem südbairischen Dialekt Probleme haben, wenn sie sich mit einem Plattdeutsch sprechenden Norddeutschen unterhalten wollten (vgl. Bausinger 1984).

Der deutlichste Unterschied zwischen Standardsprache und den deutschen Dialekten liegt in der besonderen Aussprache vieler gemeinsamer Wörter (zur Phonetik vgl. den Beitrag von Helmut Spiekermann in diesem Band, Abschnitt 2): *Haus* wird als *Huus, Hüs, Geiss* als *Goass,* Baum als *Bomm, Bam* usw. ausgesprochen. Dadurch entsteht der Eindruck, alle in einem Dialekt gesprochenen Wörter seien von der Standardsprache unterschieden. Manchmal werden die Wörter im Dialekt auch anders gebildet (*Mädle, Madla* für *Mädchen*) und auch anders flektiert: z. B. der Plural von standardsprachlich *Stein, Bett* und *Strümpfe* als *Steiner, Better, Strimpf.* Gelegentlich haben die Dialektwörter eine etwas andere Bedeutung. Alle Dialekte haben auch eine bestimmte Anzahl eigener Wörter, die in der Standardsprache nicht vorkommen oder nicht mehr verwendet werden. Man spricht dann von echten oder eigentlichen Dialektwörtern oder vom Eigenwortschatz der Mundarten.

Von diesen eigenen Wörtern der Dialekte oder Mundarten, die im Grunde alle auch zum Wortschatz der deutschen Sprache gehören, soll im Folgenden die Rede sein.

2. Historischer Abriss

2.1 Mundarten und Schriftsprache in der Geschichte

Früher – im Mittelalter – hat man, wenn überhaupt, in der Regel lateinisch geschrieben.

Die deutsche Sprache gelangte jedoch zu bestimmten Zwecken ebenfalls aufs Pergament. Bereits in althochdeutscher Zeit (750–1050 n. Chr.) wurden eine Reihe von religiösen und liturgischen Texten – und auch Texten aus der »Wissenschaft« für die Glaubensverkündigung und für den Unterricht – der Überlieferung nach auf ausdrückliche Anweisung Kaiser Karls des Großen auf Deutsch geschrieben. Aus mittelhochdeutscher Zeit (1050–1350), also dem hohen Mittelalter, sind neben dem Lateinischen schon zahlreiche deutschsprachige Texte (Lieder, Romane, Erzählungen, Gebete) bekannt, oftmals als Bearbeitungen lateinischer oder französischer Vorlagen (vgl. Löffler 1998, 100–110, mit weiterer Literatur).

Eine einheitliche deutsche Schriftsprache gab es im Mittelalter nicht. Was auf Deutsch geschrieben wurde, richtete sich nach dem, was man in der jeweiligen Gegend für die Sprache des Volkes hielt. In den Schreibstuben der Klöster und in behördlichen Kanzleien von Herrschaften und Städten hat sich dabei eine gewisse regionale, manchmal auch hauseigene Schreibtradition entwickelt, was aber nie zu einer deutschen Einheitssprache geführt hat. Daher vermitteln die althochdeutschen und mittelhochdeutschen Wörterbücher den Benutzerinnen und Benutzern den Eindruck, es seien Dialektwörterbücher. Zwischen dem geschriebenen und dem gesprochenen Wortschatz bestand im Grunde kein Unterschied. Dass dennoch häufig nur eine »gehobene« Version aufs Papier oder Pergament gelangte, lag daran, dass die geschrieben Texte meistens – wie auch heute noch – einer höheren Textgattung angehörten.

Wenn ein Dichter oder Prediger weit herumkam, wie z. B. der Minnesänger und Dichter politischer Lieder Walther von der Vogelweide (um 1300), oder der Predigermönch Berthold von Regensburg (um 1350), dann hatte er gelernt, welche Wörter eher nur lokale Geltung hatten und welche auf einem größeren Gebiet verständlich waren. Die lokalen werden sie zu vermeiden versucht haben. Welche dies gewesen sind, wissen wir gerade aus diesem Grunde nicht. Nur in regional geltenden Schriftstücken und Gebrauchstexten der Verwaltung wie z. B. in Zinsverzeichnissen (sog. »Rödeln«) kann man auch bodenständigen Wortschatz finden, weil diese Texte gerade für den einheimischen Gebrauch gedacht gewesen sind (Beispiele hierzu in: HSS mit Lit.).

Ein Zeitgenosse, der am Ende des Mittelalters besonders darauf bedacht sein musste, dass seine Schriften und Botschaften weit herum verständlich waren, ist der Reformator Luther gewesen – und neben ihm waren es noch manch andere Vertreter des neuen Glaubens. Sie haben sich ausdrücklich darum bemüht, in ihren Traktaten und Bibelübersetzungen die nur lokal oder regional geltenden Wörter zu meiden. Dies ist Luther nur zum Teil gelungen. Seine berühmte Septemberbibel musste zumindest für den süddeutschen Gebrauch mit einem Glossar versehen werden, dem sog. »Petri-Glossar«, geschrieben in Basel von Henric Petri. Die nord- oder mitteldeutschen Bibelwörter wurden dort für Süddeutsche und Schweizer »übersetzt«. So erfuhren die Leserinnen und Leser, dass norddeutsch *treken* im Süden *ziehen* heißt, *änlich* ist *glich* (gleich), *erhaschen* heißt *erwischen*, *getreyde* ist *frucht*, *tauchen* heißt *tunken*, und für *zygenfell* sagte man im Süden *geyßfell* (vgl. Müller 1979, 178 ff.).

Im Gefolge der Reformation und nach Erfindung des Buchdruckes haben die Druck-Häuser als Vorgänger der heutigen Verlage versucht, ihre Drucksprache zu vereinheitlichen und zu stabilisieren. Ihre Bücher sollten nicht nur von einem breiten Leserkreis im gesamten deutschen Sprachgebiet gelesen werden können. Es gab auch einen ganz realen oder materiellen Grund: Die mühsam geschnitzten (hölzernen) Drucklettern sollten nicht dauernd verändert werden müssen, man wollte mit denselben Buchstaben und Druckstöcken möglichst viele Bücher drucken, ohne immer wieder neue Wörter und deren unterschiedliche Schreibweise berücksichtigen zu müssen.

Für diese neue gemeinsame Sprache konnten nicht alle in deutschen Provinzen gesprochenen Wörter (der damaligen Dialekte) in gleicher Weise berücksichtigt werden. Manche Wörter waren auf einen kleinen Raum beschränkt und hatten somit eine geringe »kommunikative (geografische) Reichweite«. Sie taugten nicht zur überregionalen Verständigung und für einen breiten Absatz der gedruckten Bücher.

So kam es, dass sich in den folgenden Jahrhunderten (zwischen 1500 und zirka 1800) nach und nach eine deutsche Schrift- und Buchsprache mit einem allmählich fester werdenden Wortschatz und gleich bleibendem Schriftbild herausbildete. In sog. Sprachgesellschaften bemühte man sich intensiv um die Standardisierung der Sprache. Vermieden werden sollte jeder »Provinzialismus«. Dies war eine Absage an die Dialekte, zunächst aus Gründen der Verständlichkeit. Als dann die neue Schriftsprache dem Latein Konkurrenz zu machen begann und zur Sprache der Gebildeten und Gelehrten, der Literaten und Schauspieler wurde, war es eine Frage der Standesehre und des Prestiges, jeglichen Anflug von »Provinzialismus«, also künftighin die Dialekte, zu meiden. Von da an galt die bis heute gültige Trennung von Schriftsprache einerseits und (gesprochenen) Dialekten oder den Volkssprachen mit ihren kleinräumig geltenden eigenen Wörtern andererseits.

Die Gegenbewegung ließ nicht lange auf sich warten. Neben den ersten Wörterbüchern, welche nach Belesenheit und Sprachgefühl des Autors die Wörter der »Gemeinsprache« enthielten und die regionalen ausschieden oder als solche kennzeichneten (z. B. von Adelung 1793–1818), entstanden eine Reihe von Sammlungen der sog. »Provinzialwörter«. Es waren ebenfalls Gelehrte, die dieses taten (vgl. Haas 1994; Löffler 1987), teilweise aus praktischen Gründen, damit sich die Leserinnen und Leser in fremden (deutschen) Gegenden mit der dortigen Sprache zurechtfänden, teilweise aber auch aus ideellen Gründen. Man wollte den heimischen regionalen Sprachschatz gegenüber der neuen Kunst- und Gelehrtensprache nicht verkommen lassen. Das waren die Anfänge der heutigen Dialektforschung.

2.2 Die Entstehung der Dialektforschung

Das »antiquarische« Interesse war vom Ende des 18. Jahrhunderts an das Hauptmotiv, die Sprache des Volkes, seine Ausdrücke, auch seine Märchen und Lieder zu sammeln (vgl. Clemens Brentanos und Achim von Arnims Volkslieder-Sammlung »Des Knaben Wunderhorn« (1805–08) oder die »Kinder- und Hausmärchen« der Brüder Grimm (1812–15)). Goethe hatte in seinen späteren Jahren einmal formuliert: »Jede Provinz liebt ihren Dialekt: denn er ist doch eigentlich das Element, in welchem die Seele ihren Atem schöpft« (in: »Dichtung und Wahrheit«, 6. Buch; vgl. Löffler 1990, 15 f.). Die Romantiker (Joh. Gottfried Herder als »Vordenker«, Wilhelm Grimm, Wilhelm v. Humboldt, Friedrich Schlegel u. a.) sahen gerade in den Dialekten des Volkes die von Schrift und Gelehrsamkeit (»Grammatik«) unbehelligte ursprüngliche Sprache. Die Dialekte, ihre Laute und Wörter, führten ihrer Meinung nach zu den Wurzeln, zur Ursprungssprache des Volkes zurück. Zu jener Zeit (1803) erschienen auch die ersten »alemannischen Gedichte« von Johann Peter Hebel (vgl. Löffler 1990, 15 f.) oder Dialektübersetzungen von biblischen Geschichten (Stalder 1806–12). So kam es, dass auf der einen Seite die neue deutsche Sprache Grundlage des allgemeinen Schulunterrichts geworden ist. Auf der anderen Seite wurden fast zeitgleich mit der allgemeinen Schulpflicht gerade die Lehrer und Pfarrherren aufgefordert, zusammen mit ihren Schulkindern die Wörter und Ausdrucksweisen ihrer lokalen Mundart zu sammeln, um sie vor dem Untergang zu bewahren.

Den ersten Wörterbüchern und Sammlungen von Ausdrücken und Redensarten (Stalder 1806–12; Schmeller 1827; vgl. Haas 1994 für das 17. Jh.) folgten bald auch einzelne Dialekt-Grammatiken (Schmeller 1821; Weinhold 1853, 1863). Damit war die Dialektforschung im modernen Sinne geboren (vgl. Löffler 1990, 11–44). Ihre Entstehung war also nicht ganz »zweckfrei«. Es war kein Zufall, dass im 19. Jahrhundert mit dem Aufkommen der Nationalstaaten und deren konstitutionellen Verfassungen an verschiedenen Orten größere Sammlungen der dialektalen Sprache begonnen worden sind: so das Schweizerische Idiotikon nach der Konstituierung der »neuen Schweiz« von 1848 (Idiotikon 1881 ff.) oder das Projekt eines deutschen Sprachatlasses von Georg Wenker nach der Gründung des deutschen Reiches von 1871 (DSA; KDSA).

Die damaligen Obrigkeiten waren bestrebt, sich ein (statistisches) Bild ihrer Länder und Zuständigkeitsbereiche zu machen. (Die Vorgängerwissenschaft der heutigen Geografie hieß damals »Statistik«.) Zu den Besonderheiten und Charakteristika eines Landes gehörten neben Land und Leuten, Sitte und Brauch auch deren lokale und regionale Dialekte.

Die Dialektforschung hatte also einen antiquarischen Ursprung (Erhaltung der Wörter und Ausdrücke des Volkes), dann aber auch ein ideelles Motiv, die Volksseele und die Ursprünge der »eigentlichen« reinen und unverderbten Sprache zu erforschen. Dann galten die Dialekte aber auch als das große Experimentierfeld für Sprachtheorien jeder Art. So müssten die sog. Lautgesetze, deren naturhafte Ausnahmslosigkeit die sog. »Junggrammatiker« postulierten, eigentlich gerade an den »reinen« Dialekten getestet werden können. Ein Ziel des »Sprachatlasses des deutschen Reiches« (so der ursprüngliche Name des DSA) von Georg Wenker war es, die Gültigkeit der sog. »hochdeutschen Lautverschiebung« gewissermaßen im Raum – »areal« – nachzuweisen. Aus den 50 000 Fragebögen mit je 40 Testsätzen (den sog. »Wenker-Sätzen«) wurden Karten gezeichnet, die den Verlauf der Grenze zwischen den Leitwörtern *ik, maken, dorp, dat, appel, pund* auf der einen (nördlichen) und *ich, machen, dorf, dass, apfel, pfund* auf der anderen (südlichen) Seite als markante Linie kennzeichnen sollten. Damit sollte die Lautregel, welche den Unterschied zwischen dem Niederdeutschen (Platt) und dem »Hoch«-deutschen (Süddeutsch) kennzeichnete, geografisch als Grenzverlauf sichtbar gemacht werden. Heraus kam jedoch ein Bündel von je nach Wort verschieden laufenden Linien, der sog. »Rheinische Fächer« (vgl. Wolf 1983, 1118; Löffler 1990, 28). Es war also nichts

mit der Ausnahmslosigkeit der Lautgesetze, dargestellt in der Fläche der
Landschaft.

Ein Stichwort in einem der Wenker-Sätze war das Wort PFERD. An ihm
sollte der Unterschied *pf-* / *p-* *(Pferd/ Perd)* aufscheinen. Das Ergebnis war
aber keine *pf-/p-* Karte, sondern eine Karte mit dem Wort *Pferd/Perd* im
Norden und in der Mitte, darunter südlich das (schwäbische) Wort *Gaul*
und darunter noch weiter im Süden und Südosten das Wort *Ross* (vgl. Löffler 1990, 30; vgl. die Abbildung).

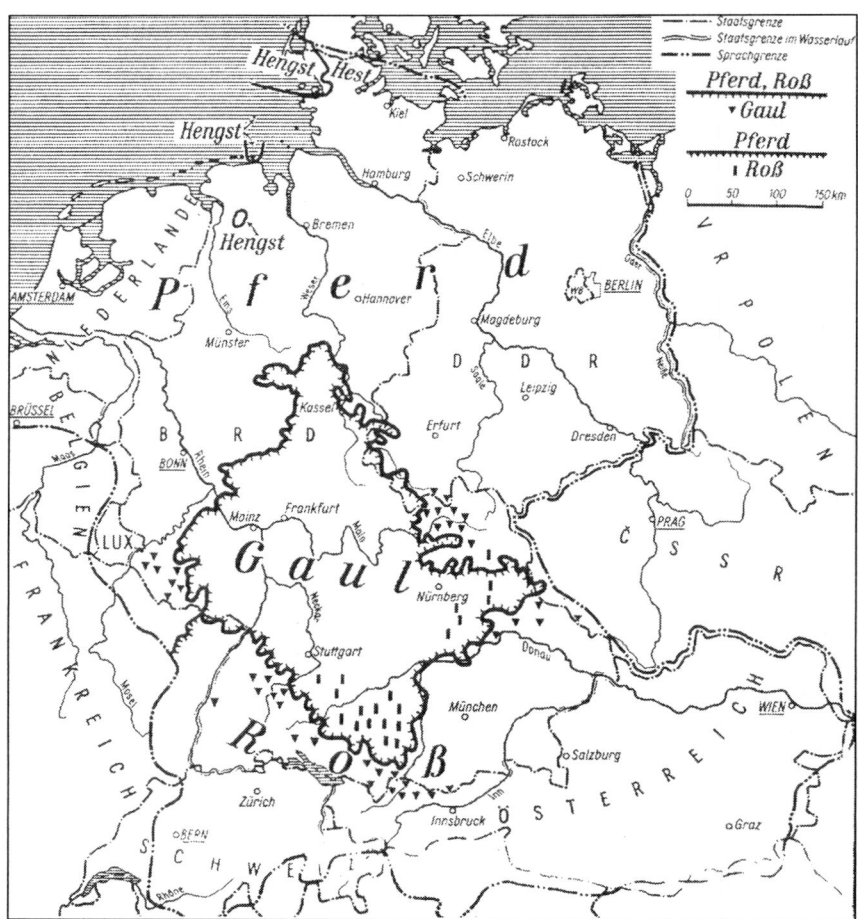

Abb.: Karte »Pferd, Roß, Gaul ...« (entnommen aus: »Kleine Enzyklopädie
deutsche Sprache«, VEB Bibl. Institut Leipzig 1983, S. 634)

Mit dieser unerwarteten Karte war der deutsche Wortatlas geboren. Es wurden erneut Fragebogen verschickt, diesmal nur mit Fragen nach der Bezeichnung für eine Sache oder einen Begriff, sog. »onomasiologische« Fragen (Wie sagt man bei euch für SCHMETTERLING oder LÖWEN-ZAHN?) im Gegensatz zu »semasiologischen« Fragen, wo man nach der Bedeutung eines vorgegebenen Wortes fragt (Was versteht man bei euch unter *Summervogel* (Schmetterling) oder *Sunnewirbel* (Löwenzahn)?) (Näheres dazu: Löffler 1998, 61 f.). Als Ergebnis dieses Unternehmens sind die 22 Bände des Deutschen Wortatlasses (DWA) entstanden. Mehrere hundert »Sachen« und Begriffe wie AMEISE, GEISSEL, SAUERKRAUT, DEICHSEL, KOHL, RÜBEN, u. a. m. sind dort auf dialektalen »Wortkarten« geografisch-areal dargestellt.

Auch die seit den fünfziger Jahren begonnenen regionalen Dialektatlanten (Elsass: ALA; Bayern: BSA; Mittelrhein: MrhSA; Schlesien: SchlesSA; Bayerisch-Schwaben: SBS; Deutschschweiz: SDS; Südwestdeutschland: SWSA; Tirol: TSA; Vorarlberg: VALTS u. a.), die zum Teil heute noch in Arbeit sind, enthalten eine Reihe von dialektalen Wortkarten. Auf engstem geografischem Raum wird dort die Verbreitung bestimmter nur im Dialekt vorkommender Wörter sichtbar. Auch Wörter, die zwar die gleiche Bedeutung haben wie in der Standardsprache, aber eine markant andere Aussprache oder Veränderung in der Gestalt (Beispiel: *Mädla/Mädchen*), sind mitkartiert.

Der »Wortatlas der deutschen Umgangssprache« von Jürgen Eichhoff (Eichhoff 1977–2000) verzeichnet die geografischen Unterschiede bestimmter Wörter, die nicht mehr zu einem Dialekt, aber eigentlich auch nicht zur Hoch- oder Standardsprache, eben zur deutschen Umgangssprache gehören.

Eine ähnliches Ziel, jedoch mit kleinerem Einzugsgebiet, hatte der Atlas mit dem Titel »Wortgeographie der städtischen Alltagssprache in Hessen« (Friebertshäuser/ Dingeldein 1988). Hierzu wurden in den größeren und mittleren Städten Hessens Leute nach speziellen Wörtern und Ausdrücken ihrer Sprache befragt. Man bediente sich dabei der Hilfe von Post- und Sparkassenschaltern, wo man die ausgefüllten Fragebogen bzw. Wortlisten abgeben konnte.

Neben den Wortatlanten sind praktisch für alle größeren deutschen Dialekte die schon genannten »Dialektwörterbücher« entstanden. Einige davon sind ebenfalls noch in Arbeit. Ein bekanntes Beispiel ist das Schweizer Idiotikon (1881 ff.), das nach über hundert Jahren gerade beim Buchstaben *W* angekommen ist. Die Wörter sind dort in größeren Wortartikeln alphabetisch unter einem Stichwort, dem sog. »Lemma«, aufgeführt mit Angaben zur Form, Bedeutung und lokalen Verbreitung. Vielfach sind auch Wörter dort zu finden, die in der Standardsprache ebenfalls vorkommen, jedoch anders ausgesprochen werden oder deren Bedeutung in einer Nuance von der üblichen abweicht. So hat z. B. das Zürichdeutsche Wörterbuch nur zehn Prozent einmalige zürichdeutsche Wörter, alle anderen Wörter sind nur anders ausgesprochen oder werden abweichend verwendet (vgl. Weber 1983).

Eine praktische und handliche Zusammenstellung der deutschen
»Wortgeografie« ist der »Atlas der deutschen Sprache« in Taschenbuch-
format (König 1996) mit zahlreichen farbigen Karten zur Verbreitung bestimmter deutscher Wörter, die nicht immer nur Wörter aus der Mundart
sind, sondern auch geografische Varianten von »hochdeutschen« Standard-
wörtern (*Sonnabend* im Norden, *Samstag* im Süden).
Längst noch nicht alle in den Dialekten vorkommenden Wörter sind gesammelt und bekannt. Trotz über hundertjähriger systematischer Arbeit
wird immer ein Rest von nur mündlich überlieferten Wörtern bleiben, die
kommen und gehen, wie es eben von Haus aus Kennzeichen eines nur
mündlich gebrauchten Dialektes ist.

3. Definition und Einteilung des dialektalen Wortschatzes

3.1 Definition

Es gibt keine umfassende Definition von »Mundartwort« (vgl. Reichmann
1983). Die einfachste wäre zu sagen: Mundartwörter sind Wörter, die nur
in den Mundarten verwendet werden und deswegen in Mundartwörterbü-
chern registriert sind, also keine Standardwörter sind. Standardwörter sind
Wörter der Standardsprache und in den »normalen« Standardwörterbüchern
enthalten. Wörter der Umgangssprache wären in den entsprechenden
Wörterbüchern und Atlanten der Umgangssprache zu finden. Die Wort-
Wirklichkeit ist jedoch etwas komplizierter.
Die Übergänge zwischen der Standardsprache, (regionaler) Umgangssprache und den kleinregionalen Dialekten sind fließend. Man kann zwischen
Standardwortschatz und dialektalem Wortschatz keine scharfe Trennungs-
linie ziehen. Der Wortschatz der Mundarten, der Umgangssprachen und
der Standardsprache ist zu einem großen Teil identisch. In den entspre-
chenden Wörterbüchern sind denn auch Vertreter der jeweiligen anderen
»Sprachvarietät« mit enthalten. Es gibt Übergänge und Grauzonen.
Eine sehr enge Definition von Mundartwort wäre: Ein Wort, das nach
äußerer Form und nach Inhalt in der Standardsprache nicht vorkommt.
Die Bandbreite der Mundartwörter ist jedoch größer. Dies soll der folgende Versuch einer idealen Einteilung oder Typologie zeigen.

3.2 Einteilung (Typologie) der Mundartwörter

Zu den Mundartwörtern, also solchen, die potentielle Kandidaten für ein Mundartwörterbuch sind (vgl. Reichmann 1983), gehören:
(1) Wörter, die sowohl als Wortgebilde als auch in ihrer Bedeutung nur in der Mundart vorkommen. Alem.: *huure* oder *huugele* für »in der Hocke verweilen«, *Zwick* für »das dünne Ende einer Geißel«; *Rösti* für eine bestimmte Art von Bratkartoffeln; *Müesli* für eine bestimmte Art von Frühstücksnahrung.
(2) Wörter, die nur in der Mundart vorkommen, jedoch mit der gleichen Bedeutung wie das entsprechende Standardwort (sog. areale Synonyme oder auch »Heteronyme«). Alem.: *Erdöpfel* für »Kartoffel«; niederdt.: *Swep* für »Peitsche«, *Propp* für »Korken«.
(3) Wörter aus der Standardsprache, die markant anders ausgesprochen werden und die eine abweichende Bedeutung haben. Alem.: *brötli* (»Brötchen«, jedoch in der Bedeutung u. a. von Weihnachtsgebäck oder belegtes Schnittchen).
Die Gruppen (1) bis (3) sind eigentliche oder echte Mundartwörter.
(4) Wörter der Standardsprache, die markant anders ausgesprochenen werden, so dass sie für das Ohr wie ein dialektales Wort klingen, die aber die gleiche Bedeutung haben. Fränk.: *Fraa* (»Frau«); pfälz.: *Taschetüschelsche* (»Taschentüchlein«).
Diese Gruppe gehört nicht eigentlich zu den Mundartwörtern. Wegen ihrer »fremden« Aussprache werden sie jedoch von vielen, auch von manchen Mundart-Wörterbüchern, zur Mundart gerechnet. Das Schweizerdeutsche besteht zu einem großen Teil aus der phonetisch veränderten Aussprache der Standardwörter: *Iisebaa* (»Eisenbahn«), *Wasserleitig* (»Wasserleitung«), *schpoot* (»spät«), *Luupferschiebig* (»Lautverschiebung«), *pfrau* (»die Frau«), *Pferië* (»die Ferien«) usw.
Manche dialektalen Wörter gelangen über die Umgangssprache oder auf anderen Wegen in die Standardsprache. Sprachhistorisch gesehen ist dies ein normaler Vorgang. Die beiden letzten Gruppen (5) und (6) stellen daher Zwischenstufen dieser Entwicklung dar:
(5) Wörter der Umgangssprache, die sehr dialektal geprägt sind. Ruhrdeutsch: *malochen* (»arbeiten, schuften«), *pesen* (»eilen, rasen«); süddt.: *pressieren* (»es eilig haben«), *wuseln* (»sich flink hin und her bewegen«); norddt.: *snaken*, (»reden«), *Döskopp* (»Schlafmütze«).
(6) Wörter, die nur in einem bestimmten größeren Dialektgebiet zur Standardsprache gerechnet werden, in anderen Gebieten entweder unbe-

kannt sind oder als Dialektwörter gelten, sog. »Helvetismen« in der Schweiz: *Rahm* (»Sahne«), *Fürsprech* (»Anwalt«), »Austriazismen« in Österreich: *Kren* (»Meerrettich«), *Schmand* (»Sahne«) oder »Teutonismen« in (Teilen von) Deutschland: *rote Beete, Grütze, Flittchen, Bütt.*

Auch diese Gruppe gehört nicht zu den Mundartwörtern, vielmehr sind es Varianten des Standardwortschatzes. Sie werden hier mit in die Einteilung aufgenommen, weil ihr Vorkommen an bestimmte Dialektgebiete gebunden ist und weil sie manchmal von Einheimischen wie auch Nachbarn als Dialektwörter verkannt werden.

Diese Einteilung der Mundartwörter und ihrer Nachbarn ist eine »ideale«. Mundartwörter im engeren Sinne wären wie bereits erwähnt im Grunde nur die Gruppen (1) bis (3).

Die Übergänge sind jedoch fließend. Auch die Wörterbücher können keine scharfe Trennung vornehmen. Aus diesem Grunde ist es auch nicht möglich, eine Zahl der »echten« oder reinen Mundartwörter anzugeben.

3.3 Sach- und Bedeutungsbereiche der eigentlichen Mundartwörter

Die Mundartwörter im engeren Sinne entstammen folgenden Bereichen: Bezeichnungen für den Mensch, seinen Körper und dessen Teile, seine Befindlichkeit und Bewegungen; Emotionen und Affekte; Arbeit und Gerät, Haus, Haushalt, Haus- und Nutztiere der ehemals landwirtschaftlich geprägten Welt; Tätigkeiten und Gerätschaften der alten Handwerke (Fischfang, Holzwirtschaft u. a.). Die entsprechenden Fragebücher (Questionnaires), mit denen man dialektalen Wortschatz bei den Sprechern abfragt, sind in der Regel nach diesen Sachgruppen gegliedert (ALA, SBS, SDS, SSA, SWSA u. a.).

4. Wortgeografie: Mundartwörter und ihre Verbreitung

Wie schon oben (vgl. Abschnitt 2.2) angedeutet, werden die Dialektwörter (im weitesten Sinne) nicht nur in Wörterbüchern gesammelt und alphabetisch dargestellt. Eine eindrücklichere Form der Darstellung ist die der Wortkarten. Das Vorkommen eines bestimmten Wortes oder einer Wortform wird beim entsprechenden Ort mit einem grafischen Symbol eingetragen. Orte mit demselben Symbol bilden ein Wortverbreitungsgebiet (Wort-Areal). Die Grenze zum Nachbargebiet ist eine »Wortgrenze«. Der deutsche Wortatlas oder der Wortatlas der deutschen Umgangssprache (und die bei König 1996 daraus abgeleiteten Karten) zeigen Wortverbreitungen aus dem Gesamtgebiet der deutschen Sprache. Die regionalen Sprachatlanten stellen ihren regionalen (bayerischen, elsässischen, schweizerischen, tirolischen u. a.) Wortschatz dar, also die unterschiedliche Verbreitung der Wörter innerhalb einer Mundart. Dabei sind die Übergänge zwischen umgangssprachlichen und mundartlichen Wörtern wie gesagt fließend.

Im Folgenden sind einige Beispiele aufgelistet (aus König 1996). Am Anfang steht der standardsprachliche Leitbegriff, das »Lemma«. Es folgen jeweils in der groben Reihenfolge der Verbreitung von Nord nach Süd die regionalen (dialektalen) Synonyme:

Personenbezeichnungen:
JUNGE: *Junge,* Jong, Bub, Bueb, Bue, Bua
MÄDCHEN: Wicht, Deern, Mäke, Mäken, *Mädchen,* Mädle, Meitschi, Meidli, Diandl
PATIN: Gevatter, Vedder, *Patin,* Got, Godde, Dote, Godn, Tota
Körper/Kleidung/körperliche Tätigkeiten:
MÜTZE: Kaskett, *Mütz(e),* Mötz, Kipse, Kapp, Kappe, Haubn, Kappa
SPRECHEN: schnacken, *sprechen,* kosen, praten, küren, kallen, schwätzen, plaudern, reden, schreien, schmatzen, brachten, reden
PFEIFEN: floite, flöten, piepen, *pfeifen,* peifen, feifa, pfiffe, wischpeln
Zeitbegriffe:
SONNABEND: Sonnobend, *Sonnabend,* Saterstag, Samstag, Samschdag, Samsta
HEILIG ABEND: Weihnachtsabend, Christabend, *Heiligabend,* Weihnachtsabend
FRÜHJAHR: Fröhjohr, Friehjohr, Maitied, Üddag, Mechtied, *Frühjahr,* Freujahr, Frühling, Grühjahr, Früaleng, Auswärts, Huustage, Lassing, Lanzing
Handwerke:
TÖPFER: Potter, Pöttker, Pötter, Pottbäker, Döpesbäcker, *Töpfer,* Dippenmacher, Häwener, Hafner, Kochler
BÖTTCHER: Böttjer, Küpper, Fatmoker, *Böttcher,* Tünnenbüker, Fassbenner, Wahner, Kiefer, Büttner, Kiefer, Schäffler, Binder, Chüeffer
TISCHLER: Discher, *Tischler,* Temmermann, Schringer, Schrenger, Schreiner, Schriener
WAGNER: Juler, Ramaker, Stellmoker, Stellmacher, Wagenmacher, Radmaker, Wägener, Wochner, Wonga, Wanger, Krummholz, *Wagner,* Wogna, Rädermacher, Radler
FLEISCHER: Schlachter, Schlächter, *Fleischer,* Metzler, Metzger, Wurster, Fleischhacker
Essen/Gemüse:
BRÖTCHEN: Rundstück, Schrippe, *Brötchen,* Weck(en), Semmel, Weggli
KAROTTE: Wuddel, Gälmehre, Mohrrüber, Möhre, Muhr, Mehre, Gelberübe, Wurzel, Rüebli, Mehlruam, Murkerl, Gelruab (aber nirgends Karotte!)

KARTOFFEL: Kantüffel, Tüffel, *Kartoffel*, Erpel, Grumbeere, Nudel, Apern,
Ardäpfel, Erdäpfel, Grumbire, Herdäpfel, Earapfel, Erchtbohn, Erdbirne
ROTKOHL: *Rotkohl*, Rotkomst, Rude Kappes, Rotkraut, Blaukraut, Blokappes,
Rotchrut
Pflanzen:
HOLUNDER: Fleederbeere Ellhorn, Flieder, Hitschel, Büssenholt, Tuteholt,
Holunder, Hölder, Huller, Holder, Holler
Tiere:
PFERD: Hengst, Hest, *Pferd*, Gaul, Ross
HAHN: *Hahn*, Gickel, Gockel, Guller, Gögalar
HUHN: Hehn, Haun, *Huhn*, Henne, Hinkel, Henn, Hua, Henna
Technik/ Haushalt:
STREICHHOLZ: Rietsticken, Striekholt, Schwäwelsticken, *Streichholz*, Fix-
feuern, Feuerzeug, Zündhölzl(i)
STECKNADEL: Knopnadel, *Stecknadel*, Speel, Spengel, Gluf, Gufe, Spennodel

In der Auflistung ist auch jeweils das in der Standardsprache geltende Wort
(kursiv) mit einem in der Regel begrenzten Verbreitungsgebiet enthalten.
Man sollte meinen, in die Standardsprache sei jenes Wort eingegangen, das
die größte Verbreitung hat. Dies ist jedoch häufig nicht so. In der Regel
bekam die mittlere Gegend (Mitteldeutschland) den Vorzug. Manche Standardwörter wie z. B. KAROTTE kommen mundartlich überhaupt nirgends
vor. Nach der Größe der mundartlichen Verbreitung müssten z. B. folgende
Wörter zum Standard gehören: *Bub* (statt *Junge*), *Gotte* (statt *Patin*), *reden*
(statt *sprechen*), *Samstag* (statt *Sonnabend*), *Frühjahr* (statt *Frühling*), *Hafner* (statt
Töpfer), *Wagner* (statt *Stellmacher*), *Metzger* (statt *Schlachter* oder *Fleischer*; zu den
offiziellen Handwerkernamen vgl. Besch 1972), *Gelberübe* (statt *Mohrrübe* oder
Karotte), *Erdäpfel* (neben *Kartoffel*), *Zündholz* (statt *Streichholz*), oder zumindest
müssten mehrere Wörter gleichberechtigt nebeneinander gelten wie *Rotkohl*,
Rotkraut, *Blaukraut*, was in der Praxis, denkt man an regionale Speisekarten
oder Warenauszeichnungen in Gemüseläden, auch der Fall ist.
Nachbefragungen in jüngerer Zeit haben ergeben, dass die Vielfalt der dialektalen Wörter tendenziell zurückgeht. Jüngere Leute kennen auf Grund
der veränderten Lebensweise viele Dialektwörter nicht mehr. Dank der
überregionalen Versorgung mit Waren und Lebensmitteln ist auch ein groß-
räumiger Ausgleich in der Bezeichnung der Dinge des Alltags im Gange.
In heutigen Familiennamen sind häufig noch ehemalige, auf eine bestimmte
Landschaft beschränkte Berufsbezeichnungen enthalten. Dank elektronischer
Telefonbücher und entsprechender Suchprogramme ist es heute möglich,
die Verbreitung bestimmter Familiennamen zu ermitteln und zu kartieren.
Schneider und *Sutter*, *Fiedler* und *Geiger*, *Tischler* und *Schreiner*, *Stellmacher* und
Wagner, *Küfer* und *Böttcher* oder *Büttner* u. a. Diese Namen spiegeln heute

noch die ehemalige Verbreitung bestimmter Wörter. Sie können daher zur historischen Rekonstruktion bestimmter Wortareale herangezogen werden (vgl. Kunze 2000; vgl. auch den Beitrag von Konrad Kunze in diesem Band, Abschnitt 3.2.2).

5. Zur Methode dialektologischen Arbeitens

5.1 Gewinnen der Daten

Beim Sammeln und Aufbereiten von Mundartwörtern kommen fast alle methodischen Schritte (und auch Probleme) der Dialektforschung, ja der empirischen Sprachforschung (Umgang mit realen Sprachdaten) zur Anwendung (vgl. hierzu: Besch et al. 1982–83; Löffler 1990; Niebaum/ Macha 1999).

Solche Schritte des Vorgehens sind:

– Festlegen des Zieles: z. B. Erstellen eines Mundartwörterbuchs oder eines Dialektatlasses mit Wortkarten oder Einzel-Untersuchung bestimmter Wortfelder (»Arbeit«, »Affekte«, »Schimpfwörter« und dergleichen) nach Angaben von Dialektsprecherinnen und -sprechern einer bestimmten Region;

– Ausarbeiten eines Fragebuches/ Fragebogens nach Sachgruppen geordnet (oder Anpassen nach einer vorhandenen Vorlage);

– Festlegen der Befragungsmethode: direkte Interviews anhand der Frageliste (direkte Methode) oder Versenden eines Fragebogens (indirekte Methode);

– Festlegen der Informantinnen und Informanten: in der Regel ältere Einheimische oder länger Ortsansässige, manchmal auch Schulkinder. Leute mittleren Alters, die im Berufsleben stehen, haben erfahrungsgemäß ein geringeres ortsspezifisches dialektales Spektrum;

– Festlegen der Auswertungsmethode: Linguistisch-lexikologisch oder sprachhistorisch-ethnografisch – mit oder ohne Statistik. Bei der Frage nach bloßem Vorkommen eines Wortes ist keine Statistik nötig. Bei einer großen Zahl von Fragen und Befragten sowie einer Vielfalt von angegebenen Varianten ist eine statistische Auswertung angezeigt.

5.2 Darstellen der Daten

Festlegen der Darstellungsmethode je nach Forschungsziel:

– als alphabetisches Wörterbuch: Ausarbeiten der Lemmata und Wortartikel;

– als Atlas mit Wortkarten: Auswahl der »Themen« und Festlegen der Kartentechnik (mit Symbolen, Linien oder Schraffuren, Farbe usw.);
– als Abhandlung: Text mit Grafiken und Skizzen (vgl. Besch et al. 1982–83; Löffler 1990; Niebaum/Macha 1999).

5.3 Auswerten der Daten

Die Erhebung, Aufbereitung und Darstellung der sprachgeografischen Fakten sind bereits Ergebnisse, wenn man nur das Vorkommen, die areale Struktur bestimmter sprachlicher Phänomene wie Wörter oder Laute darstellen will. Die Sprachatlanten nennen sich aber gerne »Forschungsinstrumente«, indem sie mit ihren Kartenbildern noch weitere Fragen stellen, z. B.: Warum ist ein bestimmtes Wort in einer bestimmten Bedeutung in einer bestimmten Gegend verbreitet? Wie lässt sich das Zustandekommen eines Wort- oder Bedeutungsareals in der Landschaft erklären? Gibt es innersprachliche Gründe und Entwicklungen oder muss man diese außerhalb der Sprache (historisch-ethnografisch) suchen?
Weitere Fragen im Zusammenhang einer Deutung wären:
– Welches ist die eigentliche (historisch-etymologische) Bedeutung eines Wortes?
– Wie kommt es zu einer speziellen »Bildung« eines Wortes? (Gibt es Parallelen?)
– Warum ist ein Wort an einem Ort in Gebrauch und anderswo nicht? Alte Herrschaftsgebiete, Konfessionsgrenzen, Verkehrsräume, Brauchtums- oder Handwerker-Einzugsgebiete? Einfluss der angrenzenden politischen, kulturellen Nachbarn?
– Was war der Grund für eine Bedeutungsverschiebung?
– Warum wurde ein Wort in die Standardsprache übernommen und ein anderes nicht?
– Warum decken sich die »Wortlandschaften« nie genau?
Zur Beantwortung dieser und anderer Fragen sind Kenntnisse in Sprach- und Landesgeschichte, historischer Grammatik, Semantik, Volks- und Sachkunde erforderlich. Die Erforschung der Mundartwörter ist eine komplexe Disziplin. So ist auch verständlich, dass die Dialektologie für viele Sprachtheorien und Methoden ein geeignetes, manchmal auch schwieriges Experimentierfeld und Testlabor darstellt (vgl. Hildebrandt 1983; Löffler 1990; Niebaum/Macha 1999).

6. Erkenntnisertrag

Die Beschäftigung mit Dialekten führt zu bemerkenswerten Erkenntnissen über die Sprache im Allgemeinen, ihre Vielfalt und Besonderheiten, ihre gesellschaftlichen Funktionen – in Vergangenheit und Gegenwart. Einige dieser Erkenntnisse seien im Folgenden angedeutet:
– Die deutsche Standardsprache ist eine künstlich-gelehrte »Überdachung« für den landesweiten allgemeinen Gebrauch im Geschäftsverkehr, zu literarischen Zwecken, für die Wissenschaft und als Fremdsprache.
– Die Dialekte und deren Wortschatz sind eingeschränkt in ihrer arealen Verbreitung und damit kommunikativen Reichweite. Ihre Funktion ist eher eine inoffizielle und private, jedoch keineswegs eine vulgäre.
– Die Mundarten unterscheiden sich von der Standardsprache durch eine eigene Lautung und durch einen eigentümlichen Wortschatz. Dieser kann aus wirklich einmaligen singulären Wörtern bestehen. Oft werden Standardwörter jedoch nur anders ausgesprochen oder anders gebildet. Manche Mundartwörter haben eine etwas andere Bedeutung, da in bestimmten Wort- und Sachbereichen einmal mehr, einmal weniger Wörter vorhanden sind, die sich in ihrer Zahl und Bedeutung gegenseitig eingrenzen (»Wortfelder«).
– Echte Mundartwörter finden sich vor allem in den Sach- und Bedeutungsbereichen (»Dimensionen«) Mensch, Körper, Fortbewegung, emotionale Befindlichkeit, Haus, Hof, Garten, Landwirtschaft, Arbeit und Gerät, Handwerk.
– Die Übergänge vom Standard zum Substandard (Umgangssprache) und zur Mundart sind fließend. Ein Austausch in beiden Richtungen ist normal und hat immer schon stattgefunden.
– Die objektsprachliche (muttersprachliche) oder auch nur die metasprachlich-wissenschaftliche Kenntnis der mundarteigenen Wörter und deren Verbreitung erweitert die eigene Sprach- und Sachkompetenz. Sie vermittelt einen Einblick in die verschiedenen Weisen, wie die große und kleine Welt lexikalisch erfasst werden kann. Unterhalb und hinter den offiziellen, amtlichen, literarischen, wissenschaftlichen Standards besteht eine lexikalische Mikrowelt für unterschiedliche Zwecke.
– Dialektsprechende Kinder haben dank ihrer lexikalischen Ausstattung in der Schule nicht nur eine Barriere (vgl. Bausinger 1973), sondern auch eine zusätzliche Chance, die für die Ausbildung der sprachlichen Kompetenz nutzbar gemacht werden kann – vorausgesetzt, die Lehrperson kennt sich aus (vgl. Besch/Löffler 1973; 1977).

– Die Erforschung und Darstellung der mundarteigenen Wörter führt ein in die Arbeitsweisen der empirischen Sprachforschung (Fragebogen, Abfragen, Interviewtechnik) und die lexikografische Bearbeitung eines differenzierten Teils des deutschen Wortschatzes.

7. Literatur

Adelung, Johann Christoph (1793–1818): *Grammatisch-kritisches Wörterbuch der hochdeutschen Mundart: mit beständiger Vergleichung der übrigen Mundarten, besonders aber der oberdeutschen*, 2., verm. u. verb. Aufl., 5 Bde. Leipzig.

(ALA). *Atlas linguistique et ethnographique de l'Alsace*, (1969–1984), Commencé par Beyer, Ernest et Matzen, Raymond, 2 tômes, Paris: Centre National de la Recherche Scientifique.

Bausinger, Hermann et al. (Hg.) (1973): *Dialekt als Sprachbarriere? Ergebnisbericht einer Tagung zur alemannischen Dialektforschung*, Tübinger Vereinigung für Volkskunde e.V., Tübingen Schloss, Bd. 33, Tübingen.

*Bausinger, Hermann (1984): *Deutsch für Deutsche. Dialekte, Sprachbarrieren, Sondersprachen*, Frankfurt am Main: Fischer.

Besch, Werner (1972): »Sprachnorm des Bundestags? Das Beispiel der Handwerkernamen«, in: Ennen, Edith/Wiegelmann, Günter (Hg.) (1972): *Festschrift Matthias Zender. Studien zur Volkskultur, Sprache und Landesgeschichte*, Bonn: Röhrscheid, 993–1015.

Besch, Werner/Löffler, Heinrich (1973): »Sprachhefte: Hochsprache/Mundart – kontrastiv«, in: Bausinger, Hermann et al. (Hg.) (1973), 89–100.

Besch, Werner/Löffler, Heinrich (1977): *Alemannisch*, Düsseldorf: Schwann.

Besch, Werner/Löffler, Heinrich/Reich, Hans H. (Hg.) (1976 ff.): *Dialekt/Hochsprache – kontrastiv. Sprachhefte für den Deutschunterricht*, Düsseldorf: Schwann.

Dingeldein, Heinrich J. (1991): *Studien zur Wortgeographie der städtischen Alltagssprache in Hessen: areale, stratische und diachron-kontrastive Analysen*, Tübingen: Francke.

(DGW). *Duden. Das große Wörterbuch der deutschen Sprache*, (1993–1995), bearb. u. hg. von Drosdowski, Günther et al., Bde. 1–8, 1. Aufl. 1978–1981, Mannheim, Wien, Zürich: Dudenverlag.

(DAS). *Deutscher Sprachatlas*, (1926–56), bearb. von Wrede, Ferdinand/Martin, Bernhard/Mitzka, Walther, Lfg. 1–23, Marburg: Elwert.

(DWA). Mitzka, Walther/Schmidt, Ludwig Erich (1951–1980): *Deutscher Wortatlas*, 22 Bde, Giessen: Wilhelm Schmitz.

Eichhoff, Jürgen (1977–2000): *Wortatlas der deutschen Umgangssprachen*, 4 Bde, Bern, München, Tübingen: Francke.

Fischer, Hermann (1904–1936): *Schwäbisches Wörterbuch*, auf Grund der von Adelbert von Keller begonnenen Sammlungen, 6 (in 7) Bde, Tübingen: Laupp.

Friebertshäuser, Hans (1983): »Die großlandschaftlichen Wörterbücher der deutschen Dialekte. Areale und lexikologische Beschreibung«, in: Besch, Werner et al. (1982–1983). Bd. 2, 1283–1294.

Friebertshäuser, Hans/Dingeldein, Heinrich J. (1988*): Wortgeographie der städtischen Alltagspache in Hessen*, Tübingen: Francke.

(Grimm). *Deutsches Wörterbuch*, (1854–1960), begründet von Jakob Grimm und Wilhelm Grimm, 33 Bde, Leipzig: Hirzel.

Haas, Walter (1994): *Provinzialwörter: deutsche Idiotismensammlungen des 18. Jahrhunderts*, Berlin etc.: Walter de Gruyter.

Hildebrandt, Reiner (1983): »Typologie der arealen Gliederung deutscher Dialekte aufgrund des Deutschen Wortatlasses«, in: Besch, Werner et al. (1982–1983), Bd. 2, 1331–1366.

(HSK). Besch, Werner et al. (1982–1983): *Dialektologie: Ein Handbuch zur deutschen und allgemeinen Dialektforschung*, 2 Bde, Berlin, New York: Walter de Gruyter.

(HSS). Kleiber, Wolfgang/Kunze, Konrad/Löffler, Heinrich (1979): *Historischer südwestdeutscher Sprachatlas: auf Grund von Urbaren des 13. bis 15. Jahrhunderts*, 2 Bde, Bern etc.: Francke.

(Idiotikon). *Schweizerisches Idiotikon: Wörterbuch der schweizerdeutschen Sprache*, (1881 ff.), Ges. auf Veranstaltung der Antiquarischen Gesellschaft in Zürich unter Beihülfe aus allen Kreisen des Schweizervolkes, begründet von Staub, Friedrich und Tobler, Ludwig Frauenfeld: Huber.

(KDSA). Veith, Werner/Putschke, Wolfgang (1984 ff.): *Kleiner deutscher Sprachatlas*, 3 Bde, Tübingen: Niemeyer.

*König, Werner (1996): *DTV-Atlas zur deutschen Sprache: Tafeln und Texte*, 11., überarb. Aufl., 1. Aufl. 1978, München: Deutscher Taschenbuch Verlag.

Kretschmer, Paul (1969): *Wortgeographie der hochdeutschen Umgangssprache*, 1. Aufl. 1918, Göttingen: Vandenhoeck & Ruprecht.

Kunze, Konrad (2000): »Familiennamen-Geographie und Sprachgeschichte – Beispiele aus dem Alemannischen«, in: Funk, Edith/König, Werner/Renn, Manfred (Hg.) (2000): *Bausteine zur Sprachgeschichte. Referate der 13. Arbeitstagung zur alemannischen Dialektologie in Augsburg 29.9.–3.10.1999*, Heidelberg: Universitätsverlag Winter, 181–198.

Küpper, Heinz (1982–84): *Illustriertes Lexikon der deutschen Umgangssprache*, 8 Bde, Stuttgart: Klett.

Löffler, Heinrich (1974): »Deutsch für Dialektsprecher: Ein Sonderfall des Fremdsprachenunterrichts? Zur Theorie einer kontrastiven Grammatik Dialekt/Hochsprache«, in: *deutsche sprache* 2, 105–122.

Löffler, Heinrich (1987): »Sprache und Gesellschaft in der Geschichte der vorstrukturalistischen Sprachwissenschaft«, in: *Soziolinguistik. Ein internationales Handbuch zur Wissenschaft von Sprache und Gesellschaft*, hg. von Ammon, Ulrich/Dittmar, Norbert/Mattheier, Klaus J., Berlin, New York: de Gruyter, 379–389.

*Löffler, Heinrich (1990): *Probleme der Dialektologie. Eine Einführung*, 3., durchgesehene und bibliograf. erweit. Aufl., Darmstadt: Wissenschaftliche Buchgesellschaft.

Löffler, Heinrich (1994): *Germanistische Soziolinguistik*, 2. überarb. Aufl., Berlin: Erich Schmidt.

Löffler, Heinrich. (1997): »Dialektverfall oder Mundartrenaissance? - aus Schweizer Sicht«, in: Stickel, Gerhard (Hg.): *Varietäten des Deutschen: Regional- und Umgangssprache. Institut für deutsche Sprache Jahrbuch 1996*, Berlin, 386–388.

Löffler, Heinrich (1998): *Linguistische Grundlagen: eine Einführung unter besonderer Berücksichtigung der Schweizer Verhältnisse*, 2., überarb. Aufl., Aarau, Frankfurt am Main, Salzburg: Sauerländer.

Müller, Ernst Erhard (1979): »Wer war der Autor des Petri-Glossars?«, in: Löffler, Heinrich et al. (1979): *Standard und Dialekt. Studien zur gesprochenen und geschriebenen Gegenwartssprache. Festschrift für Heinz Rupp*, Bern, München: Francke, 177–192.

(MRhSA). Bellmann, Günter/Herrgen, Joachim/Schmidt, Jürgen Erich; unter Mitarbeit von Drenda, Georg und Girnth, Heiko (1994 ff.): *Mittelrheinischer Sprachatlas*, 5 Bde, Tübingen: Niemeyer.

*Niebaum, Hermann/Macha, Jürgen (1999): *Einführung in die Dialektologie des Deutschen*, Tübingen: Niemeyer.

Reichmann, Oskar (1983): »Untersuchungen zur lexikalischen Semantik deutscher Dialekte: Überblick über die theoretischen Grundlagen, über die Sachbereiche und den Stand ihrer arealen Erfassung«, in: Besch, Werner et. al. (1982–1983), Bd. 2, 195–1325.

Schmeller, Johann Andreas (1821): *Die Mundarten Bayerns grammatisch dargestellt*. Beygegeben ist eine Sammlung von Mundart-Proben, d. i. kleinen Erzählungen, Gesprächen, Sing-Stücken, figürlichen Redensarten u. dergl. in den verschiedenen Dialekten des Köngrichs, nebst einem Kärtchen zur geographischen Übersicht dieser Dialekte, (Neudruck 1930),Wiesbaden: Saendig.

Schmeller, Johann Andreas (1827 ff.): *Bayerisches Wörterbuch*, 2., mit des Verfassers Nachträgen vermehrte Ausg., 1872–98, München: Oldenbourg.

(SBS). *Sprachatlas von Bayerisch-Schwaben*, (1996 ff.), hg. von König, Werner et al., Heidelberg: Winter.

(SchlesSA). Bellmann, Günter (1965–67): *Schlesischer Sprachatlas*, 2 Bde, hg. v. Schmidt, Ludwig E., Marburg: Elwert.

(SDS). *Sprachatlas der deutschen Schweiz*, (1962–1996), begründet von Baumgartner, Heinrich und Hotzenköcherle, Rudolf, in Zusammenarbeit mit Lobeck, Konrad/Schläpfer, Robert/Trüb, Rudolf und unter Mitwirkung von Zinsli, Paul, hg. von Hotzenköcherle, Rudolf, 8 Bde, Bern: Francke.

Stalder, Franz Joseph (1806–1812): *Versuch eines schweizerischen Idiotikon mit etymologischen Bemerkungen untermischt: samt einer Skizze einer schweizerischen Dialektologie*, 2 Bde, Basel etc.: Flickische Buchhandlung.

(SWSA). Steger, Hugo/Gabriel, Eugen/Schupp, Volker (Hg.) (1989 ff.): *Südwestdeutscher Sprachatlas*, Marburg: Elwert.

(TSA) *Tirolischer Sprachatlas*, (1965–1971), hg. v. Klein, Karl Kurt/Schmitt, Ludwig Erich, bearb. v. Kühebacher, Egon, 3 Bde, Innsbruck: Tyrolia; Marburg: Elwert.

(VALTS). *Vorarlberger Sprachatlas. Mit Einschluss des Fürstentums Liechtenstein, Westtirols und des Allgäus*, (1985 ff.), hg. und bearb. von Gabriel, Eugen und Klausmann, Hubert, Bregenz: Vorarlberger Landesregierung.

Weber, Albert (1983): *Zürichdeutsches Wörterbuch*, 3., überarb. u. stark erweit. Aufl., besorgt von Bächtold, Jacques M./Sturzenegger, Johannes Jakob/Trüb Rudolf, Zürich: Rohr.

Weinhold, Karl (1853): *Über deutsche Dialectforschung. Die Laut- und Wortbildung und die Formen der schlesischen Mundart. Mit Rücksicht auf verwantes in deutschen Dialecten. Ein Versuch*, Wien: Gerold.

Weinhold, Karl (1863): *Alemannische Grammatik*, Berlin: Dümmler.

Wolf, Norbert Richard (1983): »Durchführung und Verbreitung der zweiten Lautverschiebung in den deutschen Dialekten«, in: Besch, Werner et al. (1982–1983), Bd. 2, 1116–1121.

Konrad Kunze

Wörter als Etiketten. Grundzüge der Namenkunde

1. Einleitung: Namen und Appellative

1.1 Dass Namen eine besondere Gruppe von Wörtern sind, merkt man schon daran, dass man sie öfter vergisst. Das hängt damit zusammen, dass sie auf andere Art im Gehirn vernetzt sind als die übrigen Wörter.

Nicht zufällig besteht eine der ersten Leistungen Adams im Paradies in der Unterscheidung von Namen und anderen Wörtern. Adam benennt seine Frau zweimal. Zuerst sagt er: »Frau soll sie heißen«, später benennt er sie mit *Eva* (Genesis 2,29; 3,20). Das Erste ist ein »Gattungsname« (»nomen appellativum«), das Zweite ein »Eigenname« (»nomen proprium«). Für diese Unterscheidung aus der traditionellen Grammatik werden im Deutschen gewöhnlich die Begriffe »Appellativ« bzw. »Eigenname« (oder kurz »Name«) verwendet.

Die Namen werden je nach Objekt, auf das sie sich beziehen, eingeteilt in die Hauptgruppen der Personennamen (»Anthroponyme«) und der Örtlichkeitsnamen (»Toponyme«). Vorschläge zur Abgrenzung, Gruppierung und Benennung der restlichen Gruppen, etwa nach Bauer (1998, 50–57) in Objektnamen (*Portland-Zement*; *Der Spiegel*), Ereignisnamen (*Der Westfälische Friede*; *Sturm und Drang*) und Phänomennamen (das Tief *Flora*; *die Milchstraße*) sind bisher nicht allgemein akzeptiert. Eichler/Hilty (1995/96) setzen hierfür ein Kapitel »Namen von Sachen, Tieren und Einrichtungen« an und ein Kapitel »Übergangsformen zwischen Eigennamen und Gattungsnamen«, in dem z. B. Pflanzen- und Warennamen behandelt werden oder künstliche Nomenklaturen in Technik und Wissenschaft (man bedenke, dass allein in der Chemie über sieben Millionen organische Verbindungen eindeutig zu etikettieren sind!).

1.2 Der wesentliche Unterschied zwischen Appellativen und Namen liegt in ihren Funktionen. Appellative wie *Frau, Stadt* dienen hauptsächlich dazu, eine Vielzahl gleichartiger Objekte bzw. Sachverhalte als Angehörige einer Gattung zusammenzufassen und entweder diese Gattung als solche oder Einzelnes als einer Gattung Angehöriges zu bezeichnen. Namen wie *Eva, Köln* dienen dagegen dazu, Einzelnes gerade in seiner Einmaligkeit unverwechselbar zu identifizieren und zu etikettieren.

Im Prinzip dürften Namen also keine Verwechslung zulassen und jeder Name dürfte, jedenfalls pro Kommunikationsgemeinschaft, nur einmal vorkommen. Praktisch ist dies aber nicht der Fall, da es viele Kommunikationskreise gibt und somit ein *Hans Holbein* jeweils in verschiedenen Generationen oder ein Flurname wie *Brühl* (›herrschaftliches Weideland‹) jeweils in vielen Dörfern vorkommen kann. Daher macht sich in der Bürokratie ständig der Trend bemerkbar, Namen durch unverwechselbare Nummern zu ersetzen, die zudem die Möglichkeit bieten, viele einzelne Objekte rationeller zu überblicken und zu Reihen oder anderweitigen Gruppen zu organisieren.

So gab es seit dem 12. Jh. in vielen Städten »Häusernamen« wie *Haus zum Kirschbaum, Zum roten Bären* usw. (unter »Hausnamen« versteht man dagegen die auf dem Lande oft übliche Benennung von Personen nach ihrem Haus, also statt *Fritz Müller* z. B. *Mooshofbauer*). Die Häusernamen wurden seit dem 17. Jh. durch Hausnummern ersetzt, blieben aber noch bei Gasthäusern und Apotheken erhalten. Auch Flurnamen wie *Fuchswald, Farnkopf* wurden durch »Forstdistrikt X.1, X.2« abgelöst oder wenigstens zusätzlich rationalisiert. Vgl. das Postleitzahlensystem bei den Orten / Ortsteilen oder die sog. »Personal-Nummern«. Bei den Straßennamen konnten sich solche Ansätze (*Fifth Avenue*; in Mannheim *A 1, A 2* usw.) nicht durchsetzen.

Appellative und Namen dienen also zwei grundsätzlichen, sich einander ergänzenden Möglichkeiten, die Welt zu erfassen und sich in ihr zurechtzufinden: einerseits dadurch, dass der Mensch Gleichartiges **klassifizieren** und sprachlich auf **einen** »Begriff« bringen kann, andererseits dadurch, dass der Mensch unter Gleichartigem – **kontraklassifizierend** – Individuen unterscheiden und als solche sprachlich etikettieren kann. Im Einzelnen stößt man bei der Bestimmung des Unterschiedes von Appellativen und

Namen aber immer wieder auf Probleme, weshalb auch eine erschöpfende und unbestrittene Definition, was ein Name sei, noch nicht gefunden ist.
1.3 Aus dem eben angesprochenen grundlegenden Unterschied der Funktionen von Name und Appellativ gehen weitere Unterschiede hervor. Was die Inhaltsseite angeht, so haben Namen keine lexikalische Bedeutung, d. h. keinen begrifflichen Inhalt (vgl. Lerner/Zimmermann 1991; zur Unterscheidung von Inhalts- und Ausdrucksseite des sprachlichen Zeichens vgl. den Beitrag von Winfried Nöth in diesem Band, Abschnitt 3). Der Name *Müller* hat nichts mit der Bedeutung des Appellativs *Müller* zu tun, sofern er als Name gebraucht wird. Gewiss **hatten** fast alle Namen ursprünglich eine Bedeutung, als und weil sie aus Appellativen entstanden sind. Aber nachdem sie zu Namen geworden sind, funktionieren sie – im »synchronischen« Gebrauch – unmittelbar zur Bezeichnung ihrer Träger, ohne dass dabei ihre – »diachronisch« aufschlüsselbare – ursprüngliche (»etymologische«) Bedeutung noch eine Rolle spielt. Daher fragt man auch »kennen Sie diesen Namen?« und nicht »verstehen Sie diesen Namen?«, denn verstehen setzt Bedeutung voraus.

Namen sind deshalb auch nicht übersetzbar, etwa *Churchill* in *Kirchhügel*, weil dadurch ja von der Funktion einer Bezeichnung auf die Erkenntnis einer Bedeutung abgelenkt würde. Ausnahmen wie im Falle des Toponyms *Schwarzwald/Black Forest/Forêt Noire/Nigra Silva* bekunden ein gewisses Interesse an der noch durchsichtigen etymologischen Bedeutung, funktionieren aber nur, wenn in der betreffenden Sprachgemeinschaft die Namenfunktion und das Bezugsobjekt **trotz** der Übersetzung eindeutig klar sind.

So erklärt sich auch, dass Wörterbücher keine Namen enthalten, obwohl Namen auch Wörter sind; denn Wörterbücher dienen hauptsächlich als Hilfsmittel für die Übersetzung oder für die Bedeutungsfindung.

Es gibt zwar zahlreiche Namenlexika (z. B. Berger 1999; Kohlheim 2000; Seibicke 1996 ff.), aber diese dienen entweder der Information darüber, welchen Namenträger ein Name bezeichnet, z. B. *Freiburg im Breisgau*, eine Stadt 48,00° nördl. Breite und 7,50° östl. v. Greenwich, oder sie dienen der Eruierung der Bedeutung jenes Appellativs, aus dem der betreffende Name ursprünglich entstanden ist, z. B. der Siedlungsname *Hannover* aus den Wörtern ›am hohen Ufer‹ oder der Familienname *Gombert* aus dem Rufnamen *Gundobert*, der seinerseits auf die germanischen Appellative *gund* ›Kampf‹ und *beraht* ›glänzend, berühmt‹ zurückgeht.

Wie Namen aus Appellativen, so können umgekehrt auch Appellative aus Namen entstehen, indem z. B. der Familienname *Porsche* zum Inbegriff für ein Auto wird. Diesen besonders für die Entwicklung von Fachsprachen wichtigen Prozess (*Cognac*; *doppelter Rittberger*; *röntgen*) nennt man »Deonymisierung«.

Namen haben zwar keine lexikalische Bedeutung, aber sie haben eine Bedeutsamkeit. Darunter versteht man all die Assoziationen, Gefühle usw., die sich bei der Vergabe oder Nennung eines Namens einstellen. Man unterscheidet dabei die »motivische« Bedeutsamkeit, d. h. die Gründe, welche bei der Vergabe eines Namens eine Rolle spielten (z. B. Vorbilder bei der Wahl eines Vornamens) von der »aktuellen« Bedeutsamkeit, d. h. den Eindrücken, die sich beim Erklingen eines Namens einstellen, z. B. ›Sonne, Urlaub‹ bei *Mallorca*, ›klingt altmodisch‹ bei *Otto*, ›schreckliche Diktatur‹ bei *Hitler*. Damit geht die Bedeutsamkeit über das hinaus, was auch bei Appellativen als Konnotat mitschwingt.

1.4 Was die Ausdrucksseite angeht, so unterscheiden sich Namen auch grammatisch von Appellativen. Sie weichen oft, gerade zwecks Unterscheidung, von der standardsprachlichen Orthographie ab (klein/*Klein*; Bäcker/*Becker*; *Soest* [sprich *zo:st*]). Auch in anderen Hinsichten gibt es Abweichungen: phonologisch (Müller/*Möller*; [bei den] Mönchen/*München*), phonotaktisch ([des Sti]chels/*[Mi]chls*; Geschw[ulst]/*Gschw[and]*), morphologisch (die Weber/*die Webers*; der See des Schwans, der Schwäne/*Schwanensee*; des Drangs/*des Sturm und Drang*; die schöne Wasserburg/*das schöne Wasserburg*), prosodisch (die S<u>aa</u>rbrücken/*Saarbrücken*; im H<u>of</u>/*Imhof*) und syntaktisch (wir gehen in die Neustadt/wir gehen nach *Neustadt*). Dies hängt damit zusammen, dass Namen meistens aus den Dialekten entstanden sind und/oder sich sprachlich langsamer bzw. ab einem gewissen Zeitpunkt gar nicht mehr weiterentwickelt haben.

Weil sich ein Name immer auf ein ganz **bestimmtes** Objekt bezieht, ist die Verwendung des bestimmten/unbestimmten Artikels überflüssig. Wenn diese verwendet werden, erhalten sie ganz andere Funktionen/Wirkungen: »es wurde in Sachen des Mayer verhandelt«; »Ein Goethe ist er wahrhaftig nicht«, »der Peter hat angerufen« (süddt.-umgangssprachlich); oder der Artikel fungiert als fester Bestandteil des Namens (*die Schweiz, der Rhein*). Weil der Name immer **ein** ganz bestimmtes Objekt betrifft, kann er eigentlich auch keinen Plural haben. Ausnahmen wie *Die Niederlande, die Alpen, Schmidts* bedürfen je besonderer Erklärung.

Im Folgenden sollen die interessantesten und daher am besten erforschten Gruppen von Namen kurz vorgestellt werden.

2. Toponyme

Bei den Toponymen unterscheidet man gewöhnlich »Makrotoponyme« für
großflächige Räume, z. B. Länder-, Landschafts-, Meeres-, Gebirgs-, Land-
straßennamen, und »Mikrotoponyme« für kleinflächige Räume, vor allem
Flurnamen. In der Praxis bringt diese Abgrenzung manchmal Probleme;
wie groß muss ein Berg(massiv), ein Gewässer, eine Siedlung sein, um der
einen oder anderen Gruppe zugeschlagen zu werden? Die folgenden Beispiele werden daher anders, nämlich nach Siedlungen (2.2) und sonstigen
Örtlichkeiten (2.1) gruppiert.
2.1 Gewässer-, Flur- und Straßennamen
2.1.1 Geschichtlicher Überblick
2.1.1.1 Unsere ältesten Namen sind Flussnamen (»Hydronyme«). Als wichtigste Orientierungshilfe wurden sie jahrtausendelang von Generation zu
Generation, von Volk zu Volk weitergegeben. Je größer die Flüsse, desto
älter ihre Namen. In *Donau* steckt z. B. die indogermanische Wurzel **danu-*
›Fluss‹ (der Asterisk bedeutet in diesem Zusammenhang, dass die Form
nicht belegt, sondern erschlossen ist), die sich in Flussnamen vom schotti-
schen *Don* bis zum russischen *Don*, auch in *Dnestr* und *Dnjepr* findet. Der
Name ist so alt, dass er zwar der indogermanischen Sprachgruppe, aber
noch keiner historisch bekannten Einzelsprache zugeordnet werden kann.
Zu diesen »alteuropäischen« oder »voreinzelsprachlichen« Namen spätestens aus dem 2. Jahrtausend v. Chr. gehören u. a. auch *Inn, Main, Saale,
Elbe, Oder*. Als nächste wichtige Schicht finden sich im Süden und Westen
etwa seit dem 8. Jh. v. Chr. viele keltische Flussnamen, z. B. *Lech* ›der steini-
ge Fluss‹, *Tauber* (engl. *Dover*) aus kelt. **dubron* ›Wasser‹, *Dreisam* aus kelt.
*Tragisama ›reißender Fluss‹. Im Osten begegnen slawische Namen. Typisch
ist hier z. B. das Suffix *-ica*, das zahlreichen Flussnamen östlich einer Linie
Kiel-Triest zu Grunde liegt: *Chemnitz* (*Kamenica* ›steiniger Bach‹), *Selnitz* (*Zabnica*
›Froschbach‹).
Deutschsprachige Flussnamen sind meist zusammengesetzt. Das älteste
häufige Grundwort ist dabei *-ach*, ahd. *-acha* ›fließendes Wasser‹: *Schwarz-
ach, Fulda* (aus *Fuldacha* ›Landfluss‹), *Steina, Suhl* (aus *Sulacha* ›Bach, wo sich
das Wild suhlt‹). Jünger ist *-bach*, niederdt. *-be(c)k(e)*, womit 70–80% aller
kleinen Gewässer benannt sind. Benennungsmotive sind vor allem bei älteren Namen die Wasserqualität (*Lauter, Rotach, Lehmbach*) und -quantität (*Rei-
chen-, Dürrbach, Wutach*), dann auch die Umgebung oder Gestalt des Flusslaufs
(*Biberach, Stein-, Wald-, Krummbach*), schließlich Nutzung und Besitz (*Mühl-,
Geroldsbach*).

2.1.1.2 Flurnamen dienen der detaillierten und lückenlosen Aufteilung und Markierung der Landschaft in kleine Ausschnitte. Auch in ihnen sind vordeutsche Zeugnisse erhalten, etwa an der Mosel oder im Schwarzwald Flurnamen wie *Guttle, Gottisdobel, Gottemen* aus lateinisch *gutta* ›Tropfen, Rinnsal‹, aus denen man schließen kann, dass hier noch mindestens bis ins 8. Jh. n. Chr. Galloromanisch gesprochen wurde, weil sie von der dt. Lautverschiebung von *tt* zu *z* im 7. Jh. unberührt geblieben sind.

Örtlichkeiten können auf Grund natürlicher Merkmale benannt werden (»Naturnamen«: *Lindenberg, Entenmoor*) oder auf Grund zivilisatorischer Merkmale (»Kulturnamen«: *Mühlensteg, Am steinernen Kreuz*). In den Naturnamen spiegelt sich sowohl die geographische als auch die sprachliche Eigenart einer Region. Der nordniedersächsischen Landschaft entsprechen z. B. über hundert verschiedene niederdt. Flurnamen aus dem Wortfeld ›Moor‹ (*Brook, Siek, Scharn, Hamm, Sod, Pohl*), dem Alpenraum oberdt. Namen wie *Egg* ›Spitze, Bergrücken‹, *Kapf, Kobel, Kofel* ›Berg(kuppe)‹, *Fluh* ›Felswand‹, *Stutz* ›Abhang‹ usw. Die Kulturnamen legen Zeugnis ab von der historischen Gestaltung der Landschaft (*Heidenwall, Reute* ›Rodung‹, *Galgenberg*), von der Bewirtschaftung (*Wingert* ›Weingarten‹, *Hanfland, Kohlplatz*), von Rechts- und Besitzverhältnissen (*Grafenwald, Streitwiese, Fünf Morgen*).

2.1.1.3 Straßennamen dienen der Orientierung innerhalb von Siedlungen. Straßennamen sind in Städten seit dem 12. Jh. bezeugt und eine noch ständig anwachsende Namengruppe. Fast alle sind als Komposita gebildet, wobei das vorherrschende Grundwort anfänglich im Niederdt. *-strate* war, im hochdt. Raum aber *-gasse*; *-straße* hat sich hier erst spät durchgesetzt. Die Straßen bestimmen die Binnenstruktur einer Siedlung; entsprechend dienten die Bestimmungswörter ihrer Namen ursprünglich nur der Orientierung in dieser Struktur und bezogen sich daher bis ins 18. Jh. durchweg auf konkrete Verhältnisse im Bereich der betreffenden Straße: *Gerbergasse, Marktplatz, Kirchweg, Ostenstraße* (»gewachsene Namensysteme«). Erst seit dem Zeitalter des Absolutismus trat eine neue Motivation hinzu; Namen sollen der ideologischen oder kulturellen Erinnerung dienen: *Kaiserallee, Straße des 17. Juni, Mozartweg* (»institutionalisierte Namensysteme«). Vielerorts unterscheiden diese beiden Systeme deutlich den alten Stadtkern von neueren Randgebieten.

2.1.2 Auswertungsbeispiel

Von den vielen Möglichkeiten, derartige Namen auszuwerten, soll hier ein sprachwissenschaftliches Beispiel aus dem Bereich der Phonologie angeführt werden. Beim Blick auf nord-südliche Sprachunterschiede fällt auf, dass im Norden häufig ein *r* vor einem Vokal hinter diesen Vokal tritt (»*r*-

Metathese«), vgl. dt. *Ross*, aber engl. *horse*, oder *Kruste*/niederdt. *Korste*, oder *brennen*/engl. *to burn*, vgl. *Bernstein* ›brennbarer Stein‹, oder Namen wie *Christian/Kirsten*, *Brigitta/Birgitta*, *Altdorf/Bottrop*, *Maulbronn/Paderborn*, *Eastbourne*. Der Trend zur Metathese geht historisch weit zurück und ist den aus dem Nordsee-Germanischen entstandenen Sprachen und Dialekten eigen. Aus den Flurnamen lässt sich nun entnehmen, dass sich dieses innerhalb von Deutschland ursprünglich nur niederdt. Phänomen im Mittelalter als sprachliche Mode weit ausgebreitet hat und dann wieder rückgängig gemacht wurde. Die Aufzeichnung der Flurnamen in Besitz- und Steuerverzeichnissen erfolgte im Mittelalter so, wie die ortsansässigen Bauern sie in ihrem Dialekt aussprachen. Flurnamen sind daher eine wichtige sprachhistorische Quelle, weil sie nicht die Schriftsprache, sondern die damalige dialektale Grundsprache reflektieren und außerdem räumlich und durch die Datierung der Verzeichnisse auch zeitlich genau fixiert sind. Anhand solcher Aufzeichnungen wird nun sichtbar, dass die *r*-Metathese im Falle *Brunnen, -brunn, -bronn/Born, -born, -burn(en)* um 1150 aus dem Niederdt. an den Mittelrhein, nach Luxemburg, Nassau und Thüringen, um 1200 nach Lothringen, in die Pfalz und an den Main, im 13. Jh. weiter rheinaufwärts und um 1350 bis nach Basel und Nordwürttemberg vordrang. Hier zeigt sich eine Sprachströmung von Norden nach Süden, die übrigens nicht nur die Metathese betraf; ihre Gründe sind bisher noch nicht befriedigend geklärt. Seit der 2. Hälfte des 14. Jhs. wird jedoch die Metathese im Süden wieder rückgängig gemacht; z. B. werden die Flurnamen von Kippenheim bei Lahr/Baden seit ca. 1380 nicht mehr *-burnen*, sondern wieder *-brunnen* geschrieben. Auch dafür wären die Gründe noch zu klären. Seit dem 16. Jh. hat sich die Grenze zwischen *Brunn(en)* und *Born* in den Dialekten etwa an einer Linie Saarbrücken-Frankfurt-bayrisch-thüringische Grenze eingependelt. In einigen wenigen Namen sind Relikte der Metathese auch im Süden noch hängen geblieben, z. B. im elsässischen Ortsnamen *Burnhaupt* bei Mulhouse. In die Standardsprache sind beide Varianten eingegangen, die nördliche und die südliche, und ihr Nebeneinander hat schließlich zu einer stilistischen Differenzierung der beiden Wörter *Born* und *Brunnen* geführt.

2.2 Siedlungsnamen

2.2.1 Geschichtlicher Überblick

Die ältesten Siedlungsnamen (»Oikonyme«) Deutschlands im Westen und Süden stammen aus der keltischen, dann der lateinischen, im Osten aus slawischen Sprachen. Keltisches *dunum* ›Befestigung‹, verwandt mit engl. *town* und dt. *Zaun*, lebt z. B. in *Thun*/Schweiz, *Daun*/Eifel, *Kempten (Cambodunum)*, *Zarten (Tarodunum)* fort. Die besitzanzeigende Adjektiv-Endung *-acum* steckt in *Mainz (Moguntiacum* ›Besitz des Mogontios‹), *Andernach (Antunnacum), Breisach (Brisiacum)*. Diese Orte stammen aus der Römerzeit, wie *Köln* (lat. *Colonia*), Koblenz (lat. *Confluentes*), Konstanz (lat. *Constantia*). Östlich von Elbe und Saale wird das Ortsnamenbild stark durch die slawischen Suffixe *-in* (*Berlin*, zu altpolabisch **berl-* ›Sumpf‹), *-itz* (*Görlitz* ›Ort auf der Brandrodung‹), *-ow* (*Rathenow* ›Ort des Ratna‹) geprägt.

Von jeher und bis heute hat man gerne Stellenbezeichnungen als Siedlungsnamen übernommen: *Bremen* ›an den (Dünen-)Rändern‹, *Zweibrücken, Hochberg*. Der älteste zeitlich gut festlegbare germanisch/dt. Siedlungsnamen-Typus ist seit der Völkerwanderung im 4.–6. Jh. die Benennung auf *-ingen*. Dabei handelt es sich eigentlich um Insassennamen. Hieß ein Siedler z. B. *Tuwo*, so nannte man seine Leute nach ihm die *Tuwinge* und die Siedlung *bei den Tuwingen*, heute *Tübingen*. Die zeitlich folgende Gruppe sind Komposita vom Typ *Nordheim, Deggendorf* (›Dorf des Daggo‹), welche die Bezeichnung einer Behausung als Grundwort tragen. Dabei können Orte mit *-heim, -dorf* oder *-leben* bis ins 5. Jh. zurückreichen. Orte auf *-leben* ›erbliche Hinterlassenschaft‹ (*Güntersleben*) konzentrieren sich in (Alt-)Thüringen, wohin sie wohl einst von Siedlern aus dem Gebiet der dänischen und schwedischen Namen wie (*Haders*)*lev* importiert worden sind. Ortsnamen auf *-hausen, -hofen, -statt/-stetten, -weiler* wurden in der Zeit des Landesausbaus im 8./ 9. Jh. beliebt. Klostergründungen bringen Namen auf *Sankt ....*, *-zell* und *-münster* hinzu. Die ca. 220 Orte auf *-büttel* ›Wohnsitz‹ (*Wolfenbüttel* ›Wohnsitz des Wolfher‹) in Ost-Niedersachsen und Holstein sind seit dem 10. Jh. entstanden. In der zeitlich anschließenden Gruppe, die mit einem erneuten Landesausbau im 11.–13. Jh. zusammenhängt, werden Stellenbezeichnungen als Grundwort bevorzugt: *-berg, -bühl, -tal, -bach, -ried, -wald*, wozu die typischen, landschaftlich unterschiedlichen Rodungsnamen treten: im Norden (*Gern*)*rode*, (*Ben*)*rath*, im Süden (*Bay*)*reuth*, vom Rheinland bis Brandenburg (*Staven*)*hagen* ›eingefriedigter Platz im Wald‹, in den Mittelgebirgen von Rheinland-Westfalen (*Rem*)*scheid*, im Südschwarzwald und am Alpenrand (*Menzen*)*schwand*, in Oberösterreich (*Kirch*)*schlag*.

Neugründungen nach dem Dreißigjährigen Krieg setzen die vertrauten Typen fort, besonders *-haus, -hof, -dorf, -bach* und *-mühl(e)*; neu hinzu kommen »absolutistische« Benennungen (vgl. 2.1.1.3) wie *Karlsruhe, Ludwigsburg*. Die kommunale Gebietsreform der 1960er Jahre förderte vor allem Doppelnamen (*Mörsfelden-Walldorf*), Kontaminationen (*Ehrenstetten+Kirchhofen = Ehrenkirchen*) und Neuprägungen, besonders mit *-tal* (*Brigachtal, Niddatal*).

2.2.2 Auswertungsbeispiel
Unter den vielen Auswertungsmöglichkeiten von Siedlungsnamen sei hier
ein sprachwissenschaftliches Beispiel aus dem Bereich der Morphologie
gewählt.
Auffallend viele Siedlungsnamen enden auf -en: *Aachen, Bergen, München,
Rheinfelden, Wiesbaden*, ebenso Länder-/Landschaftsnamen wie *Bayern, Böh-
men, Franken, Sachsen, Westfalen*. Es handelt sich dabei um Reste des alten
Ortskasus (Lokativ), der meist gleichlautend mit dem Dativ war. Er trat
ursprünglich oft zusammen mit einer Präposition auf: *an/auf/bei den Bergen,
bei den Mönchen*. Beim Gebrauch als Name fielen dann Präposition und Artikel weg, die alte Kasusendung blieb aber stehen: *Gießen* ›an den Bächen‹,
Füssen ›an den Füßen (der Alpen)‹. Das Phänomen findet sich auch bei
Gasthausnamen: *Hirschen, Ochsen, Sternen*. Die entsprechenden appellativi-
schen Wörter haben sich währenddessen in vielen Fällen weiterentwickelt.
So ist der alte, schwach flektierte Lokativ/Dativ Singular *bî der kirchen* in
Namen wie *Gelsenkirchen* (›bei der Gelb-Stein-Kirche‹?) erhalten, während
das Appellativ nhd. im Singular zur starken Flexion übertrat: bei der Kir-
che. Aus dem ahd. Plural *bi den husun*, altfriesisch *husum*, entstanden die
Siedlungsnamen *Hausen, -hausen, Husum*, während das Appellativ ab dem
Mhd. den sog. -er-Plural mit Umlaut annahm: *bî den hiusern*, nhd. *bei den
Häusern*. So erklären sich auch die Unterschiede zwischen *Baden*/bei den
Bädern, *Rheinfelden*/auf den Feldern, *Holzen*/bei den Hölzern, Gehölzen,
ähnlich auch bei *Sonthofen* ›bei den südlichen Höfen‹ usw. Siedlungen, deren
Namen solche alten Flexionsformen aufweisen, müssen also noch in ahd.
Zeit gegründet sein, während Orte wie *Ottenhöfen, Illhäusern, Neukirch* frühe-
stens aus mhd. Zeit stammen dürften.

3. Anthroponyme

Die Personennamen gruppiert man in »Individualnamen«, z. B. von Einzelpersonen, Gott, Dämonen usw., und in »Kollektivnamen«, z. B. von
Völkern und Stämmen (»Ethnonyme«) oder sonstigen Gruppen (*Karolinger,
Spätzlefresser, Wessis*). Im Folgenden werden als Beispielbereiche Ruf- und
Familiennamen ausgewählt.
3.1 Rufnamen
3.1.1 Geschichtlicher Überblick
Jahrtausendelang haben die Menschen nur je einen Namen geführt, den
man als Rufnamen bezeichnet: *Abraham, Sokrates, Asterix, Karl (der Große)*.

(Das Drei-Namen-System der Römer – *Marcus Tullius Cicero* – ist eine interessante Ausnahme von dieser Regel).

Die ersten Familiennamen in unserem Sinne finden sich im 9. Jh. in Venedig. Im deutschen Sprachgebiet setzten sie sich erst vom 12.–15. Jh. durch. Damit folgte auf die Epoche der Einnamigkeit die Epoche der Zweinamigkeit, in der man als »bürgerlichen Namen« einen »Gesamtnamen« trägt, welcher sich aus (mindestens) einem Vor- und einem Nach-/Familiennamen zusammensetzt, wobei beide zusammen allerdings fast nur im Schriftverkehr benutzt werden, mündlich jedoch normalerweise nur entweder der Vor- oder der Nachname.

In ahd. und mhd. Zeit herrschten aus den germ. Stammessprachen ererbte Rufnamen wie *Hildegard, Mathilde, Hartmann, Wolfram* vor (»Erbnamen«). Unter dem Einfluss des Christentums wurde jedoch die Benennung nach dem Vorbild biblischer und heiliger Personen immer beliebter, das heißt, sprachlich gesehen, mit Rufnamen hebräischer, griechischer oder lateinischer Herkunft wie *Johannes, Magdalena; Nikolaus, Katharina; Paulus, Felicitas* (»Fremd-, Lehnnamen«). Seit dem 15. Jh. herrschen dann diese Lehnnamen vor, *Hinz und Kunz* (Koseformen für *Heinrich* und *Konrad*) werden durch *Hänsel und Gretel* (Koseformen für *Johannes* und *Margareta*) abgelöst. Die nhd. Namengeschichte ist unter anderem durch wechselnde Bevorzugung von Erb- (z. B. Reformation; 1. Hälfte 20. Jh.) und Lehnnamen gekennzeichnet (z. B. Gegenreformation; 2. Hälfte 20. Jh.). Im Barock wurde es üblich, nicht mehr nur im Adel, sondern auch sonst den Kindern mehrere Vornamen zu geben, wobei besonders die Namen der Paten eine Rolle spielten. Bis Mitte 20. Jh. waren für die Namenwahl vor allem Motive familiärer oder religiöser Tradition ausschlaggebend, etwa die Nachbenennung nach Eltern, Großeltern, Heiligen oder Paten (»Traditionsnamen«). Erst seit den letzten 50 Jahren dominieren zunehmend andere Motive; die Namen sollen vor allem apart sein und schön klingen (»Geschmacksnamen«). Damit fließt Namengut aus vielen weiteren Sprachen ein, was immer mehr zur Europäisierung, ja Internationalisierung des Vornamenschatzes beiträgt.

3.1.2 Auswertungsbeispiel

Von den vielen Aspekten, unter denen Rufnamen betrachtet werden können, sei als Beispiel der Bereich der Wortbildung angesprochen.

Ein Kennzeichen indogermanischer Rufnamen ist ihre Zusammensetzung aus zwei Gliedern, die ursprünglich wohl Wünsche reflektierten, welche man dem Kind mit ins Leben gab, vgl. griechisch *Demosthenes* ›Volk‹ + ›Kraft‹, slawisch *Borislav* ›kämpfen‹ + ›Ehre‹, dt. *Friedrich* ›Frieden‹ + ›mächtig‹. So sind auch fast alle Namen germanischer Herkunft zweigliedrig: *Gerlinde* ›Speer‹ + ›sanft‹, *Herrmann* ›Heer‹ + ›Mann‹. Sprachökonomie führte nun

dazu, dass man, besonders im familiären Umgang und bei sozial Niedrig-
stehenden, gerne die Namen kontrahierte (z. B. *Kuonrat* zu *Kurt, Adelheit* zu
Aleit) oder auf ein einziges Glied verkürzte. So wurde *Heinrich* zu *Hein, Adelheit*
zu *Adel, Hildebrand* zu *Brand*. Diese Kurzformen konnten stark dekliniert
werden, also *(der) Hein, (des) Heins*, aber auch schwach, also *(des) Heinen*,
und in letzterem Fall galt ahd. im Nominativ männlich die Endung *-o*, weiblich *-a* (*Heino, Adela*), woraus durch mhd. Endsilbenschwächung *Heine, Ade-
le* werden kann.
Das Bedürfnis nach Koseformen oder die Notwendigkeit, gleichnamige
Eltern und Kinder zu unterscheiden, führte dazu, Kurzformen wiederum
mit Diminutiv-Suffixen zu erweitern. Im Norden diente dazu das Suffix
niederdt. *-(e)ke*, altsächsisch *-(i)ko, -(i)ka*, das, mit einem anderen Suffix zu
-(i)kîn kombiniert, im Nhd. zu *-chen* geworden ist (*Hein(e)ke, Heink, Hein(i)chen*;
Adelke, Al(l)eke, Ahlke, mit Umlaut *Elke*). In einigen niederdt.-friesischen
Gegenden wird *-ke* zu *-je* (*Heinkje, Heintje*; *Alkje, Altje, Eltje*). Im Süden war
das Suffix mhd. *-(e)le*, ahd. *-(i)lo, -(i)la* üblich, das, mit einem weiteren Suffix
zu *-(i)lîn* kombiniert, zu nhd. *-lein* geworden ist (*Hein(e)l, Heinle, Heinlein*).
Weitere Diminutiv- oder Kosesuffixe sind/waren *-i(n)* (*Heini*), *-mann* (*Heine-
mann*) und *–z(e)* (*Hein(t)ze, Heinz*). Zur Intensivierung der Kosefunktion oder
zu weiterer Unterscheidung von Vater, Sohn und Enkel konnten diese Suffixe wieder suffigiert werden (*He(i)n+k+el, He(i)n+k+el+mann, Hein+z+le,
Hein+z+el+mann*). Durch dialektale Varianten wird diese Vielfalt noch mul-
tipliziert. Mit niederdt. *-i* bzw. mitteldt. *-e* für *-ei-* ergeben sich *Hinrich, Hinze,
Hinsch, Hinke, Hendrich, Henze, Hensch, Henke*, ohne Lautverschiebung
Hen(d)rik, Hinrik, mit niederdt. *r*-Metathese (vgl. o. 2.1.2) *Hinnerk*, mit ale-
mannischem *-n*-Schwund *Heitz, Heizmann* usw.
Aus männlichen Vornamen wurden, vor allem seit dem 17. Jh., angeregt
durch Frankreich (*Henriette*), neue Frauennamen abgeleitet (sog. Movierung;
vgl. den Beitrag von Norbert Richard Wolf in diesem Band, Abschnitt 6),
vor allem um Mädchen nach ihrem Patenonkel benennen zu können
(*Heinrike, Hendrike, Heinrichette*). Nachdem es üblich geworden war, Kindern
mehrere Vornamen zu geben, konnten daraus wiederum neue Komposita
entstehen (*Ottheinrich, Heinzpeter, Adelene*).
Viele mittelalterliche Rufnamen-Formen sind dann auch zu Familiennamen
geworden. Dabei konnten sie familiennamen-spezifisch zu *H(e)inrichs,
Hendricks, Heinrichen, Hinrichsen* weitergebildet werden (vgl. u. 3.2.1.1). Mit
diesen Beispielen sind noch längst nicht alle Namen erfasst, die aus *Heinrich*
abgeleitet werden könnten. Die Zahl der Ableitungen kann bei manchen
Namen in die Hunderte gehen.

3.2 Familiennamen
3.2.1 Geschichtlicher Überblick

Einnamige Personen wurden schon immer gelegentlich durch Zusätze gekennzeichnet, etwa zur Ehrung (*Karl der Große*) oder zur Charakterisierung (*Notker der Stammler*). Als in den wachsenden Städten des 12. Jhs. immer mehr Menschen zusammenlebten, wurden vor allem aus verwaltungstechnischen Gründen solche Namenszusätze zur Unterscheidung immer unentbehrlicher und begannen immer regelmäßiger und fester an den betreffenden Personen zu haften; sie wurden aus »(okkasionellen) Zusätzen« zu »(festen) Beinamen«: *Giselher (genannt) der Müller*. Um den Familienzusammenhang, Erbansprüche usw. zu signalisieren begann man dann, zunächst im Adel, die Beinamen auch auf die Nachkommen zu vererben. Dadurch wurden sie zu Familiennamen. Die Kombination Vor- + Familienname erwies sich als äußerst rational, weil sie sowohl zum besseren **Auseinander**halten von Einzelpersonen als auch zu ihrer **Zusammen**ordnung zu einem Familienverband beitrug.

Die Entstehung der Familiennamen ist ein Prozess, der sich in Stadt und Land, in einzelnen Regionen und Bevölkerungsschichten unterschiedlich lange hinzog. Die Ober- und Mittelschichten in süd- und westdeutschen Städten trugen schon ab Ende des 12. Jhs. überwiegend zwei Namen, im 15. Jh. ist die Zweinamigkeit fast überall, auch auf dem Lande, üblich, wobei im Einzelfall oft unklar bleibt, ob der zweite Name in einer mittelalterlichen Quelle noch ein Bei- oder schon ein Familienname ist. In friesischen Gebieten hat erst Napoleon 1811 die Pflicht, einen Familiennamen zu tragen, per Dekret durchgesetzt.

Hinsichtlich ihres Entstehungsmotivs teilt man die Familiennamen in folgende Gruppen ein.

1. »Patronymika« unterscheiden die Personen mit Hilfe des Namens ihres Vaters (manchmal des Onkels oder der Mutter). Im Norden entwickelte sich dabei der Typ *Fritz Peterso(h)n*, abgeschwächt *Petersen*, im Nordwesten der Typ *Fritz Peters* (Sohn), im übrigen Gebiet aus »*Fritz*, der Sohn des *Peter*« einfach *Fritz Peter*. Patronymische Benennung wurde vor allem in ländlichen Gebieten bevorzugt. In Friesland und Schleswig-Holstein sind *Petersen*, *Hansen* oder *Jansen* mancherorts die häufigsten Familiennamen. Die frequentesten Patronymika in Gesamtdeutschland 1996: *Wolf* (aus *Wolfgang* u. ä., 17. Rang; ›Rang‹ bezieht sich auf die Häufigkeitsliste deutscher Familiennamen bei Kohlheim 2000, 51 f.), *Braun* (aus *Bruno*, aber auch ›der Braunhaarige, -häutige‹, 22.), *Hartmann* 25, *Werner* 28, *Herrmann* 36, *Walther* 37, *Peters* 43.

2. »Herkunftsnamen« unterscheiden zugezogene Personen nach ihren Herkunftsorten/-räumen. Dabei entstanden im Nordosten aus »*Hans* von/aus Hamburg« der Typ *Hans Hamburg*, im Nordwesten aus »*Hans* (der Mann) aus Geldern« der Typ *Hans Geldermann*, südlich von Mosel und Main aus »*Hans* der Konstanzer« der Typ *Hans Konstanzer*. Solche Kennzeichnung war naturgemäß in den Städten gegenüber neu Zugezogenen beliebt. Es ist zwar insgesamt eine zahlreiche Namengruppe, stellt aber im Einzelnen keine häufigen Namen, weil Herkunftsnamen sich auf eine Unzahl verschiedener Herkunftsorte beziehen; häufiger sind nur auf Länder bezogene Namen wie *Böhm* (Rang 66), *Beyer* 102, *Hesse* 158.

3. »Wohnstättennamen« unterscheiden Personen nach dem Platz, an dem sie wohnen. Ähnlich wie bei den Herkunftsnamen entwickelte sich im Nordosten der Typ *Hans Brück(e)*, *Brügg(e)*, im Nordwesten der Typ *Hans Brückmann*, *Brüggemann*, im Süden der Typ *Hans Brück(n)er*, *Bruck(n)er*, *Brugger*. Benennung nach der Wohnstätte war zuallererst für den Anspruch der Adligen auf ihren Stammsitz wichtig (*Rudolf von Habsburg*), wurde dann aber auch auf dem Lande wie in der Stadt üblich, vgl. *Brinkmann* ›der (Bauer) auf dem Hügel‹, *Moser* ›der (Bauer) am Moor‹ bzw. *Mauer(mann)* ›der (Bürger) an der (Stadt)mauer‹, *Stern* ›der (Bürger) im Haus zum Sternen‹. Am frequentesten sind hier *Berger* (Rang 55), *Winkler* 59, *Pohl* (›am Pfuhl‹, aber auch ›der Pole‹; 91), *Horn* (›der am Berg-/Ufervorsprung‹; 92), *Busch* 94, *Lindner* 107.

4. »Berufsnamen« waren besonders in den Städten mit ihrer zunehmend ausdifferenzierten Arbeitsteilung beliebt. Sie stellen heute die 14 frequentesten dt. Namen, *Müller* (Rang 1), *Schmidt* 2, *Schneider* 3, *Fischer* 4, *Meyer* 5, *Weber* 6. Neben »direkten Berufsnamen« wie *Schäfer*, *Wagner* usw. gibt es »indirekte«, wenn etwa ein Schmied wegen des Funkenflugs in seiner Werkstatt als *Fun(c)k(e)* bezeichnet wird, wegen des Materials als *Stahl*, *Küpferle*, wegen des Werkzeugs als *Hammer*, *Hemmerl*, wegen des Produkts als *Nagel*, *Panzer* usw.

5. »Übernamen« charakterisieren ihre Träger körperlich (*Groß*, *Langnese*, *Finkbeiner*), charakterlich (*Süßmut*, *Sauer*, *Fröhlich*) oder biographisch (*Jung*, *Freitag*, *Bruder*). Es gibt dabei drei Typen der Benennung: die direkte (*Greulich*; *Alt*), die metaphorische (*Spatz*, *Storm* als Metapher für einen kleinen bzw. temperamentvollen Menschen) und die metonymische, d. h. durch Dinge/Sachverhalte, die in irgendeiner Beziehung zum Namenträger stehen (*Herzog* ›der im Dienste des Herzogs‹, *Sommer* ›der im Sommer geboren ist‹). Am frequentesten sind *Klein* (Rang 15), *Neumann* (›neu Hinzugezoge-

ner‹, 18), *Schwarz* (meist nach der Haarfarbe, 19), *Lange* 26, *Krause* (›der
Lockige‹, 38).
Nachdem die Familiennamen entstanden waren, konnten sie sich fast nur
noch orthographisch verändern. Sie wurden ja nach dem Gehör und örtli-

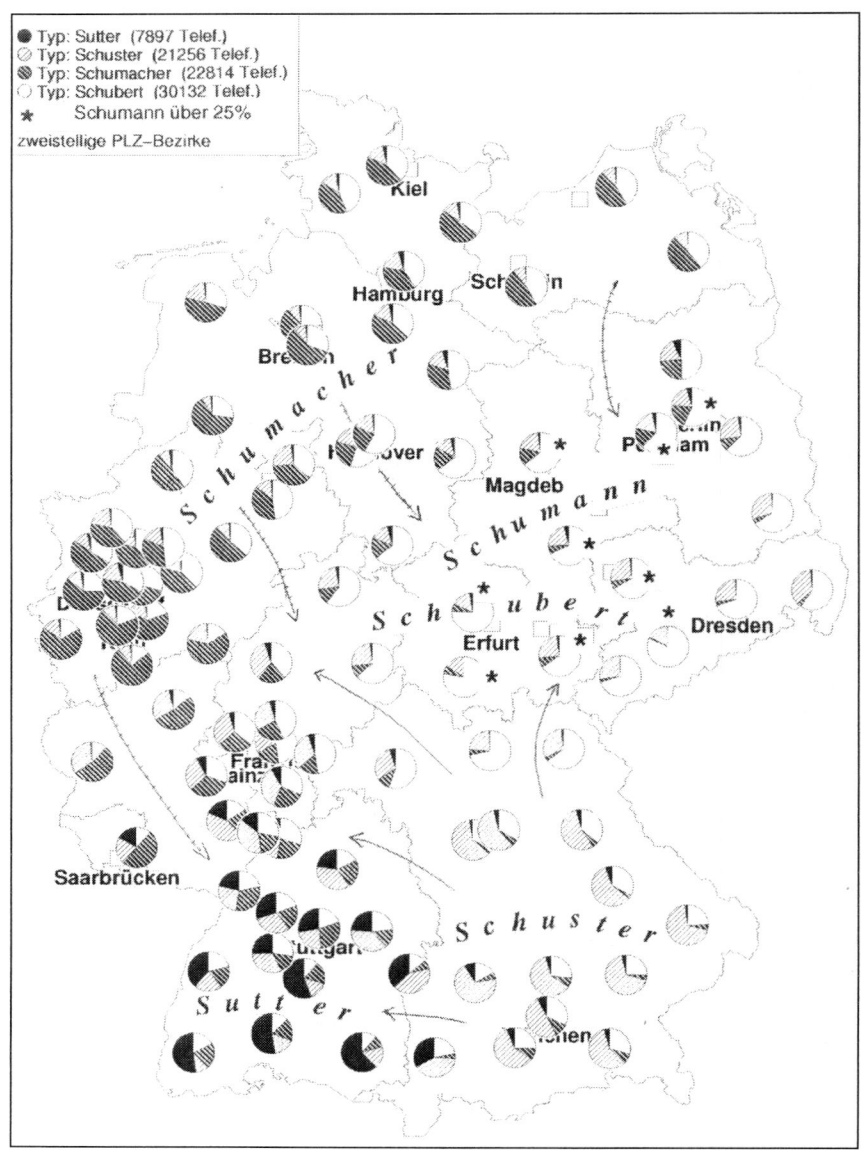

chen Konventionen mal so, mal so aufgeschrieben (*Beyer, Baier, Payr*). Seit der Einrichtung von Standesämtern 1874, endgültig seit Inkrafttreten des BGB am 1. 1. 1900 darf auch die Schreibweise nicht mehr ohne weiteres geändert werden.

3.2.2 Auswertungsbeispiel

Von den vielen Möglichkeiten, Familiennamen auszuwerten, wird hier ein Beispiel aus dem Bereich der Lexik gewählt.

Da die Familiennamen seit 600–800 Jahren feststehen, blieben in ihnen spätmittelalterliche Sprachzustände quasi wie Versteinerungen erhalten. Damit bieten sie eine hervorragende Grundlage, um die Geschichte unseres Wortschatzes im Spannungsfeld zwischen Dialekten und Standardsprache zu rekonstruieren (vgl. den Beitrag von Heinrich Löffler in diesem Band, Abschnitt 4). Die oben abgebildete Karte zeigt die heutige Verteilung direkter Berufsnamen aus dem Schuhmacher-Handwerk.

Im Südwesten herrscht auf der Karte der Typ *S(a)utter* vor, ein Lehnwort aus lateinisch *sutor*, mhd. *sûtaere* ›Schuster‹, welches ursprünglich die einzige Bezeichnung für den Schuhmacher im Südwesten war. Im Südosten überwiegt auf der Karte *Schuster*. Es ist im 13. Jh. aus einer Verdeutlichung von mhd. *sûtaere*, nämlich *schuoch-sûtaere* ›Schuh-Suter‹ durch Kontraktion entstanden. Im mittleren und nördlichen Deutschland war die älteste Bezeichnung dieses Berufs *schuochwürhte* ›Schuh-Werker‹. Aus ihr haben sich durch Kontraktion zahlreiche Dialektformen entwickelt, z. B. in Osthessen und Nordthüringen *schuchar(d)t*, in Südthüringen und Sachsen *schubert*, in Ostsachsen *schurig*. Die daraus entstandenen Familiennamen sind auf der Karte als »Typ: *Schubert*« zusammengefasst. Er herrscht im mittleren Ostdeutschland vor. Im Norden und Nordwesten entstand spätestens im 13. Jh. statt *schuochwürhte* eine modernere Bildung, nämlich *schuochmacher*. Im Raume Magdeburg-Erfurt-Dresden muss schließlich noch eine weitere Berufsbezeichnung sehr beliebt gewesen sein, nämlich *schuochman*, wie aus den in diesem Raume konzentrierten Familiennamen vom Typ *Schumann* hervorgeht.

In den aus der Karte ersichtlichen Namen ist nun, wie gesagt, der spätmittelalterliche Abschnitt eines langen Entwicklungsprozesses »versteinert« erhalten geblieben. Die ältesten Wörter, südlich *sûtaere* und nördlich *schuochwürhte*, waren damals in einigen Gegenden noch gebräuchlich und konnten daher zu Familiennamen werden; daneben waren aber auch schon die neuen Wörter, nördlich *schuochmacher*, in der Mitte *schuochman* und im Südosten *schuochs(u)ter* gebräuchlich und wurden daher ebenfalls zu Familiennamen.

Danach aber gewannen offensichtlich zwei der neuen Wörter, *Schuhmacher* und *Schuster*, zunehmend an Prestige, und ersteres drang daher weiter nach Süden, letzteres weiter nach Norden und Westen vor, bis sie schließlich alle anderen Wörter verdrängt haben und in der Standardsprache allein übrig geblieben sind. Die Konkurrenz der beiden Wörter *Schuhmacher* und *Schuster* führte schließlich dazu, dass das nördliche Synonym – wie übrigens in vielen anderen Fällen auch – stilistisch positiver eingeschätzt und zur offiziellen Bezeichnung des Handwerks wurde, während *Schuster* heute eher ein wenig abschätzig und altmodisch empfunden wird (vgl. »etwas zusammenschustern«).

4. Fragestellungen der Namenkunde

Die Erkenntnis-Interessen der Namenkunde (»Onomastik«) lassen sich detailliert an der Konzeption und dem Aufbau namenkundlicher Handbücher ablesen (Bach 1978/81, Bauer 1998, Eichler/Hilty 1995/96). Hier können sie nur kurz angedeutet werden.

4.1 Weil Namen wie andere Wörter sprachliche Zeichen sind, ist die Onomastik primär eine sprachwissenschaftliche Disziplin. Als solche befasst sie sich mit Namen-Grammatik (Beisp. vgl. 1.4, 2.2.2, 3.1.2) und Namen-Semantik. Die Frage, was Namen etymologisch bedeuten, stand in der Wissenschaft früher und steht bei Laien noch heute im Mittelpunkt des Interesses (vgl. die 1.3 genannten Lexika). Seit den 1970er Jahren wurden Fragen der Namen-Pragmatik und -Stilistik stärker untersucht, z. B. an welcher Stelle, wozu und in welcher Form man in Gesprächen oder in anderen Textsorten Namen einsetzt, um damit bestimmte Wirkungen hervorzurufen: »...oder nicht – *Maier*?« (vgl. Schwitalla 1993). Großes Gewicht wurde von jeher auf die Aufarbeitung der Namengeschichte gelegt (vgl. die Skizzen 2.1.1, 2.2.1, 3.1.1., 3.2.1). Die Gründe dafür ergeben sich aus Punkt 4.4 und 4.6.

4.2 Namen haben aber auch im Vergleich mit anderen Wörtern eine Sonderstellung (1.2). Ihre Definition und Begründung ist Gegenstand der Namen-Theorie. Da es dabei letzlich um die Frage geht, wie der Mensch sprachlich die Welt erfasst, handelt es sich um eine zwischen Linguistik und Philosophie angesiedelte Disziplin. Die meistversprechende Perspektive scheint sich hier neuerdings von Seiten der Kongnitionswissenschaften zu ergeben (Hansack 2000).

4.3 Namen haben auf Grund ihrer Identifizierungsfunktion einen offizielleren Status als andere Wörter. Daraus ergeben sich Fragen, in welchen Situationen, wie und warum neben offiziellen (amtlichen) auch nicht-offizielle Namen (Hausnamen, Kosenamen, Spitznamen usw.) verwendet werden; oder wie mit der Erteilung und Benutzung von Namen zusammenhängende Probleme juristisch und politisch zu regeln sind. Im anglo-amerikanischen Rechtskreis z. B. ist die Vornamengebung frei (es gibt da Vornamen wie *Whisky*, *Rachitis*, *Y*), im deutschen Rechtskreis unterliegt sie gewissen Einschränkungen; so wurden im Interesse des Wohles des Kindes Vornamen wie *Judas* oder *Gott* als Anstoß erregend, *Möwe* oder *Borussia* als vornamen-untauglich, *Schneewittchen*, *Nivea Creme* oder *Verleihnix* als albern nicht gestattet. Weitere Fragen erstrecken sich vom Rechtsschutz des Namengutes sprachlicher Minderheiten (sorbische Ortnamen in der Lausitz, italienische/ladinische/dt. Ortsnamen in Südtirol), von Künstlernamen, Bezeichnungen von Firmen und Markenartikeln über die Regelung der Ehenamen-Wahl bis zur internationalen Standardisierung der Schreibweise geographischer Namen.

4.4 Die Eigenart der Namen gegenüber anderen Wörtern wirkt sich auch dahingehend aus, dass sie, jedenfalls die Topo- und Anthroponyme, sich oft zeitlich (diachronisch) gesehen langsamer oder gar nicht mehr weiterentwickeln, durch ihre Objekte bzw. durch den Horizont ihrer Benutzer räumlich (diatopisch) in Verbreitung/Bekanntheitsgrad eingeengt sind und schichtenmäßig (diastratisch) aus der Mundart stammen. Damit bieten sie einmalige Chancen zur Erforschung von Sprachgeschichte (Beispiele 2.1.2, 3.2.2) und Landeskunde. Vorherrschend sind hier (a) Fragen des Sprachkontakts. Oft muss erst einmal geklärt werden, aus welcher Sprache ein Name stammt. Bis heute ist z. B. unentschieden, ob der Bergname *Belchen* (Schwarzwald, Vogesen und Schweizer Jura) auf keltisch **Belekos* ›der weiße/glänzende Berg‹ zurückgeht oder (ähnlich wie *Belche* ›Blässhuhn‹) auf ein germanisches Wort **bala* mit der Bedeutung ›heller Fleck‹, also ›Berg mit hellem Gipfel‹. In Ostdeutschland lassen sich aus den Örtlichkeitsnamen verschiedene Phasen der Eindeutschung und die ursprüngliche Reichweite des Polabischen und des Sorbischen erschließen. (b) Fragen der Sprachraumbildung. Wieweit erstreckt sich z. B. die Verbreitung bestimmter Typen von Ruf- oder Örtlichkeitsnamen? Warum sind Familiennamen wie *Brink-*, *Brügge-*, *Feld-*, *Kuhl-*, *Münster-*, *Westermann* nur im östlichen Rheinland-Westfalen und westlichen Niedersachsen konzentriert?

4.5 Bei anderen Namengruppen ergeben sich allerdings geradezu entgegensetzte Fragestellungen: nicht Probleme sprachhistorischer Rekonstruk-

tion, sondern kommunikativer Konstruktion. Wie entwirft man eine ratio-
nelle Nomenklatur für Pharma-Produkte, für ständig neuendeckte Planeto-
iden oder für Zuchttiere? Wie schafft man eine unvergessliche, unverwechselbare, international akzeptable (Global Branding), informative, positiv
konnotierte, zielgruppenorientierte, sofort als Name erkennbare, möglichst
kurze Warenbezeichnung?

4.6 Namen sind an Einzelobjekte fixierte Sprache; daraus ergeben sich die
unter 4.4 erwähnten Fragen. In Namen sind aber auch umgekehrt Objekte
an Sprache fixiert; so können sie in der Sprache überleben, auch wenn sie
selbst oder ihr Benennungs-Anlass längst verschwunden sind. Damit sind
Namen eine eminent wichtige Quelle für andere Fachbereiche und die
Onomastik eine Hilfswissenschaft für viele nicht-linguistische Disziplinen.
Aus Gewässernamen wie *Rotes Meer, Schwarzes, Gelbes und Weißes Meer* (so
arabisch für das *Mittelmeer*) und ihrer geographischen Lage kann z. B. der
Religionswissenschaftler möglicherweise den ältesten Mythos von der Er-
schaffung der Welt durch die Tötung eines Ungeheuers schon für die Zeit
vor ca. 10 000 Jahren erschließen, dessen vier Körpersäfte Blut, Schwarz-,
Gelbgalle und Speichel in die entsprechend »farbigen« Meere abgeflossen
sind. Fluss- und Ortsnamen helfen dem Archäologen bei der Identifizierung alter Völkergruppen und ihrer Siedlungsbahnen und -etappen, Kulturnamen ermöglichen es, römische Straßen oder verschwundene Siedlungen
zu finden, der Geograph und Agrarwissenschaftler kann an ihnen die Ur-
barmachung, die ehemalige Nutzung, den Anbau alter Getreidesorten, recht-
liche Verhältnisse usw. in einer Region studieren (Beisp. vgl. 2.1.1.2).
Herkunftsnamen dienen dem Historiker zuverlässiger als jede andere Quelle,
um den Einzugsbereich mittelalterlicher Städte abzustecken. Patronymika
erlauben dem Volkskundler, die Reichweite des mittelalterlichen Kultes von
Heiligen zu erkunden. Ruf-, Vor- und Übernamen ermöglichen dem Psy-
chologen und Ethnologen Schlüsse auf die Mentalität von Volksgruppen.
Die Analyse von Familiennamen erbringt Erkenntnisse für die genealogi-
sche Forschung wie für die Soziologie, für die Ausdifferenzierung des Berufs-
wesens wie für die Migrationsforschung, und Namen wie *Nonnenmacher*
›Schweinekastrator‹, *Kurfess* ›Mundfäule‹, *Schiller* ›der Schielende‹, *Parseval*
›Nachkomme eines Mannes, der mit Rufnamen *Parzival* hieß‹ ermöglichen
Einblicke in die Schweinezucht und in alte Krankheitsbilder ebenso wie in
die historische Rezeption mittelalterlicher Romane. »Nicht zuletzt aufgrund
ihrer Interdisziplinarität gebührt der Namenforschung daher durchaus der
Rang einer Grundlagenwissenschaft« (G. Bauer, in Eichler/Hilty 1995/96,
I, 16).

5. Literatur

Belege, Weiterführendes und Literatur zu den obigen Ausführungen finden sich unschwer in den unten angeführten Lexika bzw. im Register der Handbücher unter den betr. Namen/Stichwörtern. Die Karte wurde eigens für diesen Beitrag erstellt. Sie beruht auf Telefonanschlüssen pro zweistellige Postleitzahlen-Bezirke (also PLZ 71[...], 72[...], 73[...] usw.). Belege: *Sut(t)er* 227 (+1554) Anschlüsse, *Saut(t)er* 4848 (+1268); *Schuster* 21256; *Schumacher(s)* 21560 (+65), *Schoemaker(s)* 113 (+58), *Schomacher* 81, *Schomaeker(s)* 2 (+7), *Schomaker(s)* 834 (+128), *Schumaeker* 6; *Schubert(h)* 25713 (+806), *Schuchar(d)t* 1640 (+149), *Schuchart* 135, *Schuchert* 324, *Schuchhar(d)t* 233 (+3), *Schurich* 109, *Schurig* 1012; *Schu(h)mann* 12665 (+2484).

*Bach, Adolf (1978/81): *Deutsche Namenkunde. Bd. 1: Die deutschen Personennamen*; *Bd. 2: Die deutschen Ortsnamen*; *Bd. 3: Register*, 3. Aufl., Heidelberg: Winter.

*Bauer, Gerhard (1998): *Deutsche Namenkunde*, 2. Aufl., Berlin: Weidler.

Berger, Dieter (1999): *Geographische Namen in Deutschland. Herkunft und Bedeutung der Namen von Ländern, Städten, Bergen und Gewässern*, 2. Aufl., Mannheim u. a.: Dudenverlag.

Besch, Werner u. a. (Hg.) (1998 ff.): *Sprachgeschichte. Ein Handbuch zur Geschichte der deutschen Sprache und ihrer Erforschung*, 2. Aufl., Berlin/New York: De Gruyter. (Darin das Kapitel »Deutsche Namengeschichte im Überblick«).

*Eichler, Ernst/Hilty, Gerold u. a. (Hg.) (1995/96): *Namenforschung. Ein internationales Handbuch zur Onomastik*, Bd. 1, 2, Berlin/New York: De Gruyter.

Fleischer, Wolfgang/Helbig, Gerhard/Lerchner, Gotthard (Hg.) (2001): *Kleine Enzyklopädie Deutsche Sprache*, Frankfurt am Main u. a.: Lang. (Darin das Kapitel: »Grundzüge der Onomastik«).

Hansack, Ernst (2000): *Der Name im Sprachsystem. Grundprobleme der Sprachtheorie*, Regensburg: Roderer.

Kohlheim, Rosa und Volker (2000): *Duden – Familiennamen. Herkunft und Bedeutung*, Mannheim u. a.: Dudenverlag.

Koß, Gerhard (1996): *Namenforschung. Eine Einführung*, 2. Aufl., Tübingen: Niemeyer.

*Kunze, Konrad (2001): *dtv-Atlas Namenkunde. Vor- und Familiennamen im deutschen Sprachgebiet*, 4. Aufl., München: Deutscher Taschenbuch Verlag.

Lerner, Jean-Yves/Zimmermann, Thomas E. (1991): »Eigennamen«, in: *Semantik. Ein internationales Handbuch der zeitgenössischen Forschung*, hg. von Arnim v. Stechow/Dieter Wunderlich, Berlin/New York: de Gruyter, 349–370.

Schwitalla, Johannes (1993): »Namenverwendung und Gesprächs-konstitution«, in: *Dialoganalyse IV*, hg. von Heinrich Löffler, Tübingen: Niemeyer, 359–365.

Seibicke, Wilfried (1996ff.): *Historisches Deutsches Vornamenbuch*, Berlin/New York: De Gruyter.

Burkhard Schaeder

Wörter lesen und schreiben.
Grundzüge der deutschen Orthografie

1. Sprache und Schrift

Wann genau, warum und in welcher Weise der Mensch zur Sprache kam, ist ungewiss und Gegenstand einer bis heute anhaltenden Diskussion (vgl. Gessinger/Rahden 1989). Gewissheit herrscht allein darüber, dass Sprechen und Hören dem Schreiben und Lesen vorausgingen und die gesprochene Sprache eine weitaus längere Tradition besitzt als die geschriebene. Das gilt für die geschriebene Sprache insgesamt, deren älteste Zeugnisse – von Vorformen wie Bildern, Symbolen und abstrakten Zeichen einmal abgesehen – uns als Keilschrift aus der Zeit der Sumerer (ca. 3 000 v. Chr.) überliefert sind (vgl. Jensen 1969 und Haarmann 1990). Das gilt ebenso für das Deutsche, dessen früheste Schriftzeugnisse aus der Mitte des 8. Jahrhunderts (n. Chr.) stammen.

Man geht davon aus, dass es rd. 5 000 lebende und einige Hundert tote Sprachen (z. B. Latein) gibt. Jeweils mehr als 1 000 Einzelsprachen lassen sich in Südamerika und Afrika nachweisen, und für Indien gar 1652. In Europa gibt es dagegen nicht einmal 70 Sprachen. Immerhin werden die – gemessen an der Zahl der jeweiligen Muttersprachler – 100 größten Sprachen der Welt von über 90 % der Weltbevölkerung gesprochen. Von der Gesamtzahl der lebenden Sprachen sind allerdings nur rund 13% verschriftet, was bedeutet, dass die weit überwiegende Mehrzahl aller Sprachen schriftlos ist. Über eine Schrift verfügen alle sog. Weltsprachen, deren Sprecherinnen und Sprecher insgesamt rd. 60 % der Weltbevölkerung ausmachen. Rechnet man die Schriftsprachen aller Zeiten und Regionen zusammen, ergibt dies eine Gesamtzahl von rd. 660. (Vgl. zu dem Vorstehenden: Haarmann 1990, 18 f.)

Jede Schriftsprache gehört zu einem bestimmten Schrifttyp und zu einer bestimmten Schriftart. Unterschieden werden der alphabetische und der nichtalphabetische Schrifttyp, der insbesondere durch die sog. Logographie oder Wortschrift repräsentiert wird. Bekannteste Beispiele von Logographien sind die ägyptische Hieroglyphenschrift sowie das chinesische Schriftsystem. Schriftarten sind dagegen die jeweiligen Realisierungformen der verschiedenen Schrifttypen. So stellen z. B. die lateinische, die griechische, die kyrillische, die hebräische und die arabische Schrift Schriftarten des alphabetischen Schrifttyps dar. Die meisten der heute noch existierenden Sprachen sind lateinisch verschriftet.

Die Erfindung der Alphabet- bzw. Buchstabenschrift bedeutet innerhalb der Schriftentwicklung einen revolutionären Schritt. »Anstelle von Hunderten von oft auch graphisch komplizierten Zeichen von sehr unterschiedlicher, zum Teil mehrdeutiger Wertung tritt ein System von nicht mehr als zwanzig eindeutigen Zeichen von einfachen äußeren Formen, das nicht mehr den Sinn, sondern nur noch die Lautung der dargestellten Worte berücksichtigt (diese Lautung allerdings zunächst nur unvollkommen, indem die Vokale in der Schreibung unbezeichnet bleiben), ein System, das viel leichter zu erlernen und viel einfacher zu handhaben ist und damit der Schrift viel weitere Verbreitung sichert als die bisherigen umständlichen Schriftsysteme« (Friedrich 1966, 73 f.).

Erfunden wurde die erste Alphabetschrift im syrisch-palästinensischen Gebiet und zur Schreibung verschiedener semitischer Sprachen verwendet, von denen das Phönizische die bedeutendste ist; »denn die Schriftvarianten, in denen Texte dieser Sprache aufgezeichnet wurden, spielten für die Verbreitung und Fortentwicklung der Alphabetschriften eine Schlüsselrolle« (Haarmann 1990, 268). Das älteste uns überlieferten Schriftzeugnis in phönizischer Sprache stammt aus dem 17. oder 16. Jahrhundert (v. Chr.).

Aus der phönizischen Buchstabenschrift wurde im 9. oder zu Beginn des 8. Jahrhunderts (v. Chr.) die griechische entwickelt, aus der wiederum diejenige der Etrusker, der vorrömischen Bevölkerung Italiens, entstand. Aus der etruskischen Buchstabenschrift wurde schließlich die lateinische abgeleitet. Das lateinische Alphabet diente dann seit Mitte des 8. Jahrhunderts (n. Chr.) den Lateinisch schreibenden Mönchen zur Verschriftung des Deutschen, obwohl sich dessen Laute nur höchst unvollkommen durch die 24 Buchstaben des lateinischen Alphabets wiedergeben ließen.

Es sollte noch mehrere Jahrhunderte dauern, bis sich aus der althochdeutschen über die mittelhochdeutsche und frühneuhochdeutsche die neuhochdeutsche Orthografie herausbildete (vgl. Scheuringer 1996).

2. Gesprochene und geschriebene Sprache

Sprache kommt in zwei Realisierungsformen vor: als gesprochene und – so sie eine Schriftform besitzt – als geschriebene Sprache. Gesprochene Sprache kann als (akustisches Phänomen) gehört, geschriebene Sprache (als visuelles Phänomen) gelesen werden.

Während gesprochene Sprache nur vernehmbar ist, so weit die Stimme trägt und so lange die Schallwelle dauert, ist es mit Hilfe geschriebener Sprache möglich, einer Äußerung Dauer zu verleihen und sie über große Entfernungen hin zu verbreiten. Darüber hinaus weisen die beiden Realisierungsformen von Sprache weitere Unterschiede auf.

Gesprochene Sprache wird (a) ohne gesonderte Anleitung erworben, (b) eher dialogisch als monologisch und (c) stets in einer jeweils konkreten Situation benutzt, die – von Telefongesprächen einmal abgesehen – von Sprecherinnen und Sprechern sowie Hörerinnen und Hörern in gleicher Weise wahrgenommen werden kann. (d) Sprachproduktion und Sprachrezeption finden nahezu zeitgleich statt, und die am Gespräch Beteiligten haben (e) die Möglichkeit, sich ohne viele Worte und umständliche Erklärungen auf Gegenstände, Personen, Sachverhalte im gemeinsamen Wahrnehmungsraum zu beziehen. Sie können (f) ihre Äußerungen durch Gestik und Mimik begleiten, ergänzen oder auch ersetzen und (g) intonatorische Mittel (Sprechtempo, Pausen, Betonung) nutzen. Nicht zuletzt erlaubt die face-to-face-Situation (h) der Sprecherin bzw. dem Sprecher, sich ständig zu vergewissern, ob das Gesagte von der Hörerin bzw. dem Hörer verstanden worden ist, und (i) der Hörerin bzw. dem Hörer im Falle mangelnder Verständlichkeit, die Sprecherin bzw. den Sprecher darum zu bitten, langsamer und deutlicher zu reden, das Gesagte mit anderen Worten zu formulieren. (j) Das Sprechen erfolgt nahezu automatisch, verlangt keine weitreichende verbale Planung, ist eher umgangssprachennah, häufig mundartlich eingefärbt und nicht notwendig grammatisch durchformt. (Zur gesprochenen Sprache vgl. Schwitalla 1997.)

Geschriebene Sprache wird (a) mit Hilfe gesonderter, in der Regel schulischer Anleitung gelernt, nachdem das Sprechen bereits ausgebildet worden ist, und (b) eher monologisch als dialogisch benutzt. (c) Diejenigen, die einen Text schreiben, und jene, die ihn lesen, befinden sich in unterschiedlichen Situationen; bisweilen ist der Leserin bzw. dem Leser die Person unbekannt, die den Text geschrieben hat; bisweilen weiß die Schreiberin bzw. der Schreiber nicht, wer den Text lesen wird. Manchmal sind – wie im Falle von Tagebüchern, Merkzetteln oder Textentwürfen – diejenigen, die einen Text schreiben, und jene, für die er bestimmt ist, identisch. (d) Meistens finden Textproduktion und Textrezeption an unterschiedlichen Orten und stets zeitlich versetzt statt. (e) Das erfordert u. a. auch, dass der geschriebene Text hinreichend ausführlich und unabhängig von konkreten Situationen verständlich sein muss. (f) Statt Gestik und Mimik können in schriftlichen Texten Abbildungen, Symbole, Icons usw. die sprachlichen Äußerungen illustrieren, ergänzen oder auch ersetzen. (g) Dem schriftlichen Text fehlt, was den gesprochenen auszeichnet: der Klang. Was in der gesprochenen Sprache die Betonung zur Hervorhebung einzelner Wörter leistet, muss in der Schriftsprache durch andere Mittel ausgedrückt werden, z. B. durch die Wortstellung oder auch durch graphische Mittel, wie etwa Fettdruck, Unterstreichungen usw. (h) Da in dieser »zerdehnten« Kommunikation diejenigen, die einen Text schreiben, die Reaktionen derer, die ihn (zeitversetzt) lesen, naturgemäß nicht unmittelbar wahrnehmen können, sind sie in größerem Maße als in der mündlichen Kommunikation genötigt, sich in die Situation derer, für die der Text bestimmt ist, hineinzuversetzen, sich möglichst genau vorzustellen, welche Sachkenntnisse und Sprachfähigkeiten sie bei den Lesenden für das Verständnis ihres Textes voraussetzen dürfen. (i) Wie einerseits Schreiberinnen bzw. Schreiber die Reaktionen der Leserinnen bzw. Leser ihrer Texte nicht unmittelbar wahrnehmen können, fehlt andererseits den jeweiligen Leserinnen bzw. Lesern die Möglichkeit, direkt zurückzufragen, Einverständnis zu signalisieren oder auch Einwände zu erheben. (j) Schreiben ist – wie Schriftspracherwerb und Schriftsprachgebrauch deutlich erkennen lassen – gegenüber dem Sprechen die bewusstere Art der Sprachverwendung; es verlangt ein hohes Maß an verbaler Planung, ist eher ausnahmsweise umgangssprachlich, nicht mundartlich eingefärbt, wenn man von der Verwendung dialektalen Wortschatzes absieht, und in der Regel grammatisch wohl durchformt. »Die Grundfunktion von Schreiben ist nicht die Verständigung in einer Situation, sondern die Übermittlung von Informationen über Raum und Zeit hinweg« (Eisenberg 1998, 55).

Während explizites sprachliches Wissen für das Sprechen ohne Belang ist, muss es für die Beherrschung der Schriftsprache in einem bestimmten Maße vorhanden sein. (Zur geschriebenen Sprache vgl. Günther/Ludwig 1994/ 1996.)

Die kleinste Einheit der gesprochenen Sprache ist der Laut, die kleinste Einheit der geschriebenen Sprache der Buchstabe. In Alphabetschriften sind Laute und Buchstaben aufeinander bezogen. Da es nicht nur, aber auch im Deutschen mehr Laute als Buchstaben gibt, besteht zwischen ihnen kein 1:1-Verhältnis; es existiert also nicht für jeden Laut jeweils ein eigener Buchstabe. Welche Laute durch welche Buchstaben bzw. Buchstabenkombinationen wiedergegeben werden, wird durch die jeweilige Orthografie geregelt.

3. Orthografie als Praxis und als Theorie

Schreiben ist eine hochkomplexe Tätigkeit, zu deren Beherrschung nicht nur sprachliches Wissen, sondern auch Kenntnisse über den zu beschreibenden oder zu erklärenden Gegenstand bzw. Sachverhalt, Kenntnisse über Textsorten, stilistische Konventionen, Schreibpläne und Argumentationsstrukturen sowie konzeptionelle Fähigkeiten und motorische Fertigkeiten gehören.

Zu all dem, was für die Verfertigung eines schriftlichen Textes ansonsten vonnöten ist, kommt schließlich ein Weiteres hinzu: die Orthografie oder Rechtschreibung.

»Duden. Das große Wörterbuch der deutschen Sprache in zehn Bänden« (1999) vermerkt unter dem Stichwort *Orthographie*:

> Or|tho|gra|phie, (auch:) Orthografie, die; -, -n [lat. orthographia < griech. orthographia, zu gráphein = schreiben]: *Rechtschreibung.*

Wir erfahren durch diesen Eintrag, (1) wie das Wort zu schreiben, zu trennen und zu betonen ist, dass es (2) zwei korrekte Schreibungen gibt, (3) das fragliche Wort ein Substantiv und sein Genus femininum ist, (4) der Genitiv Singular die gleiche Form wie der Nominativ hat und der Plural *Orthographien* bzw. *Orthografien* lautet, (5) der Ausdruck aus dem Lateinischen übernommen wurde, ursprünglich aber aus dem Griechischen stammt und aus den Wörtern *orthós* (= gerade, aufrecht, richtig, recht, wie unter dem Stichwort *ortho-* erklärt wird) und *gráphein* (= schreiben) zusammengesetzt ist. Schließlich wird (6) als Bedeutungserklärung das Synonym *Recht-schreibung* angegeben.

Wie in etymologischen Wörterbüchern nachzulesen ist, wurde die Bezeich-nung *Orthographie* Ende des 15. Jahrhunderts aus dem Lateinischen ins Deutsche entlehnt und im 16. Jahrhundert mit *rechte Schreibung* bzw. *Recht-schreibung* übersetzt. Seit dieser Zeit werden die Bezeichnungen *Orthographie* und *Rechtschreibung* nebeneinander verwendet, in den meisten Fällen mit gleicher, bisweilen mit unterschiedlicher Bedeutung.

In dem oben genannten Wörterbuch findet sich unter dem Stichwort *Recht-schreibung* folgender Eintrag:

> **Recht|schrei|bung**, die [LÜ von lat. orthographia, ↑ Orthographie]:
> **1.** <Pl. selten> *nach bestimmten Regeln festgelegte, allgemein geltende*
> *Schreibung von Wörtern*; *Orthographie*: eine Reform der R.; etw.
> verstößt gegen die R. **2.** <o.Pl.> *Unterrichtsfach, in dem Rechtschreibung* (1)
> *gelehrt wird*: in R. hat er eine Eins. **3.** *Rechtschreib[e]buch*.

Wie schon erwähnt wurde, handelt es sich bei der Bezeichnung *Rechtschrei-bung* um eine Lehnübersetzung (LÜ) des lateinischen Ausdrucks *orthographia*. Unerwartet und keineswegs unstrittig ist, dass und welche drei Bedeutun-gen bzw. Verwendungsweisen für *Rechtschreibung* angegeben werden. Die dritte Bedeutungsangabe findet sich lediglich in den Wörterbüchern des Dudenverlags aufgeführt, weil – so lässt sich vermuten – seine prominente-ste Publikation den Titel »Die deutsche Rechtschreibung« trägt; die zweite wird auch in einigen weiteren allgemeinen Sprachwörterbüchern des Deut-schen angegeben, und die erste Verwendung, von der gesagt wird, dass sie selten im Plural vorkomme, wird bisweilen geringfügig anders beschrie-ben. So heißt es etwa im »Deutschen Wörterbuch« von Wahrig (2000): *durch Regeln festgelegte, richtige Schreibung*.

Im »Metzler Lexikon Sprache« (Glück 2000, 497) wird vom Stichwort »Rechtschreibung« auf das Stichwort »Orthografie« verwiesen und dort u. a. erläutert:

> »Der Ausdruck O.[rthografie] bezeichnet einmal die Gesamtheit der (amtl.[ich])
> normierten Schreibkonventionen unter Einschluß der → Interpunktion, zum
> anderen wird er als ›Wortschreibung‹ der Interpunktion gegenübergestellt (Recht-
> schreibung und Zeichensetzung). Ferner kann O. das Phänomen selbst wie auch
> die Wiss.[enschaft] über dieses Phänomen meinen. In der Wiss. wird vor allem
> der Unterschied des kodifizierten, (amtl.) normierten Schreibusus zur bloß kon-
> ventionellen Schreibung (vor jeder Normierung) betont.«

Wenn man zusammenfasst, was in Wörterbüchern, linguistischen Handbüchern und Grammatiken zur Definition von »Orthografie« bzw. »Rechtschreibung« zu lesen steht, ergibt sich folgender Befund:

(a) »Rechtschreibung« und »Orthografie« werden in der Regel synonym, d. h. als zwei verschiedene Bezeichnungen für denselben Begriff verwendet. Wie eine Durchsicht der Titel von Arbeiten zu dieser Thematik offenbart, findet sich die Bezeichnung »Orthografie« eher in fachlich-theoretischen, die Bezeichnung »Rechtschreibung« eher in fachlich-praktischen, vor allem didaktischen Darstellungen.

(b) »Rechtschreibung« und »Orthografie« bezeichnen sowohl die Handlung als auch das Ergebnis des auf die Einhaltung der Norm zielenden Schreibens sowie die Wissenschaft ihrer Beschreibung und Erklärung. Für die einen umfasst die Orthografie allein die Schreibung der Wörter bzw. die Wortschreibung (vgl. Eisenberg 1998a, 286), für die anderen sowohl die Schreibung der Wörter als auch die Interpunktion (vgl. Nerius 2000, 30 im Anschluss an das Amtliche Regelwerk 1996).

(c) Die Norm der deutschen Orthografie wurde erstmalig 1901/02 amtlich festgelegt und in der derzeit gültigen Fassung durch Beschluss der Kultusministerkonferenz im Einvernehmen mit dem Bundesministerium des Innern zum 01.08.1998 (mit einer Übergangszeit bis 31.07.2005) für den Gebrauch an Schulen, Hochschulen und staatlichen Behörden in Kraft gesetzt, d. h. in jenen Einrichtungen, in denen der Staat über eine Regelungskompetenz hinsichtlich der Rechtschreibung verfügt.

(d) Die Norm ist im Amtlichen Regelwerk »Deutsche Rechtschreibung. Regeln und Wörterverzeichnis« (1996) festgelegt, das – wie es im Vorwort (S. 7) heißt – »zur Sicherung einer einheitlichen Rechtschreibung Vorbildcharakter für alle [hat], die sich an einer allgemein gültigen Rechtschreibung orientieren möchten (das heißt Firmen, speziell Druckereien, Verlage, Redaktionen – aber auch Privatpersonen)«.

(e) Die amtliche Festlegung gilt allein für die Schreibung der Standardsprache und nicht etwa für diejenige von Dialekten und Fachsprachen. Ausgenommen von der amtlichen Regelung ist zudem die Schreibung von Personeneigennamen, für die die Standesämter zuständig sind, und diejenige der Länderbezeichnungen, die durch das Auswärtige Amt festgelegt werden, das alljährlich ein entsprechendes Verzeichnis herausgibt.

Obwohl die Orthografie, das konventionalisierte graphematische System einer Sprache, neben der Phonologie, dem Lautsystem einer Sprache, zum Gegenstand einer grammatischen Darstellung gehört, sucht man in den deutschen Grammatiken der deutschen Sprache, die zwischen 1900 und

1984 erschienen sind, vergeblich nach einem entsprechenden Kapitel. Die (staatlich normierte) Orthografie bzw. Rechtschreibung war in dieser Zeit nicht so sehr ein wissenschaftliches als vielmehr ein methodisches Problem, dessen Lösung man den Sprachdidaktikerinnen und -didaktikern überließ. Deren Bemühungen konzentrieren sich dann auch vornehmlich darauf, wie man Schülerinnen und Schülern die Rechtschreibung und deren sichere Handhabung am besten vermitteln kann.

Die in der 80er Jahren des letzten Jahrhunderts vermehrt geführte Diskussion über die Notwendigkeit, Möglichkeiten und Probleme einer Neuregelung der deutschen Rechtschreibung (vgl. Nerius 1998, 364–389) hat u. a. auch dazu beigetragen, dass das Thema »Orthografie« nicht nur Eingang in Grammatiken der deutschen Gegenwartssprache fand (vgl. Augst 1984, Eisenberg 1995, 1998a, 1998b), sondern auch zu einem anerkannten Gegenstand linguistischer Forschung avancierte (vgl. die Bibliographie von Nerius/Rahnenführer 1993).

4. Merkmale und Funktionen der Orthografie

Zu den wesentlichen **Merkmalen der Orthografie** allgemein und damit auch der deutschen Orthografie gehört an erster Stelle ihre Geschichtlichkeit, was bedeutet, dass sie – beeinflusst durch gesellschaftliche und/oder sprachliche Entwicklungen, staatliche bzw. institutionelle Eingriffe (wie z. B. Kanzleien) und/oder gezieltes Einwirken von Gruppen (wie z. B. Druckern) oder Einzelpersonen (wie z. B. Grammatikern) – einen stetigen Wandel erfuhr und weiterhin erfahren wird. So gibt es zu den verschiedenen Zeiten eine je eigene Orthografie mit einem je eigenen Geltungsanspruch und Geltungsradius. Die deutsche Orthografie bildete sich zusammen mit der Entwicklung einer über den Dialekten sich etablierenden, zunächst allein als Schriftsprache existierenden überregionalen Standardsprache in einem langen historischen Prozess heraus, hatte nicht zuletzt dank der Bemühungen verschiedener Grammatiker und Druckereien bzw. Verlage im 18. Jahrhundert einen hohen Grad an Einheitlichkeit erreicht und wurde nach einem 1876 unternommenen ersten, aber gescheiterten Versuch dann im Jahre 1901 erstmalig amtlich festgelegt. (Vgl. zur Entwicklung der deutschen Orthografie Scheuringer 1994 und Nerius 2000, 277–340.)

Die Betrachtung der Geschichte der deutschen Orthografie zeigt, dass sie sich in Phasen entwickelte. Die 1. Phase ist durch die Herausbildung und Kodifizierung eines allgemeinen Schreibgebrauchs (usus scribendi) gekennzeichnet (8.–16. Jahrhundert). In einer 2. Phase folgte die Systematisierung des allgemeinen Schreibgebrauchs und die Entwicklung einer einheitlichen Schriftsprache (16.–18. Jahrhundert). Die 3. Phase wird durch die Fixierung einer einheitlichen Orthografie und erste Normungsbestrebungen gebildet (19. Jahrhundert), bis es schließlich in einer 4. Phase zu einer ersten und dann zu einer zweiten amtlichen Normung der deutschen Orthografie kam (1901 und 1996). Da sich bestimmte Schreibungen nicht für alle Zeiten festlegen lassen, sie sich vielmehr auch weiterhin durch den Schreibgebrauch ändern können und werden, ist voraussagbar, dass die derzeit geltende Norm im Laufe der Zeit Modifizierungen erfahren wird. Da zu den Merkmalen der Orthografie ein insgesamt hohes Maß an Stabilität gehört, die u. a. sicherstellt, dass Texte früherer Zeiten lesbar bleiben, fallen Änderungen nach Inhalt und Umfang jeweils auch eher geringfügig aus und betreffen – dem Sprachwandel folgend – vornehmlich Randbereiche des Wortschatzes (wie etwa Fremdwörter und neue Wortbildungen).

Normen haben das generelle Ziel, zu einem bestimmten Handeln anzuleiten und damit zugleich Handlungsspielräume einzuengen. Für die Orthografie bedeutet dies u. a. auch, dass von allen möglichen Schreibungen möglichst nur eine einzige als normkonform gilt. So gehört es ebenfalls zu den Merkmalen der Orthografie, dass Varianzschreibungen (wie z. B. *Orthographie/Orthografie, Ski/Schi, Delphin/Delfin, so dass/sodass*) allenfalls ausnahmsweise zulässig und auf Fälle beschränkt sind, in denen sich entweder keine klare Regel für diese oder jene Schreibung formulieren lässt oder einem sich wandelnden Schreibgebrauch Rechnung getragen wird.

Damit eine Orthografie mit einem pädagogisch vertretbaren Aufwand zu erlernen und zu handhaben ist, muss sie linguistisch hinreichend begründet und in eine überschaubare und beherrschbare Anzahl von Regeln mit Anleitungscharakter gefasst sein. Da das Amtliche Regelwerk (1996) einen Erlass und keine didaktische Anleitung darstellt, sind die dort niedergelegten Regeln für unterschiedliche Adressaten in speziellen, entsprechend aufbereiteten Regelwerken eigens zu formulieren und auch formuliert worden.

Normung – und dies ist nicht zuletzt ein Merkmal der Orthografie – bedeutet einen hohen Grad an Verbindlichkeit. Abweichungen von der Norm der Schreibung haben – so sie nicht (wie bisweilen z. B. in der Werbung oder der Literatur zu beobachten ist) bewusst zum Zwecke der Provokation oder Aufmerksamkeitssteigerung verletzt wird – Sanktionen zur Folge, und zwar nicht nur dort, wo ihre Einhaltung durch die hierzu befugten staatlichen Stellen (durch die Kultusministerkonferenz für den Bereich der

Schulen und durch das Bundesinnenministerium für den Bereich der Behörden) vorgeschrieben ist.

In diesem Zusammenhang sei angemerkt, dass der Orthografie eine unangemessen hohe gesellschaftliche Geltung beigemessen wird. Orthografie darf weder mit Sprache noch Rechtschreibfähigkeit mit Sprachfähigkeit gleichgesetzt werden. Auch taugt das Maß ihrer Beherrschung weder als Gradmesser für zureichende oder unzureichende Intelligenz, noch stellt sie einen Selbstzweck dar. Vielmehr hat die Orthografie erklärbare und gut zu begründende **Funktionen**.

Bedenken wir zunächst einmal, dass es auch für das Sprechen der Wörter eine zwar nicht amtlich festgelegte, aber nichtsdestotrotz reguläre und allgemein geltende Sprechweise bzw. Aussprache gibt: eine – so könnte man entsprechend zur Bezeichnung »Rechtschreibung« sagen – Rechtsprechung, bzw. wie es analog zur Bezeichnung »Orthografie« heißt: eine Orthoepie. Auch hier haben wir es mit einer Norm zu tun, mit einer sprachlichen oder Sprachnorm; und zwar einer Sprachnorm, die nicht amtlich festgelegt ist, vielmehr aus freien Stücken eingehalten wird. Warum wird diese Norm befolgt, die sozusagen nur als latente Norm existiert? Weil diejenigen, die diese Norm gröblich verletzen, riskieren, nicht mehr verstanden zu werden. Sprecherinnen und Sprecher halten diese Norm also ein aus Rücksicht auf die Hörerinnen und Hörer.

Das gilt als erster Grundsatz auch für die Orthografie: Die Schreibenden sind gehalten, die geltende Norm zu beachten – aus **Rücksicht auf die Lesenden**. Verletzungen der Norm, also Fehler im geschriebenen Text, erschweren das Lesen, hemmen den Lesefluss, behindern die Sinnentnahme, führen bisweilen auch zu Missverständnissen.

Es kommt ein weiterer Punkt hinzu. Man stelle sich vor, es gäbe keine festgelegte Rechtschreibung und alle könnten so schreiben, wie es ihnen gerade in den Sinn kommt; dann müsste man während des Schreibens bei jedem Wort überlegen, wie es denn eigentlich zu schreiben sei; man müsste bei jedem wiederkehrenden Wort überlegen, ob man es so schreiben sollte, wie man dasselbe Wort schon einmal geschrieben hat oder aber anders usw.

Eine allgemein geltende Orthografie bedeutet also auch eine **Entlastung für die Schreibenden**, weil sie die ansonsten ständig zu treffenden Entscheidung erübrigt, wie dieses oder jenes Wort zu schreiben und wann welches Satzzeichen zu setzen ist.

Die Orthografie leistet also nicht nur den Lesenden, sondern auch den Schreibenden eine Hilfe. Im Fall der Überführung von Geschriebenem in

Gedankliches oder Gesprochenes, also beim Lesen, handelt es sich um die sog. **Erfassungsfunktion**; im Fall der Überführung von Gedanklichem oder Gesprochenem in Geschriebenes, also beim Schreiben, um die sog. **Aufzeichnungsfunktion** der Orthografie.

5. Bereiche und Prinzipien der deutschen Orthografie

Für das Erlernen und die Handhabung der deutschen Orthografie ist zunächst die Einsicht von entscheidender Bedeutung, dass sie kein Sammelsurium von lauter Ausnahmen darstellt, sich vielmehr die Gesamtheit des Stoffes in überschaubarer Weise strukturieren lässt.

Eine erste Strukturierung des Stoffes ergibt sich aus dem Umstand, dass man jedes Problem der Orthografie wenigstens einem der folgenden fünf **Bereiche** zuordnen kann:

1) Laut-Buchstaben-Beziehung (einschl. Fremdwortschreibung);
2) Groß- und Kleinschreibung;
3) Getrennt- und Zusammenschreibung (einschl. Schreibung mit Bindestrich);
4) Worttrennung am Zeilenende;
5) Interpunktion.

Die Menge der **Regularitäten**, die in diesen Bereichen herrschen, gliedert sich – geordnet nach der Reichweite ihrer Wirksamkeit – in folgende Gruppen:

1) Prinzipien, die über den genannten Bereichen operieren;
2) Grundregeln, die für die einzelnen Bereiche gelten, und zwar pro Bereich eine;
3) generelle Regeln, die innerhalb eines Bereichs jeweils für eine mehr oder weniger große Zahl von Fällen wirksam sind (Beispiel: Großschreibung der Substantive);
4) singuläre Regeln (d. h. Ausnahmen von generellen Regeln bzw. Einzelfälle; z. B. *Knäuel, sich räuspern, Säule, sich sträuben* als Ausnahmen zu der Regel, dass immer dann und nur dann *äu* zu schreiben ist, wenn ein Umlaut vorliegt).

Hier sollen zunächst die **Prinzipien** der deutschen Orthografie kurz vorgestellt werden. Prinzipien sind allgemeine Grundsätze oder Regeln höherer Ordnung, die in den meisten Fällen für jeweils mehrere Bereiche Wirksamkeit besitzen. Da hierbei theoretische Grundannahmen ein Rolle spielen, sind die Ansichten darüber, wie viele und welche Prinzipien in jeweils welcher Anordnung anzusetzen sind, keineswegs einhellig (vgl. Nerius 2000, 87–97). Die folgenden vier Prinzipien finden sich in nahezu allen Darstellungen.

Das phonematische oder Lautprinzip: Schreib, wie du bei deutlicher und dialektfreier Aussprache sprichst! Dieses Prinzip ist für das Deutsche (mit seiner Alphabetschrift) grundlegend. Wenn man z. B. am Anfang eines Wortes bzw. einer Silbe [m] hört, schreibt man auch <m> und nicht etwa <d>, <f>, <s> oder <n> also: *mein* – etwa im Unterschied zu *dein, fein, sein, nein.*

Erklärt wird das Funktionieren dieses Prinzips als Phonem-Graphem-Korrespondenz, d. h. die Zuordnung von Gehörtem und zu Schreibendem erfolgt nicht direkt, sondern auf dem Wege über eine Abstraktion. Was wir hören, sind (von verschiedenen Leuten innerhalb eines bestimmten Bandbreite unterschiedlich ausgesprochene) Laute oder linguistisch ausgedrückt: Phone. Was wir schreiben, sind individuell gestaltete (und von verschiedenen Leuten innerhalb eines bestimmten Rahmens unterschiedlich geschriebene) Buchstaben oder linguistisch ausgedrückt: Graphe. Phoneme und Grapheme sind dagegen Abstraktionen der jeweiligen Menge ihrer möglichen Realisationen (vgl. Abb. 1).

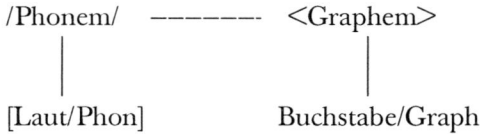

Abb. 1: Phonem-Graphem-Korrespondenz

Mit anderen Worten: Dem Phonem /m/, gesprochen als [m] entspricht das Graphem <m>, das normalerweise in einer Form des Buchstabens *m* realisiert wird, in regelgeleiteter Variation auch als *M.* Egal in welcher Richtung man das Schaubild »liest«, es handelt sich in beiden Richtungen nicht etwa bloß um eine direkte Zuordnung, sondern um einen Transformationsprozess. Das wird deutlich, wenn man etwa Wörter mit sog. Auslautverhärtung betrachtet, d. h. Wörter, die gesprochen auf [p], [t], [k], [s] enden, geschrieben aber auf <b>, <d>, <g>, <s>, z. B. *Kalb – Wald – Tag – Gras.*

Das Phänomen der Auslautverhärtung leitet über zu dem zweitwichtigsten Prinzip der deutschen Rechtschreibung, dem sog. **morphematischen oder Stammprinzip.** Das morphematische Prinzip schränkt das phonematische in seiner Wirksamkeit ein, d. h. z. B. dass in Fällen wie *Kalb – Wald – Tag –*

Gras <b>, <d>, <g>, <s> geschrieben wird, obwohl man deutlich [p], [t], [k], [s] hört (Auslautverhärtung); dass in Fällen wie *Wälder – Häuser* <ä> bzw. <äu> geschrieben wird, obwohl man [e] und [eu] hört und z. B. auch in Wörtern wie *Felder – Beulen* schreibt. Grund für die Einführung dieses Prinzips in die deutsche Orthografie (zu Beginn des Frühneuhochdeutschen) ist der Umstand, dass ein und derselbe Stamm (linguistisch: das Kern- oder Basismorphem) unabhängig von seiner Umgebung immer gleich geschrieben und damit das Schema konstant erhalten werden soll. Man vgl. dazu Wortfamilien, z. B. zum Stamm *-fahr-*, der in unterschiedlichen Umgebungen stets gleich geschrieben wird: *fahren, Gefahr, Fahrrad, erfahren*; auch: *sie fährt, gefährlich, Gefährte* usw. (Zur Rolle von Stamm- bzw. Basismorphem in der Wortbildung vgl. den Beitrag von Norbert Richard Wolf in diesem Band, Abschnitt 1.) Dieses in der deutschen Rechtschreibung überaus mächtige Prinzip wurde durch die Neuregelung von 1996 in seiner Wirksamkeit verstärkt.

Das phonematische und das morphematische Prinzip werden ergänzt durch das sog. **Homonymieprinzip** bzw. das Prinzip der Schemadifferenzierung. Obwohl bestimmte Wörter gleich lauten (und bisweilen auch – historisch gesehen – denselben Stamm haben), werden sie unterschiedlich geschrieben: *Leib – Laib, Seite – Saite, malen – mahlen, das – dass*. Diese Schemadifferenzierung wurde im 16./17. Jh. willkürlich und unregelmäßig von Grammatikern eingeführt, bisweilen später auch wieder zurückgenommen (wie z. B. die Unterscheidungen *Thon/Ton* oder *sein/seyn*). In bestimmten Fällen lassen sich Bedeutungsunterschiede in der Schreibung nicht realisieren (*Schimmel*: 1. ›Pilz‹, 2. ›Pferd‹; *kosten*: 1. ›probieren‹, 2. ›an Geld wert sein‹), in anderen Fällen sind Unterschiedsschreibungen unterblieben, obwohl sie möglich wären, wie z. B. *wachsen*: 1. ›größer werden‹ 2. ›mit Wachs einreiben‹.

Ein weiteres wichtiges Prinzip ist das sog. **grammatische bzw. grammatisch-syntaktische Prinzip**. Dieses Prinzip ist wirksam im Bereich der Groß- und Kleinschreibung (z. B. Substantivgroßschreibung), der Getrennt- und Zusammenschreibung (Wortgruppe, daher: Getrenntschreibung vs. Komposition/Ableitung, daher: Zusammenschreibung) und vor allem in demjenigen der Interpunktion, die im Text zur Kennzeichnung kommunikativer Absichten (Aussage, Frage, Aufforderung) und grammatisch bestimmbarer Einheiten dient (wie z. B. Satz, Teilsatz, Gliedsatz, Apposition, Infinitivgruppe usw.).

6. Grundregeln und generelle Regeln der deutschen Orthografie

Als **Grundregeln** werden hier im Unterschied zu den Prinzipien, die meistens jeweils für mehrere Bereiche gelten, solche Regeln verstanden, die jeweils nur innerhalb der einzelnen Bereiche wirksam sind.

Ausgegangen wird von der Annahme, dass es in jedem Bereich den Normal- bzw. unmarkierten Fall und daneben eine bestimmte Anzahl davon abweichender bzw. markierter Fälle gibt. Wissen bzw. festlegen muss man zunächst, welches der jeweilige Normal- bzw. unmarkierte Fall ist, für den auch jeweils nur eine einzige Grundregel gilt. Die weiteren generellen Regeln betreffen dann allein die Abweichungen von der Grundregel bzw. die markierten Fälle. Die allgemeinen Grundregeln für die einzelnen Bereiche sind:

1. Laut-Buchstabenbeziehung

Grundregel: Unter Beachtung des Wortaufbaus gilt, dass für jeden Laut der entsprechende Buchstabe zu schreiben ist; in Einzelfällen zwei Buchstaben für einen Laut:

<ie> (für das lang gesprochene [i], <ei>, <au>, <eu> für die entsprechenden Zwielaute (Diphthonge), <ch> für den ach- bzw. ich-Laut; in einem Fall drei Buchstaben für einen Laut: <sch>. In einzelnen Fällen werden zwei Laute durch einen Buchstaben wiedergegeben: [ks] durch <x> (z. B. in *Hexe*), [ts] durch <z> (z. B. in *Brezel*).

2. Groß- und Kleinschreibung

Grundregel: Grundsätzlich werden Wörter mit kleinem Anfangsbuchstaben geschrieben. Zu regeln bleibt demnach allein, in welchen Fällen abweichend von dieser Grundregel großzuschreiben ist.

3. Getrennt- und Zusammenschreibung

Grundregel: Grundsätzlich werden Wörter, die im Text unmittelbar benachbart vorkommen, voneinander getrennt geschrieben. Regeln zu diesem Bereich haben demnach nur anzugeben, in welchen Fällen abweichend von dieser Grundregel zusammenzuschreiben ist.

4. Worttrennung am Zeilenende

Grundregel: Grundsätzlich werden Wörter kontinuierlich, d. h. ohne Zwischenräume zwischen den Buchstaben geschrieben, aus denen ein Wort besteht. Abweichend von dieser Grundregel können Wörter nach bestimmten Regeln am Zeilenende getrennt werden.

5. Für die Interpunktion lässt sich eine derartige Grundregel nicht ohne Weiteres angeben; es sei denn, man unterstellt, dass – wie es etwa in frühen

deutschen Texten zu beobachten ist – ein Text normalerweise ohne jede Interpunktion geschrieben wird. Danach würde die Grundregel lauten: Grundsätzlich werden Texte ohne Interpunktion geschrieben. Zu regeln bleibt demnach, in welchen Fällen abweichend von dieser Grundregel jeweils welches Interpunktionszeichen zu setzen ist.

Im Unterschied zu den Grundregeln, die jeweils die normale oder unmarkierte Schreibung für jeden Bereich angeben, betreffen **generelle Regeln** jene Fälle bzw. Fallgruppen, die abweichend von der jeweiligen Grundregel zu schreiben sind.

Auf den ersten Blick erscheint die Unterscheidung von generellen und **singulären Regeln** nicht sinnvoll, weil eigentlich davon ausgegangen wird, dass man nur dann von einer Regel sprechen kann, wenn durch sie eine größere Zahl von Problemfällen geregelt wird, wie z. B.: Das erste Wort eines Satzes schreibt man mit großem Anfangsbuchstaben. Singulär meint nun, dass eine Regel jeweils nur für einen einzigen Rechtschreibfall gilt. Üblicherweise sprechen wir in Fällen einer singulären Festlegung von »Ausnahmen«, Ausnahmen von einer Regel. Genau genommen ist aber auch die Ausnahme eine Regel, weil auf sie die Merkmale von »Regel« zutreffen: verbindlich festgelegt, allgemein geltend, die Rechtschreibung dieses Einzelfalles regulierend.

Ausnahmen gibt es als Ausnahmen von einer Fallgruppe und als Einzelfallfestlegungen. Ausnahmen von einer Fallgruppe betreffen eine (meist kleine) Gruppe von Fällen, Einzelfallfestlegungen jeweils nur ein einziges Wort. Eine Ausnahme von einer Fallgruppe (obwohl x vorliegt, gilt y) ist z. B. »Obwohl gilt, dass das erste Wort eines Satzes mit großem Anfangsbuchstaben zu schreiben ist, wird es ausnahmesweise kleingeschrieben, wenn es eine Parenthese in Form eines Aussagesatzes einleitet – mit der weiteren Folge, dass am Ende des Satzes kein Punkt steht«, z. B. *Es gibt – das erklärte jedenfalls die Regierung – keinen Anlass zur Besorgnis.*

Die weitaus größere Gruppe der singulären Regeln wird durch jene Fälle gebildet, bei denen es keine reguläre Erklärung für diese oder jene Schreibung gibt. Warum schreibt man z. B. *und* mit <d> und nicht mit <t>? Warum schreibt man *man* und *an* mit einem <n> und nicht mit <nn> (wie *Mann, dann*)? Warum schreibt man das lang gesprochene [o] in *rot* mit einfachem <o>, in *Boot* mit <oo> und in *Lohn* mit <oh>? usw. Warum schreibt man *Fehde* mit <h>, wo ansonsten vor <d> niemals ein <h> steht: *Rede, Made, Faden, Gnade, Laden, Schaden* usw. Warum wird *Frevel* mit <v> geschrieben, wo ansonsten der f-Laut im Wortinnern stets durch <f> wiedergegeben wird? Vgl. z. B. *Tafel, Schwefel, Stiefel, Zweifel, Schaufel* usw. All dies sind Einzelfälle, deren Schreibung keiner generellen Regel folgt, sondern allein einer singulären, die speziell und einzig für das jeweilige Wort gilt. Viele Regelwerke für die deutsche Rechtschreibung bestehen seit langen Zeiten aus einem Regelteil und einem Wörterteil bzw. Wörterverzeichnis. Würde man die Trennung von generellen und singulären Regeln – wie einige dies fordern – streng handhaben, dann wäre der Regelteil der Ort für die Darstellung der generellen Regeln und der Wörterteil der Ort für die singulären Regeln. Bisher gibt es kein derartig strikt komplementär angelegtes Regelwerk.

Generelle Regeln gelten also für eine Vielzahl von Fällen. Um es an einem Beispiel zu demonstrieren, seien hier die **fünf generellen Regeln zur Groß-schreibung** angeführt:

1. Mit großem Anfangsbuchstaben schreibt man das erste Wort eines Ganz-satzes, einer Überschrift, nach einem Doppelpunkt, z. B. *Wann sehen wir uns wieder? – Große Vorfreude bei der Ankündigung des Festes – Gebrauchsanweisung: Man nehme täglich eine Tablette.* **Ausnahmen:** *'s ist schade um jede nicht genutzte Minute. – ... und sagte kein Wort.*

2. Mit großem Anfangsbuchstaben schreibt man Eigennamen von Perso-nen, Tieren, Pflanzen, Himmelskörpern, Bauwerken, geographischen bzw. geographisch-politischen Regionen, Kalendertagen, historischen Ereignis-sen, Titel (einschl. nicht-substantivischer Namensbestandteile), z. B. *Annet-te, Flipper, Fleißiges Lieschen, Kleiner Bär, der Schiefe Turm (von Pisa), das Rote Meer, der Nahe Osten, der Erste Mai, der Zweite Weltkrieg, der Regierende Bürger-meister.* **Ausnahme:** Die Namensgeber wählen Kleinschreibung, z. B. *aspekte, club sieben, verein gegen großschreibung.*

3. Mit großem Anfangsbuchstaben schreibt man Substantive, z. B. *das Ei, die Freude, der Spaß*; auch: *heute Abend/Morgen* usw.

4. Mit großem Anfangsbuchstaben schreibt man Substantivierungen, ins-besondere von Verben und Adjektiven, z. B. *das/beim/zum Spielen*; *Neues lie-ben, alles Gute, etwas Schönes, die Alten und die Jungen, die Farbe Lila*; *die Nummer Eins, das Auf und Nieder, mit allem Drum und Dran, ohne Wenn und Aber.*

5. Mit großem Anfangsbuchstaben schreibt man das Anredepronomen *Sie, Ihnen* sowie das entsprechende Possessivpronomen *Ihr, Ihre* usw.

Allein für die dritte (auf die Wortart Substantiv bezogene) Fallgruppe gilt kontext- bzw. verwendungsungebundene und darum auch im Wörterbuch verzeichnete, d. h. lexikalisierte Großschreibung, einschließlich der mehr-gliedrigen Eigennamen vom Typ *Stiller Ozean, Erster Bürgermeister, Westfäli-scher Friede* usw. In allen anderen Fallgruppen hängt die Großschreibung von der Verwendung der Wörter im Text ab. Man schreibt z. B. das Verb *schwimmen* grundsätzlich klein, am Satzanfang und in der Verwendung *beim Schwimmen* aber groß.

7. Systematik der deutschen Orthografie im Überblick

Die deutsche Orthografie stellt eine geordnete Menge von Teilmengen dar, die einerseits durch die Bereiche, andererseits durch die Regularitäten gebildet werden.

Teilmengen der Gesamtmenge des Stoffes sind die oben dargestellten fünf Bereiche der Orthografie (1. Allgemeine Schreibung der Wörter, 2. Groß- und Kleinschreibung, 3. Getrennt- und Zusammenschreibung, 4. Worttrennung am Zeilenende, 5. Interpunktion), die wiederum in Teilbereiche bzw. Fallgruppen untergliedert sind (z. B. der Bereich Getrennt- und Zusammenschreibung in die Teilbereiche bzw. Fallgruppen: 1. Verb, 2. Adjektiv und Partizip, 3. Substantiv, 4. andere Wortarten).

Teilmengen der Regularitäten sind, wie oben ausgeführt wurde: (a) Prinzipien (als bereichsübergreifende Regularitäten), (b) Grundregeln (als Regularitäten auf der Ebene der Bereiche; und zwar eine Grundregel pro Bereich), (c) generelle Regeln (als Regularitäten auf der Ebene der Teilbereiche bzw. Fallgruppen) und (d) Einzelregeln (als Regularitäten auf der Ebene der Einzelfälle). Vgl. Abb. 2.

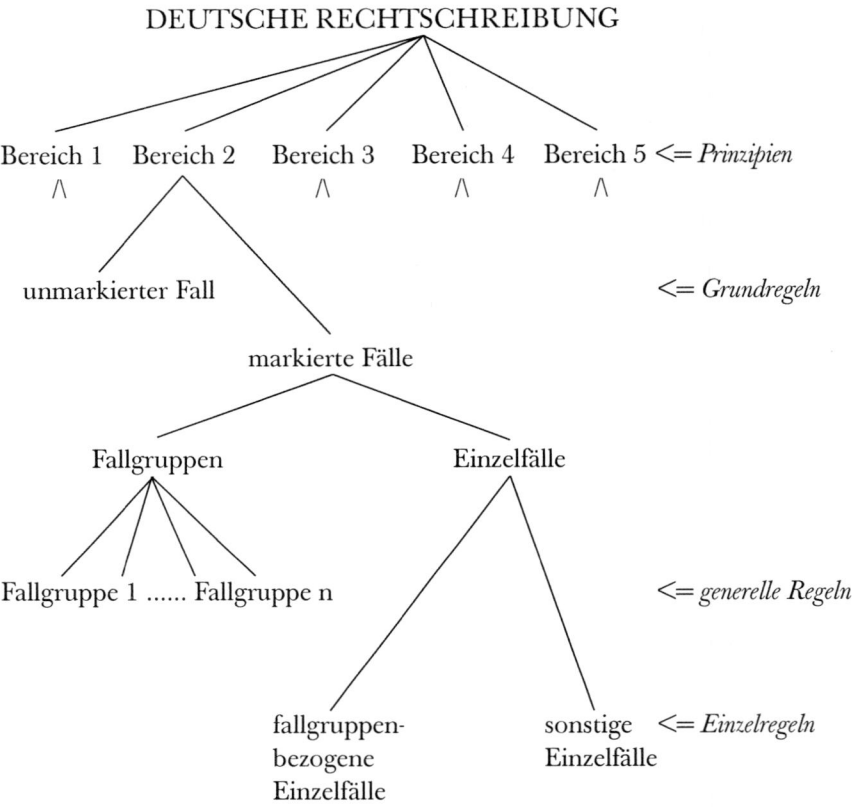

Geregelt ist die deutsche Rechtschreibung also:

1. bereichsunabhängig durch **Prinzipien**
2. bereichsabhängig durch **Grundregeln** (unmarkierte Fälle)
3. innerhalb der Bereiche durch **generelle Regeln** (markierte Fälle = Fallgruppen)
4. innerhalb der Fallgruppen durch
   a. generelle Unterregeln
   b. fallgruppenbezogene **singuläre Regeln** (fallgruppenbezogene Ausnahmen)
   c. weitere singuläre Regeln (sonstige Ausnahmen)

Abb. 2: Systematik der deutschen Rechtschreibung

Regularitäten ermöglichen das Erlernen und Beherrschen der Orthografie (vgl. Augst/Dehn 1998). Wie auf allen Feldern, auf denen Kenntnisse und Fähigkeiten eine Rolle spielen, gibt es auch auf dem Feld der Orthografie zentrale und periphere Bestände, bei welcher Unterscheidung zum einen die Häufigkeit des Vorkommens beim Schreiben und zum anderen die Auffälligkeit bzw. Unauffälligkeit von Fehlern eine Rolle spielen. Zentrum und Peripherie lassen sich bestimmen: (a) bei den fünf Bereichen der Rechtschreibung und (b) innerhalb der Fallgruppen der fünf Bereiche.

Zentral sind die Bereiche »allgemeine Schreibung der Wörter« und »Groß- und Kleinschreibung«. Als Fallgruppen zentral sind innerhalb des Bereichs »allgemeine Schreibung der Wörter«: (a) die Auslautverhärtung (z. B. *Rad – Räder* vs. *Rat – Räte*), (b) Kennzeichung der Länge und Kürze von Vokalen im Wortstamm (z. B. *Gram – Gramm, Wal/Wahl – Wall, Ofen – offen*), (c) gleich und ähnlich klingende Laute (z. B. *Fälle/Felle, Waise/Weise, lax/Lachs, freudig – freundlich*), (d) der Sonderfall *dass*. Innerhalb des Bereichs »Groß- und Kleinschreibung« sind zentral: (a) Großschreibung der Substantive (als die einzige lexikalisch geregelte Fallgruppe), (b) Großschreibung der Satzanfänge, (c) Großschreibung bei Substantivierung. Während in dieser Fallgruppe die Subgruppe der Funktionswörter eher peripher ist (z. B. *das Für und Wider*), stellen Verben und Adjektive zentrale Subgruppen dar; und bei den substantivierten Verben sind wiederum Verbindungen des Typs Präposition + Verb (*beim/zum Lesen*) zentraler (weil häufiger) als Verbindungen des Typs Artikel + Verb (*das Lesen*).

Zwischen der Aneignung der Regeln und ihrer automatisierten Anwendung liegt ein langer Weg. Lautbild und Schriftbild, Lautregeln und Schriftregeln müssen aufgebaut, internalisiert und aufeinander bezogen werden. Im Kopf wird z. B. ein Lautschema für den Wortstamm [ta:k] ausgebildet. Um das Schreibschema <Tag> zu beherrschen, muss man wissen, dass das gehörte [k] am Wortende wegen des Phänomens der Auslautverhärtung als <g> und das gehörte [t] am Wortanfang großzuschreiben ist, weil es sich um ein Substantiv handelt. Das Wort *tagen* schreiben wir als Verb dagegen wiederum klein, wenn es nicht am Satzanfang steht oder substantivisch gebraucht wird. Man hört [tɛ:klɪç] und hat *täglich* zu schreiben, weil dies das Stammprinzip verlangt. Das Wort *taghell* wird als verkürzte Wortgruppe zusammengeschrieben und *tag-hell* getrennt.

Das Beispiel zeigt zum einen, dass bei der Schreibung ein und desselben Stammes bzw. der aus ihm gebildeten Wörter je nach Verwendung im Text mehrere Bereiche der Orthografie betroffen sein können; es zeigt zum anderen, dass und in welcher Weise die oben dargestellten Regularitäten zusammenwirken.

8. Literatur (in Auswahl)

8.1 Bibliographien

Augst, Gerhard (Hg.) (1992) unter Mitarbeit von Andrea Höppner: Rechtschreibliteratur. Bibliographie zur wissenschaftlichen Literatur über die Rechtschreibung und Rechtschreibreform der neuhochdeutschen Standardsprache, erschienen von 1900 bis 1990, Frankfurt am Main [u. a.]: Lang.
Nerius, Dieter/Rahnenführer, Ilse (1993): Orthographie (Studienbibliographien Sprachwissenschaft, Bd. 6), Heidelberg: Groos.

8.2 Wörterbücher

Bertelsmann Die neue deutsche Rechtschreibung (1999), verfasst von Ursula Hermann, neu bearb. und erw. von Lutz Götze, Gütersloh: Bertelsmann.
Duden. Das große Wörterbuch der deutschen Sprache in zehn Bänden (1999), hg. und bearb. vom Wissenschaftlichen Rat und den Mitarbeitern der Dudenredaktion unter Leitung von Matthias Wermke, 3., neu bearb. und erw. Aufl., Mannheim [u. a.]: Dudenverlag.
Duden Deutsches Universalwörterbuch (2001), hg. von der Dudenredaktion, neu bearb. und erw. Aufl., bearb. von Anette Auberle u. a., Mannheim [u. a.]: Dudenverlag.
Duden Die deutsche Rechtschreibung (2000), 22., völlig neu bearb. und erw. Aufl., hg. von der Dudenredaktion, Duden Bd. 1, Mannheim [u. a.]: Dudenverlag.
Metzler Lexikon Sprache (2000), hg. von Helmut Glück, 2., erw. Aufl., Stuttgart: Metzler.
Wahrig, Gerhard (Hg.) (2000): *Deutsches Wörterbuch*, Mit einem »Lexikon der deutschen Sprachlehre«, 7., neu bearb. und aktualisierte Aufl., neu hg. von Renate Wahrig-Buhrfeind, Gütersloh: Bertelsmann.

8.3 Darstellungen

Amtliches Regelwerk (1996) = *Deutsche Rechtschreibung. Regeln und Wörterverzeichnis*, Amtliche Regelung gem. Beschluss der Kultusministerkonferenz vom 1.12.1995, hg. vom Ministerium für Schule und Weiterbildung des Landes Nordrhein-Westfalen, Düsseldorf: Concept Verlag.

Augst, Gerhard (1984): »Der Buchstabe«, in: *Duden Grammatik der deutschen Gegenwartssprache*, 4., völlig neu bearb. und erw. Aufl., hg. und bearb. von Günther Drosdowski, Mannheim [u. a.]: Dudenverlag, 59–87.

Augst, Gerhard/Blüml, Karl/Nerius, Dieter/Sitta, Horst (Hg.) (1997): *Die Neuregelung der deutschen Rechtschreibung. Wissenschaftliche Begründung und Kritik*, Tübingen: Niemeyer.

*Augst, Gerhard/Dehn, Mechthild (1998): *Rechtschreibung und Rechtschreibunterricht. Können – Lehren – Lernen. Eine Einführung für Studierende und Lehrende aller Schulformen*, Stuttgart [u. a.]: Klett.

Documenta Orthographica (1998 ff), Quellen zur Geschichte der deutschen Orthographie vom 16. Jahrhundert bis zur Gegenwart, hg. von Rolf Bergmann/Friedhelm Debus/Dieter Nerius in Verbindung mit dem Institut für deutsche Sprache, Hildesheim [u. a.]: Olms.

Eisenberg, Peter (1995): »Der Buchstabe und die Schriftstruktur des Wortes«, in: *Duden Grammatik der deutschen Gegenwartssprache*, 5., völlig neu bearb. und erw. Aufl., hg. und bearb. von Günther Drosdowski, Mannheim [u. a.]: Dudenverlag, 56–84.

*Eisenberg, Peter (1998a): »Der Buchstabe und die Schriftstruktur des Wortes«, in: *Duden Grammatik der deutschen Gegenwartssprache*, 6., neu bearb. Aufl., hg. von der Dudenredaktion, bearb. von Peter Eisenberg/Hermann Gelhaus/Helmut Henne/Horst Sitta/Hans Wellmann, Mannheim [u. a.]: Dudenverlag, 54–84.

Eisenberg, Peter (1998b): *Grundriß der deutschen Grammatik*, Bd. 1: Das Wort, Stuttgart: Metzler, [Kapitel 8: Die Wortschreibung, 286–340].

Eisenberg, Peter/Günther, Hartmut (Hg.) (1989): *Schriftsystem und Orthographie*, Tübingen: Niemeyer.

Eroms, Hans-Werner/Munske, Horst Haider (Hg.) (1997*): *Die Rechtschreibreform. Pro und Kontra*, Berlin: Schmidt.

Friedrich, Johannes (1966*): *Geschichte der Schrift unter besonderer Berücksichtigung ihrer geistigen Entwicklung*, Heidelberg: Winter.

Gallmann, Peter/Sitta, Horst (1996): *Duden Die Neuregelung der deutschen Rechtschreibung. Regeln, Kommentar und Verzeichnis wichtiger Neuschreibungen*, Mannheim [u. a.]: Dudenverlag.

Gessinger, Joachim/Rahden, Wilhelm von (Hg.) (1989): *Theorien vom Ursprung der Sprache*, 2 Bde., Berlin: de Gruyter

Günther, Hartmut/Ludwig, Otto (Hg.) (1994/96): *Schrift und Schriftlichkeit. Ein interdisziplinäres Handbuch internationaler Forschung*, 2 Teilbde, Berlin/New York: de Gruyter.

Haarmann, Harald (1990): *Universalgeschichte der Schrift*, Frankfurt am Main: Campus, (2., durchges. Aufl. 1991).

Jensen, Hans (1969): *Die Schrift in Geschichte und Gegenwart*, 3., neu bearb. und erw. Aufl., Berlin: VEB Deutscher Verlag der Wissenschaften.

Scheuringer, Hermann (1996): *Geschichte der deutschen Rechtschreibung. Ein Überblick. Mit einer Einführung zur Neuregelung ab 1998*, Wien: Praesens.

Kohrt, Manfred (1987): *Theoretische Aspekte der deutschen Orthographie*, Tübingen: Niemeyer.

Maas, Utz (1992): *Grundzüge der deutschen Orthographie*, Tübingen: Niemeyer.

*Nerius, Dieter (Hg.) (2000): *Deutsche Orthographie*, 3., neu bearb. Aufl., Mannheim [u. a.]: Dudenverlag.

Schaeder, Burkhard (Hg.) (1999): *Neuregelung der deutschen Rechtschreibung. Beiträge zu ihrer Geschichte, Diskussion und Umsetzung*, Frankfurt am Main [u. a.]: Lang.

Schwitalla, Johannes (1997): *Gesprochenes Deutsch. Eine Einführung*, Berlin: Erich Schmidt. Stetter, Christian (Hg.) (1990): *Zu einer Theorie der Orthographie. Interdisziplinäre Aspekte gegenwärtiger Schrift- und Orthographieforschung*, Tübingen: Niemeyer.

Stetter, Christian (1999): *Schrift und Sprache*, Frankfurt am Main: Suhrkamp.

Jürgen Schiewe

Wörter auf dem Prüfstand. Grundzüge der Sprachkritik

1. Einleitung

Weder als Methode noch als Gegenstand gehört Sprachkritik zum Kernbereich linguistischer Forschung. Mehr noch: innerhalb der Sprachwissenschaft besteht kein Einverständnis darüber, ob Sprachkritik überhaupt als eine Teildisziplin des Faches angesehen werden kann. Der Grund für diesen Dissens ist wissenschaftstheoretischer Art. Sprachkritik teilt mit Sprachwissenschaft grundsätzlich den metasprachlichen Charakter ihrer Aussagen, d. h. beide Disziplinen machen mit Sprache Aussagen über Sprache und Sprachgebräuche. Während die Sprachwissenschaft – bereits seit ihren Anfängen zu Beginn des 19. Jahrhunderts – aber streng deskriptiv bleibt, also das »Sein« der Sprache in allen ihren Facetten theoretisch und methodisch begründet beschreibt, nimmt Sprachkritik darüber hinaus eine Bewertung vor. Sprachkritik formuliert »Sollensaussagen«, sie sagt, wie Sprache ›aussehen‹ oder wie sie gebraucht werden sollte oder könnte. Sprachkritik *wertet* folglich Bestehendes, Sprachwissenschaft **beschreibt** Bestehendes. Gerade die Frage, ob eine solche Wertung in die Zuständigkeit von Wissenschaft fällt, wird unterschiedlich beantwortet.

Wichtig ist es in diesem Zusammenhang darauf hinzuweisen, dass sprachkritisch wertende Sollensaussagen nicht den Status von Vorschriften haben, ja gar nicht haben können. Der methodische Unterschied zwischen Sprachwissenschaft und Sprachkritik darf also nicht, wie es oft geschieht, in dem Beschreibungspaar ›deskriptiv – normativ‹ oder ›beschreibend –

vorschreibend‹ gefasst werden.[1] Für Sprachkritik gilt eher die methodische Charakterisierung ›reflektierend, wertend, empfehlend‹. In diesem Beitrag wird die Auffassung vertreten, dass – in diesem Sinne – sprachkritische Aussagen als Teil einer angewandten Sprachwissenschaft durchaus ihre Berechtigung haben.

Wenn wir mit Ferdinand de Saussure (1967, 9 ff.) den Begriff ›Sprache‹ in dreierlei Weise verstehen – als ›langage (menschliche Rede)‹, als ›langue (abstraktes einzelsprachliches System)‹ und als ›parole (individuelles, konkretes Sprechen)‹[2] – und wenn wir mit Eugenio Coseriu (1975, 63 ff.) noch die ›soziale Norm‹ (usage) als die überindividuellen, aber konkreten Sprachgebrauchsweisen hinzunehmen, dann kann Sprachkritik prinzipiell auf alle vier methodisch unterscheidbaren Bereiche von Sprache bezogen sein:

Sprachkritik als Kritik an der ›langage‹ ist philosophische Erkenntniskritik. Hier wird letztlich über Themen nachgedacht wie das Verhältnis von Sprache und Denken, von Sprache und Wirklichkeit, ja über die Bedeutung von Sprache, jenseits jeder Einzelsprache, für das Menschsein des Menschen und für sein Erkennen. »Kritik« bedeutet im Bereich der langage eher eine Grenzbestimmung der Möglichkeiten von Sprache denn eine Wertung.

Sprachkritik als Kritik an der ›langue‹ ist schwer zu begründen. Darüber, ob sie möglich und sinnvoll ist, besteht auch innerhalb der Sprachkritik keine Einigkeit. Zumeist wird festgestellt, dass das System der Sprache als eine abstrakte Größe, bestehend aus arbiträren und konventionellen Zeichen, nicht kritisierbar ist. Gleichwohl gibt es aufgrund der Feststellung, dass das System des Deutschen nicht gleichmäßig ausgebildet sei, das sprachkritische Bestreben, diese Mängel zu beseitigen. So weist beispielsweise die feministische Sprachkritik nach, dass das Deutsche Asymmetrien in der Referenz auf Personen und Personengruppen aufweist, und sie macht Vorschläge, wie auf der Ebene des Systems Symmetrie hergestellt werden könnte.

Sprachkritik als Kritik an der ›parole‹, am Sprechen einzelner, üben wir ständig, schon dann, wenn wir beispielsweise sagen: »Das verstehe ich nicht«, »Könntest du das noch einmal anders ausdrücken«, »Bist du dir sicher, dass du sagst, was du meinst« oder »meinst, was du sagst« usw. Diese Form

---

[1] Vgl. Martinet (1960, 9): »La linguistique est l'étude scientifique du langage humain. Une étude est dite scientifique lorsqu'elle se fonde sur l'observation des faits et s'abstient de proposer un choix parmi ces faits au nom de certains principes estéthiques ou moraux. ›Scientifique‹ s'oppose donc à ›préscriptif‹.«

[2] Vgl. auch den Beitrag von Winfried Nöth in diesem Band, Abschnitt 3.1.

täglich geübter Sprachkritik hat die äußerst wichtige Funktion, die Kommunikation, die Verständigung und das Verstehen zu sichern.

Sprachkritik als Kritik an der ›sozialen Norm‹ ist der eigentliche Gegenstandsbereich von Sprachkritik, soweit wir eine an der Einzelsprache orientierte und auf sie zielende Sprachkritik im Blick haben. Hier finden wir Felder wie die Kritik an der politischen Sprache, also daran, wie Sprache in der Politik und von den Politikern verwendet wird, entsprechend die Kritik an der Wissenschaftssprache, an der öffentlichen Sprache, an der Mediensprache, an der Werbesprache, an der Jugendsprache und so weiter. Die Themenfelder dieser Sprachgebrauchskritik lassen sich weiter differenzieren: Es kann beispielsweise der Gebrauch von Anglizismen in der Jugend- und Mediensprache zum Gegenstand der Kritik gemacht werden oder der Gebrauch von Leerformeln in der politischen Sprache oder aber von »Plastikwörtern« in der öffentlichen Sprache.

Wenn wir Wörter auf den Prüfstand stellen und somit Sprachkritik als Wortkritik betreiben, dann ist es hauptsächlich der Bereich des Sprachgebrauchs (genauer: des Wortgebrauchs) im sozialen Rahmen, in dem sich diese Form von Sprachkritik bewegt. Gleichwohl greift Sprachkritik aus auch auf das System (langue), denn sie vergleicht die Möglichkeiten des Systems mit den Realisierungen der sozialen Norm und bewertet, kritisiert diese Realisierungen vor dem Hintergrund der Möglichkeiten. Da Sprachkritik Wörter als Bezeichnung von Gegenständen, Sachverhalten und gedanklichen Konzepten versteht, erkennt sie ihre Aufgabe auch darin, die Bezeichnungen auf ihre Angemessenheit hin zu überprüfen. Damit ist Sprachkritik einerseits nie völlig von Sachkritik zu trennen, andererseits muss sie das Verhältnis von Sprache (Wörter), Denken (gedankliche Konzepte) und Wirklichkeit (Gegenstände und Sachverhalte) grundsätzlich reflektieren, so dass sie hierin einen Bezug auch zur langage, zur Leistungsfähigkeit menschlicher Sprache überhaupt, aufweist.

Im Folgenden wird – gemäß der Tradition sprachkritischer Reflexion – zunächst das Wort in seinem Verhältnis zum Denken und zur Wirklichkeit betrachtet. Anschließend werden verschiedene sprachkritische Felder im Zusammenhang mit dem Wortgebrauch als Ausprägung sozialer Normen vorgestellt. Den Schluss bilden Überlegungen zu der Frage, ob und wie Sprachkritik als Wortkritik begründet werden kann.

2. Wort, Begriff, Gegenstand und Handlung

Die berühmte Sammlung von »Gesprächen« des 551 bis 479 v. Chr. lebenden chinesischen Philosophen Kungfutse (Konfuzius) mit seinen Schülern
enthält einen kurzen Abschnitt (Kungfutse 1976, 131), der uns direkt in das
Thema ›Sprachkritik‹ hineinführt.

»Dsï Lu sprach: ›Der Fürst von We wartet auf den Meister, um die Regierung auszuüben. Was würde der Meister zuerst in Angriff nehmen?‹ Der
Meister sprach: ›Sicherlich die Richtigstellung der Begriffe.‹ Dsï Lu sprach:
›**Darum** sollte es sich handeln? Da hat der Meister weit gefehlt! Warum
denn deren Richtigstellung?‹ Der Meister sprach: ›Wie roh du bist, Yu! Der
Edle läßt das, was er nicht versteht, sozusagen beiseite. Wenn die Begriffe
nicht richtig sind, so stimmen die Worte nicht; stimmen die Worte nicht, so
kommen die Werke nicht zustande; kommen die Werke nicht zustande, so
gedeiht Moral und Kunst nicht; gedeiht Moral und Kunst nicht, so treffen
die Strafen nicht; treffen die Strafen nicht, so weiß das Volk nicht, wohin
Hand und Fuß setzen. Darum sorge der Edle, daß er seine Begriffe unter
allen Umständen zu Worte bringen kann und seine Worte unter allen
Umständen zu Taten machen kann. Der Edle duldet nicht, daß in seinen
Worten irgend etwas in Unordnung ist. Das ist es, worauf alles ankommt.‹«
Konfuzius macht hier eine Reihung auf: Begriffe – Worte – Handeln (Werke) – Moral und Kunst – staatliche Ordnung. Die Begriffe sieht er als grundlegend an: ›stimmen‹ sie nicht, dann wirkt sich das negativ auf die Wörter
aus und weiter auf das gesamte menschliche Zusammenleben; ›stimmen‹
sie, sind sie ›richtig‹, dann sind – so wäre zu schließen – auch die Wörter
zutreffend und in der Folge ein gerechtes Regieren und ein geordnetes Zusammenleben möglich.

Was nun meint Konfuzius mit ›Begriff‹? Wenn wir ein Wort benutzen, dann
verbinden wir mit diesem Wort zugleich auch immer eine bestimmte Vorstellung, wir ›denken‹ uns etwas bei dem Wort. Wenn wir *Haus* sagen, dann
denken wir an bestimmte Gebäude, wenn wir *Katze* sagen, an eine bestimmte
Gattung von Tieren, wenn wir *Liebe* sagen, an eine bestimmte Art von
Gefühlen. Ganz offenbar ordnen wir die Welt – die äußere unserer Wahrnehmung wie die innere unserer Empfindungen – in Form bestimmter
Kategorisierungen, die uns helfen, Gleiches als Gleiches oder Ähnliches als
Ähnliches und folglich auch Unterschiedliches als Unterschiedliches zu
denken. Gehen wir nun davon aus, dass derartige Kategorisierungen auf

der Ebene unserer Vorstellungen, unserer Kognition, gemeint sind, wenn Konfuzius von ›Begriffen‹ spricht.[3]

In der Regel haben wir für einen Begriff auch ein Wort zur Verfügung, mit dessen Hilfe wir etwas bezeichnen und kommunizieren können. In diesem Verständnis meint ›Wort‹ zunächst lediglich die äußere, phonisch oder graphisch wahrnehmbare Gestalt eines Wortes, den Wortkörper oder – sprachwissenschaftlich gesagt: die Ausdrucksseite eines Wortes. In einem anderen Verständnis aber kann ›Wort‹ auch die Verbindung der Ausdrucksseite mit einer Vorstellung und der in ihr enthaltenen Kategorisierung, eben mit dem ›Begriff‹ oder: der Inhaltsseite meinen. So verstanden wäre das ›Wort‹ also die Verknüpfung zwischen Ausdruck und Inhalt. Um im Folgenden Missverständnisse zu vermeiden, sprechen wir von ›Wortform‹, wenn lediglich die Ausdrucksseite gemeint ist, und von ›Wort‹, wenn die Verbindung zwischen Ausdruck (Wortform) und Inhalt (Vorstellung, Begriff) bezeichnet werden soll.[4]

Mit dieser Unterscheidung lässt sich der Text von Konfuzius nun präziser fassen: Die Begriffe, sagt er, müssen ›stimmen‹, damit auch die Wortformen und in der Folge die Handlungen ›stimmen‹. Offenbar nimmt er an, dass die Verknüpfung zwischen der Inhaltsseite und der Ausdrucksseite eines Wortes nicht beliebig, also arbiträr, und bloß von Konventionen geregelt ist,[5] sondern dass der inhaltlich gefasste Begriff auch eine bestimmte ausdrucksseitige Wortform bedingt.

Wenn Konfuzius nun sagt, dass die Begriffe ›stimmen‹ müssen, damit auch die Wörter und in der Folge die Handlungen ›stimmen‹, dann zielt er offenbar auf die Qualität eben jener begrifflichen Kategorisierungen. Diese Qualität lässt sich prinzipiell in verschiedenen Bezügen bestimmen: in Bezug auf die außersprachliche Wirklichkeit, in Bezug auf andere, benachbarte Kategorien, schließlich in Bezug auf die kommunizierenden Menschen, deren

---

[3] Zu ›Begriff‹/›Konzept‹ vgl. auch den Beitrag von Jürgen Dittmann in diesem Band, Abschnitt 3.2.

[4] In der Nachfolge de Saussures (1967) wurde das Wort als sprachliches Zeichen differenzierter als hier dargestellt diskutiert. Vgl. dazu Stetter (1999), vor allem Kap. 4: »Die Arbitrarität des Zeichens«; vgl. auch Müller (2000, 48 ff.). Für unsere Zwecke aber ist die hier vorgenommene Unterscheidung ausreichend.

[5] Die Auffassung von der Beliebigkeit des sprachlichen Zeichens vertritt de Saussure (1967, 79): »Das Band, welches das Bezeichnete mit der Bezeichnung verknüpft, ist beliebig; und da wir unter Zeichen das durch die assoziative Verbindung einer Bezeichnung mit einem Bezeichneten erzeugte Ganze verstehen, so können wir dafür auch einfacher sagen: **das sprachliche Zeichen ist beliebig.**« Vgl. dazu auch den Beitrag von Winfried Nöth in diesem Band, Abschnitt 3.1.

Wörter die Kategorien repräsentieren. So gedeutet, haben wir bei Konfuzius bereits eine Theorie des sprachlichen Zeichens angelegt, die, ganz im modernen Sinne, semantische (Bezug zur Wirklichkeit), syntaktische (Bezug zu anderen Kategorien) und pragmatische (Bezug zu kommunizierenden Menschen) Aspekte des Wortes zum Thema macht.[6]

Sprachkritik als Wortkritik geht – durchaus in Einklang mit Konfuzius – davon aus, dass in der Wortform (der Ausdrucksseite) ein Hinweis auf den damit verbundenen Begriff (die Inhaltsseite) gegeben ist und sich Wörter folglich auf ihre Angemessenheit hinsichtlich der Darstellung des Begriffs und der Wirklichkeit überprüfen lassen.

3. Die Richtigkeit der Namen

Der Frage, in welchem Verhältnis das Wort zum mit ihm bezeichneten Gegenstand (als Element der Wirklichkeit) steht, ist der griechische Philosoph Platon (428/27–348/48 v. Chr.) in seinem Dialog »Kratylos« nachgegangen. Dieser Dialog, der später den Titelzusatz »Über die Richtigkeit der Namen« erhalten hat, ist der älteste geschlossene sprachkritische Text des Abendlands. Platon lässt dort seinen Lehrer Sokrates mit zwei Personen diskutieren, die bezüglich des Verhältnisses von Name und Sache, von Wort und Ding, zwei unterschiedliche Auffassungen vertreten. Der Dialog setzt damit ein, dass Hermogenes, der eine Gesprächspartner des Sokrates, diesem die beiden Thesen, die des Kratylos und seine eigene, erläutert (Platon 1957, 126, 127):

> »Kratylos hier, o Sokrates, behauptet, jegliches Ding habe seine von Natur ihm zukommende richtige Benennung, und nicht das sei sein Name, wie einige unter sich ausgemacht haben etwas zu nennen, indem sie es mit einem Teil ihrer besonderen Sprache anrufen; sondern es gebe eine natürliche Richtigkeit der Wörter, für Hellenen und Barbaren die nämliche.«

> »Ich meines Teils, Sokrates, habe schon oft mit diesem und vielen andern darüber gesprochen und kann mich nicht überzeugen, daß es eine andere Richtigkeit der Worte gibt, als die sich auf Vertrag und Übereinkunft gründet. Denn mich dünkt, welchen Namen jemand einem Dinge beilegt, der ist auch der rechte, und wenn man wieder einen andern an die Stelle setzt und jenen nicht mehr gebraucht, so ist der letzte nicht minder richtig als der zuerst beigelegte, wie wir unsern Knechten andere Namen geben. Denn kein Name irgendeines

---

[6] Vgl. hierzu auch das Zeichenmodell von Morris (1972, 9 ff.).

Dinges gehört ihm von Natur, sondern durch Anordnung und Gewohnheit derer, welche die Wörter zur Gewohnheit machen und gebrauchen.«

Wir können diese beiden Thesen in folgende Frage übersetzen: Sind die Wörter, verstanden als sprachlichen Zeichen, willkürlich, also arbiträr, so dass ihre Bedeutung nur auf den Konventionen der Sprachgemeinschaft beruht, oder entsprechen sie den Dingen, wird ihre Bedeutung von der Natur dessen, was sie bezeichnen, bestimmt? Der Dialog klopft nun, geleitet von der vermeintlichen Unwissenheit des Sokrates und seiner Fähigkeit, die richtigen Fragen zu stellen, beide Thesen ab. Das Interesse Platons und seines Sokrates' ist vorrangig ein sprachkritisches mit erkenntniskritischem Hintergrund. Es geht um die Frage, ob die Sprache und ihre Analyse, ob das Zerlegen der Wörter ein geeignetes Mittel ist, zur Erkenntnis der Dinge, der Wahrheit letztlich, zu gelangen. Die Antwort lautet: Nein. Zu Kratylos gewandt hält Sokrates zu Ende des Dialogs fest (Platon 1957, 180):

> »Auf welche Weise man nun Erkenntnis der Dinge erlernen oder selbst finden soll, das einzusehen sind wir vielleicht nicht genug, ich und du; es genüge uns aber schon, darin übereinzukommen, daß nicht durch die Worte, sondern weit lieber durch sie [die Dinge] selbst man sie erforschen und kennenlernen muß als durch die Worte.«

Zur Erkenntnis der Dinge gelangt man nur, indem man die Dinge selbst untersucht, nicht aber die Wörter, die diese Dinge bezeichnen. Was nun ist für die Sprachkritik an Ergebnissen aus dem Dialog »Kratylos« festzuhalten? Zunächst einmal das zuletzt genannte Moment, die Sprachskepsis, die Absage an ›Wortgläubigkeit‹ und ›Wortrealismus‹. Die Wörter taugen nicht zur Erkenntnis, denn sie sind – das wurde im Dialog ausgiebig erörtert – Mischgebilde aus sachlicher (natürlicher) und konventioneller (verabredeter, gewohnheitsmäßiger) Richtigkeit. Zu einer ursprünglichen natürlichen Richtigkeit, wenn es sie denn überhaupt jemals gegeben hat, aber haben wir keinen Zugang.
Gerade diese Aussage, die auf den ersten Blick eine jede Sprachkritik im Sinne einer Kritik des Wortes, des sprachlichen Zeichens, unmöglich zu machen scheint, enthält jedoch eine, von Platon zwar nicht ausgeführte, doch aber angedeutete Perspektive für Sprachkritik. Sokrates hatte im Verlauf des Dialogs unterschieden zwischen Stammwörtern einerseits und abgeleiteten und zusammengesetzten Wörtern andererseits, oder, wie man in zeichentheoretischer Terminologie auch sagen könnte: er hatte unterschieden zwischen primären und sekundären Zeichen. Die primären Zeichen,

die nicht weiter in kleinere Bestandteile zerlegbar sind, müssen als arbiträr
gelten. Eine Nachahmung oder Abbildung des Dinges können wir in ihnen
nicht mehr erkennen oder sie ist gar nicht gegeben. Wörter wie *Haus* oder
Tür haben keine direkte oder natürliche Beziehung zu den Dingen, die sie
bezeichnen. Ihre Leistungsfähigkeit innerhalb der Sprache besteht hauptsächlich darin, dass man sich mit ihnen über die sie bezeichnenden Dinge
verständigen kann, wobei die Möglichkeit der Verständigung auf der innerhalb einer Sprachgemeinschaft bestehenden Konvention beruht, die
entsprechenden Dinge mit eben jenen Wörtern zu bezeichnen. Bei den primären Zeichen ist das Verhältnis ›Wort – Ding‹ also willkürlich, arbiträr,
und konventionell. Eine Kritik der primären Zeichen muss ins Leere laufen, denn was willkürlich ist, lässt sich nicht sinnvoll kritisieren, und was
konventionell ist, besitzt ebenfalls keine Grundlage für Kritik, solange seine Funktion, also die Kommunikation, nicht beeinträchtigt ist.

Daneben aber gibt es die sekundären Zeichen, die von primären abgeleitet
oder aus ihnen zusammengesetzt sind. Sie lassen gewissermaßen einen Blick
auf die bezeichnete Sache zu, vorausgesetzt allerdings, die in ihnen enthaltenen primären Zeichen sind in ihrer Bedeutung bekannt. Die sekundären
Zeichen sind nicht mehr willkürlich, arbiträr oder beliebig. Sie beruhen in
ihrer Bildung und Bedeutung zwar auf der gegebenen Struktur und Bedeutung der primären Zeichen, bilden aber dennoch die Dinge – mit Hilfe der
in ihnen enthaltenen primären Zeichen – zumindest teilweise ab. Sind beispielsweise die Wörter *Haus*, *Tür* und *Tasse* als primäre Zeichen gegeben,
dann kann der Gegenstand, den wir mit *Haustür* bezeichnen, nicht mehr
durch *Haustasse* bezeichnet werden, denn dieses Wort würde eine andere
Vorstellung von dem Gegenstand hervorrufen und auch einen anderen
Gegenstand bezeichnen als eben das Wort *Haustür*. Man kann sagen, dass
die sekundären Zeichen teilmotiviert sind, d. h. sie sind nicht von den Dingen, Gegenständen, von der Objektstruktur der Wirklichkeit her motiviert,
bestimmt, wohl aber von den in ihrer Bedeutung festliegenden primären
Zeichen. Sekundäre Zeichen sind – um mit Gauger (1971) zu sprechen –
durchsichtige Wörter (vgl. auch den Beitrag von Norbert Richard Wolf in
diesem Band, Abschnitt 3). Sie lassen einen Blick zu auf die von ihnen
bezeichneten Dinge und unsere Vorstellung von den Dingen.

Gleichwohl deuten auch die sekundären sprachlichen Zeichen die mit ihnen bezeichnete Sache nur an, bilden sie aber nicht vollständig ab. Ihre
jeweilige konkret gemeinte Bedeutung ergibt sich zudem nur aus dem Zusammenhang, in dem sie gebraucht werden. Eben deshalb lassen sich Wörter aus Sicht der Sprachkritik auch nur bedingt kritisieren und die Urteile

lassen sich nur in graduellen Kategorien wie ›besser‹ oder ›schlechter‹, ›angemessener‹ und ›unangemessener‹ ausdrücken. »Denn die Wörter«, hat Pörksen (1994, 185) in einem Aufsatz über den »Kratylos« geschrieben, »sind Mischgebilde aus sprachlicher und sachlicher Richtigkeit, aus Stellvertretung für eine Sache und Aussage über eine Sache, aus gegenwärtigem Gebrauch und vergangener Bedeutung. Teilweise benennen sie nur – teilweise bilden sie auch ab, sind sie den Dingen mehr oder weniger angemessen. Beides durchkreuzt einander und löst einander ab.«
Die Feststellung, dass Wörter ein Mischgebilde auch aus »gegenwärtigem Gebrauch und vergangener Bedeutung« seien, findet sich so deutlich bei Platon nicht. Gleichwohl kann man mit ihr Sprachkritik als Wortkritik präziser fassen. Gemeint ist, dass eine Motivierung der Bedeutung von Wörtern auch von früheren Bedeutungen her gegeben sein kann und dass derartige Bedeutungen als Nebenvorstellungen, Konnotationen, im aktuellen Gebrauch gegebenenfalls mitschwingen können. Dieser Umstand kann beispielsweise bei Wörtern Anlass zur Sprachkritik geben, die in der Geschichte einmal von einer bestimmten Sprechergruppe vereinnahmt und mit einer bestimmten Bedeutung belegt worden sind. Um ein besonders krasses, aber aussagekräftiges Beispiel zu wählen: Die Wörter *vergasen, ausmerzen, entartet* hatten im Nationalsozialismus eine ganz bestimmte, Unmenschliches, Mörderisches und Diskriminierendes ausdrückende Bedeutung. Betrachtet man sie als arbiträre Zeichen, dann ist es einer anderen Sprechergeneration prinzipiell möglich, diese Wörter mit neuen Bedeutungen zu belegen, die von jener aus der Geschichte abgelöst sind. Die Sprachkritik jedoch macht darauf aufmerksam, dass die vergangenen Bedeutungen in der Geschichte eines Wortes dennoch aufgehoben bleiben und deshalb nie ganz zu negieren sind. Diese Wörter erinnern noch an Unmenschliches, und deshalb kann – und soll – ihr Gebrauch kritisiert werden.
Halten wir als Ergebnis für eine sprachkritische Musterung der Wörter Folgendes fest:
Wörter sind Mischgebilde aus sachlicher und konventioneller Richtigkeit sowie aus vergangenem und gegenwärtigem Gebrauch. Diese, auch linguistisch gesicherte Einsicht in den Charakter der sprachlichen Zeichen muss die Sprachkritik in ihrem Urteil berücksichtigen.
Gegenstand der Sprachkritik als Wortkritik sind vorrangig die sekundären, weil teilabbildenden, durchsichtigen Zeichen, nicht oder kaum dagegen die primären, weil arbiträren Zeichen.

Die Urteile der Sprachkritik dürfen nicht obligatorisch sein. Angebracht sind vielmehr graduelle Urteile wie ›besser‹ oder ›schlechter‹, ›angemessener‹ oder ›unangemessener‹.

Die wesentliche Aufgabe der Sprachkritik besteht darin, die ›richtigsten‹ und ›besten‹ Wörter für eine Sache und in einer Rede zu suchen und die weniger ›wahren‹ und an Unmenschliches erinnernden Wörter auszumustern.

4. Kritik an »unmenschlichen« Wörtern

Sprachkritik als Wortkritik wurde besonders nach 1945 geübt. Die Kritik richtete sich gegen den Sprachgebrauch im Nationalsozialismus und stellte den Versuch dar, die Mechanismen der nationalsozialistischen Sprachlenkung zu analysieren. In diesem Zusammenhang sind zwei in der Zwischenzeit klassisch gewordene sprachkritische Werke zu nennen: Victor Klemperers »LTI. Notizbuch eines Philologen«, 1947 erstmals erschienen, und die von Dolf Sternberger, Gerhard Storz und Wilhelm E. Süskind verfasste Sammlung »Aus dem Wörterbuch des Unmenschen«, deren einzelne Artikel zuerst 1945/46 in der Monatszeitschrift »Die Wandlung« abgedruckt wurden.

Klemperers Thema ist die schleichende Manipulation des Denkens durch Wörter, deren Semantik mittels Kontextnormierungen ideologisch aufgeladen worden ist. An einem Beispiel (Klemperer 1996, 198 f.) sei dieser Mechanismus erläutert:

> »Es ist manchmal nicht leicht festzustellen, weswegen ein Ausdruck wegwerfend klingt. Warum ist die nazistische Bezeichnung ›Judengottesdienst‹ verächtlich, sie besagte doch nichts anderes als das neutrale ›jüdischer Gottesdienst‹? Ich vermute, weil sie irgendwie an exotische Reiseberichte erinnert, an irgendwelche afrikanische Eingeborenenkulte. Und hier bin ich wohl dem wahren Grund auf der Spur: Judengottesdienst gilt dem Judengott, und Judengott ist Stammesgott und Stammesgötze und nicht, noch nicht die eine und allgemeine Gottheit, der der jüdische Gottesdienst gilt. Erotische Beziehungen zwischen Juden und Ariern heißen Rassenschande, die Nürnberger Synagoge, die er in einer ›Feierstunde‹ zerstören läßt, nennt der Frankenführer Streicher die Schande von Nürnberg, er nennt auch Synagogen im allgemeinen Räuberhöhlen – da bedarf es keiner Untersuchung, weswegen das nicht nur distanzierend, sondern auch wegwerfend klingt. Ausdrückliche Beschimpfung des Judentums ist durchweg üblich; kaum jemals begegnet man bei Hitler und Goebbels dem Juden, ohne daß ihm Eigenschaftsworte wie gerissen, listig, betrügerisch, feige mitgegeben sind, es fehlt auch nicht an Schimpfworten, die sich volkstümlich

auf Physisches beziehen, wie plattfüßig, krummnasig, wasserscheu. Für den gebildeten Geschmack sind parasitär und nomadisch vorhanden. Will man einem Arier das Schlimmste nachsagen, so nennt man ihn Judenknecht, will eine arische Frau sich nicht von ihrem jüdischen Mann trennen, so ist sie eine Judenhure, will man der gefürchteten Intelligenzschicht an den Leib, so spricht man von krummnasigem Intellektualismus.«

Klemperer macht an vielen Stellen seines Buches deutlich, dass die sprachlichen Umgebungen, in denen ein Wort verwendet wird, die Kontexte also, eine Bedeutungsveränderung und Bedeutungsneufestlegung eines Wortes auslösen können. Wird ein Wort, wie das Wort *Jude* beispielsweise, häufig genug mit bestimmten Adjektiven kombiniert, dann übernimmt dieses Wort – zumindest teilweise – die Bedeutung jener Adjektive als Nebenbedeutungen, als Konnotationen, die schließlich fest mit dem Wort einhergehen, indem sie assoziativ mit ihm verknüpft werden. Auf diese Weise kommt Sprachlenkung zustande, wird das Denken durch Sprache in bestimmte Bahnen geführt: »Worte«, schreibt Klemperer (1996, 21) zusammenfassend, »können sein wie winzige Arsendosen: sie werden unbemerkt verschluckt, sie scheinen keine Wirkung zu tun, und nach einiger Zeit ist die Giftwirkung doch da.«[7]

Umstrittener als Klemperers Analysen ist das »Wörterbuch des Unmenschen«. Seinen Autoren wurden von der Sprachwissenschaft methodische Fehler und eine unzulässige Vermischung von moralischen Urteilen und analysierenden Aussagen vorgeworfen.[8] Gleichwohl heben Sternberger, Storz und Süskind einen Aspekt von Wörtern und Wortgebrauch hervor, der es verdient, hier betrachtet zu werden. Ausgangspunkt ihrer Kritik ist stets eine moralische Wertung, ein ethischer Standpunkt, von dem aus sich ein Handeln oder eine Kategorienbildung des Menschen als ›gut‹ oder ›böse‹, als ›human‹ oder ›inhuman‹ einstufen lässt. Dieser ethische Standpunkt nun, so wird behauptet, könne in Wörtern wiederkehren, so dass auch sie ›gut‹ oder ›böse‹, ›human‹ oder ›inhuman‹ werden. In dem Artikel *Betreuung* beispielsweise sucht Sternberger nachzuweisen, dass der Ausdruck *jemandem treu sein* gut und human ist, denn in dieser Wendung wird der syntaktisch im Dativ stehende Mensch nicht entmündigt, er bleibt »selbständig, gültig

---

[7] In diesem Zusammenhang wäre auch George Orwells Roman »1984« und die darin enthaltene Konzeption der »Newspeak« zu betrachten; vgl. zum sprachkritischen Gehalt Dittmann (1984).

[8] Vgl. zu diesem Streit zwischen Sprachwissenschaft und Sprachkritik, in dem auch die hier nicht weiter behandelte Schrift »Sprache in der verwalteten Welt« von Karl Korn (1962) eine Rolle spielte, Schiewe (1998, 242 ff.).

und frei« (Sternberger/Storz/Süskind 1968, 51). *Jemanden betreuen* dagegen
erscheint ihm böse und inhuman, denn durch die Vorsilbe *be-* wird der
Mensch syntaktisch in den Akkusativ gedrängt, somit zu einem Gegenstand degradiert, seiner Mündigkeit beraubt durch den »Unmenschen«,
der ihn *betreut.* »Was mit einem banalen und kurzsichtigen Begriff als ›Missbrauch‹ bezeichnet wird«, heißt es bei Sternberger/Storz/Süskind (1986,
11), »reißt die Wörter und ihre Bedeutungen mit sich. In ein paar Jahren
steht eben das als herrschende Bedeutung in den Wörterbüchern, was eben
noch für Missbrauch, ja auch bloß als falsch galt. [...] Wörter sind nicht
unschuldig, können es nicht sein, sondern die Schuld der Sprecher wächst
der Sprache selber zu, fleischt sich ihr gleichsam ein.«
Es ist natürlich sehr die Frage, ob Wörter selbst unmenschlich und schuld-
beladen sein können, oder ob es die Sprecherinnen und Sprecher sind, die
Wörter in bestimmten Situationen zu derartigen Zwecken gebrauchen.[9] Es
scheint, als konzentrierten diese Sprachkritiker ihre gesamte Kritik auf das
Wort, das ›vergiften‹ kann, das die ›Schuld‹ von Unmenschlichkeit in sich
sammelt. Bei genauerem Hinsehen aber ist festzustellen, dass sie alle – letztlich auch Sternberger, Storz und Süskind – keineswegs nur das Wort als
isolierte sprachliche Einheit im Blick haben. Sie reden von einem Wortgebrauch in bestimmten Kontexten und kritisieren gerade diesen Wortgebrauch, zugleich aber sind sie – und hierin liegt eine wichtige Beobachtung der Sprachkritik – der Meinung, dass die Kontextbedeutung über
kurz oder lang in die Wortbedeutung eingehen und sie bestimmen kann.
Streng genommen ist damit der Bereich einer reinen Wortkritik verlassen.
Die Aussagen bewegen sich auf der Ebene einer Wortgebrauchs- und
Begriffskritik. Wenn also Wörter auf den Prüfstand gestellt werden, dann
müssen im Hintergrund stets die folgenden Fragen mitbedacht werden:
Welcher Wortbegriff liegt den sprachkritischen Äußerungen zugrunde?
Werden Wörter als Einheiten des Sprachsystems kritisiert oder aber steht
ihr Gebrauch in bestimmten Kontexten und in bestimmten Sprechergruppen
im Vordergrund? Wir werden sehen, dass Sprachkritik als Wortkritik zumeist Kritik am Wortgebrauch in bestimmten Sprachverwendungssitua-
tionen ist.

---

[9] Diese Auffassung vertritt Peter von Polenz in seinem Aufsatz »Sprachkritik und Sprachwissenschaft« von 1963, teilweise abgedruckt in Sternberger/Storz/Süskind (1986,
289 ff.). Vgl. zu dem Problem auch Weinrich (1966).

5. Unwörter, Plastikwörter, kontroverse Begriffe

Eine öffentlichkeitswirksame Form gegenwärtiger Wortkritik ist die seit 1991 stattfindende jährliche Kür der »Unwörter des Jahres«. In der Satzung, die sich diese »sprachkritische Aktion« gegeben hat, sind folgende »Grundsätze« formuliert (Schlosser 2000, 115):

> »Die Aktion ›Unwort des Jahres‹ will für mehr sachliche Angemessenheit und Humanität im öffentlichen Sprachgebrauch werben. Zu diesem Zweck sollen jährlich einzelne Wörter oder Formulierungen aus der aktuellen öffentlichen Kommunikation, welche die Erfordernisse sachlicher Angemessenheit und humanen Miteinanders besonders deutlich verfehlen, öffentlich gerügt werden. [...] In Betracht kommen alle Felder der öffentlichen Kommunikation (Politik, Verwaltung, Wirtschaft, Wissenschaft ...). Die Rügen verstehen sich in erster Linie als Anregung zu mehr sprachkritischer Reflexion. Eine Zensurabsicht liegt der Aktion fern.«

»Unwörter« sollen also durch ›sachliche Unangemessenheit‹ und durch einen ›inhumanen, die Menschenwürde verletzenden Zug‹ charakterisiert sein. Somit sind es wiederum moralische Gründe, die als Maßstab der Kritik angeführt werden. Blicken wir auf die Liste der bisherigen Unwörter (vgl. Schlosser 2000, 112 f.):
1991 *ausländerfrei*, 1992 *ethnische Säuberung*, 1993 *Überfremdung*, 1994 *Peanuts*, 1995 *Diätenanpassung*, 1996 *Rentnerschwemme*, 1997 *Wohlstandsmüll*, 1998 *sozialverträgliches Frühableben*, 1999 *Kollateralschaden* und 2000 *national befreite Zone*. Zusätzlich wurde das Unwort des 20. Jahrhunderts gewählt, es lautet *Menschenmaterial*.

Was an dem Wort *Peanuts* inhuman sein soll, ist allerdings zunächst überhaupt nicht zu erkennen. Eine sachliche Unangemessenheit, als weiteres oder alternatives Kriterium, kommt erst dann in den Blick, wenn der Kontext bekannt ist oder hinzugenommen wird: 50 Millionen DM Verlust wurden 1994 von dem Vorstandssprecher der Deutschen Bank als »Peanuts«, also als eine »unwichtige Größe«, bezeichnet. Erst angesichts der Tatsache, dass dieses Geld von kleineren und mittleren Firmen erbracht wurde und Banken mit dem Geld auch von Kleinsparern arbeiten und davon leben, lässt sich die Begründung der Jury nachvollziehen, dass diese Bezeichnung einen »kaltschnäuzigen Umgang mit Problemen anderer und [...] damit eine grundsätzlich inhumane Haltung« offenbare.[10]

---

[10] Die Aktion »Unwort des Jahres« ist samt den hier zitierten Begründungen dokumentiert im Internet unter der Adresse: http://www.unwortdesjahres.org/ (Stand: 1.6.2001).

Auch andere Unwörter werden erst im Kontext ›unwortwürdig‹. Erst wenn
wir wissen, dass mit *Wohlstandsmüll* arbeitsunwillige oder arbeitsunfähige
Menschen bezeichnet worden sind, *Diätenanpassung* als ein beschönigendes
Wort, als Euphemismus, für *Diätenerhöhung* stand und *Kollateralschaden* ver-
harmlosend für die Tötung unschuldiger Menschen durch Nato-Angriffe
im Kosovo-Krieg benutzt wurde, wird das Inhumane sichtbar. Gerade hier
aber stellt sich noch einmal die Frage: Lügen, verharmlosen, beschönigen
die Wörter, oder tun dies die SprecherInnen durch ihren Sprachgebrauch?
In den Fällen, in denen erst der Kontext, also die Gebrauchsweise, jene
kritikwürdigen Mechanismen und Bedeutungen herstellt und daneben noch
andere Gebrauchsmöglichkeiten des Wortes bestehen und genutzt werden,
ist die Inhumanität offenbar nicht den Wörtern, sondern den Sprecherinnen und Sprechern anzulasten. Dennoch ist erhöhte sprachkritische Aufmerksamkeit angebracht. Sobald inhumane Gebrauchsweisen von Wörtern allgemein werden, sei es innerhalb des öffentlichen Sprachgebrauchs
oder auch nur innerhalb eines Sprachbereichs oder einer Sprechergruppe,
ist Anlass zur Kritik gegeben. Gewiss ist der Umstand, wann eine Gebrauchsweise allgemein geworden ist, nur schwer zu objektivieren. Aber Sprachkritik geht ohnehin nicht von einer solchen »Objektivität« aus. Sie beobachtet Tendenzen, sucht sie bewusst zu machen und in der Folge zur kritischen Reflexion über den eigenen Sprachgebrauch anzuhalten.
In eine andere Kategorie gehören Wörter wie *ausländerfrei*, *Rentnerschwemme*
oder *Menschenmaterial*. In diesen Fällen steckt die Inhumanität im Wort selbst.
Es handelt sich bei Wörtern dieser Kategorie um sekundäre Zeichen, um
Komposita und Ableitungen also, die durchsichtige, teilmotivierte oder
motivierbare Wortbildungen darstellen. Sie können auch ohne Gebrauchs-
kontext kritisiert werden, denn die Wortbildungskonstituenten liefern sich
gegenseitig ihren Kontext. Das Wort *ausländerfrei* hat eindeutig die
Wortbildungsbedeutung ›frei von Ausländern‹, ›Abwesenheit von Ausländern‹ – es wirkt diskriminierend, nicht zuletzt auch aufgrund der Assoziation mit dem nationalsozialistischen Wort *judenfrei*. In derartigen Fällen wird
man die Lüge, die Beschönigung, die Inhumanität, die Diskriminierung
den Wörter zuschreiben können. Wohl zu bemerken aber ist, dass wir auch
hier ohne Kontext nicht arbeiten können – nur: der Kontext ist bereits in
der Wortbildungskonstruktion selbst zu finden und nicht erst in dem weiteren Gebrauchszusammenhang des Wortes im Satz oder Text.

Die Aktion »Unwörter des Jahres« ist in erster Linie eine publizistische, keine wissenschaftliche Form von Sprachkritik.[11] Gleichwohl enthält sie durchaus überlegenswerte Momente. Ihr Motiv ist aufklärerisch, sprachbewusstseinsschaffend. Es werden keine Normen gesetzt, was Sprachkritik ohnehin nicht kann, sondern es werden ein bestimmter Sprachgebrauch und bestimmte Wortbildungen zumeist linguistisch stimmig beschrieben und bewertet, wobei Sachangemessenheit und Humanität als Orientierungen erscheinen, die zwei konstitutive Momente von Sprachkritik ausmachen: zum einen die Auffassung, dass wir mit Sprache und in Sprache eine bestimmte Sicht von Wirklichkeit, eine bestimmte Erfassung von Gegenständen und Sachverhalten schaffen, eine Sicht, die prinzipiell auch immer anders sein kann, und zum Zweiten eine ethische Bestimmung, eine Wertsetzung, über deren Inhalt in einer demokratischen Gesellschaft grundsätzliche Einigkeit bestehen sollte.

In eine andere Kategorie gehören die von Uwe Pörksen (1988) kritisierten »Plastikwörter«, zu denen er beispielsweise *Beziehung, Kommunikation, Information, Struktur, System, Rolle, Entwicklung, Problem, Lösung* oder *Strategie* zählt. Kritisiert werden nicht die Wörter als solche, sondern bestimmte Gebrauchsweisen in der öffentlichen Sprache und in der Alltagssprache. Die meisten dieser Wörter haben in fachlichen Zusammenhängen, woher sie auch stammen, eine genau umrissene Bedeutung und Funktion. In der öffentlichen Umgangssprache, der Sprache der Medien, der Politikersprache, der Sprache der Dienstleister und Experten aber mutieren sie zu universalen – und auch internationalen – Bausteinen, mit denen die unterschiedlichsten Erfahrungsfelder und Gegenstandsbereiche sprachlich auf einen Nenner gebracht werden können – und genau hierauf zielt Pörksens Kritik.

Das Wort *Partner* beispielsweise ist vielfältig verwendbar: Es gibt Partner im Verkehr, in der Wirtschaft, in der Politik, bei Tarifverhandlungen, im Ehebett, in der Schule und der Universität. Der Freund oder die Freundin, ein Land der Dritten Welt, die BürgerInnen einer Stadt, die Stadt selbst, der Computer, der Nachbar, der Mensch am anderen Ende des Telefons – sie alle können *Partner* sein oder zu einem gemacht werden. Partner gehen eine Beziehung ein, kommunizieren miteinander, tauschen Informationen

---

[11] Peter von Polenz (1999, 333) kritisiert mit Recht: »Da die Kriterien für die Auswahlen noch zu wenig bekanntgemacht und begründet werden, die Diskussion noch zu stark auf kontextloser Einzelwortkritik beruht und die Aktion teilweise im Sinne von autoritären Verboten im Stil der neokonservativen ›political correctness‹ mißverstanden wird, müßte dieser Ansatz noch methodisch wesentlich verbessert werden, um zu einer argumentativen Kooperation von Sprachwissenschaft und Publizistik zu gelangen.«

aus, erörtern Probleme oder haben Probleme, zu deren Lösung sie Strategien entwickeln. Partner müssen ihre Identität wahren und Entwicklungsprozesse ihrer Beziehung produktiv in die Struktur ihrer Partnerschaft integrieren.

Derartige Formeln sind häufig zu lesen. Pörksen kritisiert an diesen Wörtern vor allem, dass sie ein wissenschaftliches Weltbild in das alltägliche Leben transportieren: *Kommunikation* ist etwas anderes als *Gespräch*, *Information* etwas anderes als *Wissen*. Wenn man in Plastikwörtern konstatiert, dass die Kommunikation zwischen Ehepartnern gestört ist, stellt sich notwendigerweise das Bedürfnis nach expertenhafter Hilfe und die Vorstellung von wissenschaftlich gestützten Lösungsmöglichkeiten ein. Zum anderen können Plastikwörter dazu dienen, Wirklichkeitsmodelle zu entwerfen und deren Realisierung wie einen Naturvorgang auszugeben.

Pörksens Kritik der Plastikwörter ist eine Gebrauchskritik. Plastikwörter entfalten ihre spezifische Stereotypie in zahlreichen Kontexten der öffentlichen Umgangssprache. Ihre semantische Motivierung aber erhalten sie aus dem Bezirk der Wissenschaftssprachen, so dass Pörksen (1988, 109 ff.) auch von einer »Verwissenschaftlichung der Umgangssprache«, ihrer »Mathematisierung« spricht. Das Motiv dieser Form von Sprachkritik ist das Aufzeigen von Zusammenhängen zwischen Sprachgebrauch, Denkweisen und Gesellschaftsformen. Ihr ethischer Anspruch liegt darin, zwei verschiedene Formen von Wirklichkeitserfassung, zwei Sphären, die wissenschaftliche und die soziale, alltägliche, auseinander zu halten und die Eigenständigkeit beider – auch sprachlich – anzumahnen.

Wiederum ein anderes Konzept verfolgen Georg Stötzel und Martin Wengeler (1995) in ihrer Sprachgebrauchsgeschichte der Bundesrepublik. Sie rekonstruieren den sprachkritischen Anteil in der öffentlichen Kommunikation, indem sie »semantische Kämpfe« um »kontroverse Begriffe« beschreiben. Ausgangspunkt ist die Feststellung, dass bestimmte Gegenstände und Sachverhalte oftmals unterschiedlich bezeichnet werden und dass es um die ›richtige‹ oder ›angemessene‹ Bezeichnung Kontroversen geben kann. An derartigen »kontroversen Begriffen« wird deutlich, dass Sprachkritik konstitutiv ist für Sprachgeschichte, insbesondere wenn man Sprachgeschichte als Kommunikationsgeschichte begreift. Darüber hinaus wird gezeigt, dass semantische Kämpfe auch ein Kampf um Wörter sind, in denen Sichtweisen, Denkformen, Interpretationen von Ereignissen und Sachverhalten zu Konzepten, zu Begriffen gerinnen. Es ist etwas anderes, ob wir den 8. Mai 1945 als *Kapitulation*, *Zusammenbruch* oder *Befreiung* bezeichnen, ob wir von *Krieg* oder *Konflikt*, von *Angriffen* oder *Luftschlägen* oder *mili-*

tärischen Operationen reden, eben auch ob von *Kollateralschaden* oder *Tötung der Zivilbevölkerung*. In solchen Wörtern legen wir unsere Sicht der Wirklichkeit fest und wir überliefern diese Sichtweise künftigen Generationen. Dabei sind natürlich die Inhalte, ist der Begriff entscheidend, aber – und hier können wir durchaus noch einmal an Konfuzius denken – der Begriff ist in der Regel nicht vom Wort zu trennen. Sprachkritik ist und kann deshalb niemals nur Wortkritik (Kritik an der Wortform) sein, denn zum Wort gehört immer auch der Begriff oder der Referent, und dieser ist stets der Vorstellungsinhalt, niemals eine außersprachliche Sache. Jene »außersprachliche Sache« konstituieren wir im Begriff, den wir wiederum mit einem Wort bezeichnen. So verstanden ist Wortkritik stets Begriffskritik.

6. Wörter aus der Fremde, Wörter aus dem Patriarchat

Zwei weitere Felder von Sprachkritik als Wortkritik verdienen noch Erwähnung: die Kritik an Fremdwörtern und die feministische Kritik an Personenbezeichnungen.
In der Geschichte des **Purismus** (vgl. Kirkness 1984) lassen sich vor allem zwei Motive erkennen, die für die Verdeutschung von Fremdwörtern angeführt wurden: ein aufklärerisch-emanzipatorisches Motiv und ein nationales oder gar nationalistisches Motiv. Der aufklärerische Purismus nimmt funktionale Argumente als Maßstab der Kritik, er arbeitet synchron und kritisiert Fremdwörter als fremde, d. h. nicht allgemein verständliche Wörter. Der nationalistische Purismus setzt dagegen einen wie auch immer gearteten ›Geist der Sprache‹ als Maßstab der Kritik, er arbeitet diachron und kritisiert Fremdwörter, weil sie aus einer anderen Sprache stammen und deshalb angeblich so etwas wie den eigenen ›Volksgeist‹, die eigene ›nationale Identität‹, gefährden.[12]
Auch wenn der nationalistische Purismus gegenwärtig wieder Konjunktur hat, lässt er sich sprachwissenschaftlich und sprachgeschichtlich nicht begründen, so dass seine Behandlung hier unterbleiben kann. Der aufklärerische Purismus allerdings hat mit seiner Forderung nach Verständlichkeit der Wörter durchaus ein bedenkenswertes Motiv. Der Weg, auf dem Verständlichkeit erreicht werden soll, ist zumeist die Übersetzung des Fremd-

---

[12] Vgl. zur Geschichte des Purismus Kirkness (1975; 1984), zum aufklärerischen Purismus Schiewe (1988), zum nationalistischen Purismus von Polenz (1967) sowie Schiewe (1998, 154 ff.).

wortes durch ein durchsichtiges Wort, also ein sekundäres Zeichen, das einen Hinweis auf die jeweilige Bedeutung, den Begriff, geben soll. Ein solches Verfahren aber ist in vielen Fällen problematisch. Oftmals treffen die Übersetzungen nicht den Begriffsinhalt oder den Begriffsumfang des Fremdwortes. So ist jede *Karawane* zwar ein ›Reisezug‹, nicht jeder *Reisezug* aber ein ›Karawane‹, jedes *Döner Kebab* ist zwar eine ›Fleischtasche‹, aber nicht jede *Fleischtasche* ein ›Döner Kebab‹. Die Verdeutschungen sind zumeist auch nicht in gleichem Maße ableitungs- und kompositionsfähig wie das Fremdwort. *Revolution* mag man durch ›Staatsumwälzung‹ verdeutschen, *revolutionär* wäre dann ›staatsumwälzerisch‹ oder ›staatsumwälzend‹, ein *Revolutionär* wäre ein ›Staatsumwälzer‹, eine *Revolutionärin* eine ›Staatsumwälzerin‹, eine *Revolutionsregierung* wäre eine ›Staatsumwälzungsregierung‹. Bei *revolutionieren*, *Revolutionierung* und *Revoluzzer* aber versagen die Übersetzungsmöglichkeiten.

Die verdeutschenden Wörter sind in aller Regel, eben weil sie durchsichtig sind, erklärende, ja selbsterklärende Wörter. Wer *Motivation* durch ›leistungsanreizende Einflussnahme‹ verdeutscht, erklärt den Begriff, definiert ihn, legt ihn fest. Es ist aber zu fragen, ob die Wörter – primär – eine solche Funktion haben oder ob sie nur benennen sollen. Solange man keinen Begriff von *Motivation* hat, kein gedankliches Konzept, ist die Verdeutschung, eben weil sie erklärt, verständlicher. Ist ein Konzept aber erst einmal ausgebildet, wird man lieber wieder zu *Motivation* greifen, nicht nur weil dieses Wort produktiver ist, sondern weil es im Verhältnis von Wort und Konzept Raum lässt und damit eine Beweglichkeit im Denken gestattet. Nur in bestimmten Gebrauchssituationen, vor allem wenn das Fremdwort als Fachwort fungiert oder gar in autoritärer, verschleiernder Absicht eingesetzt wird, kann eine Übersetzung Klarheit, Verständlichkeit schaffen.

Ein im weitesten Sinne aufklärerisches Motiv leitet auch die **feministische Sprachkritik**. Als Wortkritik hat sie sich vor allem gegen den generischen Gebrauch maskuliner Formen bei Personenbezeichnungen gewandt (vgl. Schoenthal 1989). In der Verwendung von *die Studenten* beispielsweise für eine gemischt geschlechtliche Gruppe erkennt die feministische Sprachkritik eine sprachliche Asymmetrie. Sie geht davon aus, dass in einem auf Personen referierenden Wort eine Korrelation zwischen Genus (dem grammatischen Geschlecht) und Sexus (dem natürlichen Geschlecht) existiert. Die fehlende Kodierung des Femininums im generischen Maskulinum hat zur Folge, dass Frauen im Vorstellungsinhalt des jeweiligen Wortes nicht repräsentiert, mitgemeint sind. Im Feld der Personenbezeichnungen wird das Wort von der feministischen Sprachkritik also nicht als arbiträr, sondern als den Referenten teilabbildend, auf ihn verweisend betrachtet. Soll sprachliche Gleichberechtigung von Männern und Frauen erreicht werden, dann müssen – so die Forderung – konsequent feminisierte (*die Studentinnen*) oder neutralisierte (*die Studierenden*), eventuell auch gesplittete Formen (*die Studentinnen und Studenten* oder *die StudentInnen*) gebraucht werden.

Wörter, das hat insbesondere die feministische Sprachkritik nachgewiesen, können ein Indikator für bestimmte Befindlichkeiten des gesellschaftlichen Bewusstseins sein. Eine von maskulinen Personenbezeichnungen geprägte Sprache ist eine Sprache des Patriarchats. Eine Kritik der Sprache, die Veränderung des Wortgebrauchs, wirkt auf das Bewusstsein der Sprecherinnen und Sprecher ein und bewirkt, zumindest langfristig, eine Veränderung auch der gesellschaftlichen Formen. Sprachkritik, die sich in Kritik am Gebrauch von Wörtern ausdrücken kann, bringt, wie Gisela Schoenthal (1989, 299 f.) geschrieben hat, Sprache und Denken in einen engen Zusammenhang: sie versteht »Sprache einerseits als Spiegel, als Ausdruck historisch gewachsenen Denkens, Sprache andrerseits als Hindernis, eine sich wandelnde oder schon gewandelte Wirklichkeit wahrzunehmen, Sprache aber auch als Hilfsmittel, an dieser Wandlung mitzuwirken.«

7. Zusammenfassung

Versuchen wir, aus der vielfältigen Kritik an Wörtern einige Grundlagen herauszufiltern, dann können wir Folgendes festhalten:

Bloße Kritik an der Ausdrucksseite von Wörtern besitzt in der Regel keine sprachangemessene Grundlage. So ist beispielsweise Fremdwortkritik nur als Kritik an der Verständlichkeit von Fremdwörtern in bestimmten Gebrauchskontexten und -situationen haltbar. Sprachkritik als Wortkritik ist in aller Regel Kritik an der Inhaltsseite von Wörtern, an den mit ihnen bezeichneten Begriffen.

Reine Wortkritik, also Kritik an lexikalischen Einheiten (Wortformen), ist nur an sprachstrukturell motivierten Wörtern (sekundären Zeichen) möglich. Darüber hinaus jedoch sind zwei weitere Motivierungsstränge zu bedenken: Wörter können von ihrer Geschichte, ihren früheren Bedeutungen und Gebrauchsweisen her motiviert sein und deshalb Anlass zu Kritik geben, und sie können – synchron – aus anderen Gebrauchszusammenhängen eine Motivierung erfahren. Eine sprachkritische Wertung muss entscheiden, ob diese Motivierungen aktuell und aktualisiert sind.

Sprachkritik muss stets bedenken, dass Wörter einmal mehr als bloße arbiträre Zeichen, ein andermal mehr als Abbilder benutzt und verstanden werden können. Da Wörter und ihr Gebrauch derartige Mischgebilde sind, kann Sprachkritik nicht mit den Maßstäben ›richtig‹ oder ›falsch‹, sondern nur mit ›besser‹ oder ›schlechter‹, ›angemessener‹ oder ›unangemessener‹ arbeiten.

Sprachkritik ist streng genommen nur als Sprachgebrauchskritik, Wortkritik somit nur als Wortgebrauchskritik möglich. Es sind die Kontexte, die über die Bedeutung von Wörtern entscheiden, es sind die Diskurse, in denen Wörter ihre semantische Prägung erhalten.

In sprachlichen Diskursen, in der Ordnung der Zeichen und Texte, eignen wir uns psychisch Wirklichkeit an. Eine Kritik der Diskurse, innerhalb derer die Kritik des Wortgebrauchs einen wichtigen Teil ausmacht, vermag aufzuzeigen, dass wir die Wirklichkeit prinzipiell auch anders sehen, erfassen, kategorisieren können. **Der Sprachkritik geht es letztlich um die Frage, welche Sicht der Wirklichkeit von wem aus welchen Gründen konstituiert worden ist.**

Sprachkritik setzt keine Normen, sondern sie reflektiert Normen, macht sie bewusst und zeigt im besten Falle Alternativen auf. Sprachkritik ist ein Korrektiv im Machtspiel der Sprechweisen, der Diskurse. Sie ist eine Erkenntnisform, die es schon immer gegeben hat. Sie ist so alt, wie die Sprache selbst. Als Teil einer angewandten Sprachwissenschaft lässt sie sich sachlich begründen und weiter kultivieren.

8. Literatur

Betz, Werner (1975): *Sprachkritik. Das Wort zwischen Kommunikation und Manipulation.* Zürich: Edition Interfrom.

Coseriu, Eugenio (1975): »System, Norm und Rede«, in: Ders.: *Sprachtheorie und Allgemeine Sprachwissenschaft. 5 Studien*, München: Fink, 11–101.

Dittmann, Jürgen (1984): »Sprachlenkung und Denkverbot. George Orwell als Sprachkritiker«, in: *Freiburger Universitätsblätter* 83, 31–47.

Gauger, Hans-Martin (1971): *Durchsichtige Wörter. Zur Theorie der Wortbildung.* Heidelberg: Winter.

*Gauger, Hans-Martin (1995): »Was ist und was soll Sprachkritik?«, in: Ders.: *Über Sprache und Stil*, München: Beck, 29–61.

Gauger, Hans-Martin (1985b): »Unwahre Wörter?«, in: *Merkur* 31, 169–174.

Gauger, Hans-Martin (Hg.) (1986): *Sprach-Störungen. Beiträge zur Sprachkritik*, München: Hanser.

Gauger, Hans-Martin (1987): »Krieg, Waffe, Verteidigung: Unsere Wörter stimmen nicht mehr«, in: *Freiburger Universitätsblätter* 95, 130–134.

Gauger, Hans-Martin/Oesterreicher, Wulf (1982): »Sprachgefühl und Sprachsinn«, in: *Sprachgefühl? Vier Antworten auf eine Preisfrage*, Heidelberg: Lambert Schneider, 9–90.

Gesellschaft für deutsche Sprache (Hg.) (1993): *Wörter und Unwörter. Sinniges und Unsinniges der deutschen Gegenwartssprache*, Niedernhausen/Ts.: Falken.

Gesellschaft für deutsche Sprache (Hg.) (1994): *Wörter und Unwörter 2. Sinniges und Unsinniges der deutschen Gegenwartssprache*, Niedernhausen/Ts.: Falken.

Heringer, Hans Jürgen (Hg.) (1982): *Holzfeuer im hölzernen Ofen. Aufsätze zur politischen Sprachkritik*, Tübingen: Niemeyer.

Kirkness, Alain (1975): *Zur Sprachreinigung im Deutschen 1789-1871. Eine historische Dokumentation*, 2 Teile, Tübingen: Narr.

Kirkness, Alan (1984): »Das Phänomen des Purismus in der Geschichte des Deutschen«, in: *Sprachgeschichte. Ein Handbuch zur Geschichte der deutschen Sprache und ihrer Erforschung. Erster Halbband*, hg. von Werner Besch/Oskar Reichmann/Stefan Sonderegger, Berlin/New York: de Gruyter, 290–299.

*Klemperer, Victor (1996): *LTI. Notizbuch eines Philologen*, 15. Aufl., Leipzig: Reclam.

Korn, Karl (1962): *Sprache in der verwalteten Welt*, erweiterte Ausgabe, München: Deutscher Taschenbuch Verlag.

Kungfutse (1976): *Gespräche. Lun Yü*, aus dem Chinesischen übertragen und erläutert von Richard Wilhelm, Düsseldorf/Köln: Eugen Diederichs.

Martinet, André (1960): *Éléments de linguistique générale*, Paris: Collin.

Morris, Charles (1972): *Grundlagen der Zeichentheorie*, München: Hanser.

Müller, Richard Matthias (2000): »Gibt es belastete Wörter?«, in: *Reflexionen über Sprache aus literatur- und sprachwissenschaftlicher Sicht*, hg. von Axel Gellhaus/Horst Sitta, Tübingen: Niemeyer, 41–59.

Orwell, George: *1984*, übersetzt von Michael Walter, Frankfurt am Main/Berlin/Wien: Ullstein.

Platon (1957): »Kratylos«, in: Ders.: *Sämtliche Werke*, in der Übersetzung von Friedrich Schleiermacher mit der Stephanus-Numerierung hrsg. von Walter F. Otto/Ernesto Grassi/Gert Plamböck, Band 2, Hamburg: Rowohlt, 123–181.

Pörksen, Uwe (1988): *Plastikwörter. Die Sprache einer internationalen Diktatur*, Stuttgart: Klett-Cotta.

*Pörksen, Uwe (1994): »PLATONs Dialog über die Richtigkeit der Wörter und das Problem der Sprachkritik«, in: Ders.: *Wissenschaftssprache und Sprachkritik. Untersuchungen zu Geschichte und Gegenwart*, Tübingen: Narr, 175–187.

Polenz, Peter von (1967): »Sprachpurismus und Nationalsozialismus. Die ›Fremdwort‹-Frage gestern und heute«, in: *Germanistik – eine deutsche Wissenschaft*, Frankfurt am Main: Suhrkamp.

Polenz, Peter von (1999): *Deutsche Sprachgeschichte vom Spätmittelalter bis zur Gegenwart. Band III: 19. und 20. Jahrhundert*, Berlin/New York: de Gruyter.

Polenz, Peter von (2000): »Sprachgeschichte und Sprachkritik«, in: *Henning-Kaufmann-Stiftung. Jahrbuch 2000*, Schliengen: Edition Argus, 21–45.

Saussure, Ferdinand de (1967): *Grundfragen der allgemeinen Sprachwissenschaft*, hg. von Charles Bally/Albert Sechehaye, 2. Aufl., mit neuem Register und einem Nachwort von Peter v. Polenz, Berlin/New York: de Gruyter.

Schiewe, Jürgen (1988): »Joachim Heinrich Campes Verdeutschungsprogramm. Überlegungen zu einer Neuinterpretation des Purismus um 1800«, in: *Deutsche Sprache* 16, 17–33.

*Schiewe, Jürgen (1998): *Die Macht der Sprache. Eine Geschichte der Sprachkritik von der Antike bis zur Gegenwart*, München: Beck.

Schlosser, Horst Dieter (2000): *Lexikon der Unwörter*, Gütersloh: Bertelsmann.

Schoenthal, Gisela (1989): »Personenbezeichnungen im Deutschen als Gegenstand feministischer Sprachkritik«, in: *Zeitschrift für germanistische Linguistik* 17, 296–314.

Sternberger, Dolf/Storz, Gerhard/Süskind, W. E. (1968): *Aus dem Wörterbuch des Unmenschen*, neue erweiterte Ausgabe mit Zeugnissen des Streites über die Sprachkritik, Frankfurt am Main/Berlin: Ullstein.

Stetter, Christian (1999): *Schrift und Sprache*, Frankfurt am Main: Suhrkamp.

*Stötzel, Georg/Wengeler, Martin (1995): *Kontroverse Begriffe. Geschichte des öffentlichen Sprachgebrauchs in der Bundesrepublik Deutschland*, Berlin/New York: de Gruyter.

Strauß, Gerhard/Haß, Ulrike/Harras, Gisela (1989): *Brisante Wörter von Agitation bis Zeitgeist. Ein Lexikon zum öffentlichen Sprachgebrauch*, Berlin/New York: de Gruyter.

Weinrich, Harald (1966): *Linguistik der Lüge*, Heidelberg: Lambert Schneider.

Harald Baßler

Definierte Wörter. Fachsprachliche Terminologie

1. Einleitung[1]

Freiburg, im Januar 2001: Aus der örtlichen Lokalzeitung ist zu erfahren, dass ein regionales Wohnungsbauunternehmen zahlungsunfähig ist. 24 Mitarbeiter der Firma wissen nicht, ob sie im nächsten Monat noch ihre Löhne ausgezahlt bekommen. Gut vorstellbar ist in dieser Situation, dass eine der Mitarbeiterinnen mit einem Rechtsanwalt telefonisch Kontakt aufnimmt, um ihre Rechte zu wahren. Stellen wir uns das Gespräch vor: Aufgeregt schildert sie den Sachverhalt, dass die Firma ›Pleite‹ gegangen sei, was sie mit der Formulierung »... *die haben Bankrott gemacht...*« zum Ausdruck bringt. Diese alltagssprachliche Redewendung ist Anlass für den Juristen, sofort einzuhaken und nachzufragen, was sie denn jetzt genau meine: Ob Sie denn sagen wolle, dass *jemand Bankrott gemacht* habe, weil er trotz der Kenntnis über seine Zahlungsunfähigkeit Verträge abgeschlossen, Bilanzen gefälscht oder Unterschlagungen vorgenommen hat; die ›Zahlungsunfähigkeit‹ also mit betrügerischen Handlungen einherging. Ob Sie denn sagen wolle, dass *jemand Bankrott gemacht* habe, weil er trotz der Kenntnis über seine Zahlungsunfähigkeit nachteilige Verträge abgeschlossen, Bilan-

---

[1] Für Hinweise zu verschiedenen Vorversionen des Beitrags danke ich Dorothea Stein-Baßler, Karin Birkner und Helmut Spiekermann, juristischen Beistand für das Eingangsbeispiel leisteten Wolfgang Schmidt-Weyrich, Richter am OLG Karlsruhe, und RA'in Sabine Veh.

zen gefälscht oder Vermögen beiseite geschafft hat; die ›Zahlungsunfähig-keit‹ also mit betrügerischen Handlungen einherging? Ob sie davon etwas mitbekommen habe? Denn dann müsse man Anzeige erstatten, da dies nach § 283ff Strafgesetzbuch strafbar sei. Oder ob sie mit *bankrott* lediglich die ›reine Zahlungsunfähigkeit‹ oder ›Überschuldung‹ meine, die jedes Unternehmen z. B. wegen ausgebliebener Kredite durch Banken treffen könne? Dann werden bestimmte zivilrechtliche Regelungen nach der Insol-venzordnung (InsO) (früher Konkursverordnung) eingeleitet; u. a. wird ein Insolvenzverwalter eingesetzt, der dafür sorgt, dass alle Ansprüche und Verbindlichkeiten geprüft und so weit wie möglich befriedigt werden.

Diese fiktive Gesprächssituation ist ein Beispiel für Kommunikations-probleme zwischen Laien und Experten. Der Grund dafür liegt darin, dass der Jurist den Ausdruck *bankrott*, der auch in der Alltagssprache vorkommt, mit einer anderen Bedeutung verwendet als der im Alltag üblichen. Solche Kommunikationskonflikte können aber auch durch die zahlreichen Wort-neubildungen in Fachtexten/-gesprächen verursacht werden, die für Laien unbekannt sind. Die Nicht-Eingeweihten deuten diesen Spezialgebrauch von Wörtern allzu oft als bewusste Abschottung der Fachleute. Fachwörter sind für sie Etiketten der Macht, Ausdruck eines Herrschaftswissens, das die Experten gegen die Laien einsetzen.[2]

Solch einen Missbrauch fachsprachlicher Mittel besonders in Kommuni-kationssituationen zwischen Experten und Laien aufzuzeigen, ist u. a. Auf-gabe einer kritischen Fachsprachenforschung. Die Aufgabe der Fachspra-chenforschung ist aber weiter zu fassen: Ganz allgemein geht es ihr darum zu untersuchen, welche Kommunikationsmittel in welcher Kombination in welchen Situationen mit welchen Zwecken und in welcher Bedeutung von Fachleuten im Kontakt mit anderen Experten oder im Kontakt zu Laien benutzt werden. Außerdem setzt sie sich auch zum Ziel, Veränderungen der Fachkommunikation im geschichtlichen Wandel zu erforschen.

Immer mehr fachliche Handlungssituationen[3] haben sich im Laufe der his-torischen Entwicklung durch die zunehmende Arbeitsteilung von der Alltagswelt abgetrennt. Aufgaben und Leistungen wurden auf bestimmte Personengruppen übertragen, die durch die Auseinandersetzung mit spezi-ellen Handlungsbereichen ein spezifisches Wissen, besondere methodische Fähigkeiten und Problemlösungsstrategien entwickelten. Während das

---

[2] Vgl. zur Zuschreibung bestimmter Gruppenzugehörigkeiten durch Wörter den Artikel von Karin Birkner in diesem Band.

[3] Vgl. zu dem nach wie vor nicht eindeutig geklärten Begriff ›Fach‹ Kalverkämper (1998).

(sprachliche) Alltagshandeln primär der Befriedigung lebenserhaltender Bedürfnisse (Ernährung, Wohnen, physische und psychische Gesunderhaltung, räumliche und zeitliche Orientierung, Beziehungsregulierung zu Mitmenschen) dient, in modernen Gesellschaften aber auch der Freizeitgestaltung zu Erholung von Arbeitszeit, konzentriert sich das (sprachliche) Handeln der Akteure in Fachsituationen auf spezifische Weltausschnitte, die methodisch geordnet und differenziert interpretiert werden, um die Erkenntnisse über Welt zu vermehren bzw. nutzbar zu machen (vgl. Steger 1988; 1991). Die Folge dieser Konzentration auf jeweils spezifische Ausschnitte der Wirklichkeit ist, dass von den Fachleuten u. a. auch ein anderer Wortschatz als im Alltag geschaffen werden muss, um die Gegenstände und Sachverhalte dieser Bereiche so genau wie möglich zu erfassen und die Kommunikation der Experten über den jeweiligen Wirklichkeitsausschnitt zu gewährleisten.

Eine systematische Erforschung von Fachsprachen bzw. Fachkommunikation findet innerhalb der Linguistik seit etwa 40 Jahren statt. In diesem Zeitraum entstanden einige Überblicksarbeiten, in denen Schwerpunkte und Ergebnisse der Fachsprachenforschung zusammenfassend dargestellt sind.[4]

2. Formale Merkmale von Fachwörtern

Fragt man danach, ob es sich bei einem Text oder Gespräch um einen Ausschnitt aus der Fach- oder Alltagskommunikation handelt, dann basiert die Entscheidung darüber nicht nur bei sprachwissenschaftlichen Laien in der Regel auf einer Einschätzung des verwendeten Wortschatzes. Trotz bestimmter syntaktischer und textorganisatorischer Vorlieben in der Fachkommunikation fällt der Gebrauch von Fachwörtern[5] am meisten auf. Es

---

[4] Eine komprimierte Darstellung über den aktuellen Stand bietet Fluck (2000): detailliert informieren die Einführungen in die Fachsprachenforschung von Roelcke (1999), Fluck (1996), Hoffmann (1985), Möhn/Pelka (1984) oder Hahn (1983); den bisher umfassendsten Überblick über zahlreiche Einzelaspekte der Fachsprachenforschung bietet das 2-bändige Handbuch »Fachsprachen« (1998, 1999).

[5] Innerhalb der Linguistik gibt es begriffliche Differenzierungen für den alltagsnahen Ausdruck *Wort*, was in spezifischeren Benennungen zum Ausdruck gebracht wird: z. B. ›phonologisches Wort‹ (vgl. den Beitrag von Helmut Spiekermann in diesem Band), ›syntaktisches Wort‹ oder ›Lexem‹ (vgl. auch Linke, Nussbaumer, Portmann 1994, 55 ff). Wenn ich in diesem Beitrag von Wörtern spreche, gehe ich von syntaktischen Wörtern

ist daher auch nicht verwunderlich, dass sich die Fachsprachenforschung lange Zeit auf die Erforschung dieses Fachwortschatzes konzentrierte. Ins Auge springen dabei besonders solche Wörter, die nicht zu dem Bestand des alltäglichen Grundwortschatzes gehören, den wir alle im Laufe unserer primären Sozialisation erlernt haben. Andererseits sticht aber auch die Bauweise des Fachwortschatzes hervor, die daher auch primärer Untersuchungsgegenstand der Fachsprachenforschung war.

Zur Benennung permanent neu entstehender Begriffe[6] für Entdeckungen und Weiterentwicklungen, wird in den Fächern mehr Wortmaterial als in der Alltagssprache benötigt.[7] Die Erweiterung des Wortschatzes betrifft dabei sowohl die Gruppen der Adjektive/Adverbien und Verben, vor allem aber den Bereich der Nomen. Zur Bildung dieser neuen Wortformen stehen den Fachleuten aber lediglich die gleichen Bildungsverfahren zur Verfügung, die auch in der Alltagssprache produktiv sind. An einigen Beispielen aus der Kraftfahrzeugtechnik sollen typische Bauweisen für Fachwörter gezeigt werden.

Besonders häufig wird in den Fachsprachen das Wortbildungsverfahren der Komposition (Zusammensetzung von zwei oder mehreren selbstständigen Wörtern) benutzt (vgl. den Beitrag von Norbert Richard Wolf in diesem Band, Abschnitt 4). Dank dieses Verfahrens können nicht nur neue Wörter (*Frostschutzpumpe*, *Drucksicherungsventil*, *Zweileitungs-Zugwagen-Anhängerbremsanlage*) bzw. Mehrwortbenennungen (*hydropneumatische Federung*) geschaffen werden, sondern die Begriffe von Gegenständen und Sachverhalten können durch die Anfügung von Bestimmungswörtern an ein Grundwort auch hinreichend genau wiedergegeben werden. Der kommunikative Nachteil solcher Wörter ist, dass sie für die Kommunikation häufig zu lang sind. Daher kommt es zu einem Konflikt zwischen dem Streben nach Genauigkeit und dem Wunsch nach Ausdrucksökonomie, der Kürzungen innerhalb von Wörtern zur Folge hat: statt *Betriebsbremse* benutzt man nur *Bremse,*

---

oder Textwörtern aus, d. h. von realisierten Sprachelementen in Sätzen/Texten, die Bedeutung(en) tragen und alleine stehen können (z. B. *in, wohnst, Häuser*). Damit unterscheiden sich Wörter von Morphen, den kleinsten realisierten, bedeutungstragenden Elementen, die häufig nicht alleine stehen können (z. B. *-st* in *wohnst*, das die Bedeutung 2. Person Sg. trägt). Syntaktische Wörter/Textwörter sind Realisierungen von mentalen sprachlichen Zeichen (aus Lautbild und Vorstellung).

6 Unter ›Begriffen‹ sollen hier mentale Vorstellungen von Gegenständen oder Sachverhalten der außersprachlichen Wirklichkeit verstanden werden; vgl. auch den Beitrag von Jürgen Dittmann, in diesem Band, Abschnitt 3.2.

7 Die beste Übersicht über formale Charakteristika von Fachsprachen bietet m. E. nach wie vor Hoffmann (1985).

oder statt *Abgas-Sonderuntersuchung* wird die Lesekürzung *ASU*, an Stelle von *oberer Totpunkt* und *unterer Totpunkt* nur *OT* bzw. *UT* benutzt.

Der hohe Bedarf an Benennungsmitteln in den Fachsprachen wird durch ein weiteres sehr produktives Wortbildungsverfahren gedeckt: durch die Derivation (Ableitung neuer Wörter z. B. durch Anfügung unselbständiger Wortelemente an einen Wortstamm): *außermitt**ig**, **ungleich**, **Ver**dicht**ung***. Häufig wird zur Wortbildung auch auf Wortelemente fremdsprachlicher Herkunft zurückgegriffen, wie z. B. ***Crack**anlage* (von engl. *to crack* ›brechen‹), ***Aqua-planing*** (von lat. *aqua* ›Wasser‹ und engl. *to plane* ›gleiten‹), ***Retard**er* (aus lat. *retardo* ›verzögern‹) oder auf die Eigennamen von Erfindern/Entdeckern wie **Otto**motor oder **Diesel**motor (jeweils nach den Erfindern unterschiedlicher Verbrennungskraftmaschinen Nikolaus August Otto bzw. Rudolf Diesel).

Der fachsprachliche Wortbedarf wird aber auch dadurch gedeckt, dass Wortformen der Alltagssprache übernommen und »terminologisiert« werden, d. h. ihnen wird eine neue Bedeutung zugeschrieben. So ist in der Messtechnik mit einer *Lehre* keine Ausbildung gemeint, sondern ein Prüfmittel zum maßlichen Prüfen, ohne den Zahlenwert der Messgröße zu ermitteln (vgl. Gerigk et al. 1987, 18); mit *Sturz* wird in der Kraftfahrzeugtechnik kein Fall eines Körpers aus der Höhe bezeichnet, sondern »der Winkel zwischen der Radebene und der Senkrechten auf die Fahrbahnebene«, wobei sich die Räder in Geradeausstellung befinden (Gerigk et al. 1987, 337). Häufiger und weiter in der fachsprachlichen Kommunikation verbreitet als es ursprünglich in der linguistischen Literatur über Fachsprachen gesehen wurde, sind auch metaphorische Ausdrücke wie z. B. die Körpermetaphern *Brems**backen*** oder *Feder**auge***. Die Metaphern bringen ein mentales Modell[8] zum Ausdruck, das auf Ähnlichkeitsrelationen (Analogie) basiert, die von den Fachleuten zwischen den alltagssprachlichen Begriffen und dem neu zu bezeichnenden fachsprachlichen Begriff gesehen werden (vgl. Jakob 1991).

---

[8] Der Terminus mentales Modell wurde in den Kognitionswissenschaften der 80er Jahre geprägt und »bezeichnet eine bestimmte Form der (insbesondere auch analogen) Repräsentation von Wissen [...]. Das Konzept des m. M sieht vor, daß Menschen strukturelle und dynamische Aspekte komplexer Problembereiche [...] dadurch repräsentieren, daß sie interne Modelle aufbauen, welche die jeweiligen Sachverhalte [...] anschaulich machen und mental zu simulieren erlauben [...]« (Strube et al. (Hg.) 1996, 406). Dort auch weiterführende Literaturhinweise.

3. Traditionelle Konzeptionen des Fachworts

3.1. Unterschiedliche Wortschatzgruppen in Fachtexten

>Ungefähr 60 bis 70°KW vor UT beginnt die Oberkante des Kolbens den Aus-
laßschlitz zu öffnen. Der Überströmschlitz, auch Spülkanal genannt, ist noch
geschlossen. Bei diesem sogenannten **Vorauslaß** wird der noch durch die Ver-
brennung herrschende absolute Druck (ungefähr 2,5 bis 3,5 bar) ausgenutzt.
Die verbrannten Gase entspannen sich auf einen absoluten Druck von 1,1 bis
1,3 bar. Ungefähr 10°KW später (50 bis 60°KW vor UT) beginnt auch der
Überströmschlit zu öffnen ...«
Aus: Gerigk et al. (1987, 200)

Schaut man sich Fachtexte wie den vorausgehenden Ausschnitt an, stellt
man fest, dass niemals alle verwendeten Wörter fachspezifisch sind. Einen
nicht unerheblichen Teil des in der Fachkommunikation gebrauchten Wortschatzes findet man mit gleicher Bedeutung bzw. Funktion auch im Wortschatz der Alltagssprache. Dazu gehören z. B. Artikel (*die, des, einen* ...),
Präpositionen (*bis, vor, bei* ...), aber auch nicht wenige Verben (*öffnen, ausnut-
zen, beginnen* ...) oder Adverbien (*ungefähr, noch, später* ...). Daneben existieren
Wörter, die nicht nur in einer Fachsprache gebraucht werden, sondern in
verschiedenen Fächern vorkommen (z. B. *absoluter Druck, Gase, ...*) und
schließlich solche Fachwörter, die typisch für eine einzelne Fachsprache sind,
wie z. B. hier *Auslassschlitz, Überströmschlitz, Vorauslass* für die Kraftfahrzeugtechnik.[9] Nicht selten wird dieser spezielle Fachwortschatz einer Disziplin
als Terminologie (= ein System von Termini) bezeichnet. Dies steht aber in
Konflikt zu Auffassungen, nach denen von einem Terminus nur dann gesprochen wird, wenn damit ein definiertes Fachwort gemeint ist. So unterscheidet z. B. Schmidt (1969, 20) neben den Termini auch nicht definierte
Fachwörter wie Halbtermini (z. B. »*Bandsäge, Beißzange, Staubsauger...*«) und
Fachjargonismen, die »im alltäglichen vertrauten Umgang mit Arbeitskol-
legen« entstehen. Wiegand (1979a) setzt von den Termini die nicht definierten, pragmatisch eingespielten Fachausdrücke ab und vermeidet damit
den vagen Ausdruck ›Halbterminus‹.

---

[9] Innerhalb der Fachsprachenforschung ist umstritten, welche und wie viele Gruppen
von Fachwörtern zu unterscheiden sind: Hoffmann (1985) unterscheidet ebenfalls zwei
Gruppen: den allgemein-wissenschaftlichen und den speziellen Fachwortschatz, Roelcke
(1999, 52 f) dagegen drei Gruppen: den intrafachlichen Fachsprachenwortschatz, den
interfachlichen und den extrafachlichen, wobei mir die Klassifizierung in der praktischen Analyse schwierig zu sein scheint. Zu älteren Konzeptionen vgl. ebenfalls
Hoffmann (1985, 126 ff).

Im Gegensatz zur Alltagssprache, in der sich die Wörter durch den Sprachgebrauch der SprecherInnen eingespielt und konventionalisiert haben, ist
das Definieren von Fachwörtern ein vergleichsweise häufiges Kommuni-
kationsverfahren in Fachtexten.[10] Aus linguistischer Sicht meint ›definieren‹ die Bedeutung eines Wortes festlegen. In vielen Fällen erfolgen solche
Bedeutungsfestlegungen durch die Experten eines Faches selbst, vor allem
dann, wenn sie neue Gegenstände oder Sachverhalte entdeckt haben. Daneben hat sich besonders für die technischen Fachsprachen im Laufe des
20. Jhs. eine quasi außerfachliche Terminologienormung entwickelt, bei der
Experten in speziellen Institutionen den Fachwortschatz unterschiedlicher
Fächer zu systematisieren versuchen. Diese übernational organisierte
Terminologienormung entwickelt Grundsätze, die zu bestimmten Anforderungen an die Eigenschaften von Fachwörtern/Termini führen. Diese
Prinzipien sollen im nächsten Abschnitt erläutert werden. Dabei wird auch
zu zeigen sein, dass hier von einem anderen Verständnis der Definition
ausgegangen wird: Es werden nicht Bedeutungen von Wörtern fixiert, sondern die Begriffe als nichtsprachliche mentale Einheiten festgelegt.

3.2. Terminologienormung

In zahlreichen Ländern gibt es Organisationen, deren Hauptziel darin besteht, bereits vorhandene Benennungen in einzelnen Fachsprachen zu vereinheitlichen und anzugleichen, aber auch neue Bezeichnungen für Begriffe zu schaffen (vgl. Oeser/Budin 1999). In Deutschland arbeiten zwei Organisationen auf diesem Gebiet, deren Namenkürzungen durchaus auch
im Alltagsbewusstsein vorhanden sind: zum einen das Deutsche Institut
für Normung e.V. (DIN) in Berlin, bekannt z. B. durch seine Normen für
Papiermaße (z. B. *DIN A 4*), zum anderen der Verband deutscher Elektro-
techniker (VDE), dessen Abkürzung häufig auf Elektrogeräten zu finden
ist. Während Letzterer für die Erarbeitung elektrotechnischer Normen zuständig ist, erarbeiten die verschiedenen Ausschüsse des Deutschen Instituts für Normung definitorische Festlegungen für andere technische Bereiche, aber auch für Institutionen (z. B. für das Bibliotheks- oder Gesund-
heitswesen). Auf internationaler Ebene sind die nationalen Normungsorga-

---

[10] Einen Überblick über unterschiedliche Definitionsarten gibt Roelcke (1999, 53 ff); zu
   Verfahren der Bedeutungsfestlegung in mündlicher Fachkommunikation z. B. Baßler
   (1996, 139 ff).

nisationen in der International Organization for Standardization (abgekürzt ISO[11]) mit Hauptsitz in Genf zusammengeschlossen. Dadurch ist es möglich, auf eine internationale Harmonisierung der nationalen Terminologien hinzuarbeiten.

Die Terminologiearbeit beruht auf allgemeinen und speziellen Grundsätzen der Terminologielehre. Sie ist maßgeblich durch den Begründer der sog. »Wiener Schule der Terminologie«, den österreichischen Elektroingenieur Eugen Wüster und dessen im Jahre 1931 erschienenen Werk »Internationale Sprachnormung in der Technik, besonders in der Elektrotechnik« geprägt. Mit ihr schuf er die wissenschaftliche und methodische Basis für die internationale Terminologienormung. Temmerman (2000, 4 ff.) fasst in ihrer Untersuchung die wichtigsten Grundsätze dieser Wiener Schule zusammen:

1. Ausgangspunkt für die Terminologiearbeit sind die Begriffe eines Faches (= onomasiologische Perspektive[12]), deren Bestand zunächst einmal aufgenommen werden muss.[13] Erst danach kommt es zu einer Zuordnung von Benennungen für diese Begriffe. Begriffe werden als außersprachliche Denkeinheiten verstanden, also als mentale Repräsentationen von Gegenständen oder Sachverhalten, die noch nicht versprachlicht sind. Die Terminologielehre geht also davon aus, dass der Mensch die Gegenstände und Sachverhalte der Welt objektiv, ohne (sprachliche) Interpretation wahrnehmen kann und die mentalen Repräsentationen Abbilder der Wirklichkeit sind (= realistische Konzeption; vgl. Gardt 1999). Begriffe setzen sich aus Merkmalen zusammen, die z. B. aus der Beobachtung oder aus der Messung von Eigenschaften der Gegenstände gewonnen wurden (vgl. Arntz/ Picht 1989, 53).

2. Begriffe stehen immer im Zusammenhang mit anderen Begriffen und sind daher auch nicht isoliert, sondern immer nur unter Beachtung ihrer Beziehungen zu benachbarten Begriffen, also innerhalb eines Systems zu präzisieren. Daher ist es der zweite Schritt nach ihrer Bestandsaufnahme,

---

[11] ISO ist übrigens keine Abkürzung für die internationale Normungsinstitution, sondern abgeleitet vom griechischen *isos* ›gleich‹, um damit auf die bedeutungsfestlegende Arbeit der Organisation hinzuweisen (vgl. URL: http://www.iso.ch/infoe/intro.htm#What is ISO, 04.01.01).

[12] In der Linguistik wurden zwei Perspektiven unterschieden, um die Beziehung zwischen den Wörtern und ihrer Bedeutung zu untersuchen: die onomasiologische Perspektive, die von einer Bedeutung ausgeht und dazu das entsprechende Wort sucht und die semasiologische Perspektive, bei der man in umgekehrter Richtung von einem Wort ausgehend die entsprechende Bedeutung sucht.

[13] Zu den Schritten bei der Terminologienormung vgl. Felber/Budin (1989, 219 ff.).

die Begriffe von ihren Nachbarschaftsbegriffen abzugrenzen. Die Terminologielehre geht davon aus, dass jeder Begriff eines Begriffssystems durch ein Set charakteristischer Merkmale zu beschreiben ist, das nur diesem zukommt. D. h. durch den Vergleich von Merkmalen unterschiedlicher Begriffe ist eine scharfe und exakte Trennung der Begriffe im System möglich.

3. Die Begriffsbestimmung erfolgt über Definitionen, in denen Begriffe zu anderen in Beziehung gesetzt werden und dadurch deren Inhalt festgesetzt wird. Als wichtigste Typen von Definitionen werden die intensionale und extensionale Definition unterschieden. Bei einer intensionalen Definition wird der zu definierende Begriff (Definiendum) zunächst dem nächsten Oberbegriff (genus proximum), der bereits definiert ist oder als allgemein bekannt vorausgesetzt werden kann, untergeordnet und durch Angabe von spezifischen Merkmalen (differentia specifica) von anderen Begriffen unterschieden. Als Beispiel für eine intensionale Definition kann angeführt werden:

> Der Hybridantrieb (=Definiendum) ist ein Fahrzeugantrieb (=genus proximum) mit mehreren, zusammenwirkenden unterschiedlichen Antriebsaggregaten (=differentia specifica).
> Vgl. Gerigk et al. (1987, 257).

Eine extensionale Definition besteht aus einer Aufzählung aller Unterbegriffe bzw. individueller Gegenstände einer Abstraktionsstufe, die unter das Definiendum fallen, z. B.

> Einfache Zahnrad-Schaltgetriebe sind das Schieberadgetriebe und Schaltmuffengetriebe.
> Vgl. Gerigk et al. (1987, 292).

Zusätzlich spielen zur Festlegung der Begriffsbeschreibung Teil-Ganzes-Definitionen eine Rolle, bei denen die Teile aufgezählt werden, aus denen sich der zu definierende Begriff zusammensetzt.

4. In der modernen Linguistik wurde von Ferdinand de Saussure schon zu Beginn des 20. Jhs. ein Modell für sprachliche Zeichen entwickelt. Das sprachliche Zeichen ist demnach als eine mentale, zweiseitige Einheit aus Lautbild (image acoustique) und Vorstellung (concept) zu verstehen, das sich in der Kommunikation der Sprachbevölkerung eingespielt hat. Die Verbindung zwischen Lautbild und Vorstellung gilt als nicht motiviert, sondern willkürlich und als untrennbar (vgl. den Beitrag von Winfried Nöth in diesem Band, Abschnitt 3.1). Im Gegensatz zu diesem Modell wird dem Begriff in der Terminologiearbeit erst nach seiner festlegenden Beschrei-

bung durch einen willentlichen Akt eine Benennung (Terminus) zugeordnet. Die Benennung soll »eine mehr oder weniger gekürzte Begriffsbeschreibung« sein (Felber/Budin 1989, 135). Wie die Begriffe nur im Begriffssystem klar zu definieren sind, so sollen auch die Benennungen nicht
willkürlich, sondern entsprechend dem Begriffssystem systematisch und
damit motiviert sein: »Die Benennungselemente sollen so gewählt werden,
dass die Ordnung im System durch die Benennung zum Ausdruck kommt"
(Felber/Budin 1989, 123), wie z. B in *Magnetband* (= magnetisierter Daten-
träger in Form eines Bandes). Als Zuordnungsideal zwischen Begriff und
Benennung gilt eine eineindeutige Beziehung zwischen beiden, d. h. dass
einem Terminus nur ein Begriff zugeordnet ist und umgekehrt dieser Begriff nur durch eine Bezeichnung repräsentiert ist. Dadurch sollen einerseits homonyme, d. h. gleich lautende oder gleich geschriebene Formen,
die auf unterschiedliche Begriffe verweisen, vermieden werden (vgl. z. B.
Waagen – Wagen oder *Flügel* (beim Vogel) – *Flügel* (Klavier)); andererseits
sollen aber auch synonyme Formen unterdrückt werden, bei denen verschiedene Benennungen auf den gleichen Begriff verweisen (z. B. *Schrau-
benzieher – Schraubendreher*). Eineindeutigkeit, Homonymen- und Synonymen-
vermeidung sollen eine exakte, unmissverständliche Fachkommunikation
gewährleisten.

3.3 Gütemerkmale für Termini

Obwohl die Grundsätze der allgemeinen Terminologielehre nicht von
SprachwissenschaftlerInnen ausgearbeitet wurden, hatten sie einen nicht
unerheblichen Einfluss auf die Fachsprachenforschung. So wurden z. B.
die in der Terminologielehre aufgestellten Güteeigenschaften für Termini
technischer Fachsprachen wie Exaktheit/Definiertheit, Motiviertheit und
Eineindeutigkeit auch auf definierte Fachwörter anderer Fachsprachen übertragen, ja teilweise sogar für den Fachwortschatz insgesamt verallgemeinert
(vgl. z. B. Schmidt 1969) und durch folgende weitere Eigenschaftsan-
forderungen ergänzt (vgl. Hoffmann 1985, 163; Felber/Budin 1989, 122):
– Fachbezogenheit, d. h. der Terminus gehört zu einer bestimmten Fachsprache und zu einem bestimmten Begriffssystem;
– Ableitbarkeit, d. h. die Benennung ist geeignet, produktive Wortbildungs-
prozesse durchzuführen (vgl. *Alkohol → Alkoholiker, alkoholisch, alkoholisieren,*
…);

– Selbstdeutigkeit, d. h. dass durch die Motiviertheit und durch die Zugehörigkeit zu einem Begriffs-/Benennungssystem Termini auch ohne Kontext verständlich sind (Kontextunabhängigkeit);
– Knappheit, d. h. ein Terminus soll kurz und damit sprachökonomisch
sein; dieses Merkmal gerät leicht in Konflikt zu der Exaktheitsforderung
für Termini;
– Neutralität, d. h. mit einem Terminus sollen keine Konnotate, also ge-
fühlsmäßige, ästhetische Bedeutungskomponenten assoziierbar sein.
Eine Folge dieser Festschreibung von Gütemerkmalen war, dass Fachsprachen grundsätzlich für exakter als die Alltagssprache gehalten wurden.

4. Neue Konzeptionen von Fachwörtern

In letzter Zeit mehren sich aber in der Fachsprachenforschung kritische
Äußerungen gegenüber der Terminologiearbeit und deren wissenschaftli-
chen Grundsätzen. Die Kritik bezieht sich sowohl auf das Verständnis von
›Begriff‹, wie es in der Terminologielehre vertreten wird, vor allem aber
auch auf grundlegende Annahmen zu Eigenschaften des Fachwortschatzes
bzw. der Fachterminologie.
Wie bereits oben erwähnt, werden in der Terminologielehre durch den
Einfluss von Eugen Wüsters Arbeiten Begriffe als mentale Einheiten gefasst,
die durch Abstraktionsleistungen der Individuen entstehen. Dabei werden
Gegenstände oder Sachverhalte der »objektiven« Realität aufgrund gemeinsamer Merkmale zu einem mentalen Konzept zusammengefasst (vgl. z. B.
die Zitate aus Wüsters Arbeiten bei Felber/Budin 1989, 23 f.). Trotz gewisser Variationen in den Definitionen von ›Begriff‹ in späteren Arbeiten aus
dem Bereich der Terminologielehre (vgl. Wiegand 1979b) bleibt die Vorstellung konstant, dass Begriffe als vorsprachliche, mentale Zustände zu
deuten sind, sie die Wirklichkeit also abbilden. Unberücksichtigt bleibt bei
dieser Konzeption – und darin besteht die Kritik –, dass Sprache als konsti-
tutiver Faktor zur Erkenntnis und Verarbeitung von Wirklichkeit keine
Rolle spielt.
Im Laufe der 80er und frühen 90er Jahre erweiterte sich die Perspektive
der Fachsprachenlinguistik von der Untersuchung lexikalischer und syntaktischer Besonderheiten hin zur Erforschung der Verwendung und Funktion von Fachsprachen in realen Kommunikationssituationen. Dieser
Perspektivenwechsel brachte es mit sich, dass die Postulate der Exaktheit

und Selbstdeutigkeit/Kontextunabhängigkeit (eines Teils) des Fachwortschatzes relativiert werden müssen.

Dies sei an folgenden Beispielen aus dem Bereich der Pulvermetallurgie
gezeigt. Ausgangspunkt ist ein Gespräch zwischen einem Meister der Kfz-
Industrie, der einem Auszubildenden in einer Lehrwerkstatt im Rahmen
einer metallkundlichen Ausbildungsphase die Funktion eines Höhenmess-
schiebers als Anreißgerät erklärt. Dabei kommt er auf die Bestandteile und
Merkmale der Spitze dieses Gerätes zu sprechen (vgl. Baßler 1996, 175 ff.):[14]

```
01 M:    ... (–) dann hat (.) dieser höhen (.) mess:schieber -
02       der gleichzeitik als höhen (.) anr:eißer dient (.)
03       eine hartmetallspitze.        (–)
04 A:    ja.
05 M:    hartmetall isch nicht - (–)
06       wie stahl oder wie nicht-eisenmetalle die mer do verarbeite ein ge:: (.)
07       gossenes material was also aus em schmelzguss raus gewonne wird' (.)
08 A:    hm=hm.
09 M:    sondern hartmetall isch ein (.) s:intermetall.
10 A:    ja. (.)
11 M:    was isch e sintermetall?
12       des sin im prinzip nur gema:hlene körner' (.)
13       zusammegebacke mit=em bindemittel un unter hohem druck (.)
14       zusammegepresst; (.)
15       des isch sehr hart des isch aber au wahnsinnik spröde wenn ihr mit dem
16       ding do anbummse und blödsinn machen do bricht die vorne aus. (.)
17 A:    hm=hm.
18 M:    muss nicht sein. (.)
19       geht mer do als e wenig sorgfältik mit um. (.) ...
```

Im Folgenden geht es mir hauptsächlich um die Bedeutungserklärung des
Fachwortes *Sintermetall*, das von dem Meister als Oberbegriff für *Hartmetall*
verwendet und dessen Bedeutung in den Zeilen 12 ff. erklärt wird. Zu diesem Zweck skizziert er zunächst kurz die Technologie zur Herstellung solcher Werkstoffe, das Sintern (Z. 12–13). Daran schließt sich die Nennung
von zwei Materialeigenschaften des Sintermetalls an (*hart/spröde*) und ein

---

[14] Das Beispiel wurde im Vergleich zu Baßler (1996, 175) retranskribiert. Zur Erleichte-
rung der Lesbarkeit wurden Transkriptionszeichen, die mir für die Zwecke in diesem
Beitrag nicht relevant erschienen, weggelassen. Die verwendeten Zeichen haben folgende Bedeutung: (.) = sehr kurze Pause; (-) = mittellange Pause; ›.‹ = fallende Intonation; ›,‹ = leicht fallende Intonation; ›-‹ = gleichbleibende Intonation; ›'‹ = leicht steigende Intonation; ›?‹ = steigende Intonation; ›:‹ = Dehnung des vorausgehenden Lautes;
›::‹ = starke Dehnung des Lautes; ›=‹ unmittelbare Anbindung.

Warnhinweis, gefolgt von einer Aufforderung, vorsichtig mit dem Gerät umzugehen (15 ff.). Zum Vergleich werden die Bedeutungserklärungen in der Fachkunde Metall herangezogen, die für metalltechnische Berufe geschrieben ist. Darin heißt es: »Hartmetalle sind Sinterwerkstoffe« (Braun et al. 1999, 98). Aus dem Gebrauch des Plurals wird deutlich, dass es nicht nur **ein** Hartmetall gibt, sondern es sich um eine Werkstoffgruppe handelt, die zu der **Gruppe** der Sinterwerkstoffe gehört. Was unter Sinterwerkstoffen zu verstehen ist, wird in der Fachkunde dann ebenfalls durch Angaben zum Herstellungsverfahren erklärt: »Sinterwerkstoffe werden aus Metallpulvern hergestellt, die durch hohen Druck zu Werkstück-Presslingen geformt werden und durch eine anschließende Wärmebehandlung, dem Sintern, ihre Endfestigkeit erhalten« (Braun et al. 1999, 289). Bevor die Autoren auf Eigenschaften und Einsatzmöglichkeiten von Sinterteilen eingehen, werden einzelne Phasen bei der Herstellung von Sinter-Formteilen erläutert (Pulverherstellung – Pulvermischen – Pressen – Sintern – Kalibrieren – Sinterschmieden). Angeführt wird dann, dass »die Eigenschaften der Sinterteile [...] hauptsächlich vom Pulverwerkstoff, von der Sintertemperatur und vom Pressdruck abhängig [sind]. Niedrige Pressdrücke ergeben poröse, hohe Pressdrücke dichte Werkstoffe. Hochporöse Sinterteile werden z. B. als Filter, mittelporöse als Lagerwerkstoffe verwendet. [...]« (Braun et al. 1999, 290). Es folgt eine tabellarische Übersicht über Vor- und Nachteile der Sintertechnik.

Diesen Bedeutungserklärungen soll noch die Definition von ›Sintermetall‹ nach DIN 30 900 »Terminologie der Pulvermetallurgie« gegenübergestellt werden (vgl. DIN (Hg.) 1991, 21): Unter dem Oberbegriff ›Sinterwerkstoffe‹ werden nach dem stofflichen Aufbau unterteilt: ›Sintermetall‹, ›Sintereisen‹, ›Sinterstahl‹, ›Sinterkupferlegierung‹, ›Sinterleichtmetall‹, ›Sinterschwermetall‹, ›Sinterverbundmetall‹, ›Sinterhartmetall‹, ›Cermet‹ und ›Dispersionsgehärteter Sinterwerkstoff‹. Die Definition für Sintermetall lautet danach knapp: »Sintermetall ist ein metallischer Werkstoff, hergestellt durch die Verfahren der Pulvermetallurgie«. An ganz anderer Stelle (Klein 1997, 583) findet man dann eine Erläuterung, was Pulvermetallurgie im Sinne des DIN bedeutet: »Pulvermetallurgie umfasst das Herstellen von metallischem Pulver und das Fertigen von Teilen aus diesem Pulver, ggf. mit Zusatz von nichtmetallischen Pulvern durch Formen und Sintern.« In dem Text wird auch darauf verwiesen, dass die Eigenschaftswerte für Sintermetalle Werkstoff-Leistungsblättern zu entnehmen sind, auf die in speziellen DIN-Normen für einzelne Sintermetalle hingewiesen wird.

Aus dem Vergleich der drei Bedeutungserklärungen für Sintermetall wird deutlich, dass der Terminus *Sintermetall* trotz Normung von verschiedenen Fachleuten unterschiedlich eingeführt wird. Dies ist vielleicht umso verwunderlicher, da man doch denken könnte, dass gerade in Ausbildungssituationen darauf geachtet werden sollte, die definierte Terminologie zu vermitteln. Es stellt sich daher die Frage, woran es liegt, dass in den verschiedenen Bedeutungserklärungen unterschiedliche Wissenselemente enthalten sind und was es mit dem Gütemerkmal der Exaktheit von Termini auf sich hat. Entgegen der DIN-Definition werden in den beiden anderen Bedeutungserklärungen Verknüpfungen zu solchen Wissenselementen hergestellt, die während des konkreten fachlichen Handelns von Relevanz sind. Dabei kommt es auch zu assoziativen Beziehungen, die nach den strikt hierarchischen Beziehungen der Terminologielehre nicht vorgesehen sind. Dies wird besonders deutlich, wenn der Meister eine Handlungsanweisung zum Umgang mit dem Gerät formuliert, aber auch wenn er die Hartmetalle in Oppositionsbeziehung setzt zu ›Stahl‹ und ›Nicht-Eisenmetalle‹. Beides sind Werkstoffe, die in der Ausbildung zum Kfz-Mechaniker eine Rolle spielen. Der Meister strukturiert also seine Bedeutungserklärung nach den Bedürfnissen und Zwecken, die s. E. für die Auszubildenden in ihrem Berufskontext notwendig sind. Dass in der Fachkunde Metall wiederum ein anderes Begriffsnetz aufgebaut wird, hängt dann mit der breiteren Adressatengruppe zusammen, an die sich der Text wendet. In der DIN-Norm finden sich keine Beziehungen zu solchen Wissenselementen, da die Definition losgelöst von situativen Kontexten erfolgt.[15] Die Beispiele zeigen, dass Definitionen von Begriffen entgegen der traditionellen Konzeption je nach Kontext unterschiedlich ausfallen können.

Durch diese Kontextabhängigkeit wird auch die Frage nach der Exaktheit der Termini neu aufgeworfen. Auf der Basis der DIN-Norm könnte man urteilen, dass die Bedeutungserklärung des Kfz-Meisters vage ist. Nicht nur, weil in ihr andere Bedeutungselemente zu einer Quasidefinition kombiniert sind, sondern auch wegen der zahlreichen Formulierungen, mit denen er Verallgemeinerungen oder Abschwächungen[16] in seine Aussagen einbaut: z. B. ›*im prinzip nur*‹ *gema:hlene körner* (Z. 12); *unter* ›**hohem**‹ *druck (.) zusammegepresst* (Z. 13 f.), *des isch* ›**sehr**‹ *hart des isch aber au* ›*wahnsinnik*‹ *spröde* (Z. 15). Aber dennoch ist die Erklärung funktional. Für die Tätigkeit

---

[15] Vgl. dazu auch Fraas (1992), die Unterschiede zwischen terminologischem Begriffssystem der Raumfahrttechnologie und dem intuitiv zusammengehörigen Wissen von Fachleuten aufzeigt.

von Automobilmechanikern ist es unerheblich, aus welchen chemischen
Stoffen sich Sintermetalle zusammensetzen und wie – je nach Zusammensetzung – der Härtegrad variiert. Es reicht vollkommen aus zu wissen, dass
sie einerseits relativ hart, andererseits aber auch sehr brüchig sind, um zu
verstehen, dass man wegen dieser Werkstoffeigenschaften vorsichtig mit
dem Gerät umzugehen hat. Würde man den Auszubildenden dagegen die
zweifelsohne exakte DIN-Definition präsentieren, würden Sie diese wahrscheinlich als unkonkret bzw. vage und die Fachkommunikation damit als
gestört empfinden. Auch die Exaktheit von Termini ist damit in Abhängig-
keit von dem situativen Gebrauch zu sehen und nicht als ein Merkmal, das
den Fachwörtern inhärent ist. Wann ein Terminus exakt ist, entscheiden
die Teilnehmer einer Kommunikationssituation durch Aushandlung.
Roelcke (1999, 62) meint, dass gerade auch in technischen oder wissenschaftlichen Fachsprachen »eine kontextuelle Exaktheit von Fachwörtern,
die deren systematische Exaktheit durch Definition tatsächlich jeweils modifiziert oder differenziert, [...] derart weit verbreitet [ist], dass sie eher als
Normal-, denn als Sonderfall angesehen werden muss.«
Ein weiterer Kritikpunkt an dem Exaktheitspostulat stammt von Temmerman (2000, 73 ff.). Anhand verschiedener Definitionen in biologischen
Wissenschaftstexten zeigt sie, dass zwar manche Begriffe scharf durch ein
Set von Merkmalen von anderen Begriffen abzugrenzen sind. Bei anderen
aber, wie z. B. beim Begriff ›Biotechnologie‹, ist es bereits schwierig, sich
auf einen Oberbegriff (genus proximum) für eine intensionale Definition
(s. unter 3.2) zu einigen, der einerseits von allgemeinerer Natur als ›Biotechnologie‹ ist (d. h. weniger Eigenschaften hat als dieser Begriff), andererseits aber auch eine größere Extension als ›Biotechnologie‹ hat. Außerdem ist es unmöglich, charakteristische Eigenschaften von ›Biotechnologie‹
aufzuzählen, die es ermöglichen, den Begriff von anderen Disziplin-Begrif-
fen der Biologie abzugrenzen. Dies liegt daran, dass die ›Biotechnologie‹
ein interdisziplinäres Fach ist, das erst aus dem Zusammenwirken verschiedener Teilgebiete entstanden ist und damit auch zahlreiche Überschneidungs-
bereiche mit diesen Disziplinen hat. ›Biotechnologie‹ ist für sie nur ein Beispiel für eine Kategorie, die eine sog. prototypische Struktur hat. Damit ist
gemeint, dass es im Gegensatz zu den Vorstellungen der Terminologielehre

---

[16] In der linguistischen Literatur hat sich inzwischen für solche Vagheitsindikatoren die
   Sammelbezeichnung ›Hedges‹ eingebürgert. J. Dittmann verdanke ich den Hinweis, dass
   die deutsche Übersetzung ›Heckenausdrücke‹ nicht angemessen ist, da ›Hedges‹ eine
   Ableitung vom englischen Verb *to hedge* ›vor etwas kneifen‹; ›vor etwas ausweichen‹ ist.

kein klar umrissenes Set von Merkmalen gibt, das zur Beschreibung von
›Biotechnologie‹ ausreicht. Die Prototypentheorie[17] geht vielmehr davon
aus, dass Exemplare der Welt auch dann zu einer Kategorie gehören können, wenn sie nicht alle Merkmale miteinander teilen, sondern nur aufgrund einer Ähnlichkeitsbeziehung (= sog. Familienähnlichkeit) miteinander in Verbindung stehen. Die Exemplare sind dann in einer abgestuften
Skala um ein prototypisches Zentrum der Kategorie angeordnet, das aus
besseren Vertretern der Kategorie besteht. Kategorien haben damit keine
scharfen Grenzen mehr.[18] Besonders Neuentdeckungen werden des Öfte-
ren zunächst mit dem vorhandenen Wissen und den zur Verfügung stehenden Kategorien gedeutet. Die Folge ist, dass Phänomene trotz unterschiedlicher Merkmale in eine Kategorie eingeordnet werden, diese damit aber
inhaltlich überladen und unscharf wird. Auch die Interpretationen von Gegenständen und Sachverhalten durch unterschiedliche wissenschaftliche
Schulen trägt zu dieser prototypischen Struktur von Kategorien bei.
Gegen das Eindeutigkeitspostulat der tradtionellen Terminologiekonzeption
sprechen noch zwei weitere Phänomene, deren Auftreten ebenfalls durch
unterschiedlichen Gruppen innerhalb einer Disziplin sowie durch die
Diversifizierung von Disziplinen in unterschiedlichen Funktionsbereiche
verursacht ist. Es handelt sich dabei um die Verwendung von Synonymen
und Homonymen in der Fachkommunikation. Besonders Gruppen innerhalb einer Disziplin, deren Handeln auf jeweils unterschiedlichen Normen,
Theorien oder Funktionen basiert, können gleiche Sachverhalte oder Gegenstände mit unterschiedlichen Wörtern (Synonymen) bezeichnen. So findet man in der Linguistik z. B. die synonymen Bezeichnungen *Monem* (von
André Martinet) und *Morphem* (in anderen linguistischen Theorien) für die
kleinsten bedeutungstragenden Einheiten einer Sprache oder *Phonemik* gegenüber *Phonologie* für den Wissenschaftszweig, der sich mit dem Lautsystem
beschäftigt. Ickler (1997, 66) berichtet, dass Vertriebsgruppen in der Kfz-
Technik von *Windschutzscheibe* sprechen, während in der Produktion *Front-
scheibe* benutzt wird. Selbst in angeblich so exakten Disziplinen wie der
Chemie oder der Elektrotechnik stößt man immer wieder auf Synonyme

---

[17] Mit dem Ansatz der Prototypentheorie öffnet sich die Fachsprachenforschung für
kognitivistische Ansätze, die in anderen Disziplinen der Linguistik bereits seit den 80er
Jahren Eingang gefunden haben. Innerhalb der Prototypentheorie sind wieder unterschiedliche Weiterentwicklungen festzustellen (vgl. den Beitrag von Peter Rolf Lutzeier in diesem Band, Abschnitt 8.3).

[18] Einen ersten, wenn auch nicht ganz systematischen, Überblick über die verschiedenen
Ansätze in der Prototypentheorie bietet Kleiber (1998).

(vgl. Roelcke 1999, 64; Ickler 1997, 66; vgl. auch Temmermans (2000, 138 ff.) Darstellung zur Entwicklung des Begriffs ›Klonen‹).

Dass auch die Vermeidung von Mehrdeutigkeiten (Polysemie) durch Terminologienormung ein Ideal bleibt, zeigen Fälle, in denen aufgrund von Ähnlichkeitsbeziehungen zwischen Gegenständen oder Sachverhalten Fachwörter aus einer Disziplin in eine andere übernommen werden. Auch hier können Linguistik und Chemie als Beispiel dienen. So wird in der Linguistik die Bezeichnung *Valenz* aus der Chemie übernommen. Damit wird das Phänomen benannt, dass Verben, Adjektive oder Nomen mit bestimmten Elementen obligatorisch oder fakultativ kombiniert werden müssen, um eine grammatisch korrekte Aussage zu formen. In der Chemie ist mit dem Ausdruck *Valenz* dagegen die Bindungsfähigkeit von Atomen gemeint, die sich mit anderen verbinden können. Die Elektronenhüllen der Atome gehen dadurch in einen anderen Zustand über, sie hybridisieren (vgl. Ebel 1998, 1244). Aber selbst innerhalb einer Disziplin kann es zu polysemem Gebrauch von Bezeichnungen kommen. Eisenreich (1998, 1227) beschreibt solche Fälle in der Mathematik: »... mit *Seite* (eines Dreiecks) wird sowohl die Strecke als geometrisches Objekt als auch ihre Länge bezeichnet; mit *Winkel* das geometrische Objekt und seine Maßzahl, mit *Fläche* ein zweidimensionales Gebiet und sein Flächeninhalt...«.

Betrachtet man Synonyme und Homonyme isoliert, könnte man tatsächlich denken, dass es zu Missverständnissen kommt, wie die traditionelle Terminologielehre meint (vgl. oben 3.2; 4). Sie lässt dabei allerdings wieder außer Acht, dass Wörter in Situationen und Kontexten benutzt werden, wodurch die Bedeutung eines Wortes maßgeblich mitbestimmt und präzisiert wird.

5. Fazit

In der Fachsprachenlinguistik wurden Alltagssprache und Fachsprache häufig dadurch unterschieden, dass ersterer die Eigenschaft der Vagheit zugeschrieben wurde, Fachsprachen dagegen als Mittel zur exakten, eindeutigen Kommunikation angesehen wurden. Zu dieser Vorstellung trug die Terminologienormung und die Aufnahme ihrer Prinzipien bei den FachsprachenforscherInnen maßgeblich bei. In dem Beitrag sollte aber gezeigt werden, dass Exaktheit und Eindeutigkeit von Wortschatz nur an der Erfüllung bestimmter Zwecke in kommunikativen Situationen gemessen werden kann. Fachwörter sind demnach nicht durch Definitionen exakt, sondern erst, wenn sie zur Erfüllung bestimmter Zwecke in Kontexten adäquat gebraucht werden. Exaktheit ist damit zu einem relativen Konzept geworden. Es bleibt dann natürlich die Frage, was denn die Sprache im Alltag von der Fachsprache unterscheidet. Die Antwort darauf kann eigentlich nur lauten, dass Personen im Alltag andere Funktionen erfüllen müssen, sie daher auch anders strukturierte Kategorien/Begriffe und Begriffsfelder benötigen als Fachleute. Alltagssprache und Fachsprache unterscheiden sich demnach durch einen anderen Zuschnitt der Kategoriensysteme.

6. Literatur

Arntz, Reiner/Picht, Heribert (1989): *Einführung in die Terminologiearbeit*, Hildesheim/Zürich/New York: Olms.

Baßler, Harald (1996): *Wissenstransfer in intrafachlichen Vermittlungsgesprächen: eine empirische Untersuchung von Unterweisungen in Lehrwerkstätten für Automobilmechaniker*, Tübingen: Niemeyer.

Braun, Herwig et al. (1999): *Fachkunde Metall*, 52. neubearbeitete Auflage, Haan-Gruiten: Verlag Europa-Lehrmittel.

DIN, Deutsches Institut für Normung e.V. (Hg.) (1991): *Pulvermetallurgie: Metallpulver, Sintermetalle, Hartmetalle, Normen*, Berlin/Köln: Beuth.

Ebel, Hans F. (1998): »Die neuere Fachsprache der Chemie unter besonderer Berücksichtigung der Organischen Chemie«, in: *Fachsprachen. Languages for special Purposes. Ein internationales Handbuch zur Fachsprachenforschung und Terminologiewissenschaft. 1. Halbband*, hg. von Lothar Hoffmann/Hartwig Kalverkämper/Herbert Ernst Wiegand. Berlin/New York: de Gruyter, 1235–1259.

Eisenreich, Günther (1998): »Die neuere Fachsprache der Mathematik seit Carl Friedrich Gauß«, in: *Fachsprachen. Languages for special Purposes. Ein internationales Handbuch zur Fachsprachenforschung und Terminologiewissenschaft. 1. Halbband*, hg. von Lothar Hoffmann/Hartwig Kalverkämper/Herbert Ernst Wiegand. Berlin/New York: de Gruyter, 1222–1235.

Felber, Helmut/Budin, Gerhard (1989): *Terminologie in Theorie und Praxis*, Tübingen: Narr.

Fluck, Hans-Rüdiger (1996): *Fachsprachen: Einführung und Bibliographie*, 5., überarb. und erw. Aufl., Tübingen/Basel: Francke.

Fluck, Hans-Rüdiger (2000): »Fachsprachen: Zur Funktion, Verwendung und Beschreibung eines wichtigen Kommunikationsmittels in unserer Gesellschaft«, in: *Die deutsche Sprache zur Jahrtausendwende: Sprachkultur oder Sprach-*

verfall?, hg. von Karin M. Eichhoff-Cyrus/Rudolf Hoberg, Mannheim/Leipzig/Wien/Zürich: Dudenverlag, 89–106.

Fraas, Claudia (1992): »Terminologiebetrachtung im Kontext der modernen Sprachwissenschaft«, in: *Beiträge zur Fachsprachenforschung. Sprache in Wissenschaft und Technik, Wirtschaft und Rechtswesen*, hg. von Theo Bungarten, Tostedt: Attikon, 152–161.

Fraas, Claudia (1998): »Lexikalisch-semantische Eigenschaften von Fachsprachen«, in: *Fachsprachen. Languages for special Purposes. Ein internationales Handbuch zur Fachsprachenforschung und Terminologiewissenschaft. 1. Halbband*, hg. von Lothar Hoffmann/Hartwig Kalverkämper/Herbert Ernst Wiegand, Berlin/New York: de Gruyter, 428–438.

Galinski, Christian/Budin, Gerhard (1999): »Deskriptive und präskriptive Terminologieerarbeitung«, in: *Fachsprachen. Languages for special Purposes. Ein internationales Handbuch zur Fachsprachenforschung und Terminologiewissenschaft, 2. Halbband*, hg. von Lothar Hoffmann/Hartwig Kalverkämper/Herbert Ernst Wiegand, Berlin/New York: de Gruyter, 2183–2207.

Gardt, Andreas (1998): »Sprachtheoretische Grundlagen und Tendenzen der Fachsprachenforschung«, in: *Zeitschrift für germanistische Linguistik* 26, 31–66.

Gardt, Andreas (1999): »Sprachvertrauen. Die notwendige Illusion der »richtigen Bezeichnung« in der Wissenschaftssprache«, in: *Sprache und Sprachen in den Wissenschaften: Geschichte und Gegenwart*, hg. von Herbert Ernst Wiegand, Berlin/New York: de Gruyter, 462–486.

Hahn, Walther von (1983): *Fachkommunikation. Entwicklung, linguistische Konzepte, betriebliche Beispiele*, Berlin/New York: de Gruyter.

Hoffmann, Lothar (1985): *Kommunikationsmittel Fachsprache. Eine Einführung*, 2., völlig neu bearbeitete Auflage, Tübingen: Narr.

Hoffmann, Lothar/Kalverkämper, Hartwig/Wiegand, Herbert Ernst (1998, 1999): *Fachsprachen: ein internationales Handbuch zur Fachsprachenforschung und Terminologiewissenschaft*, Halbband 1 + 2, Berlin/New York: de Gruyter.

Ickler, Theodor (1997): *Die Disziplinierung der Sprache: Fachsprachen in unserer Zeit*, Tübingen: Narr.

Jakob, Karlheinz (1991): *Maschine, Mentales Modell, Metapher. Studien zur Semantik und Geschichte der Techniksprache*, Tübingen: Niemeyer.

Kalverkämper, Hartwig (1998): »Fach und Fachwissen«, in: *Fachsprachen. Languages for special Purposes. Ein internationales Handbuch zur Fachsprachenforschung und Terminologiewissenschaft. 1. Halbband*, hg. von Lothar Hoffmann/Hartwig Kalverkämper/Herbert Ernst Wiegand, Berlin/New York: de Gruyter, 1–24.

Klein, Martin (1997): *Einführung in die DIN-Normen: mit 644 Tabellen und 252 Beispielen*, 12. neubearb. und erw. Aufl., Stuttgart/Leipzig: Teubner; Berlin/Wien/Zürich: Beuth.

Kleiber, Georges (1998): *Prototypensemantik: eine Einführung*, 2., überarb. Aufl., Tübingen: Narr.

Linke, Angelika/Nussbaumer, Markus/Portmann, Paul R. (1994): *Studienbuch Linguistik*, 2. Aufl., Tübingen: Niemeyer.

Möhn, Dieter/Pelka, Roland (1984): *Fachsprachen: eine Einführung*, Tübingen: Niemeyer.

Oeser, Erhard/Budin, Gerhard (1999): »Grundlagen der Terminologiewissenschaft«, in: *Fachsprachen. Languages for special Purposes. Ein internationales Handbuch zur Fachsprachenforschung und Terminologiewissenschaft. 2. Halbband*, hg. von Lothar Hoffmann/Hartwig Kalverkämper/Herbert Ernst Wiegand, Berlin/New York: de Gruyter, 2171–2183.

Roelcke, Thorsten (1995): »Fachwortkonzeption und Fachwortgebrauch. Hintergründe einer Diskrepanz zwischen Sprachwissenschaft und Sprachwirklichkeit«, in: *Zeitschrift für deutsche Philologie* 114, 394–409.

*Roelcke, Thorsten (1999): *Fachsprachen*, Berlin: Erich Schmidt.

Schmidt, Wilhelm (1969): »Charakter und gesellschaftliche Bedeutung der Fachsprachen«, in: *Sprachpflege* 19, 10–21.

Steger, Hugo (1988): »Erscheinungsformen der deutschen Sprache: ›Alltagssprache‹ – ›Fachsprache‹ – ›Standardsprache‹ – ›Dialekt‹ und andere Gliederungstermini«, in: *Deutsche Sprache* 16, 289–319.

Steger, Hugo (1991): »Alltagssprache. Zur Frage nach ihrem besonderen Status in medialer und semantischer Hinsicht«, in: *Symbolische Formen – Medien – Identität. Jahrbuch 1989/90 des Sonderforschungsbereiches ›Übergänge und Spannungsfelder zwischen Mündlichkeit und Schriftlichkeit‹*, hg. von Wolfgang Raible, Tübingen: Narr, 55–112.

Strube, Gerhard, Becker, Barbara, Freksa, Christian et al. (Hg.) (1996): *Wörterbuch der Kognitionswissenschaft*, Stuttgart: Klett-Cotta.

*Temmerman, Rita (2000): *Towards new ways of terminology description: the sociocognitive approach*, Amsterdam/Philadelphia: John Benjamins.

Wiegand, Herbert-Ernst (1979a): »Kommunikationskonflikte und Fachsprachengebrauch«, in: *Fachsprachen und Gemeinsprache. Jahrbuch 1978 des Instituts für deutsche Sprache*, hg. von Wolfgang Mentrup, Düsseldorf: Schwann, 25–58.

Wiegand, Herbert-Ernst (1979b): »Definition und Terminologienormung – Kritik und Vorschläge«, in: *Terminologie als angewandte Sprachwissenschaft*.

Gedenkschrift für Univ.-Prof. Dr. Eugen Wüster, hg. von Helmut Felber/Friedrich Lang/Gernot Wersig, München/NewYork/London/Paris: K. G. Saur, 101–148.

Karin Birkner

Wörter in der Gruppe. Zur Soziolinguistik der Wörter

> Da besetzte Gilead vor Ephraim die Jordanfurten, und wenn ephraimitische Flüchtlinge sagten: »Lasst mich hinüber!«, fragten die Leute von Gilead: »Bist du ein Ephraimit?« Antwortete er: »Nein«, dann sagten sie zu ihm: «Sag mal Schibboleth!« Da sagte er: »Sibboleth«, denn er konnte es nicht richtig aussprechen. Dann packten sie ihn und erschlugen ihn an den Jordanfurten. (Bibel, AT, Richter 12, 5–6)

1. Einleitung[1]

In dem obigen Bibelzitat aus dem Alten Testament dient ein Wort als Erkennungszeichen für die Zugehörigkeit zu einer ethnischen Gruppe. Die Ephraimiten, die sich offensichtlich auf der Flucht vor den Anhängern Gileads befinden, haben gute Gründe, ihre ethnische Zugehörigkeit zu verbergen. Das ist jedoch nicht einfach; sie können zwar die Frage, ob sie Ephraimiten seien, verneinen, ein simpler Test straft ihre Worte jedoch unweigerlich Lügen: Da sie in der Aussprache des Wortes *Schibboleth* kein »sch«, sondern ein »s« artikulieren, sind sie als Ephraimiten entlarvt und werden getötet. Das Wort *Schibboleth* selbst bedeutet im biblischen Hebräisch »Ähre« oder »Strom« (Gesenius 1967, 802) und hat keinerlei inhaltli-

---

[1] Ich danke Harald Bassler, Inci Dirim und Peter Auer für wertvolle Anregungen zu diesem Beitrag.

chen Bezug zur Frage nach der Zugehörigkeit. Heute wird *Schibboleth* in der Linguistik verwendet im Sinne von »Charakteristisches Sprachmerkmal, das eine eindeutige (soziale, regionale etc.) Einordnung des jeweiligen Sprechers ermöglicht« (Bußmann 1990, 666).[2]

Auch wenn es sich hier um ein Beispiel mit recht drastischen Konsequenzen handelt, so sind doch Typisierung und Kategorisierung von Zugehörigkeit ein universelles menschliches Bedürfnis und Bestreben. Wörter spielen dabei eine besondere Rolle, sie können aus der regulären Verwendung herausgehoben werden und bei der Kategorisierung von Zugehörigkeit eine Funktion als Schibboleths erhalten. Dabei geht es nicht immer nur um negative Fremdbezeichnungen durch andere. Bisweilen greifen Mitglieder einer Minderheit Schimpfwörter, mit denen sie von der Mehrheitsgesellschaft belegt werden, auf und werten sie positiv um. Ein negatives Stigma wird damit in eine selbstbewusst getragene Selbstbezeichnung gewendet. In einem Rocklexikon wird dieses Phänomen beispielsweise für die Rasta-Musiker aus Jamaika beschrieben: »Besonders auffällig sind die immer wiederkehrenden Aufgriffe negativer Kennzeichnung durch die Gesellschaft, die zur stolzen Selbstbeschreibung werden. So bedeutet *dread* zwar schmutzig, furchtbar, schrecklich, wird aber in der Umkehrung zur stolzen Kennzeichnung der Gruppenzugehörigkeit« (Gülden/Humann 1977, 83). Ein vergleichbares Beispiel für eine solche Rekategorisierung aus Deutschland liefern die »Kanakster«, eine Bewegung, die auf eine Gruppe ausländischer Jugendlicher in Hamburg zurückgeht, die mit der genannten Selbstbezeichnung auf das herabsetzende deutsche Wort »Kanake« für Ausländer zurückgreift.[3]

Sprache allgemein und Wörter im Besonderen spielen also eine zentrale Rolle bei der Symbolisierung und Herstellung von Zugehörigkeit. In der Linguistik ist es vor allem die Soziolinguistik, die sich mit Fragen von Zugehörigkeit und damit verbundenen sprachlichen Merkmalen beschäftigt: Schicht, Alter, Geschlecht, Ethnie sind klassische soziolinguistische Parameter, die bei der Untersuchung von sprachlicher Variation in Sprachgemeinschaften eine Rolle spielen. Im Folgenden wird zunächst eine kurze

---

[2] Für eine Bestandsaufnahme der Verwendung des Begriffs Schibboleth in der Soziolinguistik vgl. Kniffka (1991).

[3] Bekanntheit hat die Bewegung vor allem durch die Bücher des deutsch-türkischen Schriftstellers Feridun Zaimoglu (1995; 1998) erlangt, in denen er Jugendliche in einer eigenen »Kanak Sprak«, einem Deutsch, das mit türkischen Anleihen, Wortschöpfungen und Jugendspracheelementen versetzt ist, zu Wort kommen lässt. Mittlerweile hat sich die Kanakster-Bewegung zu einem politisch-kulturellen Netzwerk entwickelt, das durch verschiedene antirassistische und kulturelle Aktivitäten von sich reden macht.

Einführung in klassische Fragestellungen der Soziolinguistik gegeben (2). Danach wird die Rolle von Wörtern stärker in den Fokus genommen und an zwei Beispielen die Funktion von Sprache bei der Gruppenein- und ausgrenzung beleuchtet werden, und zwar bei der Verwendung des Türkischen in multiethnischen Jugendgruppen (3.1) und in Begegnungen von Ost- und Westdeutschen in Bewerbungsgesprächen (3.2).

2. Die Anfänge der Soziolinguistik

Die Soziolinguistik als linguistische Disziplin hat ihren Aufschwung Ende der 60er Jahre erfahren, als im Zuge gesellschaftspolitischer Bewegungen auch eine Politisierung der Wissenschaften erfolgte und die Linguistik eine Rolle als Gesellschaftswissenschaft zu spielen begann.[4] Wie die Vorsilbe »Sozio-« zu erkennen gibt, hat die Soziolinguistik starke Bezüge zur Soziologie. Sie untersucht die Beziehung zwischen außersprachlichen, sozialen Faktoren einerseits und der Wahl bestimmter sprachlicher Mittel (z. B. dem Gebrauch bestimmter Wörter, syntaktischer Konstruktionen, aber auch phonetisch-phonologischer Varianten) andererseits. Hier ist vorausgesetzt, dass Sprache nicht gleich Sprache ist, sondern je nach sozialer Herkunft der SprecherIn, nach Alter, Geschlecht, Status, Berufszugehörigkeit, situativem Kontext, ethnischer/regionaler/kultureller Herkunft etc. variiert. Dies entspricht einer Erfahrung, die wir tagtäglich machen, wenn wir zu Hause Dialekt sprechen, in der Universität Standarddeutsch, beim Fluchen Jugendsprache und von den Börsennachrichten kaum ein Wort verstehen. Fishman beschreibt die Fragestellung der Soziolinguistik folgendermaßen: »who speaks (or writes) what language (or language variety) to whom and when and to what end?« (Fishman 1972, 46).

Die Soziolinguistik ist eine empirische Disziplin, d. h. sie basiert Erkenntnisse auf beobachtbare Erfahrungen, wie es in Anlehnung an die Naturwissenschaften auch in Fächern wie Psychologie, Soziologie, Politikwissenschaften, Ethnologie der Fall ist. Empirisch gewonnene Sprachdaten bilden – je nach Ansatz – die Grundlage für quantitative (d. h. statistische) und qualitative (interpretativ-hermeneutische) Analysen.

---

[4] Zur Einführung in die Soziolinguistik vgl. Dittmar (1997), insbesondere Kapitel 2 für die Darstellung der Entwicklung der Disziplin seit ihren Anfängen.

Im Folgenden sollen exemplarisch Arbeiten von drei Soziolinguisten vorgestellt werden, die wegweisend waren, um einen Einblick in die Arbeitsweisen und Fragestellungen der Soziolinguistik zu geben. Dabei wird die frühe Phase der Soziolinguistik im Vordergrund stehen, in der allerdings der Gegenstandsbereich »Wörter« weniger im Zentrum des Forschungsinteresses stand. Diese spielen erst in jüngeren Arbeiten der Soziolinguistik eine Rolle, die im Anschluss vorgestellt werden, so dass wir in Abschnitt (3) zum Rahmenthema des Buches zurückkehren.

2.1 Die Defizithypothese und Basil Bernstein

Ein wichtiger Name, der hier stellvertretend für die Anfangsphase der Soziolinguistik genannt werden soll, ist Basil Bernstein. Bernstein, Professor für Soziologie der Erziehung in London, untersuchte u. a. schon früh Unterschiede im Sprachverhalten von Jugendlichen aus verschiedenen sozioökonomischen Schichten (Bernstein 1972; 1975). Seine Thesen werden von Löffler (1994, 175) folgendermaßen zusammengefasst: »Sprechen ist Teil des Sozialverhalten, und dieses wird durch Familienerziehung vermittelt. Die Familie wiederum ist durch ihre soziale Klassenzugehörigkeit determiniert. Solches schichtenspezifische Sprachverhalten wirkt sich, obwohl eigentlich intelligenz-unabhängig, positiv und negativ auf die kognitive Entwicklung aus.« Bernstein differenzierte zwischen einem **elaborierten Code** der Mittelschicht und einem **restringierten Code** der Unterschicht, die sich u. a. in Bezug auf »Explizitheit«, »grammatische Korrektheit« und »logische bzw. argumentative Strukturiertheit« unterscheiden. In diesen sprachlichen Bereichen erwiesen sich die Unterschichtjugendlichen den Mittelschichtjugendlichen als unterlegen. Die Theorie Bernsteins, die auch als Defizit-Hypothese bekannt geworden ist, bot so eine Erklärung für die Tatsache, dass die schulischen Leistungen von Unterschichtkindern gegenüber Mittelschichtkindern stark abfallen: Schulerfolg ist offensichtlich an das Beherrschen des elaborierten Codes gebunden, so dass Kinder der Unterschicht, die in ihrer familiären Sozialisation nur den restringierten Code erwerben, durch diese Sprachbarriere systematisch benachteiligt sind. Aus diesen Ergebnissen zog man bildungspolitische Konsequenzen: Es wurden Sprachkompensationsprogramme für Unterschichtkinder eingerichtet, in denen ihnen der »elaborierte Code« beigebracht werden sollte, in der Hoffnung, damit gesellschaftliche Chancengleichheit herbeizuführen. Man stellte jedoch bald fest, dass diese Fördermaßnahmen nicht den erwarteten Erfolg hatten. Die Kinder bekamen vielmehr Probleme mit Schulstress und der Tatsache, dass ihre Sprache als etwas Defizitäres stigmatisiert wurde.[5]

2.2 Die korrelative Soziolinguistik und William Labov

Eine Gegenbewegung aus der Linguistik setzt der Defizit-Hypothese die Differenz-Hypothese entgegen. Eine zentrale Kritik betrifft den Punkt, dass die Defizit-Hypothese eine bestimmte Sprachform, nämlich die der Mittelschicht, unhinterfragt zum linguistischen Maßstab erhebt und alles, was davon abweicht, als defizitär erklärt. Eine zentrale Rolle spielt in dieser Diskussion der amerikanische Soziolinguist William Labov, der z. B. zeigt, dass Weiße und Schwarze zwar ein **anderes** Englisch sprechen, dass das Non-Standard-Englisch der schwarzen Bevölkerung aber die gleichen kommunikativen Funktionen erfüllt und damit dem Standard-Englisch funktional äquivalent ist (Labov 1972a).

Labovs Anliegen ist es nicht nur, den Sprachgebrauch unterschiedlicher Gruppen zu beschreiben, sondern auch die dahinter liegenden sozialen Funktionen dieses Sprachverhaltens zu beleuchten. Der Gebrauch unterschiedlicher sprachlicher Varietäten trägt maßgeblich zur Gruppenbildung bei; soziale Zusammengehörigkeit wird über gemeinsame sprachliche Merkmale, soziale Distanz hingegen auch durch sprachliche Abweichung ausgedrückt und hergestellt.

Sehr bekannt geworden ist Labovs sog. »Kaufhausstudie« (vgl. Labov 1966; eine Zusammenfassung auf Deutsch in Labov 1980, 25–48). In den 60er Jahren gab es in der Stadtsprache New Yorks zwei Varianten, wie das /r/ nach einem Vokal ausgesprochen wurde: 1. das sog. »stumme [r], eine Form, in der das /r/ durch eine Vokaldehnung ersetzt wurde, wie z. B. in [ka:] für <car> und 2. die jüngere Form, die sich seit dem 2. Weltkrieg in New York verbreitete, in der ein gespanntes-r als [kaɹ] artikuliert wurde. Typisch für Labov ist das einfallsreiche Untersuchungsdesign, mit dem er dieses Phänomen untersuchte: Um empirische Daten über die soziale Verteilung der beiden Varianten des /r/ zu erhalten, wählte Labov als Untersuchungsgruppe die Angestellten von drei verschiedenen New Yorker Kaufhäusern. Wie er zuvor festgestellt hatte, ließen sie sich in eine nach sozialen Kriterien bestimmte Rangordnung einteilen: höchster, mittlerer und niedriger Rang. Für die Datenerhebung in den Kaufhäusern wusste er nun, dass z. B. die

---

[5] Eine gute Überblicksdarstellung zur Sprachbarrierenforschung in Deutschland sowie deren Bezüge zu Positionen von Bernstein und Labov gibt Löffler (1994, 172–186).

Damenschuh-Abteilung im vierten Stock lag, und stellte den Angestellten jeweils folgende Frage: »Excuse me, where are the women's shoes?« Die Antwort lautete: »Fourth floor«. Labov fragte dann noch einmal nach, als habe er es akustisch nicht verstanden, so dass der/die Angesprochene die Antwort noch einmal gab, und zwar deutlicher: »Fourth floor«. So erhielt er pro Antwort zwei Beispiele für Wörter, in denen ein /r/ nach einem Vokal vorkommt, jedoch in zwei verschiedenen Positionen: in <fourth> im Wortinlaut in präkonsonantischer Position und in <floor> im Wortauslaut. Wenn der Interviewer nun noch ein zweites Mal nachfragte, veränderten die SprecherInnen bei dem Versuch, besonders deutlich zu sprechen, den Sprechstil: Während sie in der ersten Antwort eher zwanglos sprachen, bemühten sie sich in der zweiten um einen deutlichen, in der Terminologie Labovs »formellen« Sprechstil.[6]

Die Analyse ergab erstens, dass die Aussprache von /r/ entweder als Vokaldehnung oder gespannter Konsonant tatsächlich je nach Zugehörigkeit zu einer sozialen Schicht variiert: Je höher der Rang des Kaufhauses, desto häufiger wurde das gespannte-r gesprochen. Das gilt jedoch nicht für beide Kontexte, in denen das /r/ vorkommen kann, in gleichem Maße: Ein zweites Ergebnis zeigt, dass in allen vier Schichten das gespannte-r häufiger im Wortauslaut als im Wortinlaut realisiert wird. Das heißt, dass die Realisierung des /r/ durch die untersuchten SprecherInnen neben sozialen, außersprachlichen Faktoren wie Schicht auch von innersprachlichen Faktoren beeinflusst wird. Drittens ist noch zu erwähnen, dass die Verwendung des gespannten-r beim formellen Sprechstil in den zweiten Antwort fast immer ansteigt (in Aus- wie Inlaut). Dabei fielen besonders die Angestellten des Kaufhauses mit mittlerem Rang auf: Sie wiesen in der Auslautposition besonders hohe Steigerungsraten zwischen der ersten und der zweiten Ant-

---

6 Durch den geschickten Versuchsaufbau bekam Labov sehr natürliche Sprachdaten. Empirische Sprachforschung steckt nämlich in einem, wie es Labov ausdrückte, *Beobachterparadoxon* (Labov 1980, 17): »Um die Daten zu erhalten, die am wichtigsten für die linguistische Theorie sind, müssen wir beobachten, wie die Leute sprechen, wenn sie nicht beobachtet werden.« (Zu Labovs Methoden der Feldforschung vgl. Dittmar 1997, 56 f.) Aus diesem Dilemma kommt die empirische Sprachforschung zwar nicht heraus, man kann jedoch die Beeinflussung durch die Beobachtungssituation gering halten, wenn man die Aufmerksamkeit anders bindet, z. B. durch spannende Themen im Interview. Labov hat beispielsweise InterviewpartnerInnen, deren Sprachverhalten untersucht werden sollte, gefragt, ob sie sich schon einmal in Todesgefahr befunden hätten. Angesichts eines die Aufmerksamkeit bindenden Themas wird ein mitlaufendes Tonband dann eher vergessen als beim Vorlesen von Wortlisten. (Zu Methoden der Analyse von Gesprächen vgl. Deppermann 1999).

wort auf. Diese Beziehung zwischen mehr oder weniger formellen Sprechstilen in verschiedenen Schichten wurde von Labov in weiteren Studien
noch genauer untersucht (Labov 1966b, 122–142, sowie Labov 1980, 77–
93). Bei einer Untersuchungsgruppe, deren Schichtzugehörigkeit noch fei-
ner differenziert wurde als in der Kaufhausstudie, stellte er fest, dass die
SprecherInnen der unteren Mittelklasse beim Vergleich verschiedener
Sprechstile die obere Mittelschicht (die Schicht, die das gespannte-r im Schnitt
am stärksten realisiert) bei sehr formellem Sprechen (z. B. bei stark kontrollierter Aussprache wie beim Vorlesen von Wortlisten) in der Verwendung des gespannten-r sogar übertreffen. Labov nannte dieses Verhalten
Hyperkorrektur; offensichtlich gilt das gespannte-r als prestigereiche Variante, und es ist vor allem die untere Mittelschicht, die mit der auffällig
starken Verwendung der Prestigevariante in formellen Sprechstilen eine
starke soziale Aufstiegsorientierung zum Ausdruck bringt.
Die meisten SprecherInnen, die Labov untersuchte, hatten die Fähigkeit,
zwischen zwei Aussprachevarianten zu wechseln. Labov spricht in diesem
Zusammenhang von Stilen: dem »zwanglosen« und dem »formellen Stil«.
Bernstein hingegen ging von zwei verschiedenen »Codes« aus. In der Soziolinguistik spricht man heute von **Varietäten** und benutzt diesen neutra-
len Terminus zur Bezeichnung von Sprachformen, die einerseits gemeinsame sprachliche Merkmale aufweisen und andererseits durch spezifische
außersprachliche Kriterien bestimmt sind: z. B. Jugendsprachen (sog. So-
ziolekte oder Gruppensprachen), Fachsprachen (sog. Funktiolekte z. B. der
Medizin) oder regionale Varietäten (z. B. Ortsdialekte).
Die Arbeiten Labovs haben den Zusammenhang von sozialen Einstellungen einerseits und Varietätengebrauch andererseits sehr deutlich gemacht.
Das »In-Beziehung-Setzen« von außersprachlichen Daten wie Schichtzugehörigkeit und sprachlichen Variablen wie die /r/-Aussprache nennt man
in der Sprache der Statistik auch »korrelieren«. Die Richtung, die vor allem
die frühe Phase der Soziolinguistik geprägt hat und der die vorgestellten
Arbeiten von Labov zugerechnet werden, wird deshalb auch »Korrelative
Soziolinguistik« genannt.
Zur Frage, ob das Phänomen der engen Verwobenheit von Sprache und
sozialer Herkunft aber mit den Methoden der korrelativen Soziolinguistik
angemessen erfasst werden kann, gab und gibt es kritische Stimmen. Bei
dem Vorgehen, SprecherInnen z. B. als Angehörige der Mittelschicht zu
kategorisieren und dann ein bestimmtes Merkmal ihres Sprachverhaltens,
z. B. die Artikulation des /r/ in bestimmten Wörtern, dazu in Beziehung zu
setzen, erscheint soziale Identität als eine sehr statische und vorgegebene

Größe. Andere Ansätze verändern die Perspektive, indem sie versuchen, die Dynamik der Hervorbringung von Zugehörigkeit zu erfassen: »Sprache und soziale Herkunft erscheinen nicht länger als unabhängige Größen, die man mit Hilfe spezifischer Variablen operationalisieren und im Hinblick auf Korrelationen untersuchen kann« (Hausendorf 2000, 37). Stattdessen gilt in neueren Konzepten Sprache nicht mehr nur als **Symptom**, sondern als **Symbol** sozialer Zugehörigkeit. Damit kann Zugehörigkeit als etwas erfasst werden, was in der Interaktion aktiv hergestellt wird. Frühe Arbeiten unter diesen Prämissen stammen von John Gumperz, dessen Arbeiten zum Code-Switching, dem Wechsel zwischen zwei (oder mehr) Sprachen im Gespräch, nun vorgestellt werden sollen. Gumperz' Arbeiten repräsentieren den sog. »interaktionistisch« ausgerichteten Zweig innerhalb der Soziolinguistik, wo Sprache im Kontext von Gesprächen und als kommunikatives Wechselspiel zwischen Interaktanten untersucht wird.

2.3 Code-Switching und John Gumperz

Sprachenwechsel im Gespräch wird von Gumperz folgendermaßen definiert: »Conversational code switching can be defined as the juxtaposition within the same speech exchange of passages of speech belonging to two different grammatical systems or subsystems« (Gumperz 1982,59). Gumperz hat das Phänomen zuerst in einer norwegischen Gemeinde untersucht, in der die Mehrzahl der Bewohner über Zweisprachigkeit zwischen einem Dialekt und der Standardvarietät des Norwegischen verfügt (Blom/Gumperz 1972). Beide Varietäten werden jedoch von den SprecherInnen sehr unterschiedlich bewertet: Unter den Einheimischen hat der Dialekt ein sehr hohes Prestige und bringt die Identifikation mit dem Ort zum Ausdruck, während die Standardsprache von Zugezogenen bzw. Einheimischen mit einer nicht-lokalen Orientierung verwendet wird (Dräxler 1989,45). Diese Unterschiede bilden sich auch darin ab, dass beide Gruppen relativ wenig Kontakt miteinander pflegen und die beiden Varietäten auseinander halten. Gumperz hat sich besonders für die Gründe interessiert, die SprecherInnen zur Wahl der einen oder der anderen Varietät veranlassen, und hat zwei Arten von Code-Switching beschrieben, die er »situational« und »metaphorical« genannt hat. Zu »situational code-switching« kommt es, wenn bestimmte Parameter der Situation die Wahl einer Varietät bedingen. In mehrsprachigen Gemeinschaften ist es häufig so, dass die vertretenen Sprachen eine gewisse Arbeitsteilung erfahren: Die eine wird z. B. auf dem Rathaus, im Fernsehen, in der Schule, kurz: in der öffentlichen Domäne gesprochen, die andere in der Familie, im Verein, unter Freunden, was der privaten Domäne entspricht. (Die Soziolinguistik spricht hier von Diglossie, von griech. *di-* für zwei und *glossa* für Sprache.) In diesen Fällen wird die Sprachwahl durch die Situation, in der man sich gerade befindet, bestimmt. Anders beim »metaphorical switching«: Blom/Gumperz (1972) stellten fest, dass die Bewohner der norwegischen Stadt bisweilen auch zwischen den Varietäten wechselten, wenn sie sich in ihrer jeweiligen Gruppe befanden, d. h. ohne dass es die Situation verlangt hätte. Sie fanden Erklärungen für diese Fälle von Code-Switching, indem sie die konversationellen Funktionen der Sprachenwechsel sehr genau untersuchten. Eine typische Funktion zeigt sich z. B., wenn SprecherInnen Äußerungen einer Person zitieren, die in einer anderen als in der Sprache gemacht wurden, in der die Unterhaltung stattfindet, und dabei eben diese andere Sprache verwenden. Gumperz (1982, 76) führt als Beispiel für diesen Typ von Code-Switching eine Mexikanerin in den USA an, die einer Freundin erzählt, was ihr Vater über die mangelnden Spanischkenntnisse ihrer Kinder sagte: »To this day he says that...uh...it's a shame that they don't speak…uh…Spanish. *Estan como burros. Les habla uno y* (they are like donkeys, someone talks to them and): ›What he say, what's he saying.‹« Die in direkter Rede zitierten Äußerungen des Vaters werden auf Spanisch, die Antworten der Kinder auf English wiedergeben. Dadurch, dass die Worte der Sprecher jeweils in der Sprache wiedergegeben werden, die sie auch benutzt haben, wird die Sprachwahl zu einem Schibboleth ihrer kulturellen Identität.

»Metaphorical code-switching« ist ein sehr komplexes Phänomen, und nicht immer ist es möglich, die Funktionen, die SprecherInnen im Gespräch damit verbinden, zu rekonstruieren. Heute gehen Gumperz und andere ForscherInnen außerdem nicht mehr nur von diesen zwei Typen von Code-Switching aus, sondern haben seine Multifunktionalität erkannt und untersucht (vgl. u. a. Auer 1983; 1998; Myers-Scotton 1993; Romaine 1995; Milroy 1999).

3. Sprache und Zugehörigkeit

Jedes Individuum ist in ein komplexes System von sozialen Zugehörigkeiten und Identitäten eingebunden, die potentiell angelegt sind, aber in konkreten Situationen aktiviert oder deaktiviert werden müssen (und können). Man geht heute davon aus, dass vieles, was man für Identitätsparameter halten könnte, an eine Aktivierung in konkreten Interaktionen gebunden

ist und nicht als unauflöslich mit der Person verbundene Merkmale verstanden werden kann. In Bezug auf Geschlechtszugehörigkeit z. B. unterscheidet man zunächst das biologische Geschlecht (= ›sex‹) und das soziale
Geschlecht (= ›gender‹).[7] Wie Gender-Kategorien gefüllt werden, also was
als »weiblich« und »männlich« gilt, ist sozial und kulturell geprägt sowie in
der Sozialisation erlernt und weitergegeben.[8] Jedoch zeigt sich erst in konkreten Interaktionen, ob eine Person als Frau oder Mann agiert bzw. behandelt wird, z. B. indem Zuordnungen und Verweise auf Gender-Kategorien vorgenommen werden.[9] Man spricht in diesem Zusammenhang von
»doing gender« (Goffman 1977; West/Zimmermann 1989), um den aktiven Herstellungscharakter von Geschlechtszugehörigkeit zum Ausdruck
zu bringen. Diese konstruktivistische Sicht der Dinge wurde auch auf andere Bereiche übertragen, parallel spricht man von »doing culture«, wenn
die kulturelle Zugehörigkeit bearbeitet wird, oder »doing identity«, wenn
Aspekte der Identität und sozialer Zugehörigkeit im Zentrum der Aufmerksamkeit stehen. Sprache als Medium und Werkzeug der kommunikativen
Hervorbringung von sozialer Identität spielt dabei eine zentrale Rolle.
In welcher Weise Sprache – und seien es auch nur einige Wörter einer
Sprache – aktiv zur Symbolisierung von Zugehörigkeit zur einer
soziokulturellen Gruppe verwendet werden, wollen wir nun an einem Beispiel betrachten.

3.1 Türkisch in gemischtkulturellen Jugendgruppen

Die folgenden Daten stammen aus einem Forschungsprojekt, das von Peter
Auer und Inci Dirim in Hamburg durchgeführt wurde.[10] Es wurden 25
Jugendliche bzw. junge Erwachsene mit unterschiedlicher ethnischer Her-

---

[7] Dass es so schwierig ist, die Geschlechtskategorie zu wechseln, hängt damit zusammen,
dass das biologische Geschlecht und das soziale Geschlecht eng miteinander verzahnt
sind. Zwar kann man das biologische Geschlecht ändern, das ist aber mit aufwendigen
Umlernprozessen in Bezug auf das soziale Geschlecht verbunden. Vgl. hierzu z. B. die
Arbeit von Garfinkel (1967, Kap. 5), der den Lernprozess der Transsexuellen Agnes
beschreibt, sich »weiblich« zu verhalten.

[8] Einen Überblick über Ergebnisse aus Untersuchungen zu Sprache und Geschlecht gibt
Samel (2000).

[9] Für einen kritischen Blick auf die Berücksichtigung weiblichen Sprechens in der Soziolinguistik vgl. Kotthoff (1992).

[10] Die folgenden Darstellungen basieren im Wesentlichen auf Auer/Dirim (1999 und im
Druck).

kunft (arabisch, bosnisch, deutsch, russisch etc.) untersucht, die die türkische Sprache (in unterschiedlichem Maße) beherrschen. Obwohl sie keinen türkischen Familienhintergrund haben, betrachten sie das Türkische als festen Bestandteil ihrer Lebenswelt, was u. a. darauf zurückzuführen ist, dass sie in Stadtteilen Hamburgs mit einem hohen türkischen Bevölkerungsanteil leben. Eine vergleichbare Situation findet sich heute in vielen Großstädten, und es sind vor allem die Jugendlichen, die sich zu multiethnischen Netzwerken zusammenschließen. Die türkischen Jugendlichen haben dabei nicht nur zahlenmäßig eine besondere Position, sondern vermutlich auch aufgrund der Tatsache, dass sie als Angehörige der zweiten oder dritten Generation von ArbeitsmigrantInnen bereits fest in der bundesrepublikanischen Gesellschaft verankert sind.

Um Daten über das Sprachverhalten der Jugendlichen in ihrer Freizeit zu bekommen, wurden sie gebeten, gegen ein geringes Entgelt mit dem Walkman Aufnahmen zu machen, wenn sie Zeit mit ihren Freunden verbringen. Das war die einzige Möglichkeit, authentische Daten aus Situationen zu bekommen, die sich ansonsten sehr verändert hätten, wenn außenstehende LinguistInnen dabei gewesen wäre. Alle Beteiligten wurden außerdem in Interviews u. a. dazu befragt, wie sie Türkisch erworben haben und welche Einstellungen sie damit verbinden.

Auf den Bändern, die die Jugendlichen ablieferten, sind sehr interessante Code-Switching-Phänomene zu beobachten. Wir treffen hier auf ein sprachliches Verhalten von Jugendlichen, das durch häufiges Wechseln zwischen Deutsch und Türkisch und auch durch Code-Mischungen gekennzeichnet ist.[11] Offensichtlich hat das Türkische unter den Jugendlichen ein so hohes Prestige erworben, dass es dazu dienen kann, – neben anderen, jugendsprachlichen Elementen – einen subkulturellen Gruppenstil zu konstituieren. Ganz im Sinne von John Gumperz wollen wir uns fragen, welche »Metaphorik« hinter diesen Sprachenwechseln verborgen sein mag.

In dem folgenden Beispiel begrüßen die Deutsche Maike (19 Jahre) und die Deutsch-Libyerin Tanja (17 Jahre) ihre afghanische Freundin Aischa (20 Jahre), die gerade zu Besuch kommt. (Eine Übersicht über die Transkriptionskonventionen befindet sich am Ende des Artikels.)

---

[11] Zur Unterscheidung von ›code-switching‹ und ›code-mixing‹, in Abgrenzung zu Mischsprachen, vgl. Auer (1999).

Beispiel (1)

1   Maike: (   ) Tür geklingelt Tanja
2   Tanja: warte mal (2.0) das ist Aischa
3   Maike: ja (-) schon so früh? korrekt
4   Tanja: ha Aischa (-) <u>meraba kızım</u>
5   *hallo mein Mädchen*
6   Aischa: <u>n=aber kız</u>
7   *was gibt's Mädchen?*
8   Tanja: <u>iyi misin</u>
9   *geht's gut?*
10   Aischa: <u>hı iyim</u>
11   *mir geht's gut*
12   Maike: (echt) ich war beim zahnarzt
13   ((Das Gespräch über den Zahnarztbesuch geht auf Deutsch weiter.))

In dieser kurzen Sequenz vollziehen die Mädchen die Begrüßung mit türkischen Begrüßungsformeln (Z. 4, 6, 8, 10), vorher und nachher jedoch wird
das Gespräch auf Deutsch geführt (Z. 1–3; 12). In der Gruppenvarietät der
Jugendlichen tauchen türkische Wörter – wie in diesem Beispiel – häufig in
Begrüßungsroutinen zu Beginn und in Gesprächsbeendigungsroutinen am
Ende von Gesprächen auf. Das ist kein Zufall, denn diese Position im Gespräch ist zum einen durch wiederkehrende sprachlichen Routinen gekennzeichnet, die recht schnell erlernbar sind.[12] Zum anderen eignen sich die
Eröffnung und die Beendigung eines Gesprächs besonders für den Austausch sozialsymbolischer Bedeutungen. Hier steht der Informationsaus-
tausch im Hintergrund und in den Vordergrund rücken die sozialen Beziehungen der Beteiligten, die über die Form der Begrüßung und deren Erwi-
derung symbolisiert, etabliert und bestätigt werden. Indem die Mädchen
die Begrüßungsformeln auf Türkisch austauschen, signalisieren sie ihre
Zugehörigkeit zu einem bestimmten kulturellen Milieu. Dazu reichen einige türkische Wörter aus; es ist weder notwendig, dass TürkInnen anwe-
send sind (wie in Beispiel 1), noch, dass perfekt Türkisch gesprochen werden kann (auch wenn es einige Jugendliche tatsächlich fließend beherrschen).
Nicht nur Begrüßungsformeln, sondern auch bestimmte Anredeformen eignen sich für die subkulturelle Gruppenkonstitution mittels Sprache. Im folgenden Beispiel ist die Bosnierin Hatidscha (16 Jahre) bei ihrer türkischen
Freundin Peri (15 Jahre) zu Besuch.

---

[12] Zu Gesprächsbeginn und -beendigung vgl. den Beitrag von Johannes Schwitalla in
diesem Band, Abschnitt 2.

Beispiel (2)

1 Hatidscha: <u>e: ne var ne yok kırolar</u>
2 *eh, was geht ab, ihr Blödmänner*
3 Peri: <u>hiç bi bok yok</u>
4 *kein scheiß*
5 Hatidscha: <u>ay šey</u> in der letzten zeit gehts richtig geil ab ey ich schwörs
6 *ei dings*
7 dir das macht richtig [(mut) ehrlich]
8 Peri: [(<u>ay biliyorum</u>) ya:]
9 *ey ich weiss*
10 <<lachend> deine pechsträhne ist [vorbei ne>
11 Hatidscha: [ehrlich ich schwörs aber in
12 meinem jahreshoroskop stand das das hab ich dir doch gesagt
13 da stand bis mitte september werden sie depriphase erleben
14 die sie so schnell nicht vergessen werden ey

Auch in diesem Beispiel wird das eigentliche Gespräch zwischen dem bosnischen und dem türkischen Mädchen auf Deutsch geführt. Türkische Wörter werden als »attention getter« vor Beginn einer Äußerung (*ay šey*, Z. 5) oder zur Überleitung auf ein neues Thema (Z. 1) benutzt. Hatidschas Äußerung *e: ne var ne yok kırolar* ist in mehrfacher Hinsicht auffällig: Es handelt sich um eine Begrüßungsroutine, wie wir sie aus Beispiel 1 kennen, die jedoch an dieser Stelle des Gesprächs keinen Sinn macht, da sich die Mädchen ja bereits seit längerem im Gespräch befinden. Außerdem sind die beiden nur zu zweit, die Anrede »kırolar« aber ist Plural (-lar = Pluralsuffix). Offensichtlich handelt es sich um das ironische Zitat einer Begrüßung, eine Interpretation, die nach Auer/Dirim (im Druck) auch durch die Tatsache unterstützt wird, dass Hatidscha mit verstellter Stimme spricht. Doch wer wird hier »zitiert«? Darüber kann uns das Wort »kırolar« (ungefähre Übersetzung: *Blödmänner*[13]), das Hatidscha in ihrer rhetorisch-ironischen Frage verwendet, einiges verraten: Es handelt sich um eine Anredeform, die typisch männlichen Sprechweisen entstammt, d. h. Hatidscha imitiert hier die burschikose Begrüßung zwischen Jungen, u. a. indem sie sich eines Wortes bedient, das sonst nur von Jungen verwendet wird. Türkische Anredeformen werden – wie Begrüßungen – in diesen multiethnischen Jugendgruppen häufig zur Markierung des Gruppenstils ver-

---

[13] Die Übersetzung von Adressierungsformen und mehr noch die von Schimpfwörtern ist schwierig, die gewählten Formen können deshalb nur Vorschläge sein. Die Übersetzung wird zusätzlich dadurch erschwert, dass das Türkische kein grammatisches Genus kennt; dass das aber nicht zu einer geschlechtneutralen Sprache führt, zeigt Braun (2000).

wendet. In Jugendsprachen sind spezifische Anredeformen allgemein verbreitet (wie z. B. *Alter* im Deutschen). Das Türkische verfügt über ein vergleichsweise reichhaltiges Repertoire an Adressierungen, da sie stärker als
im Deutschen dazu verwendet werden, die Rollenbeziehungen der Gesprächspartner zum Ausdruck zu bringen. Maßgeblich für die »richtige«
Adressierung ist die Kenntnis von Alter, Geschlecht, Beziehung zum Gesprächspartner. Dabei dienen auch Verwandtschaftsbezeichnungen als Anrede; so werden z. B. Männer, die älter sind als der/die SprecherIn, häufig
mit *ağabey* (Kurzform *abi*) oder *amca* (im engeren Sinne: Onkel) angesprochen, eine ältere Frau kann mit der Anredeform *teyze* (im engeren Sinne:
Tante) oder *abla* (ältere Schwester) adressiert werden.[14] (Bei der Übertragung der Verwandtschaftsbezeichnung auf Freunde kommen allerdings regionale und schichtspezifische Faktoren zum Tragen, die hier nicht berücksichtigt werden können.) Wie die Untersuchung gezeigt hat, beherrschen
auch die nicht-türkischen Jugendlichen die feinen Unterschiede bei der
Verwendung türkischer Anredeformen sehr genau.
Neben den Wörtern, die ein hierarchisches Verhältnis zwischen den
GesprächspartnerInnen zum Ausdruck bringen, gibt es solche, die ein sym-
metrisches Verhältnis symbolisieren und die von den Jugendlichen für die
Adressierung untereinander verwendet werden. Diese Adressierungsformen
sind jedoch geschlechtsspezifisch verteilt: Unter männlichen Jugendlichen
sind Formen wie *moruk* (entspricht ungefähr »Alter«*)*, *lan* (Mensch) und
oğlum (mein Sohn) gebräuchlich, Mädchen dagegen verwenden *kız* oder
kızım (»(mein) Mädchen bzw. (meine) Tochter«, vgl. auch Beispiel 1, Z. 4,
6), *canım* (»mein Herz«). Auch unter den Schimpfwörtern, die unter Jugendlichen gar nicht als solche, sondern durchaus wohlmeinend verwendet werden, gibt es Adressierungen, die eher von Jungen verwendet werden (wie *kırolar* im obigen Bsp.) oder solche, die häufiger von Mädchen
benutzt werden (vgl. Beispiel 3, Z. 8 *salak* »Spinnerin« und *manyak* »Blö-
de«).
Kommen wir auf Beispiel (2) zurück: Was ist der metaphorisch-symboli-
sche Gehalt dieses Falles von Code-Switching? Hatidscha zitiert hier offensichtlich männliche Stimmen, und zwar an einer Position im Gespräch, an
der sie eine Themeneinleitung vornehmen will. Vielleicht will sie ihre Freundin ein wenig provozieren, vielleicht will sie männliche Begrüßungsrituale
ironisieren, auf jeden Fall stellt dieser sprachliche Akt eine symbolische

---

[14] Ein guter Überblick über türkische Verwandtschaftsbezeichnungen ist in Cimilli/Lie-
be-Harkort (1980) zu finden.

Überschreitung von Geschlechtergrenzen dar – eine Verletzung, deren sich die Sprecherin durchaus bewusst ist, wie die ironisierende Brechung deutlich macht.

Auer/Dirim (im Druck) fanden solche Fälle symbolischer Verletzung von Geschlechterkategorien aber nicht nur in Form distanzierender Zitate. Das folgende Beispiel stammt aus einer Gruppe, die überwiegend aus türkischen Mädchen und aus zwei tunesischen Schwestern (Zakiya, 20 Jahre, Suad, 18 Jahre, beide in Deutschland geboren) besteht und bei der eine frequente Verwendung männlicher Anredeformen auffällt. Das wird deutlich im folgenden Transkriptausschnitt, in dem das tunesische Mädchen Zakiya bei Halide, einer Türkin, Läuse entdeckt.[15]

Beispiel (3)

```
 1  Halide:  das kommt von meinem [ohr mann ey guck doch mal bist du doof
 2  Zakiya:                        [albern moruk moruk guck dir das doch mal an
 3                                        Alter   Alter
 4           bitte ey das sind doch keine ohren hier guck mal guck mal das sind
 5                                                           [doch keine ohren
 6  ?:       <<ahmt lachend Zakiyas Aussprache nach>         [ohren>
 7           ((Gelächter))
 8  Halide:  manyak burama [yapışıyo salak
 9           Spinnerin! Die bleiben hier hängen, Blöde!
10  Zakiya:                [moruk (              ) bist du doof oder was
11                          Alter
12  Halide:  <<laut> ich schwör's mein ohr yaa yapışıyo burama>
13                                          ooh, die bleiben hier hängen
14  Zakiya:  <<verärgert> nein alter nicht yapışıyo moruk ja ich weiß ja noch was
15                                          bleiben nicht hängen Alter
16           nissen sind alter>
17  ?:       was is'n das?
18  Zakiya:  Füsun wir hatten doch welche alter <<laut> die ganze crew hier>
19  ((...))
20  Füsun:   kadın da ((meint: die Linguistin)) diyecek baksana sind das läusegang
21           die Frau                            wird noch sagen, schau mal
22           hier oder was
```

In diesem Beispiel verwendet Zakiya vier mal *moruk* (Z. 2, 10, 14), das – wie *kıro* im vorangegangenen Beispiel – mit männlichen Sprechweisen assoziiert ist. Daneben benutzt sie das deutsche *Alter*, und zwar angesichts der weiblichen Adressaten eigentlich unangemessen im Maskulinum. (Die

---

[15] Ich danke Inci Dirim und Peter Auer für die Überlassung dieses bisher unveröffentlichten Datenmaterials.

anderen, von Halide verwendeten Schimpfwörter *manyak* (Spinnerin) und *salak* (Blöde/Dumme) wiederum entsprechen eher weiblichen Sprechweisen.) Die Mädchen dieser Gruppe überschreiten mit der Wahl der Adressierung die Grenzen zwischen den Geschlechterkategorien: Indem sie typisch männliche Anredeformen aus ihrer teilweise geschlechtsexklusiven Verwendung herauslösen und für sich reklamieren, befinden sie sich möglicherweise auf dem Weg zu einer neuen, subkulturellen Ordnung innerhalb der Geschlechterkategorien. Die Verwendung von Wörtern, die mit männlichen Sprechweisen assoziiert sind, ist mit einem »starken Auftreten« verbunden, das Lässigkeit, Burschikosität und Konfrontationsbereitschaft symbolisiert. Dabei werden die Geschlechtergrenzen nicht aufgehoben, aber doch verschoben bzw. neu gezogen.

Die nicht-türkischen Mädchen spielen bei diesem Prozess in den gemischten Gruppen offensichtlich eine besondere Rolle (die Bosnierin Hatidscha, vgl. Bsp. 2; die Tunesierin Zakiya, Bsp. 3). Das ist vermutlich kein Zufall, da sie weniger stark in der türkischen Kultur verhaftet sind und die sprachlichen Ressourcen des Türkischen für ihre identitätskonstitutiven Zwecke ungezwungener ausschöpfen.

Die Mädchen dieser Gruppe überschreiten übrigens nicht nur sprachlich, sondern auch in ihrem Verhalten und mit ihren Werten Geschlechtergrenzen und zeigen sich auch in ihren Freizeitbeschäftigungen nicht als »typische Mädchen«: Sie schauen gern Raufereien unter Mädchen an oder begehen kleinere Ladendiebstähle. Letzteres nennen sie *iş machen*, ein gutes Beispiel für die türkisch-deutsche Mischvarietät: *iş yapmak* bedeutet im Türkischen »arbeiten«, dem liegt eine Nominalkonstruktion zugrunde, die wörtlich übersetzt *Arbeit machen* heißen würde. *Yapmak* wird mit *machen* ins Deutsche übersetzt und so entsteht eine deutsch-türkische Mischkonstruktion *iş machen* (die in der Bedeutung *stehlen* natürlich einen Euphemismus darstellt).

Nebenbei lässt sich in Beispiel (3) auch ein Fall aus Gumperz' Typologie des »metaphorical code-switching« beobachten, wie wir ihn bereits kennen: In Zeile 20 zitiert die Sprecherin Füsun, was die Linguistin des Forschungsprojekts wohl sagen wird, wenn sie beim Abhören der Bänder erfährt, dass in der Gruppe Kopfläuse aufgetreten sind: Füsun lässt die Linguistin, die die Mädchen als Deutsche kennen, Deutsch »sprechen« (*sind das Läusegang oder was*, Z. 20–22), während der Anfang des Satzes und die Redeeinleitung auf Türkisch sind.

Die vorgestellten Fälle haben gezeigt, wie mit Hilfe von Wörtern aus einer anderen Sprache Gruppenidentität hergestellt wird. Sprache ist hier kein direktes »Symptom« für die ethnische Zugehörigkeit mehr (in dem Sinne, dass wer Türkisch spricht, auch Türke ist), sondern hat symbolischen Wert für die Konstitution einer subkulturellen Identität.

Wir wollen uns zum Abschluss ganz anders gelagerte Fälle anschauen, bei denen die Rolle der Wörter stärker auf dem Aspekt der lokalen **Aushandlung** kultureller Identität liegt: Ost- und Westdeutsche in Bewerbungsgesprächen. Von Code-Switching würde man in diesen Beispielen nicht mehr sprechen, auch wenn durchaus zwei Varietäten – eine ost- und eine westdeutsche – im Spiel sind. Die Begegnung zwischen Ost- und Westdeutschen hat die Linguistik in den Jahren nach dem Fall der Mauer 1989 und der Wiedervereinigung der beiden deutschen Staaten 1990 immer wieder beschäftigt. Es ergab sich die einmalige Gelegenheit, zwei Kommunikationsgemeinschaften, die über 40 Jahre getrennte Wege gegangen waren, dabei zu beobachten, auch sprachlich wieder »zusammenzuwachsen«. Dass es dabei zu Fremdheit und auch sprachlichem Klärungsbedarf kam, ist in Presse, Literatur und Wissenschaft reichhaltig dokumentiert; ob die sprachlichen Differenzen aber Ursache oder Wirkung der vielbeschworenen Ost/ West-Probleme waren und sind, ist nach wie vor umstritten. Es muss zunächst geklärt werden, ob es überhaupt sprachliche Unterschiede zwischen Ost- und Westdeutschen gibt, die jenseits von rein regionaler Variation liegen,[16] oder ob es Differenzen gibt, die zu folgenreichen Missverständnissen führen können. Diese Frage ist besonders relevant in sog. Gatekeeping-Situationen (vgl. Erickson/Shultz 1982, 14; Gumperz/Jupp/Roberts 1979, 4). Von ›Gatekeeping‹ spricht man bei Gesprächen, in denen eine Seite der Beteiligten als Institutionsvertreter (z. B. SozialarbeiterIn, BeraterIn, PersonalchefIn) Entscheidungen mit u. U. weitreichenden Konsequenzen für die anderen Beteiligten treffen. Das Bewerbungsgespräch ist eine solche Gatekeeping-Situation, in der sprachliche Differenzen bei Ostdeutschen gegenüber Westdeutschen direkt zu sozialen Nachteilen führen würden können (Arbeitslosigkeit etc.) Wir wollen uns im Folgenden das sprachliche Verhalten von ostdeutschen BewerberInnen im Gespräch mit westdeutschen Personalchefs, die als Gatekeeper agieren, anschauen.

---

[16] Schon auf einer relativ oberflächlichen Ebene verrät die Verwendung bestimmter Wörter schnell die regionale Zugehörigkeit eines Sprechers/einer Sprecherin. Wenn jemand z. B. vom *Broiler* spricht, ist den meisten schnell klar, dass es sich um eine/n Ostdeutschen handelt (vgl. Barbour/Stephenson 1998, 189–198). Das westdeutsche Äquivalent war/ist *Brathähnchen*. Bayerische SprecherInnen hingegen könnte man an der Benutzung von *Brathendl* als solche erkennen. In interaktionistisch ausgerichteten Untersuchungen muss geprüft werden, ob diese Variation und die damit verbundene Zugehörigkeitsmarkierung in der Interaktion relevant wird.

3.2 Ostdeutsche im Bewerbungsgespräch mit Westdeutschen

Die Bewerbungsgespräche fanden in den Jahren 1994–1996 statt, also 4–6 Jahre nach der sog. Wiedervereinigung der DDR und der »alten« BRD.[17] Diese ersten Jahre waren geprägt durch massive gesellschaftliche Umstrukturierungen, die vor allem die Ostdeutschen betrafen und sich u. a. nachhaltig auf den Arbeitsmarkt auswirkten: Die Ostdeutschen wurden plötzlich mit Arbeitslosigkeit konfrontiert, die es in der DDR nicht gegeben hatte, und mit der Notwendigkeit, sich auf einem westdeutsch dominierten Arbeitsmarkt zu behaupten, auf dem viele Berufsbilder der DDR gar nicht bekannt und nicht gefragt waren.

Die Ausschnitte aus Bewerbungsgesprächen, die wir uns anschauen werden, stammen aus einer Interviewphase, in der die ostdeutschen BewerberInnen von bisherigen beruflichen Tätigkeiten berichten. Im folgenden Gesprächsausschnitt gibt ein Bewerber über seine Tätigkeit als Lehrer Auskunft.

Beispiel (4)

1	B:	ich hab (-) vier stunden hintereinander geben können (-)
2	I:	welches fach denn?
3	B:	im: im: (.) polytechnik, ne?
4	I:	=mhm
5	B:	also - das: (.) (iss:) - nach (hier) (.) dem sprachgebrauch jetzt nennt sich das
6		techniklehre.
7	I:	=mhm
8	B:	technisches zeichnen.
9	I:	=mhm
10	B:	werkstoffkunde, (-) elektrotechnik. in dem bereich.

Im Zuge der Darstellung seiner Tätigkeit als Lehrer nennt der Bewerber das Schulfach, das er unterrichtet hat und das es in der DDR, nicht aber in der BRD gegeben hat: Polytechnik. Um dem Personalchef deutlich zu machen, welche Inhalte es umfasst, nennt er eine bundesrepublikanische Bezeichnung des Faches: *techniklehre* und erläutert zur Verdeutlichung die Inhalte des Fachs im Einzelnen: *technisches zeichnen, werkstoffkunde, elektrotechnik.*

---

[17] Das Datenmaterial stammt aus dem DFG-Projekt »Sprachgebrauchswandel in den neuen Bundesländern am Beispiel alltagsrhetorischer Strategien in Bewerbungsgesprächen«; für weitere Ergebnisse vgl. Birkner (2001) und Kern (2000). Die im vorliegenden Artikel präsentierten Ergebnisse basieren zum großen Teil auf Kern (2000, Kap. 6).

Kern (2000, 84 ff.) nennt dieses Vorgehen »Übersetzungsaktivitäten«: Der Bewerber übersetzt das ostdeutsche Wort regelrecht in eine westdeutsche Entsprechung. Mit dieser flüchtigen Aktivität macht der Bewerber die Begegnung zu einer interkulturellen: Er spricht als Ostdeutscher zu einem Westdeutschen, was ersichtlich wird, wenn man bedenkt, dass es einem Ostdeutschen gegenüber dieser Erklärung nicht bedurft hätte. Es ist also nicht so, dass wir als Außenstehende aufgrund unseres Hintergrundwissen davon ausgehen, dass die kulturelle Zugehörigkeit in diesem Gespräch eine Rolle spielt; vielmehr sind es die Beteiligten selbst, die ihre Ost-/West-Zugehörigkeit im Gespräch thematisieren, wenn auch auf diese indirekte Weise. Ob es sich bei Techniklehre tatsächlich um das westdeutsche Äquivalent handelt, ist dabei relativ unerheblich. Wichtig ist hier lediglich die Beobachtung, dass der Bewerber es als solches präsentiert. Man könnte auch argumentieren, dass »Polytechnik« in gewisser Weise einen Fachbegriff darstellt, der Westdeutschen eben erläutert werden muss. Der Bewerber hätte aber z. B. den Begriff »Polytechnik« auch so erläutern können: »Das Fach Polytechnik umfasste technisches Zeichnen, Werkstoffkunde, ...« Indem er aber das ostdeutsche Spezifikum in ein westdeutsches Äquivalent übersetzt, nimmt er eine Gleichsetzung vor, die impliziert, dass sich nur die Benennung geändert hat, aber die Inhalte gleich geblieben sind. Auf diese Weise stellt er symbolisch eine Gleichwertigkeit her und verdeutlicht damit den Anspruch, dass seine Lehrtätigkeit in der DDR einer bundesrepublikanischen gleichzusetzen ist.

Betrachten wir ein weiteres Beispiel, in dem eine ostdeutsche Bewerberin die Hintergründe eines Berufswechsel schildert:

Beispiel (5)

1   B: mein mann is dann zur armee jegang=n,
2   also (-) hier heißt das [ja wohl bund,
3   I: [mhm
4   und eh da ging das nich, dass ich nachtschicht arbeite;
5   und dann hab ich verkäuferin jemacht.

Anders als im Beispiel »Polytechnik« kann das Motiv dieser Bewerberin für die Übersetzung von *armee* durch *bund* kaum darin liegen, dass sie befürchten muss, der westdeutsche Interviewer könne »Armee« nicht verstehen (Kern 2000, 87). Zwar sprach man in der DDR eher davon, »zur Armee zu gehen«, die dort »Nationale Volksarmee« hieß, während man im Westen seinen Militärdienst bei der Bundeswehr ableistet und »zum Bund geht«.[18] Dennoch handelt es sich bei dem Wort »Armee« um ein so gebräuchliches Wort, dass eine Übersetzung eigentlich nicht Not tut. Welche

Funktion mag dieser zusätzliche Formulierungsaufwand für die Sprecherin also haben? Auch hier bringt die Übersetzung eine interkulturelle Orientierung der Bewerberin zum Ausdruck: Zum einen verweist sie auf ihre ostdeutsche Herkunft und symbolisiert damit kulturelle Fremdheit gegenüber dem westdeutschen Interviewer. Das wird auch deutlich an der Verwendung der Partikel *wohl* in *hier heißt das ja wohl bund* (Z. 2), die wie eine Distanzierungsmarker Unsicherheit bei der Benennung und damit ihre Fremdheit zum Ausdruck bringt. Gleichzeitig wird aber auch eine Gleichsetzung vollzogen, so dass wir es hier wieder mit einer Doppelfunktion zu tun haben: Einerseits wird eine Gruppenein- und -ausgrenzung vollzogen und andererseits sogleich wieder überwunden.

Dass es nicht nur die Ostdeutschen sind, die ost- bzw. westdeutsche Zugehörigkeit relevant setzen, zeigt das folgende Beispiel:

Beispiel (6)

```
1    I:   okay. schulbildung. (-) aber sie ha=m (-) abitur, ne?
2    B:   ja [ha.
3    I:      [EOS, ne?
4    B:   =mhm.
5    I:   mhm.
6    B:   ja gut. (.) damals eh nannte sich [das erweiterte oberschule und=und hier
7    I:                                     [oder (   )
8         eh (-) [mittlerweile heißt das gymnasium. ne?
9    I:          [EOS, ne?
10   I:   alles klar. wehrdienst haben sie auch gemacht?
```

Hier ist es der westdeutsche Personalchef, der mit dem ostdeutschen Begriff EOS eine Bezugnahme auf die kulturelle Zugehörigkeit des Bewerbers vornimmt und dessen ostdeutsche Identität relevant setzt. In diesem Beispiel wird besonders deutlich, dass bloße Verständnissicherung nicht das Motiv für die Erläuterung sein kann: Offensichtlich kennt der Personalchef das Bildungssystem der DDR, sonst könnte er auf die Bestätigung des Bewerbers, dass er Abitur habe, nicht noch einmal nachfragen, ob er das Abitur an der »EOS«, der »Erweiterten Oberschule«, erworben habe (Kern 2000, 86). Der Bewerber bestätigt das, und die kleine Pause, die entsteht, weil der Interviewer nicht direkt ein neues Thema anschneidet, mag dem Bewerber wie ein missbilligendes Schweigen erschienen sein, denn

---

[18] Zur deutsch-deutschen Variation bei den Begriffen *NVA* und *Bundeswehr* vgl. Barbour/ Stephenson (1998, 192).

er setzt zu einer Erklärung an, in der er eine Übersetzung liefert: *damals eh nannte sich das erweiterte oberschule* (Z. 6) und *mittlerweile heißt das gymnasium* (Z. 8).

Wie in den vorangegangenen Beispielen setzt der Bewerber die beiden Schulformen in seiner Erläuterung äquivalent und bearbeitet damit eine potentielle asymmetrische Bewertung von ost- und westdeutschen Lebenswelten, die mit den Wörter *EOS* und *Gymnasium* aufgerufen sind.

4. Schluss

Im vorliegenden Artikel lag die Aufmerksamkeit auf der Funktion, die Wörter bei der Herstellung sozialer Zugehörigkeit haben können. Dabei darf weder vergessen werden, dass Zugehörigkeitskonstitution nicht die einzige Funktion ist, die Wörter in Gruppen haben können, noch, dass Wörter nicht die einzigen Mittel sind, um Gruppenzugehörigkeit zu markieren.

So unterschiedlich die Kontexte auch sind, aus denen die präsentierten Fälle stammen, lässt sich an ihnen doch viel über die Funktionsweise von Wörtern in der Gruppe ablesen. Die Hamburger Jugendlichen verwenden eine Gruppenvarietät, die zum Teil durch jugendsprachliche Elemente geprägt ist, wie sie auch in anderen Jugendsprachevarietäten vorkommen. Daneben greifen sie auf das Türkische zurück, eine Sprache, die im soziokulturellen Umfeld der Jugendlichen präsent ist und dort offensichtlich in den vergangenen Jahren Prestige erworben hat. Es sind oft nur einzelne Wörter, die die spezifische Gruppenvarietät markieren: beispielsweise Gruß-routinen und Anredeformen, wie wir sie in den Beispielen (1) und (2) kennen gelernt haben. Dass diese Varietät in sich nicht statisch ist, sondern auch die feinen Trennlinien der Ein- und Abgrenzungen innerhalb der Gruppe in Bewegung geraten können – in diesem Falle zwischen den Geschlechterkategorien –, zeigen die Beispiele der ursprünglich geschlechtsexklusiven Anredeformen, die von einigen Mädchen verwendet werden (Beispiel 2 und 3). Wörter stehen hier deutlich nicht nur im Dienste der Markierung von Gruppenzugehörigkeit, sondern überschreiten Grenzen und **erschaffen** Zugehörigkeiten im Sinne eines »doing identity« neu.

Die Beispiele aus den multiethnischen Jugendgruppen wurden in der Freizeit der Jugendlichen in kleinen Interaktionsgemeinschaften aufgezeichnet und haben dort vor allem identitätsstiftende und gruppenkonstitutive Funktionen. Etwas anders gelagert sind die Beispiele der ostdeutschen

SprecherInnen: Sie entstammen einem institutionellen Kontext, in dem es
weniger um die wechselseitige Vergewisserung von gemeinsamer Zugehörigkeit geht, sondern um den Versuch, einer vermuteten negativen Stigma-
tisierung entgegenzuwirken, und zwar in Interaktionen mit Mitgliedern der
»anderen« Gruppe. In den ostdeutschen Beispielen wird mit den beiden
Wörtern, die wie Doubletten präsentiert werden, auf die Zugehörigkeit zu
zwei Lebenswelten verwiesen. Kern (2000, 88) bemerkt dazu: »Übersetzungen werden damit zu Aktivitäten der Ein- und Ausgrenzung: Obwohl
auf der Oberfläche eine Gleichsetzung zwischen zwei Begriffen hergestellt
wird, wird gleichzeitig durch den Gebrauch der symbolisch auf verschiedene kulturelle Räume verweisenden Begriffe ein Kontrast zwischen zwei Wel-
ten reproduziert.« Das Argument ist ebenso umkehrbar: Obwohl zwei
Lebenswelten und damit Trennendes heraufbeschworen wird, wird eine
Gleichsetzung vollzogen. Der Wechsel zwischen zwei Varietäten hat überdies u. a. zur Voraussetzung, dass die Beteiligten über zwei Sprachen bzw.
Varietäten verfügen. Sie müssen, zumindest bis zu einem bestimmten Gra-
de, bilinguale Kompetenzen aufweisen. Auch das demonstrieren die Ostdeutschen: Sie kennen sich in beiden Lebenswelten aus, was sich darin
zeigt, dass ihnen auch die westdeutschen Begriffe geläufig sind. Damit weisen sie sich auf einem westdeutsch dominierten Arbeitsmarkt als kompe-
tente Bewerbende aus.
Die Übersetzungsrichtung ist jedoch keineswegs beliebig: Der erhöhte Er-
klärungsdruck liegt bei den Ostdeutschen und in diesen einzelnen Wörtern
spiegelt sich die gesellschaftliche Asymmetrie der Wiedervereinigung. Doch
dieses Faktum ist nicht unhintergehbar, sondern kann bearbeitet werden:
Mit der Äquivalentsetzung bringen die Ostdeutschen ihren Anspruch auf
Gleichwertigkeit zum Ausdruck.[19]
Sprache spiegelt und schafft soziale Wirklichkeit: Das Anliegen dieses Arti-
kels war es, im Detail aufzuzeigen, welche sprachlichen Verfahren an der
Spiegelung und Schaffung von Wirklichkeit beteiligt sind. Ein besonderes
Schlaglicht wurde dabei auf die Beteiligung von Wörtern an diesen Prozes-

---

[19] Eine wachsende selbstbewusste Rückbesinnung lässt sich nach Barbour/Stephenson
auch an der Restitution einzelner »ostdeutscher« Wörter ablesen: »Es gibt DDR-typi-
sche Ausdrücke, die unmittelbar nach der Vereinigung zurückgingen und im Zuge
wachsender Unzufriedenheit mit westlichen Konditionen inzwischen wieder aufleben;
ein gutes Beispiel ist der nach seiner nahezu völligen Verdrängung durch *Hähnchen*
wieder in einigen Speisekarten präsente Ausdruck *Broiler*.« (Barbour/Stephenson 1998,
196)

sen geworfen. Es wurde einerseits sichtbar, dass sie soziale Ordnung reproduzieren. Wir haben aber auch feststellen können, dass es einen ganz wesentlichen Spielraum für die Aushandlung und Redefinition bestehender sozialer Wirklichkeiten gibt, wobei Wörter eine nicht unwesentliche Rolle spielen.

5. Literatur

Auer (1983): *Zweisprachige Konversationen. Code-Switching und Transfer bei italienischen Migrantenkindern in Konstanz*, Konstanz: Schriftenreihe des SFB 99.

Auer, Peter (1998): *Code-Switching in Conversation: Language, Interaction and Identity*, London: Routledge.

Auer, Peter (1999): *Code-switching in Conversation. Language, Interaction and Identity*, London: Routledge.

Auer, Peter (1999): «From codeswitching via language mixing to fused lects: Towards a dynamic typology of bilingual speech», in: *The International Journal of Bilingualism* 3, 4, 309–332.

Auer, Peter/Dirim, Inci (1999): »Vorläufige Überlegungen zur Verwendung des Türkischen in gemischtethnischen Jugendlichengruppen in Hamburg«, in: *Pluralität, gesellschaftliche Differenzierung und Bildung*, hg. von Ingrid Gogolin/ Bernhard Nauck, Opladen: Leske + Budrich.

Auer, Peter/Dirim, Inci (im Druck): »Zum Gebrauch türkischer Routinen bei Hamburger Jugendlichen nicht-türkischer Herkunft«, in: *Sprachgrenzen überspringen. Sprachliche Hybridität und polykulturelles Selbstverständnis*, hg. von Volker Hinnenkamp/Katharina Meng.

Barbour, Stephen/Stephenson, Patrick (1998): *Variation im Deutschen*, Berlin, New York: Walter de Gruyter.

Bernstein, Basil (1972): *Studien zur sprachlichen Sozialisation*, Düsseldorf: Pädagogischer Verlag Schwann.

Bernstein, Basil (Hg.) (1975): *Sprachliche Kodes und soziale Kontrolle*, Düsseldorf: Pädagogischer Verlag Schwann.

Birkner, Karin (2001): *Ost- und Westdeutsche im Bewerbungsgespräch. Eine kommunikative Gattung in Zeiten gesellschaftlichen Wandels*, Tübingen: Niemeyer.

Blom, Jan P./Gumperz, John J. (1972): »Social meaning in linguistic structure: Code-switching in Norway«, in: *Directions in Sociolinguistics: The Ethnography of Communication*, hg. von John J. Gumperz/Dell Hymes, Oxford: Blackwell, 407–434.

Braun, Friederike (2000): *Geschlecht im Türkischen: Untersuchungen zum sprachlichen Umgang mit einer sozialen Kategorie*, Wiesbaden: Harrassowitz.

Bußmann, Hadumod (1990): *Lexikon der Sprachwissenschaft*, 2. Aufl., Stuttgart: Kroner.

Cimilli, Nuekhet/Liebe-Harkort, Klaus (1980): *Sprachvergleich Türkisch – Deutsch*, Düsseldorf: Pädagogischer Verlag Schwann.

*Deppermann, Arnulf (1999): *Gespräche analysieren*, Opladen: Leske + Budrich.

*Dittmar, Norbert (1997): *Grundlagen der Soziolinguistik: ein Arbeitsbuch mit Aufgaben*, Tübingen: Niemeyer.

Dräxler, Hans-Dieter (1989): *Soziolinguistik, Pragmalinguistik und Sprachgeschichte: Die Bedeutung sozio- und pragmalinguistischer Parameter für eine Theorie des Sprachwandels*, Alsbach/Bergstraße: Leuchtturm-Verlag.

Fishman, Joshua A. (1972): »The Sociology of Language«, in: *Language and Social Context: Selected Readings*, hg. von Pier P. Giglioli, Harmondsworth: Penguin Books, 45–58.

Garfinkel, Harold (1967): *Studies in Ethnomethodology*, Englewood Cliffs, N.J.: Prentice-Hall.

Gesenius, Wilhelm (1962): *Hebräisches und aramäisches Handwörterbuch über das Alte Testament*, unveränd. Neudr. der 1915 ersch. 17. Aufl., Berlin, Göttingen, Heidelberg: Springer.

Gülden, Jörg/Humann, Klaus (1977): *Rock Session I*, Hamburg: rororo.

Gumperz, John J. (1982): *Discourse Strategies*, Cambridge: Cambridge University Press.

Gumperz, John J./Jupp, Tom C./Roberts, Celia (1979): *Crosstalk. A Study of Cross-Cultural Communication*, Southall: National Center for Industrial Language Training (BBC film and accompanying materials).

Goffman, Erving (1977): »The arrangement between the sexes«, in: *Theory and Society* 4, 301–331.

Hausendorf, Heiko (2000): *Zugehörigkeit durch Sprache. Eine linguistische Studie am Beispiel der deutschen Wiedervereinigung*, Tübingen: Max Niemeyer Verlag.

Kern, Friederike (2000): *Kultur(en) der Selbstdarstellung. Ost- und Westdeutsche in Bewerbungsgesprächen*, Wiesbaden: Gabler/DUV.

Kniffka, Hannes (1991): »Schibboleths. Philologische Bestandsaufnahme und Gesichtspunkte zu ihrer soziolinguistischen Analyse«, in: *Deutsche Sprache* 19, 159–177.

Kotthoff, Helga (1992): »Unruhe im Tabellenbild? Zur Interpretation weiblichen Sprechens in der Soziolinguistik«, in: Günthner, Susanne/Kotthoff,

Helga (Hg.): *Die Geschlechter im Gespräch. Kommunikation in Institutionen*, Stuttgart: Metzler, 126–146.

Labov, William (1963): »The social motivation of a sound change«, in: *Word* 19, 273–309.

Labov, William (1966a): *The Social Stratification of English in New York City*, Washington D.C.: Center for Applied Linguistics.

Labov, William (1966b): »Hypercorrection by the lower middle class as a factor in linguistic change«, in: *Sociolinguistics*, hg. von William Bright, Den Haag: Mouton, 81–113.

Labov, William (1972a): *Language in the Inner City: Studies in the Black English Vernacular*, Philadelphia: University of Pennsylvania Press.

Labov, William (1972b): *Sociolinguistic Patterns*, Oxford: Blackwell.

*Labov, William (1980): *Sprache im sozialen Kontext: Eine Auswahl von Aufsätzen*, hg. von Norbert Dittmar/Bert-Olaf Riek, Königstein/Ts.: Athenäum.

Löffler, Heinrich (1994): *Germanistische Soziolinguistik*, Berlin: Erich Schmidt Verlag.

Milroy, Lesley (Hg.) (1999): *One Speaker, Two Languages: Cross-Disciplinary Perspectives on Code-Switching*, Cambridge: Cambridge University Press.

Myers-Scotton, Carol (1993): *Duelling Languages. Grammatical Structure in Code-Switching*, Oxford: Clarendon Press.

Romaine, Suzanne (1995): *Bilingualism*, Oxford: Blackwell.

Samel, Ingrid (2000): *Einführung in die Feministische Sprachwissenschaft*, 2. Aufl., Berlin: Erich Schmidt Verlag.

West, Candance/Zimmermann, Don (1989): »Doing gender«, in: *Gender & Society* 1, 2, 125–151.

Zaimoglu, Feridun (1995): *Kanak Sprak. 24 Mißtöne vom Rande der Gesellschaft*, Hamburg: Rotbuch Verlag.

Zaimoglu, Feridun (1998): *Koppstoff. Kanaka Sprak vom Rande der Gesellschaft*, Hamburg: Rotbuch Verlag.

Anhang: Transkriptionskonventionen

A: Wört[er	*Überlappung zweier Beiträge*
B: [Wörter	
(.)	*Mikropause*
(-)	*Pause unterhalb einer Sekunde*
(2.0)	*gemessene Pause*
=	*schneller Anschluss oder Verschleifung zweier Wörter*

<<lachend> Wörter>	*spitze Klammern enthalten Kommentare, die bis > gelten*
( )	*unverständliche Passage*
((...))	*längere Auslassung aus dem Transkript*
wort?	*stark steigende Intonation*
wort,	*leicht steigende Intonation*
wort;	*leicht fallende Intonation*
wort.	*stark fallende, finale Intonation*

Johannes Schwitalla

Kleine Wörter. Partikeln im Gespräch

1. Partikeln als Gegenstand der linguistischen Forschung

Die 70er und 80er Jahre waren eine Zeit, in der man Partikeln (unflektierbare Wörter) als neues Forschungsgebiet entdeckte, sei es als Abtönungspartikeln im Rahmen einer Wortsemantik (Weydt 1969), sei es als Gliederungsmöglichkeiten von gesprochenen Äußerungen (Gülich 1970), sei es als eine neue Wortart (Gradpartikeln: Altmann 1976) oder als interaktives Signal zwischen SprecherIn und HörerIn (Ehlich 1986). Ausgehend von der Untersuchung französischer Gliederungssignale bei Gülich (1970) wurden solche auch in deutschen gesprochenen Texten untersucht (Stellmacher 1972; Wackernagel-Jolles 1973, 169 ff.; Rath 1979, 93 ff.; Schank 1981, 102 ff.). Gesprächspartikeln hatte man vorher nicht besonders beachtet, weil sie in geschriebenen Texten selten vorkommen, weil man glaubte, sie für inhaltliche Aussagen vernachlässigen zu können, oder weil sie einfach mit den herkömmlichen Vorstellungen von Sprache nicht zu fassen waren. Sie werfen aber ein neues Licht auf die Begriffe ›Sprache‹ und ›Kommunikation‹ und zwingen zu neuen Theoriebestimmungen. Verglichen mit Wortarten wie Substantiven, Verben, Adjektiven oder auch lokalen Präpositionen haben Gesprächspartikel keine semantische Funktion für die Darstellung von Wirklichkeit und sie sind auch nicht wie jene in den syntaktischen Regelapparat für Wortkombinationen einbezogen. Sie teilen aber mit Wörtern, die eine referenzielle Funktion haben, die Eigenschaft der Arbitrarität[1] (Trabant 1986, 75 f.); sie haben wie Begriffszeichen eine Lautsubstanz und unterscheiden sich dadurch von anderen Symbolebenen der verbalen Interaktion (Prosodie, nonverbale Zeichen). Der Terminus ›Interjektion‹ wird oft als gemeinsamer Oberbegriff für Interjektionen im engeren Sinne (*ach, oh*) und redesteuernde Partikeln (*äh, ne?, mhm*) verwendet (so Ehlich 1986, Zifonun et al. 1997, 362); beide sollten aber begrifflich unterschieden werden (Nübling i. E.).

Was unter ›Partikeln‹ zu verstehen ist, darüber gehen die Ansichten der LinguistInnen auseinander. Im weiten Sinne (Hentschel/Weydt 1994, 245 ff.) zählen dazu unflektierbare Wörter: Konjunktionen (z. B. *und*) und Subjunktionen (*da*), Konjunktionaladverbien (*jedoch*), Präpositionen (*vor*), Modalwörter (*vielleicht*), Abtönungs-/Modalpartikeln (*ja, doch, mal*), Grad-/Intensivpartikeln (*sehr*), Fokuspartikeln (*auch*), Negationspartikeln (*nicht*), Interjektionen (*oh*) und Antwortpartikeln (*ja/nein*). In der Dialogforschung kam ein Heer neuer Partikeln und Signale (engl. »markers«) hinzu: Sprechhandlungspartikeln (*bitte*), Vorlaufelemente (*ja aber ...*) und Rückversicherungssignale (*ne?*), Signale, die die Art der Verbindung zwischen Äußerungseinheiten anzeigen (»discourse markers«: *aber, also, schließlich, außerdem, jedenfalls* etc.; Fraser 1999), solche, die das Ende eines Themas oder des ganzen Gesprächs ankündigen (*gut, okay*), schließlich Aufmerksamkeits-, Korrektur-, Hörer- und Kontaktsignale. Ihre Zugehörigkeit zum Medium der mündlichen Kommunikation zeigt sich darin, dass sie weggelassen werden, wenn gesprochene Texte wie z. B. Bundestagsreden schriftlich veröffentlicht werden (Heinze 1979, 258). Umgekehrt verwenden SprecherInnen, die sich an der Schriftsprache orientieren, keine oder nur wenige Gesprächspartikeln (Schu/Stein 1994, 249 ff.; Betten 2000, 263). Auch lautmalerische Wörter (Onomatopoetika), Interjektionen und sog. Inflektive (*ächz, würg*) erfreuten sich einer erneuten Beschäftigung. In der letzten Zeit kamen auch »Schreie« und körpergebundene Äußerungsformen hinzu: Lachen, Gähnen, Stöh-

---

[1] Zum Begriff ›Arbitrarität‹ vgl. den Beitrag von Nöth in diesem Band, Abschnitt 2.3.

nen, Brummen usw. Auch diese Geräusche können ja absichtlich hervorgebracht und mit kommunikativem Sinn beladen werden. Der Linguistik er-
ging es wie der Quantenphysik: Immer neue »Teilchen« wurden entdeckt,
aber eine Gesamttheorie des Gegenstandsbereichs wurde auch immer
schwieriger (vgl. unten, Abschnitt 7.).

Unter ›Gesprächspartikeln‹ im engeren Sinne versteht man meist Rückver-
sicherungs- (*ne?*), Rezeptions- (*mhm*) und Gliederungssignale. Hier werden
jedoch alle Partikeln behandelt, die eine spezifische Funktion für die Herstellung und Aufrechterhaltung einer Gesprächssituation haben. Dazu gehören auch gefüllte Pausen (*äh*), Korrektur-/Paraphrasesignale, Aufmerk-
samkeitssignale (»attention-getters«: *he, sst*) und prototypische Interjektionen in ihrer Funktion als Hörerreaktion und als Vorlaufelemente von
Sprecherbeiträgen, schließlich Gliederungssignale auf unterschiedlichen
Ebenen. Für diese Partikeln wurde der Terminus **Gesprächswort** von
Brinkmann (1971, 779) eingeführt, von Henne 1978 aufgegriffen und von
Burkhardt (1985, 264) klassifiziert. Wie schon bei Versuchen der Bestimmung von Wortarten überhaupt scheint es mir auch bei den Gesprächspartikeln am besten zu sein, nach Funktionen zu gliedern. Ich gehe sie in
der Reihenfolge ihrer kommunikativen Reichweite durch. Dies setzt frei-
lich eine Theorie der dialogischen Interaktion voraus, die ich hier nicht
ausbreiten kann (zur Einführung in die wesentlichen Ordnungsstrukturen:
Kallmeyer 1985, 85).[2]

2. Herstellung und Auflösung der kommunikativen Situation

2.1 Gesprächsbeginn

Zu Beginn eines Gesprächs muss erst die Gesprächsbereitschaft potenzieller
Gesprächspartner sicher gestellt werden. Dazu dienen außer geräuschhaften
(Husten, sich Räuspern) und nonverbalen Handlungen (Winken, Klopfen,
Blick) sprachliche im engeren Sinne: Namensanreden (*Peter?*)[3], Kontakt-

---

[2] Ich beschränke mich in der Darstellung der Gesprächspartikeln auf das Deutsche mit
gelegentlichen Literaturhinweisen für das Englische und Französische (Gesamtdarstellungen für das Englische: Schiffrin 1987, für das Französische, Italienische, Spa-
nische: Koch/Oesterreicher 1990, 51 ff.).

[3] Das *?* ist hier ein Transkriptionszeichen und bedeutet »stark steigende Intonation«.
Eine Liste der verwendeten Transkriptionszeichen findet sich im Anhang des Beitrags.

formeln (*entschuldigung*) und die Partikel *hallo* (zu Formvariationen: Zifonun et al. 1997, 393). Beim Betreten eines fremden Territoriums dient *hallo* dazu festzustellen, ob überhaupt jemand in der näheren Umgebung ist; in Nicht-Routinesituationen wird es oft durch eine ganze Proposition ergänzt (*ist jemand da?*). Als herablassend bis unhöflich werden andere »attention-getters« aufgefasst: *he* (Varianten: *he:.*, *he?*, *he da:.* Zifonun et al. 1997, 392 f.), *Sie/du da*, jugendsprachliches *e* (Schlobinski et al. 1993, 137) gegenüber Erwachsenen: Schüler: *eh/\ wIppermann* [= Name des Lehrers] – Lehrer: *auf eh reagiere ich eigentlich nicht* (Rasoloson 1994, 131).

Zu Beginn von Telefongesprächen, bei denen ja das Klingeln als erster interaktiver Zug gilt, kann der/die Angerufene mit *hallo?* antworten, um Gesprächsbereitschaft zu signalisieren, ohne die eigene Identität preiszugeben. Die Interpretation von *hallo* als Kontaktsignal ist positionsgebunden. Nach einem Blickkontakt, beim Telefonieren nach einer Selbstidentifikation des/der Angerufenen dient *hallo* als Grußformel. Wenn in einem Telefongespräch der akustische Kontakt gestört ist, kann *hallo?* wieder dazu verwendet werden, um die Erreichbarkeit des/der Anderen zu überprüfen. (In dem Film »Kameradschaft« von Georg Papst, 1931, ruft ein in einem Schacht eingeschlossener Bergarbeiter immer lauter und höher in den Telefonapparat: *HAllo. (-) <<f> Hallo>. <<ff> HALLO::>*; neuerdings kann man wiederholte Hallo-Rufe hören, wenn in fahrenden Zügen Handygespräche unterbrochen werden.)

Nach dem Austausch von Grüßen signalisieren Formen von NA (Großbuchstaben stehen für Formklassen) Vertrautheit und die Bereitschaft zur weiteren Kommunikation (Zifonun et al. 1997, 396 f.). Allein stehendes *na?*, ohne eigene Fortführung, kann scheitern: Direkt nach der Begrüßung am Telefon sagt die Anruferin (A) zu ihrem Vater (B): A: *na:?* – B: *was heißt na?* – A: *wie geht=s?*

2.2 Gesprächsbeendigung

Für die gemeinsame Herbeiführung des Endes von (Telefon-)Gesprächen haben Sacks/Schegloff (1973) die geradezu klassische Analyse vorgelegt. Nach einem abgeschlossenen Thema und Anzeichen des »disengagements« (vor allem Pausen) bietet ein Beteiligter den gemeinsamen Beginn der Beendigungsphase an. Dies geschieht im Deutschen mit den Partikeln *gut*, *okay*, *alles klar* (auch in Kombination: *okay gut*; *okay gEll?*), selten mit *fein*, *schön*, jedoch auch mit dialektalen Versionen (z. B. mannheimerisch: *alla gud*). Diese Wortformen sind ein Angebot, mit dem Gespräch zu Ende zu kommen, und sie haben den semantischen Gehalt ihrer homonymen »Geschwister« verloren. Sie werden mit fallender Intonation gesprochen und vom Adressaten bestätigend ebenfalls mit einer Partikel beantwortet (*gut*, *okay*, *ja*, *alles klar*, *also dann*), z. B.: A: *okAY.* – B: *gU:t.*. Die Beendigungseinleitung geschieht demnach als gemeinsame Hervorbringung (»joint production«) in einem Paaraustausch (»adjacency pair«). Der Austausch der Signale für die Beendigungseinleitung kann möglicherweise expandiert werden, z. B. als dreifacher Wechsel: A: *mhm gUt.* – B: *gut.* – A: *ja.*, und noch länger, wenn eine Partikel, mit steigender Intonation gesprochen, fallend bestätigt wird, z. B. vierfach: A: *gUt.* – B: *ja?* – A: *mhm.* – B: *okay.*; sechsfach: A: *ja okAY, alles klAr.* – B: *ne?* – A: *mhm.* – B: *alles klar?* – A: *gUt* (-) *alles klAr.* – B: *okAY.* (Beispiele aus Herrmann 1992). Danach folgen Sprechhandlungen, die eine spezifische Beendigungsfunktion haben (Resümee des wichtigsten Themas oder dessen Folgen für die Zukunft, Ausblick auf das nächste Treffen, Grüße an andere, gute Wünsche etc.), dann die Verabschiedung.

3. Segmentierung: Anfang, Schluss, thematische und handlungsstrukturelle Teile

Vor dem Beginn einer neuen interaktiven Aufgabe, welche auch Planungszeit verlangt, äußern viele Sprecher eine sog. gefüllte Pause (*äh*, *öh*, *ähm*). Dies geschieht sowohl beim Redeeinsatz (Schegloff 1982, 81) wie beim Beginn von Teilen komplexer Handlungen. Ein *äh* kündigt den Wunsch zu sprechen an und verschafft den Sprechern Planungszeit (Keseling 1989, 578). Viele erste Themen in Telefongesprächen beginnen so: *äh haben sie gürtelreifen bitte* (Rasoloson 1994, 59 ff. mit weiteren Beispielen). Geht ein Small-Talk dem eigentlichen Thema voraus, so wird nach einem erkennbaren Abschluss (z. B. lange Pause) das Thema mit dem eigentlichen Grund des Anrufs entweder explizit (*ich ruf eigentlich an weil ...*) oder mit formelhaften Verwendungen von Verben des Sehens und Hörens eingeleitet: *sag mal hast du das mitgekriegt dass ...*; *horch mal wegen morgen.*
Da in Gesprächen grundsätzlich gilt, dass nachfolgende Beiträge einen erkennbaren thematischen Bezug zum vorhergehenden Beitrag haben (Schegloff 1984, 38), müssen Beiträge, die thematisch etwas Neues bringen, als solche gekennzeichnet werden. Dazu dienen Adverbien (*übrigens*), formelhafte Redeeinleitungen (*da fällt mir ein*; *was ich noch sagen wollte*), die Konjunktion *aber* (Kallmeyer 1978, 217; Schlobinski 1992, 287 f.) und Partikeln als Vorlaufelemente (*oh*; vgl. 5.1.). Wenn ein Sprecher die Sprecher-

rolle schon hat und sich anschickt, eine neue Äußerungseinheit zu produzieren, die inhaltlich nur locker mit der vorausgehenden verbunden ist, so äußert er/sie oft eine gefüllte Pause: [der Urlaub] *war also sehr NETT, ähm (-) allerDINGS des ganze (-) eh machte ja reKLAme mit einem großen STAUsee* (vgl. Keseling 1989, 582, Beisp. 12, 13). So wie der Wechsel zu einem neuen Thema signalisiert wird, so auch die Rückkehr zu einem verlassenen Thema. Neben *aber* (Schlobinski 1992, 289 f.) werden dazu auch *na* (und eine weitere Partikel) und *jedenfalls* gebraucht (*na jA., na jEdenfalls*), als elliptischer Satz: *wie auch Immer* (zur Themensituierung im amerikanischen Englisch: Allen 1995).

Der Übergang zu einer thematisch und interaktional neuen Gesprächsphase kann außer durch Metakommunikation und elliptische Sätze (*ich meine*) durch Partikeln angezeigt werden: *na ja, so, also* (Kallmeyer 1978, 201, 204, 209). Eine besonders deutliche Markierung sind dabei die fallend gesprochenen Partikeln *gut.* und *so.*: *gut. (-) das werd ich noch klären ...*; *so. (-) gehn se rüber ...*; *so. (-) folgendes protokoll wird von dem schiedsmann angefertigt* (zu *gut* und *so* in genetischen Beratungsgesprächen: Hartog 1996, 75 ff., in Arbeitsbesprechungen: Meier 1997, 71 ff.). In monologischer Rede (z. B. in frei gesprochenen Vorträgen) kann *gut* durch einen Tonsprung nach oben sehr stark vom vorhergehenden letzten und vom nachfolgenden nächsten Thema abgesetzt sein. Fallendes *so.* spricht man oft auch nur vor sich hin, wenn man zu einer anderen Tätigkeit übergeht. Oft wird mit *so.* und *gut.* der Beginn der eigentlichen Aktivität markiert, z. B. die Phase der Anamnese in einem Arzt-Patienten-Gespräch: *so. (-) was ham sie denn.* Die Partikel *gut* verliert als Gliederungssignal die Bedeutung des Adjektivs *gut*; diese kann aber sozusagen reaktiviert werden, wenn der Inhalt des Vorhergehenden nicht dazu passt: Arzt zu Mutter: *plötzlich irgendeine erkrankung gekommen an der sie [ihre Tochter] gestorben ist. gut. (8) gut.* (Hartog 1996, 174 f.). Auch diese Partikeln können nachträglich expliziert werden: *SO. (-) und die sache ist damit hier erledigt*; *SO. (-) ihr lEtzter sAtz.*; *so. (-) um von dem thema nicht weiter zu machen.* Zur Beendigung eines Themas dient auch *na ja* (nach einer Pause und vielleicht resignativ, vgl. Willkop 1988, 181).

4. Sprecher- und Hörerrolle

4.1 SprecherIn: Sicherung der Sprecherrolle, Rückversicherungssignale (RVSe)

Das weitaus häufigste Mittel zur Sicherung der Sprecherrolle ist die Produktion einer Variante von ÄH: [ɛ], [ɛ:], [ɛ:m], [ø:], [œ:] usw. Diese gefüllten Pausen signalisieren dem Hörer, dass der Sprecher die Sprecherrolle nicht abgeben will, sondern Zeit braucht, um die weitere Rede zu planen (Willkop 1988, 246 ff.; Keseling 1989, 582 ff.; Rasoloson 1994, 43 ff.). Formen von ÄHs finden sich oft ganz zu Beginn des Redeeinsatzes (s. 5.1.), nach Konjunktionen, bei Wortfindungsschwierigkeiten und vor dem wichtigsten Wort einer Äußerungseinheit. Obwohl meist unbewusst gesprochen, kann ÄH auch rhetorisch bewusst produziert werden, um zusammen mit anderen Formen der Redeverzögerung demonstrativ gehemmt zu sprechen, z. B. weil man nicht das eigene oder fremde »face«[4] verletzen will (A muss erklären, warum er merkt, dass B zurzeit *etwas unlustig* sei: A: *äh:: (-) ja nein doch ich denk du bist so sehr stIll.* Zur Sicherung der eigenen Sprecherrolle werden auch Formen von HM und JA gesprochen (Zifonun et al. 1997, 371 ff.).

Die zweite, an die Sprecherrolle gebundene wichtige Klasse von Partikeln sind Rückversicherungssignale (RVSe), mit denen man die Aufmerksamkeit auf das zuvor Gesprochene einklagt. Sie gewinnen die Funktion der Überprüfung, ob der Hörer zustimmt oder nicht, aus der illokutiven Bedeutung des gerade Gesagten (vgl. 4.3.). Manche RVSe fallen mit der Negationspartikel *nicht* zusammen, enthalten sie (*nicht wahr?*) oder sind abgeschwächte Formen (*nich?, nech?, net?, ne?*). Es gibt großregionale Varianten (süddt. *gell?, gelletse?, göi?*; schweizerdt.: *odr?*; berlinisch: *wa?*) und das jugendsprachliche *ey* (Schlobinski et al. 1993, 134 ff.). Alternativen sind *weißt du?, verstehst du?, ja?* (Willkop 1988, 253 ff.). Fallendes *ja.* hat nur Gliederungsfunktion, akzentuiert gesprochen auch die der Bekräftigung.

Sehr häufige Wiederholungen von RVSen entwerten die Funktion der Übereinstimmungskontrolle und fungieren dann nur noch als Gliederungssignal für das Ende einer Äußerungseinheit. Ein Mann erzählt von seinem Beruf: *ich mein ich hab mich auch tagsüber oft zu ärgern. gell? un ich muss da die leute*

---

[4] Unter »face« versteht man das positive Gesamtbild einer Person, welches diese von anderen anerkannt haben will (eine frühe Definition dieses Begriffs in Goffman 1955, 5).

die da bei uns beschäftigt sin die muss ich immer bei laune halten. gell? da wird krank gefeiert oder irgendwelche äh (-) wie soll ich sagen wenn einem da was net gefällt gell? des krigt mer dann glei (-) gleich aufs butterbrot geschmiert. gell? des äh (-) hätten sich die leute früher alles gar net so erlaubt. gell? da wird mit äh (-) mit äh (-) ausscheiden wird da gedroht. gell? so versteckt, aber des wird immer heut is des mal leider so. gell? (vgl. auch das Beispiel bei Schu/Stein 1994, 252). Die Ränder von Äußerungseinheiten sind »anfällig« für sog. Codeswitchings, d. h. zweisprachige SprecherInnen wechseln gerade bei RVSen (aber auch bei Aufmerksamkeitssignalen) in die andere Sprache/Variante (aus Bayern stammende Sprecherin, lange in den USA lebend, zu deutscher Interviewerin: *bis eahner* [ihr] *schiff gegangen is von hamburg; you know? und dann ...*; in Deutschland aufgewachsene Türkin der zweiten Generation: *tarihini öne çek? e: çatismasin. verstehst du?*).

4.2 HörerIn: Rezeptionssignale (RSe)

Hörer begleiten die Rede des Sprechers durch gefühlsexpressive Interjektionen und RSe. Die häufigsten RSe sind HM und JA. Über Formen und Funktionen von (M)HM im Deutschen liegen schon mehrere Untersuchungen vor (Flader/Koerfer 1983; Ehlich 1986; Willkop 1988, 106 ff.; Rasoloson 1994, 213 ff.; Zifonun et al. 1997, 367 ff.). Bei der großen Variabilität dieser Partikel kommt es auf eine genaue phonetische und prosodische Beschreibung an. Ist der Tonträger ein [m] oder ein [n] oder gar ein [ŋ]? Kommt vor dem M bzw. N ein H oder ein Glottisverschluss [ʔ]? Sind die Lippen geöffnet, sodass statt eines Ms eher ein Schwa [ə] oder ein nasaliertes [ɛ] zu hören ist? Ist eine Form von HM verkürzt oder redupliziert? In welche Richtung geht die Intonation? nach oben? nach unten? steigend-fallend? fallend-steigend? bleibt sie auf gleicher Höhe? (Hier eröffnet sich ein phonologisches Tonsystem im Deutschen analog solchen in Tonsprachen). Ehlich (1986, 54) unterscheidet folgende Typen (und gibt z. T. Funktionsparaphrasen):

Typ I = fallend-steigend, einfach: *hm\/* (Konvergenz), kurz und redupliziert: *hm\hm/*

Typ II = steigend: *hm/* (›wieso das denn?‹), kurz: *hm/* (›was sagst du da?‹), redupliziert: *hmhm/*

Typ III = eben: einfach: *hm-* (›vielleicht aber‹), kurz: *hm.-*

Typ IV = fallend: *hm* (›das ist ja merkwürdig‹), kurz: *hm* (›da haben wir den Salat!‹), redupliziert: *hmhm* (komplexe Divergenz, deliberativ)

Formvarianten von (M)HM können darüber hinaus folgende interaktive Funktionen haben: Bestätigung der fremden Sprecherrolle, Aufforderung weiterzusprechen bis zum Zielpunkt der Aktivität, Aufforderung, die Sprecherrolle beizubehalten (in eine Pause gesprochen), Akzeptieren einer Unterbrechung, Anmeldung des eigenen Anspruchs der Sprecherrolle (Wahmhoff/Wenzel 1979, 282), Zweifel, Zögern, Rück- und Vergewisserungsfrage, Überraschung (Willkop 1988, 106 ff.), Klärungsbedürftigkeit, Ratlosigkeit (Zifonun et al. 1997, 368 f.), Mitgefühl, Empathie (Schiewer 2000). Welche Funktion im einzelnen Fall vorliegt, hängt ab von der Phonetik (ein [ʔ] vor dem [m], [n] oder [ŋ] signalisiert eher Divergenz), von der Tonhöhenbewegung, von Expansionen (z. B. Reduplikation, HM + lexikalisches RS) und von der Position in Bezug auf die Sprecheräußerung. Allgemein kann man sagen: Je unmarkierter ein HM gesprochen wird, desto mehr beschränkt sich die Funktion auf die Bestätigung der Sprecherrolle (Nübling i. E.). Aber die sehr vielen phonetisch-prosodischen Ausgestaltungen lassen auch sehr viele Ausdrucksmöglichkeiten für die Reaktionsweise der Hörer zu. Oft ist eine präzise kommunikative Funktion kaum anzugeben. Durch Wiederholung und Variation eröffnet sich ein sehr weites Feld von Rezeptionssignalen, z. B. ein fünfmal gesprochenes [hɛ], immer mehr intonatorisch fallend mit der Funktion, dass ein Problem erkannt worden ist (Schiewer 2000, 29), oder die Kombination von *mhM?* und *hM.*, wobei im vorliegenden Fall das erste Erkennen, das zweite Ratlosigkeit ausdrückt (ebd.).

In unproblematischen Phasen platzieren Hörer ein RS nach einer erkennbaren Äußerungseinheit, z. B.:

A: *ma muss HÖllisch AUfpassn.* – B: *mHM?*
A: *<<all> mal en BEIspiel mir ham uns mir ham uns> einmal HINgsetzt obwohl*
A: *wir=s <<ff> geAHNT> ham dass es sehr tEUer ist?* – B: *mhm?*
A: *in so=n (-) STRAßencafe. ne?* – B: *mhm?*
A: *ham da en belegtes BRÖTchen gegEssen?* – B: *ja?*
A: *<<all> ah so was ÄHNliches wie=n belegtes brÖtchen> (-) und zwei KAffees.* – B: *mhm?*
A: *wir ham beZAHLT (-) EInundzwAnzig mArk.* – B: *bo::.[= bɔ::]*

B spricht jeweils nach einer Äußerungseinheit von A ein RS mit steigender Intonation, das A zum Weitersprechen ermuntert. Die gedehnte Interjektion *bo::* passt nicht nur als eine angemessene Gefühlsreaktion für das Skandalon der kleinen Erzählung, sondern steht durch die fallende Intonation auch dafür, dass B verstanden hat, dass A nun die für die ganze Erzählung entscheidende Information gegeben hat und damit zu einem Ende gekommen ist. Die Platzierung eines RSes nach dem möglichen Ende einer Äußerungseinheit muss Sprecher nicht daran hindern, ihren Satz zu verlängern: A: *da waren also zwei* [Fahr-]*räder im lEtzen waGGOn; –* B: *ah ha.* – A: *gestanden. (-) ne?* (vgl. Auer 1991, 146, Beisp. 14–17).

RSe vor dem sog. Recognition-Point, d. h. vor der Stelle, an der der Sinn der Äußerung erkannt werden kann, drängen den Sprecher, dorthin zu kommen (Schegloff 1984, 44; Hinnenkamp 1998, 146); nach dem Recognition-Point, aber noch während des Beitrags des Sprechers, haben sie die Funktion der besonderen Zustimmung. Sie folgen direkt nach der akzentuierten Silbe des wichtigsten Wortes und werden nach Abschluss der Äußerungseinheit wiederholt (vgl. Müller 1996, 142 f.):

A: *Endlich hat die=n mAnn der verSTÄND[nis für sie hat. (-)*
B: [*ja   ja.*

Ein MHM nach ›problematischen‹ Äußerungen des Sprechers, möglicherweise noch nach einer kleinen Pause, signalisiert, dass der Hörer nicht auf einer Klärung besteht (Schegloff 1982, 87 f.); an Stellen, wo eine inhaltliche Stellungnahme erwartbar wäre, signalisiert es Zurückhaltung (ebd., 86). Irritationen können entstehen, wenn der Hörer nur ein RS produziert, wo der Sprecher eine inhaltliche Stellungnahme erwartet (Sacks 1992, 410 ff.), oder wenn der Hörer nicht die RSe produziert, die der Sprecher erwartet; dann kommt es zu Stockungen und Reformulierungen (z. B. wegen kulturell unterschiedlichen Arten von Hörerreaktionen: Erickson/Shultz 1982, 118 ff.). Bleiben RSe beim Telefonieren aus, so fragt man nach: *bist du noch da?*. Wenn Hörer nicht mit dem übereinstimmen, was der Sprecher sagt, halten sie sich mit RSen zurück oder zögern sie über den Recognition-Point hinaus (Müller 1996, 151 ff.). Das fällt besonders dann auf, wenn ein Sprecher nach jeder deutlich markierten Äußerungseinheit ein Hörersignal bekommen hat. Im folgenden Ausschnitt bekam Sprecherin BE von ihren vier Zuhörerinnen fast immer z. T. expandierte RSe in unmittelbarem Anschluss nach ihren fallend gesprochenen Äußerungseinheiten (BE klagt darüber, dass sie von ihrem Enkel getrennt ist):

BE: [...] *zu knAbbern gehAbt;* – ST: *mhm*
BE: [...] *des kInd eben noch so WINzig.* [kein HS]
BE: [...] *nach DEUTSCHland kOmmen.* – NW: *ah ja ja* – EB: *ja ja he he*
BE: *da konnt ich drauf HINleben.* – NW: *mhm.*
BE: [...] *NEUN monate (-) MINdestens nicht kOmmen.* – BA: *mhm*
BE: *und ich auch nicht HINkann.* – EB+NW: *mhm*
BE: [...] *der klEIne (-) lernt jetz in ha innerhalb des nächsten mOnats LAUfen;* – BA: *mhm*
BE: *(-) und dann lernt er SPREchen. (-)* [kein HS]
BE: *und das ALLes hab ich NICHT. ja? (–) und eh: (-) <<atmet seufzend aus>>*

Ein Hörersignal bleibt aus, auch nach dem RVS *ja?* und der darauf folgenden mittel langen Pause. BE macht einen neuen Ansatz, kommt aber ins

Stocken. EB beginnt nun ihren Beitrag mit einem dispräferierten Zug: *also*
(-) also ich empfInde das nIch als so besonders SCHLIMM,
Ein JA geht über ein (M)HM hinaus; es signalisiert deutlicher Zustim-
mung als ein bloßes *mhm*: A: *es is besser man macht SAMStag was. ne?* – B:
mhm. mhm. (-) ja gUt. Vor dem Recognition-Point kann *ja* ein Signal zur
Übernahme der Sprecherrolle sein, weil *ja* eine Zustimmung noch gar nicht
möglich ist:
A: *des kann ma alles [feststellen.*
B: *[ja   awwer mal e anneri frag ...*
Dazu dienen auch schnell, ›drängend‹ gesprochene Formen von (M)HM
und ÄH (zu letzteren: Keseling 1989, 584; Rasoloson 1994, 72). In eine
Pause gesprochen, fordert steigendes *ja?* den/die SprecherIn auf, weiterzu-
sprechen: A: *da gibt es so (-) eh KAmmern? (-)* – B: *ja?* – A: *in denen man [...]*.
Sagt ein/e HörerIn irrtümlich *ja* mit fallender Intonation und meint es nur
als Bestätigung der Sprecherrolle, so muss er/sie sich beeilen, Dissenssignale
zu sprechen, wenn er/sie dem Inhalt des Gesagten nicht zustimmt.
Zifonun et al. (1997, 378) klassifizieren 12 Formen von hörerseitigem JA.
Einige Formen haben relativ feste Bedeutungen, z. B. ein doppeltes, fallendes
jajA. mit der Bedeutung ›das Gesagte ist bekannt/nicht relevant‹; das kurze
und hohe *ja?* als Zeichen von Überraschung; das steigende, möglicherweise
lang gedehnte *ja:?* als Ausdruck von Überraschung und Zweifel, mit
ikonischer Korrespondenz zwischen Gefühlsstärke und phonetischer
Expressivität (A: *mein gefÜHl des UN(-)glÜcklichseins geht NICHT wEg diesmal*
(-) – B: *ja:?*); das kurze, fallende *ja.* als Zeichen von Ungeduld und zur
Beschleunigung der Interaktion. JA kann lexikalisch verstärkt werden (*ja ja*
is klar) oder durch Wiederholung, prosodische und lexikalische
Intensivierung besonders emphatisch ausgedrückt werden:
A: *wir sehen=ne MARK [(-) und dann (-) [(-) und dann=ne mark WEG? is [KEIne mark*
B: *[ja.   [JA.   [JA.*
B: *JAwoll.*
Lexikalische Möglichkeiten mit der Funktion der Zustimmung sind (*sehr*)
richtig, stimmt, klar, genau, okay, so ist es u. a. Wichtig ist festzuhalten, dass der/
die SprecherIn durch den Wechsel von RSen erkennt, wie der/die HörerIn
in jedem neuen Stadium der Interaktion seine/ihre Äußerungen aufnimmt.
RSe sind nicht einfach ein technisches »back-channel-behaviour«, sondern
sie steuern die Beziehungen zwischen SprecherIn und HörerIn sowie ihre
Einstellungen zu Inhalten und Handlungsimplikationen des Gesagten. Deshalb ist ein Wechsel der Formklasse relevant. Im folgenden Beispiel sagt B

zuerst *ach sO?* als Verstehen von etwas Unerwartetem, dann *ah ja*, nachdem sie diese neue Information kognitiv verarbeitet hat:

A: [dass eine Beziehung] *auseiNANder gegangen wA:r. das war doch so draMA:tisch.*

B: *ach SO? das war ah ja das hab ich gAr nicht MITgekriggt. mHM?*

In einem Zug gesprochenes *ja Und?* markiert das Gesagte als irrelevant bzw. als schon bekannt und kann dazu dienen, den Adressaten zu provozieren. Fallendes *ja.* zusammen mit steigendem *Und?* fordert den Sprecher zur Fortsetzung auf (Zifonun et al. 1997, 378). *ja nu?* kann Aporie oder Resignation anzeigen, *tja* auch etwas Problematisches (A: *und ihre reaktion?* – B: *eh (-) tja also meine reaktion? ich hab da auch oft nachgedacht*), fallendes *jA/ja:.* scheinbare Zustimmung.

Hörer reagieren außer mit diesen typischen RSen auch mit gefühlsexpressiven Interjektionen. Es ist nun nicht möglich, alle Formen durchzugehen. Hier sei nur auf die wichtigsten hingewiesen (einen guten Überblick bieten Zifonun et al. 1997, 367–408):

AH: Überraschung (Ehlich 1986, 75 f.), Ablehnung (Deppermann 1997, 222); steigend-fallend: angenehme Überraschung (Rasoloson 1994, 183).

ACH: Erstaunen (A: *wo ham die sich n haus geKAUFT?* – B: *in Erlental* – C: *ach*); mit vielfacher Prosodie (gedehnt: starker Protest) und Kombinatorik: *ach JA.*: Erinnerung (A: *wir ham Immer noch nich gehEIratet.* – B: *ach ja:. ihr wolltet doch AUCH heiraten*); *ach jA:?*: Zweifel (A: *das bUch ist von Anfang an von Ungewöhnlicher ZARTheit;* – B: *ach jA?*); *ach NEIN.*: starker Zweifel, ironisch; *ach gOtt*: Erkennen von etwas Unangenehmen (*ach gOtt? du kannst ja kaum sprEchen.*); *ach sO.*: (plötzliches) Erkennen; Korrektur einer falschen Annahme (Bredel 2000, 410; hier wie oben beim Wechsel von *ach so* zu *ah ja* mit nachfolgender Informationsverarbeitung: A: *ja da in dieser gEgend.* – B: *ach so. hOhe WEG?* – A: *genau.* – B: *ahA.*; vgl. Willkop 1988, 215 f.; Hinnenkamp 1998, 158 ff.).

OH [o:]: unerwartete Information, Überraschung, Betroffenheit (Ehlich 1986, 78 ff.; ironisch: 140 f.); Bewunderung, angenehme Überraschung (Rasoloson 1994, 140 f., 151); Mitleid (ebd., 150); [ɔ, ɔ:]: Ablehnung (ebd., 136, 138 f.); *oh je*: negative Wertung (*OH je:. lÜgen sie.*); sonst Bekräftigung der nachfolgenden Partikel: *oh nein., oh doch.* (ebd., 149); zum Englischen *oh*: Heritage 1984; Schiffrin 1987, 73 ff.; Local 1996).[5]

OI ([ɔjɔijɔi]): Mitgefühl (A: *ich gehe MORgens aus dem haus, und komme Abends gegen ZEHN wieder* – B: *oijoijoi. (2) puh (1) MEIne GÜte.*).

NEIN: (*nee*): Widersprechen; *nein?*: Zweifel (A: *ich hab=s im splEgel NICH gefUnden.* – B: *NEI:N?* – A: *auf der bEstsellerlIste.* – B: *also ich mEIne JA:.*).

Zustimmung mit Bezug auf Negationspartikel des Sprechers; Beginn einer Fremdkorrektur (Hinnenkamp 1998, 160 ff.).

IH: Abscheu, Ekel (A: *und die wAschlappen haben gerochen.* – B: *i::.*; vgl. Ehlich 1986, 81 f.).

AU ([au], [ʊʊ]), negative Wertung, Erkennen einer schlimmen Information (A: *diese ÄUßerung von ziGEUner (-)* – B: *ou ou ou ou*).

HÄ ([hɐ:ʔ]): jugendsprachlich Nicht-Verstehen; Aufforderung zur Klärung, für allgemeinsprachlich *was? wie bitte?*.

Ansonsten gibt es vielfältige Interjektionen, durch die man mit mehr oder weniger prosodischem Ausdruck der Empörung seine Ablehnung zum gerade Gesagten ausdrücken kann: *pf:, pah, ts:, psch:* (Deppermann 1997, 222 f.).

4.3 Sprecher-Hörer-Interaktion mit Partikeln

RSe teilen den Sprechenden mit, ob ihre Sprecherrolle noch akzeptiert ist und wie die Zuhörenden die Rede aufnehmen. Unerwartete RSe veranlassen sie dann dazu, ihr eine neue Richtung zu geben (Schegloff 1982, 86). In deutschen Gesprächen ist es üblich, nach einem RVS eine kurze Bestätigung zu sprechen; dann spricht der Sprecher weiter. Dies schafft ein hohes Maß an gegenseitiger Kooperation und Harmonie (Rath 1985, 1659; Schu/ Stein 1994, 255). Das Aufforderungspotenzial eines RVSes hängt dabei von der vorhergehenden Illokution[6] ab. Nach Behauptungen, Wertungen, Vermutungen, Fragen in Aussagesatzform, Vorschlägen usw. gewinnen RVSe mehr Kraft. Ein Beispiel für einen Vorschlag: A: *also ich denk es is bEsser man macht SAMstag was. ne?* – B: *mhm mhm. (-) ja gut.* Bleibt ein RS nach einem RVS aus, kann es eingefordert werden:

A: *[...] mit chemIEtransporte. ne? (2) hast du gehÖrt was ich [gesagt habe?*
B: *[ja: ich hör dir zU.*

RVS und Hörer-Bestätigung können verschoben sein, wenn der Sprecher selbst oder der Adressat zwischendurch etwas sagt (A will B noch am selben Abend besuchen): A: *un dann komm ma* – B: *ja.* – A: *gell?* – B: *was ham wir jetzt SIEben ja. mHM? (-) okEY.* Das *gell?* von A bezieht sich noch auf seine

---

5 Local gibt eine eindringliche Analyse zu vier verschiedenen Positionsvorkommen von *oh*: freistehend, nach möglichem Themenende; mit nachfolgendem Ausdruck der Wertung; mit (Teil-)Wiederholung einer Äußerung des Partners; nach einer erfragten Antwort. Jedesmal habe *oh* eine andere Funktion, unabhängig von Intonationsverläufen. Die Studie zeigt, dass im Bereich der Gesprächspartikeln noch viel zu erforschen ist.

6 Der Begriff ›Illokution‹ bedeutet den intersubjektiv gültigen Handlungszweck einer sprachlichen Äußerung.

Ankündigung des Besuchs; es fordert eine nochmalige Bestätigung von B, die diese erst nach ihrer Überlegung über die augenblickliche Zeit gibt (*ja* bezieht sich noch auf die Uhrzeit, von *mhm?* zu *okay* verstärkt sich die Zustimmung).

Die Kombination von sprecherseitigem RVS und hörerseitigem RS geht oft einem expliziten Konsens voraus. Manchmal expandieren Beteiligte diese kurzen Phasen von Einverständnis, wobei sie mit steigender Intonation eine Bestätigung einfordern, mit fallender dann geben (A trifft mit B eine Verabredung): A: *bis um fÜnf.* – B: *ja:.* – A: *ne?* – B: *gut.* Ein solches Hin und Her von Partikeln kann lange ausgedehnt werden (A hat B zum Abendessen eingeladen; B stimmt zögernd zu): *joa?* – A: *ja?* – B: *hört sich gUt an.* – A: *ja.* – B: *ja.* – A: *ja?* (*-*) *kannst du glEIch kommen?* – B: *jaja.* – A: *ja?* – B: *jaja..* (A macht B einen Vorschlag für ein Treffen): *mOrgen?* (*-*) – B: *jo:* – A: *ja?* – B: *mhm.* – A: *mHM?* – B: *gUt.* – A: *jo.* (*-*) *bei wEm?*

Die Übernahme einer intonatorischen Bewegung des letzten Äußerungsteils des Sprechers signalisiert Anteilnahme: A: *das is nicht mehr so wie frÜHer. ne?* – B: *jA/\/.* B imitiert die intonatorische Auf-Ab-Auf-Bewegung der letzten drei Silben von A, wenn auch auf viel höherem Tonniveau, und spricht auch in einem weinerlichen Tonfall wie A (Schiewer 2000, 18; vgl. Müller 1996, 146). Aber auch Störungen der Interaktion, wenn keine/r der Beteiligten inhaltlich weiter weiß, können durch Austausch von Partikeln versuchsweise überbrückt werden, was, extrem ausgedehnt, auch zur Verspottung ausgenützt werden kann (Telefongespräch): A: *na das is schOn schön.* (*-*) *ne? so* – B: *ja* – A: *ne?* – B: *mHM?* – A: *jO.* (*-*) – B: *gUt.* – A: *hm. sO schaut=s aus* (3) – B: *ja* – A: *und sonst?* – B: *das wAr=s* – A: *das war=s* (*-*) *ja. SOwas aber auch* (Schiewer 2000, 13). Irritierend ist es, wenn der Hörer ein RVS wiederholt, besonders dann, wenn, wie im folgenden Fall, jemand bei einer Notrufzentrale anruft: A: *also des* (*-*) *äh* (*—*) *trOpft schon. ne?* – B: *trOpft schon. ne?.*

5. Sequenzielle Organisation von Äußerungen
5.1 Vorlaufelemente

Die allerersten Äußerungsformen zu Beginn des eigenen Sprecherbeitrags bestehen oft aus Vorlaufelementen, die sowohl einen retrospektiven Bezug auf den gerade abgeschlossenen Beitrag wie einen prospektiven auf den eigenen haben können. Partikeln (im weiten Sinne) machen den Großteil dieser Elemente aus (Schwitalla 1997, 110 ff. mit weiterer Literatur). Dabei können viele Formen von RSen auch initial verwendet werden. Auch hier muss ich mich mit einer kleinen Liste der Formen und ihrer Funktionen begnügen:

JA: thematisch enger Anschluss, wenn auch nur formal (Zifonun et al. 1997, 376); Übernahme des Handlungstyps, nicht der präferierten Handlung (Kallmeyer 1978, 212, 227). Bei Redewiedergaben kann *ja* nur den Sprecherwechsel anzeigen: A: *dann riefen die an* [...] *ja ich sag* [...] *ja sie nehmen jetz n taxi* [...] *ja ich sag* [...] *ja dat wär meine sache.* JA kann redupliziert werden (*ja JA?*: Abwehr von Irrelevantem; ironische Zustimmung: A: *Isolde hör auf* – B: *ja JA, hör auf.*), es kann variiert (*jo* [jɔ], *joa*: zögernde Zustimmung; *tja*: Resignation, Ratlosigkeit) und mit anderen Partikeln kombiniert werden. Am häufigsten kommt *ja aber* vor. Es bedeutet thematische Kohärenz zusammen mit Dispräferiertheit (Kallmeyer 1978, 212; Kallmeyer/Schmitt 1993; bei Vorwürfen: Günthner 2000, 109 f.). Andere Kombinationen sind *ja/na Und?* (Abstreiten der Relevanz), *ja gUt.* (Zustimmen, Nachgeben), *ha jA* (Unterstellen von Bekanntheit oder Unabänderlichkeit), *ja nun, ja nu* (abgeschwächtes Widersprechen, Gegenargument), *ja nUr/blOß* (Einschränkung). Prinzipiell gilt, dass dispräferierte Antworten durch solche Partikel angekündigt werden.

NEIN: Ablehnung einer Meinung, Zurückweisung eines Anspruchs des vorhergehenden Sprechers; bei vorausgehender Negation Zustimmung (Willkop 1988, 168); fallend, mit starker Prosodie: ungläubiges Staunen.

AH: Überraschung, plötzliches Verstehen (*ah:.* positive Überraschung, Zifonun et al. 1997, 387); negative Wertung (Rasoloson 1994, 182 ff.); *ah?*: Ankündigung einer Divergenz (ebd., 184 f.); steigend-fallend: etwas Angenehmes (ebd., 183).

ACH: Überraschung, Ausdruck von Schmerz und Bedauern (*Ach es war so schlImm*); *ach so*: Richtigstellung eines eigenen Irrtums (Kallmeyer 1978, 206); *ach ja.*: pötzlicher Einfall.

NA: Unterstellung von gemeinsamem Wissen (Ehlich 1986, 128); Varianten: *na ja* (Skepsis, negative Wertung, Divergenz, oft mit nachfolgender Explikation: *na ja ich muss mal sehen*; Willkop 1988, 178 ff.; Uhmann 1996, 315 f.); *na also* (Bestätigung einer erwarteten Handlung des/der anderen).

ALSO: mit mehreren Funktionen: Eroberung des Rederechts, Ankündigung einer thematischen Weiterführung (Dittmar et al. 2000).

GUT (fallend oder steigend): Zustimmung (*also gut*).

OH = [o:]: Markierung eines thematischen Bruchs, eines plötzlichen Einfalls, Divergenz (Rasoloson 1994, 153; für das Amerikanische: Schegloff 1984, 38; Schiffrin 1987, 73 ff.).

OCH = [ɔχ]: Einschätzung eines Problems als weniger gravierend, Anmelden eines Vorbehalts.

Formen von gefüllten Pausen (ÄH, EH) kommen häufig vor einer Antwort. Sie dienen dem prospektiven Sprecher zur Redeplanung und signalisieren, dass er/sie bereit ist, die Antwortobligation zu übernehmen: A: *und was stuDIERT er jetzt?* – B: *em ingeNIEURwissenschaft.* (vgl. Keseling 1989, 578 f.; Rasoloson 1994, 182 ff.). Zusammen mit stillen Pausen verschafft ein ÄH dem/der Antwortenden Zeit, wenn er/sie eine dispräferierte Antwort plant (es geht um einen »braunen« See): A: *aber [...] des is nu:r naTUR..* – B: *(-) äh nein eben (-) wie wir aus der* <<atmet laut ein und aus>> [...].

5.2 Korrektur, Wortsuche, Paraphrase

Außer durch Tonbrüche, schnelleres Tempo und Codeswitching (Schwitalla 1997, 87, 92 f., 160) werden Selbstkorrekturen, Abbrüche und Neueinsätze oft durch eine Partikel eingeleitet. Die häufigsten sind Varianten von ÄH (*äh, ähm, öhm*): *jetzt wollt ich nur wissen äh wie lan äh können sie das gerät vor weihnachten reparieren?* (Rasoloson 1994, 65, 98 ff.; vgl. Willkop 1988, 251 ff.; Keseling 1989, 581 f.; Zifonun et al. 1997, 453). Andere Signale sind *na* und *ach so* (Hinnenkamp 1998, 159). *ach so* und *ah so* markieren einen plötzlichen Einfall und die Unterbrechung des Redeflusses (*ah ja und dazu muss ich noch sagen*). Formen von NEIN (*nee*) deuten schon durch die Nähe ihrer Semantik die Negierung des zuletzt Gesagten an (Rasoloson 1994, 98; Zifonun et al. 1997, 382). *Oder* hat nicht nur Korrektur-, sondern auch Paraphrasefunktion und steht damit der Konjunktion *oder* nahe, ebenso *beziehungsweise* (zusammen mit Codeswitching: *weil isch jo oikaufe geh heid owend. beziehungsweise WIR gehn einkaufen*) und Wörter mit starker Wertung (*quatsch*). Auch *also* als Konjunktionaladverb hat vielleicht noch eine Nähe zur Semantik der Folgerung als Konjunktionaladverb (Korrektur als Anpassung an die Lexik einer institutionellen Beratung: *man wird auch durcheinander gemacht also verunsichert*). Die sekundäre Interjektion *gott jA* hat die zusätzliche Funktion einer Einräumung: *Abends war eigentlich NICHTS los da in d↓ gott jA: natürlich war JEden abend da so so=n allEINunterhAlter.*

Gefüllte Pausen spielen auch eine große Rolle bei Wortfindungsschwierigkeiten (Rasoloson 1994, 66 ff.), manchmal genau vor dem wichtigsten Wort.

---

[7] Heckenausdrücke sind Angaben darüber, wie gut oder schlecht ein gewähltes Wort für die gemeinte Sache passt, z. B. *so ein* in *da war so ein ständer*.

In dieser schwierigen Phase werden auch besonders häufig Modalpartikeln und sog. Heckenausdrücke[7] gesprochen (Rudolph 1983, 59). Auch *na* kann die mentale Blockierung anzeigen (*wie heißt das? äh (-) nA, ich komm nicht auf den nAmen*).

Meist werden Paraphrasen nicht mit einer Partikel eingeleitet, manche aber mit *also* (*außerdem sind die (-) eh die MAUern? (-) elAstisch geBAUT. <<all> also die haben schon en gewIssn SPIELraum>*; vgl. Bührig 1996, 236; Dittmar et al. 2000), andere mit *oder* (zweimal nacheinander: *was können sie (-) mir also mal aufzeigen oder was können sie tun oder welchen beitrag könnten sie leisten*), außerdem mit lexikalischen Mitteln (*das heißt, mit anderen worten*; für das Französische: Gülich/Kotschi 1983, dies. 1987, 227).

6. Responsive

Responsive sind Antwortpartikeln, die den vollen Status eines Gesprächsbeitrags haben; sie stehen nach Fragen, Vermutungen, Angriffen, Vorschlägen und anderen zustimmungspräferierten Sprechakten: *ja, gut, okay, nein, doch* (nach Negation im Partnerbeitrag). Sie vertreten dann vollständige Propositionen und enthalten unterschiedliche Illokutionen: affirmative oder negierende Behauptung, Bestätigung, Dissens, Ablehnung. JA und NEIN können dabei durch Formen von MHM ersetzt werden (affirmierend: *mhm\/*, negierend: [ʔm/ʔm\], Zifonun et al. 1997, 370). Auch Modalitätsadverbien, Modalpartikeln und Satzellipsen können an diese Stelle treten: *sicher, richtig, warum nicht?, vielleicht, kaum, eben, von wegen* + Bezugsausdruck, *nie im leben* u. a. Sie alle können auch als Hörereinwürfe und als Vorlaufelemente gebraucht werden.

7. Gesprächspartikeln im kommunikativen Prozess

Ausgehend von Karl Bühlers Zeichenmodell mit den grundlegenden Funktionen der Darstellung von Wirklichkeit, des (emotionalen) Ausdrucks des Sprechers und des Appells an den Hörer (Bühler 1982, 24 ff.) kann man Interjektionen im engeren Sinne der Ausdrucksfunktion zurechnen (einige auch der Appellfunktion: *pst*; Nübling i. E.), die meisten Modalpartikeln der Einstellung des Sprechers zur Proposition, manche auch dem Bezug zum Adressaten, z. B. wenn gemeinsame Überzeugung unterstellt wird (*ja*, *doch, eben*; vgl. Thurmair 1989, 93 f.).

Gesprächspartikeln haben nun eine spezifische Funktion für die zeitliche Prozesshaftigkeit der Interaktion. Sie markieren auf den unterschiedlichen Einheitenebenen eines Gesprächs Phasen des Anfangs, des Endes, des Übergangs, der Unterbrechung und der Wiederaufnahme. Sie dienen zur Sicherung der grundlegenden Beteiligungsformen des Sprechens und Zuhörens, der Weckung und der Überprüfung der Aufmerksamkeit. Sie dienen auch dazu, die jeweils relevanten Aktivitäten von SprecherIn und HörerIn aufeinander abzustimmen: Mit ihnen überprüfen Sprecher, wie der Hörer das Gesagte aufnimmt. Mit ihnen beurteilt der nächste Sprecher das vorher Gesagte retrospektiv und das, was er sagen will, prospektiv, und zwar nach den Kriterien der Erwartung, der Relevanz, der Zustimmung oder Ablehnung und der inhaltlichen Wertung. Bestimmte Signale deuten dem Hörer an, wie der Sprecher seine Rede plant, wo er auf Schwierigkeiten stößt, welche Art von Formulierungsarbeit er unternimmt und wo eine Äußerungseinheit zu Ende ist.

Ein wichtiger Ansatz zur theoretischen Einordnung dieser Zeichen ist die Felder-Theorie Karl Bühlers. Bühler (1982, 149 ff.) unterschied zwischen Symbolfeld (für Begriffswörter) und Zeigfeld (für Deiktika); dem Malfeld (für Onomatopoetika) sprach er ausdrücklich den Feldcharakter ab. Ehlich (1986; 1991) fügte das Lenkfeld hinzu, dessen grundlegende Funktion es ist, den Adressaten auf Bedingungen der Interaktion hinzuweisen.

Gesprächspartikeln liegen normalerweise nicht im Fokus der Aufmerksamkeit. Sie begleiten sprachliche Handlungen, die ein stärkeres Gewicht haben. Dazu passt, dass ihre Ausdrucksformen klein sind und dass sie meist an den Rändern von Äußerungseinheiten liegen. Aber sie können durchaus die Aufmerksamkeit auf sich ziehen: Man kann über sie sprechen, ihre Unangemessenheit monieren, mit ihnen spielen. Man kann sie ironisch verwenden (wie Lachpartikeln auch); man kann mit ihnen den anderen verspotten und man kann sie zum Ersatz für inhaltliche Mitteilungen machen. Außerdem wird ihr kommunikativer Sinn oft nachträglich mit lexikalischen Mitteln expliziert.

8. Literatur

Allen, James (1995): *Natural Language Understanding*, Redwood City: Benjamin & Cummings.

Altmann, Hans (1976): *Die Gradpartikeln im Deutschen*, Tübingen: Niemeyer.

Auer, Peter (1991): »Vom Ende deutscher Sätze«, in: *Zeitschrift für germanistische Linguistik* 19, 139–157.

Brinkmann, Hennig (1971): *Die deutsche Sprache. Gestalt und Leistung*, Düsseldorf: Schwann.

Betten, Anne (2000): »Satzkomplexität, Satzvollständigkeit und Normbewusstsein«, in: *Sprachbewahrung nach der Emigration - Das Deutsch der 20er Jahre in Israel. Teil II: Analysen und Dokumente*, hg. von Anne Betten/Miryam Dunour, Tübingen: Niemeyer, 217–270.

Bredel, Ursula (2000): »*Ach so* – Eine Rekonstruktion aus funktionalpragmatischer Perspektive«, in: *Linguistische Berichte* 184, 410–421.

Bühler, Karl (1982): *Sprachtheorie. Die Darstellungsfunktion der Sprache*, Stuttgart/New York: Gustav Fischer.

Bührig, Kristin (1996): *Reformulierende Handlungen. Zur Analyse sprachlicher Adaptierungsprozesse in institutioneller Kommunikation*, Tübingen: Niemeyer.

Burkhardt, Armin (1985): »Der Gebrauch der Partikeln im gesprochenen Deutsch und im gesprochenen Italienisch«, in: *Gesprochenes Italienisch in Geschichte und Gegenwart*. hg. von Günter Holtus/Edgar Radtke, Tübingen: Niemeyer, 236–273.

Couper-Kuhlen, Elizabeth/Selting, Margret (ed.) (1997): *Prosody in Conversation. Interactional Studies*, Cambridge etc.: Cambridge University Press.

Deppermann, Arnulf (1997): *Glaubwürdigkeit im Konflikt*, Frankfurt am Main: Peter Lang.

Dittmar, Norbert et al. (2000): *Discourse Markers in the Acquisition of German and Hebrew by Russian-Jewish Immigrants: A Crosslinguistic Study of German ALSO and Hebrew AZ*, Typoskript, Freie Universität Berlin.

Ehlich, Konrad (1986): *Interjektionen*, Tübingen: Max Niemeyer.

Erickson, Frederick/Shultz, Jeffrey (1982): *The Counselor as Gatekeeper. Social Interaction in Interviews*, New York etc.: Acadamic Press.

Flader, Dieter/Koerfer, Armin (1983): »Die diskurslinguistische Erforschung von Therapiegesprächen«, in: *Osnabrücker Beiträge zur Sprachtheorie* 24, 57–90.

Fraser, Bruce (1999): »What are discourse markers?«, in: *Journal of Pragmatics* 31, 931–952.

Goffman, Erving (1955): »On Face-Work. An Analysis of Ritual Elements in Social Interaction«, in: *Psychiatry. Journal for the Study of Interpersonal Processes* 18, 213–231.

Gülich, Elisabeth (1970): *Makrosyntax der Gliederungssignale im gesprochenen Französisch*, München: Fink.

Gülich, Elisabeth/Kotschi, Thomas (1983): »Partikeln als Paraphrasen-Indikatoren«, in: Weydt (Hg.), 250–262.

Dies. (1987): »Reformulierungshandlungen als Mittel der Textkonstitution«, in: *Satz, Text, sprachliche Handlung*, hg. von Wolfgang Motsch, Berlin: Akademie-Verlag, 199–270.

Günthner, Susanne (2000): *Vorwurfsaktivitäten in der Alltagsinteraktion*, Tübingen: Niemeyer.

Hartog, Jennifer (1996): *Das genetische Beratungsgespräch*, Tübingen: Niemeyer.

Heinze, Helmut (1979): *Gesprochenes und geschriebenes Deutsch*, Düsseldorf: Schwann.

Henne, Helmut (1978): »Gesprächswörter. Für eine Erweiterung der Wortarten«, in: *Interdisziplinäres Wörterbuch in der Diskussion*, hg. von Helmut Henne u. a., Düsseldorf: Schwann.

Hentschel, Elke/Weydt, Harald (1994): *Handbuch der deutschen Grammatik*, 2. Auflage, Berlin/New York: Walter de Gruyter.

Heritage, John C. (1984): »A Change-of-State Token and Aspects of its Sequential Placement«, in: *Structures of Social Action*, Ed. John Atkinson/John Heritage, Cambridge: Cambridge University Press, 299–345.

Herrmann, Karin (1992): *Thematische Organisation und Präferenzordnung in telefonischen Verabredungen*, Magisterarbeit Universität Mannheim.

Kallmeyer, Werner (1978): »Fokuswechsel und Fokussierungen als Aktivitäten der Gesprächskonstitution«, in: *Sprechen, Handeln, Interaktion*, hg. von Reinhard Meyer-Hermann, Tübingen: Niemeyer, 191–241.

Kallmeyer, Werner (1985): »Handlungskonstitution im Gespräch«, in: *Grammatik, Konversation, Interaktion*, hg. von Elisabeth Gülich/Thomas Kotschi, Tübingen: Niemeyer, 81–123.

Kallmeyer, Werner/Schmitt, Reinhold (1993): *Die Markierung von oppositiven Relationen in komplexen Äußerungen*, Typoskript, SFB 245, Heidelberg/Mannheim.

Keseling, Gisbert (1989): »Die Partikel *ÄH*. Ein paraverbales Element im Sprachsystem?«, in: Weydt (Hg.), 575–591.

Koch, Peter/Oesterreicher, Wulf (1990): *Gesprochene Sprache in der Romania: Französisch, Italienisch, Spanisch,* Tübingen: Niemeyer.

Local, John (1997): »Conversational phonetics: Some aspects of news receipts in everyday talk«, in: Couper-Kuhlen/Selting (ed.), 177–230.

Meier, Christoph (1997): *Arbeitsbesprechungen,* Opladen: Westdeutscher Verlag.

Müller, Frank Ernst (1996): »Affiliating and disaffiliating with continuers: prosodic aspects of recipiency«, in: Couper-Kuhlen/Selting (ed.), 131–176.

Nübling, Damaris (i. E.): »Die prototypische Interjektion: Ein Forschungsbericht.« Erscheint in: *Zeitschrift für Semiotik* 2002.

Rasoloson, Janie Noëlle (1994): *Interjektionen im Kontrast. Am Beispiel der deutschen, madagassischen, englischen und französischen Sprache,* Frankfurt am Main etc.: Peter Lang.

Rath, Rainer (1979): *Kommunikationspraxis. Analysen zur Textbildung und Textgliederung im gesprochenen Deutsch,* Göttingen: Vandenhoeck & Ruprecht.

Ders. (1985): »Geschriebene und gesprochene Form der heutigen Standardsprache«, in: *Sprachgeschichte. Ein Handbuch zur Geschichte der deutschen Sprache und ihrer Erforschung,* hg. von Werner Besch u. a., Berlin, New York: de Gruyter, 1651–1663.

Sacks, Harvey (1992): *Lectures on Conversation,* Vol. 2, Oxford: Blackwell.

Sacks, Harvey/Schegloff, Emanuel A. (1973): »Opening up Closings«, in: *Semiotica* 8, 289–327.

Schank, Gerd (1981): *Untersuchungen zum Ablauf natürlicher Dialoge,* München: Hueber.

Schegloff, Emanuel A. (1982): »Discourse as an interactional achievement: some uses of ›uh huh‹ and other things that come between sentences«, in: *Analyzing Discourse,* Ed. Deborah Tannen, Georgetown University Round Table on Languages and Discourse 1981, Washington, D. C.: Georgetown University Press, 71–93.

Ders. (1984): »On some questions and ambiguities in conversation«, in: *Structures of Social Action. Studies in Conversation Analysis,* Ed. J. Maxwell Atkinson/ John Heritage, Cambridge etc.: Cambridge University Press, 28–52.

Schiewer, Martin (2000): *Höreraktivitäten in Alltagsgesprächen,* Hausarbeit für die Erste Staatsprüfung, Universität Würzburg.

Schiffrin, Deborah (1987): *Discourse markers,* Cambridge etc.: Cambridge University Press.

Schlobinski, Peter (1992): *Funktionale Grammatik und Sprachbeschreibung: eine Untersuchung zum gesprochenen Deutsch sowie zum Chinesischen,* Opladen: Westdeutscher Verlag.

Schlobinski, Peter/Kohl, Gaby/Ludewigt, Irmgard (1993): *Jugendsprache. Fiktion und Wirklichkeit*, Opladen: Westdeutscher Verlag.

Schu, Josef/Stein, Stephan (1994): »Lexikalische Gliederungssignale in spontan gesprochener Sprache«, in: *Deutsche Sprache* 22, 241–290.

Schwitalla. Johannes (1997): *Gesprochenes Deutsch. Eine Einführung*, Berlin: Erich Schmidt.

Selting, Margret u. a. (1998): »Gesprächsanalytisches Transkriptionssystem (GAT)«, in: *Linguistische Berichte* 173, 91–122.

Thurmair, Maria (1989): *Modalpartikeln und ihre Kombinationen*, Tübingen: Niemeyer.

Trabant, Jürgen (1986): »Gehören die Interjektionen zur Sprache?«, in: Weydt (Hg.), 70–81.

Uhmann, Susanne (1996): »On rhythm in everyday German conversation«, in: Couper-Kuhlen/Selting (ed.), 303–365.

Wackernagel-Jolles, Barbara (1971): *Untersuchungen zur gesprochenen Sprache: Beobachtungen zur Verknüpfung spontanen Sprechens*, Göppingen: Kümmerle.

Wahmhoff, Sibylle/Wenzel, Angelika (1979): »Ein *hm* ist noch lange kein *hm* – oder – Was heißt klientenbezogene Gesprächsführung?«, in: *Arbeiten zur Konversationsanalyse*, hg. von Jürgen Dittmann, Tübingen: Niemeyer, 258–297.

Weydt, Harald (1969): *Abtönungspartikel. Die deutschen Modalwörter und ihre französischen Entsprechungen*, Bad Homburg v. d. H./Berlin/Zürich: Gehlen.

Ders. (Hg.) (1983): *Partikeln und Interaktion*, Tübingen: Niemeyer.

Ders. (Hg.) (1989): *Sprechen mit Partikeln*, Berlin/New York: de Gruyter.

Willkop, Eva Maria (1988): *Gliederungspartikeln im Dialog*, München: Iudicium.

Zifonun, Gisela/Hoffmann, Ludger/Strecker, Bruno (1997): *Grammatik der deutschen Sprache*, Bd. 1, Berlin/New York: de Gruyter. [Kap. C4 2.: Interjektionen und Responsive].

Anhang: Transkriptionszeichen

Die Transkripte werden in Anlehnung an das »Gesprächsanalytische Transkriptionssystem« (GAT)[8] durchgeführt, um Platz zu sparen aber oft ohne Zeilenumbruch bei Sprecherwechseln; vor einem Sprecherwechsel steht dann ein Gedankenstrich (–). Es bedeuten:

(·)	kurze Pause
(–)	mittlere Pause
SPIELraum	Hauptakzent
spIElraum	Nebenakzent
=	Verschleifung zwischen Wortgrenzen
.	stark fallende Intonation nach Äußerungseinheit
;	leicht fallende Intonation nach Äußerungseinheit
,	leicht steigende Intonation nach Äußerungseinheit
?	stark steigende Intonation nach Äußerungseinheit
/	steigend innerhalb von Äußerungseinheiten
\	fallend innerhalb von Äußerungseinheiten
↑	Tonsprung nach oben
↓	Tonsprung nach unten
:	Dehnung
[	Beginn einer simultanen Sequenz
<<all> [...]>	schnell(er)
<<ff> [...]>	laut(er)
<<flüstert>>	Kommentar

---

[8] Vgl. Selting u. a. 1998.

Jürgen Dittmann

Wörter im Geist. Das mentale Lexikon

1. Das mentale Lexikon – ein Gegenstand der Psycholinguistik

Unter ›Psycholinguistik‹ oder ›Sprachpsychologie‹ – diese Begriffe werden meist synonym verwendet – versteht man eine interdisziplinär ausgerichtete Teildisziplin der Sprachwissenschaft, die sprachliche Strukturen und Prozesse in ihrem Bezug zu allgemeinen psychischen Strukturen und Prozessen untersucht. Diese Beziehung kann für die Ontogenese, also für den Spracherwerb beim Kind, thematisiert werden (vgl. den Beitrag von Gisela Szagun in diesem Band), aber auch für die sprachliche Kompetenz und den Gebrauch der Sprache beim Erwachsenen.

Ein Beispiel soll das illustrieren: In der Semantik wird unter anderem den Beziehungen der Bedeutungen von Wörtern untereinander nachgegangen. Eine dieser Theorien, die Theorie vom Wort- oder Bedeutungsfeld, ordnet Wörter nach der Ähnlichkeit ihrer Bedeutungen. So konstruierte man z. B. das Bedeutungsfeld der Körperteilbezeichnungen (*Kopf, Hals* usw.). Aus psycholinguistischer Sicht stellt sich nun die Frage, ob auch für die Repräsentation und Verarbeitung von Wörtern »im Geist« die Organisation nach Bedeutungsfeldern eine Rolle spielt. Merrill Garrett, ein bekannter amerikanischer Psycholinguist, untersuchte ein Korpus (eine Sammlung) von Versprechern darauf hin, ob besonders häufig Wörter aus einem Bedeutungsfeld verwechselt werden (vgl. Garrett 1992). Es zeigte sich, dass solche Ersetzungen tatsächlich ungleich häufiger sind als Ersetzungen von Wörtern aus unterschiedlichen Bedeutungsfeldern. Im Feld der Körperteilbezeichnungen wurde z. B. *hair* durch *head*, *nose* durch *hand* und *shoulder* durch *elbow* ersetzt. Es scheint also so zu sein, dass auch »im Geist« die Bedeutungsnähe ein für die Verarbeitung relevantes Kriterium ist.

Die Psycholinguistik ist eine empirische Disziplin, die sich des Methodenrepertoires der empirischen Psychologie bedient. Das macht es für Studierende der Philologien oft nicht leicht, psycholinguistische Forschungsarbeiten zu verstehen. Man sollte sich aber nicht entmutigen lassen, denn es gibt gut verständliche Einführungen in die Psychologie sowie Überblicksdarstellungen, die auch die grundlegenden Methodenkenntnisse vermitteln (vgl. Spada (Hg.) 1998). Ihre ›Daten‹ gewinnt die Psycholinguistik, ebenso wie die empirische Psychologie, unter anderem aus Laborexperimenten.

> Ein Beispiel: Die amerikanische Psychologin Eleanor Rosch formulierte in den 1970er Jahren eine Theorie, nach der in Bezug auf die Kategorisierung bzw. Benennung von Gegenständen drei Ebenen zu unterscheiden sind (vgl. Rosch 1978)[1] : Eine Basisebene, auf der z. B. Wörter wie *Apfel, Schuh, Sessel* angesiedelt sind, eine übergeordnete Ebene, mit Wörtern wie z. B. *Obst, Kleidung, Möbel*, also Oberbegriffe, und eine untergeordnete Ebene, mit Wörtern spezifischerer Bedeutung, z. B. *Boskop, Sandale, Ottomane*. Es konnte als ein erster psycholinguistisch relevanter Befund gezeigt werden, dass Wörter der Basisebene im Spracherwerb eine besondere Rolle spielen – Kinder erwerben häufig diese Wörter zuerst. Die Frage war nun, ob auch in Bezug auf die Organisation der Wörter »im Geist« bei Erwachsenen diese Ebene eine besondere Rolle spielt. Dazu führte man Reaktionszeitexperimente durch: Wenn wir die Abbildung eines Gegenstandes benennen sollen, dauert es von der Präsentation der Abbildung bis zum Beginn der Vokalisierung ca. 600 bis 1 200 Millisekunden. Und es konnte gezeigt werden, dass diese ›Latenzzeit‹ bei Objektabbildungen der Basisebene signifikant (also statistisch abgesichert) kürzer ist als für Objekte der anderen Ebenen. Mithin deuten diese Experimente darauf hin, dass es »im Geist« präferierte »Wege« der Kategorisierung und sprachlichen Benennung von visuell präsentierten Gegenständen gibt (vgl. Levelt 1989, Kap. 6.5).

Ein weiterer wichtiger Datentyp wird durch Beobachtung spontanen Verhaltens gewonnen. Ein Beispiel dafür sind gesammelte Versprecher in der Spontansprache, wie sie Merrill Garrett in dem oben angeführten Beispiel zur ›mentalen Realität‹ von Bedeutungsfeldern verwendet hat. Versprecher-

---

[1] Vgl. die Darstellung von Roschs »Prototypentheorie« im Beitrag von Peter Rolf Lutzeier, in diesem Band, Abschnitt 8.3.

daten werden schon seit dem 19. Jahrhundert für psycholinguistische Zwecke genutzt (vgl. Meringer/Mayer 1895/1978), und sie haben eine wichtige Rolle bei der Konzeption von aktuellen Modellen des Ablaufs der Sprachproduktion gespielt (vgl. Dittmann 1988).

Abschließend möchte ich noch eine Bemerkung zur Frage machen, was Psycholinguistik **nicht** ist. Ich habe in den letzten Absätzen die Formulierung »im Geist« gebraucht und von ›mentaler Realität‹ gesprochen. Damit ist gesagt, dass die Psycholinguistik als solche nicht die Frage stellt, was bei der Sprachverarbeitung im Gehirn abläuft, also etwa, wo im Gehirn denn nun Wortfelder »gespeichert« sind. Solche Fragen sind einer der Gegenstandsbereiche der Neurolinguistik, wobei sie experimentelle Daten von PatientInnen mit Hirnschäden, vor allem Aphasien, ebenso wie neuroradiologische Daten von Sprachgesunden verwendet (vgl. Pulvermüller 1999). Neurolinguistische Daten werden aber auch zur Evaluation von psycholinguistischen Hypothesen eingesetzt (vgl. den Beitrag von Gerhard Blanken in diesem Band, Abschnitt 4).

2. Was ist das ›mentale Lexikon‹?
2.1. Zur Definition

Ein genuin psycholinguistischer Forschungsgegenstand sind Organisation und Funktion des sog. mentalen Lexikons. Metaphorisch gesprochen versteht man unter dem mentalen Lexikon den »Speicher« der Wörter im Geist. Die zugrunde liegende Vorstellung ist, dass wir beim Sprechen und Sprachverstehen auf Wörter »zugreifen« können, die wir einmal gelernt und nun, von gelegentlichen Aussetzern einmal abgesehen, ständig zur Verfügung haben. Mit ›Wort‹ ist dabei eine Einheit gemeint, die erstaunlich schwer präzise zu fassen ist, obwohl sie intuitiv so einleuchtend erscheint (vgl. auch den Beitrag von Helmut Spiekermann in diesem Band, Abschnitt 1). Jedenfalls muss man sich klar machen, dass die Einheit Wort zwei grundverschiedene Bestandteile hat, nämlich die Ausdrucksseite, die Wortform, und die Inhaltsseite, die Bedeutung (vgl. den Beitrag von Winfried Nöth in diesem Band, Abschnitt 3). Das mentale Lexikon muss uns zum Zwecke der Sprachverarbeitung[2] beide »Seiten« der Wörter zur Verfügung stellen:

---

[2] Den Begriff ›Sprachverarbeitung‹ verwende ich im Folgenden als Oberbegriff von ›Sprechen/Sprachproduktion‹ und ›Sprachverstehen/Sprachrezeption‹. Zur Beziehung zwischen Sprachproduktion und Sprachverstehen vgl. Engelkamp/Rummer (1999).

Beim Sprechen müssen wir von der Bedeutung, die wir mitteilen wollen, zur Wortform finden, beim Sprachverstehen umgekehrt von der Wortform, die uns mitgeteilt wird, zur Bedeutung. Da die Beziehung zwischen Wortform und Wortbedeutung ›arbiträr‹, also zwar konventionell, aber willkürlich ist, verwundert es nicht, dass der Übergang von der einen zur anderen Seite nicht immer reibungslos vonstatten geht.

Beim Sprechen äußert sich das dann u. a. in Wortfindungsstörungen: Es kann vorkommen, dass mir zwar die Bedeutung des Gerätes, mit dem Seeleute unter Zuhilfenahme des Sternenhimmels die Position des Schiffes auf dem Meer bestimmen können, vollkommen präsent ist, es kann auch sein, dass ich das Gerät bildlich vor mir sehe – und trotzdem fällt mir die Wortform nicht ein, auch wenn sie mir »auf der Zunge liegt«. Man spricht deshalb auch vom ›Tip-of-the-tongue‹-Phänomen (vgl. Brown 1991; aus neurolinguistischer Sicht vgl. den Beitrag von Gerhard Blanken in diesem Band, Abschnitt 7). Vielleicht kommen mir Wörter wie *Sekante* oder *Sextett* in den Sinn, d. h., ich kann offensichtlich den Speicher der Wortformen »absuchen«; und ich kann interessanterweise eindeutig entscheiden, dass ich die gesuchte Wortform noch **nicht** gefunden habe. Wenn dann blitzartig *Sextant* auftaucht, ist das ein erlösendes Aha-Erlebnis. Auf Wortfindungsstörungen sprachgesunder Menschen werden wir noch mehrfach zurückkommen. Hier nur so viel: Offensichtlich enthält das mentale Lexikon einen Speicher für Wortbedeutungen und einen Speicher für Wortformen. Wie das Beispiel der Suche nach *Sextant* zeigt, scheint der Wortformspeicher nach Formähnlichkeit (technischer spricht man von ›phonologischer‹ Ähnlichkeit[3]) organisiert zu sein. Andererseits spricht eine Reihe von Daten dafür, dass die Wortbedeutungen unter anderem nach Bedeutungsähnlichkeit organisiert sind. Wir haben das oben anhand des Bedeutungsfeldeffektes schon gesehen. D. h., das mentale Lexikon weist mindestens zwei vollkommen unterschiedliche Organisationsprinzipien auf, so dass wir uns im Folgenden immer klar machen müssen, von welchem Subsystem des mentalen Lexikons wir gerade sprechen.

> Aus gedächtnispsychologischer Sicht ist das mentale Lexikon Teil des Langzeitgedächtnisses. Für das Langzeitgedächtnis werden verschiedene Subsysteme postuliert: Gängig ist die Unterscheidung von prozeduralem Gedächtnis (für mechanische und motorische Fertigkeiten und Handlungsabläufe, z. B. Radfahren), episodischem Gedächtnis (für autobiografische Ereignisse) und seman-

---

[3] Zum Thema »Wortphonologie« vgl. den Beitrag von Helmut Spiekermann in diesem Band.

tischem Gedächtnis. Letzteres wird auch als ›Wissenssystem‹ bezeichnet, weil es Weltkenntnisse, Wissen um generelle Zusammenhänge, sowie begriffliches und grammatisches, also sprachliches Wissen enthalten soll (vgl. Kluwe 1996; Markowitsch 1996). Das mentale Lexikon wird nach dieser Einteilung dem semantischen Gedächtnis zugerechnet, wobei allerdings unklar bleibt, welchen Status dann die Speicherung der Wortformen hat: Einerseits wird man eine relativ abstrakte Repräsentation fordern müssen, denn Wortformen können in ganz unterschiedlicher Gestalt daherkommen und werden trotzdem erkannt. Andererseits bildet ihre Repräsentation im Langzeitgedächtnis aber auch die Wissensbasis für die konkrete Artikulation beim Sprechen. Das aber ist eine motorische Tätigkeit, für die das prozedurale Gedächtnis zuständig ist. Vielleicht sollte man also von einem Lexikon für die Produktion der Wortformen und einem zweiten für die Rezeption ausgehen, was aber erkennbar keine besonders ökonomische Annahme wäre. Hier herrscht, wie man sieht, noch Klärungsbedarf.

2.2 Zur Größe

Die Metapher vom mentalen Lexikon als »Speicher« für Wörter legt die Frage nahe, wie viele Wörter es denn enthalte. Die enttäuschende Antwort auf diese Frage ist, dass es keine eindeutige Antwort geben kann. Das hängt zum einen mit dem oben schon erwähnten prekären Status der Einheit ›Wort‹ zusammen. Wenn ich *Eisenbahn* und *Autobahn* als je ein Wort zähle, komme ich auf eine Summe von zwei. Wenn ich aber *Eisen* und *Bahn* und *Auto* als je ein Wort zähle, komme ich auf eine Summe von drei. Wenn ich die Auffassung vertrete, *Bahn* in *Eisenbahn* sei ein anderes Wort als *Bahn* in *Autobahn*, komme ich auf eine Summe von vier. In diesem kleinen Beispiel haben wir also eine mögliche Divergenz von 100 %. Der zweite Grund dafür, dass es keine eindeutige Antwort geben kann, liegt darin, dass die Zahl der Wörter im mentalen Lexikon sowohl gruppenabhängig als auch individuell variiert. Man unterstellt z. B., dass Menschen mit Hochschulbildung einen größeren Wortschatz haben als Menschen ohne akademischen Hintergrund. Weiterhin muss man sich klar machen, dass ein Mensch mehr Wörter versteht als er gebraucht (bzw. jemals gebraucht hat). D. h., es muss zwischen dem ›aktiven‹ und dem ›passiven‹ Wortschatz unterschieden werden. Das individuelle mentale Lexikon ist darüber hinaus nichts Statisches: Ständig fügen wir unserem Wortschatz neue Wörter hinzu, manche selten gebrauchte Wörter können aus dem aktiven Wortschatz verschwinden, außerdem sind wir in der Lage, selbst neue Wörter zu kreieren (vgl. Aitchison 1997, Kap. 1; allgemein zum Thema ›Wortbildung‹ vgl. den Beitrag von Norbert Richard Wolf in diesem Band).

Wie kann man angesichts dieser Probleme vorgehen, wenn man gleichwohl auf Zahlen aus ist? Erstens kann man eine operationale Definition des Wortes ›Wort‹ zugrunde legen: Als ›Wort‹ wird der Wörterbucheintrag in einem einsprachigen Lexikon definiert, also z. B. *singen*, nicht aber die Flexionsformen, wie *(sie) sang* oder *gesungen*. Man zieht nun eine Stichprobe aus einem Wörterbuch und lässt ProbandInnen entweder entscheiden, ob sie das jeweilige Wort kennen (»ja«, »vielleicht«, »nein«), oder man lässt sie die Definition der Bedeutung des jeweiligen Wortes aus mehreren Alternativen auswählen. Dann extrapoliert man vom Prozentsatz der erkannten Wörter in der Stichprobe auf die Grundgesamtheit der Einträge im Wörterbuch und hat ein Maß für den passiven Wortschatz. Das Ergebnis ist allerdings davon abhängig, wie viele Einträge das Wörterbuch hat: Je mehr Einträge im Wörterbuch, desto größer die Zahl der geschätzten Einträge im mentalen Lexikon. Untersuchungen mit britischen und amerikanischen Studierenden ergaben durchschnittliche Werte von 40 000 bis (über) 50 000 Wörter (Aitchison 1997, 8; Miller 1993, 162). Es gibt aber auch deutlich niedrigere Schätzungen. So kommen z. B. Zechmeister et al. (1993) mit einer etwas anderen Methodik auf einen passiven Wortschatz von nur 14 000–17 000 bei amerikanischen Undergraduates.[4]

Für den aktiven Wortschatz kann man eine untere und eine obere Grenze grob schätzen. Die untere Grenze ergibt sich aus der Überlegung, dass man in einer Fremdsprache mindestens 2 000 Wörter beherrschen muss, um sich im Alltag einigermaßen verständigen zu können. Die Obergrenze ergibt sich daraus, dass Schriftsteller, zählt man die von ihnen gebrauchten Wörter, selten über 20 000 kommen – bei Shakespeare, möglicherweise der Rekordhalter, sollen es 25 000 sein. Also könnte der aktive Wortschatz eines »durchschnittlich Beredten« in der Mitte, bei ca. 10 000 Wörtern liegen (Zimmer 1991, 66).

Dies sind zwar gewagte Zahlenspielereien, doch erhellen sie eines der Grundprobleme, das die psycholinguistische Erforschung des mentalen Lexikons lösen muss: Wenn wir über einen Wortschatz in der Größenordnung von 10^4 verfügen, wie ist es dann möglich, dass wir beim Sprachverstehen zwei bis drei Wörter in der Sekunde identifizieren und ihre Bedeutung erfassen können? Wie ist es dann, umgekehrt, möglich, dass wir beim Sprechen

---

[4] Zum passiven Wortschatz in einer Zweitsprache vgl. den Beitrag von Claudia Schmidt in diesem Band, Abschnitt 1.

zwei bis drei Wörter in der Sekunde »auswählen« und in eine Äußerung überführen können? Und dies immerhin so zuverlässig, dass die Zahl der Fehler beim lexikalischen Zugriff sich in der Größenordnung von nur einem bis zwei Promille bewegt? Wie muss das mentale Lexikon strukturiert sein, damit diese unglaubliche Leistung gelingt?

3. Die Struktur des mentalen Lexikons

3.1 Voraussetzungen

Angesichts der genannten Anforderungen an das mentale Lexikon ist klar, dass es eine Struktur haben muss, die auf Effizienz in der Sprachverarbeitung angelegt ist. Diese Voraussetzung ist wichtig, denn eine für sich genommen einleuchtende Hypothese über eine bestimmte Art der Speicherung wäre entwertet, wenn sich herausstellte, dass sie unter dem Verarbeitungsaspekt nichts taugt.[5] Da wir alle täglich gute Erfahrungen mit alphabetisch geordneten gedruckten (oder elektronischen) Wörterbüchern machen, könnte man ja z. B. die Hypothese aufstellen, auch im mentalen Lexikon seien die Einträge alphabetisch geordnet. Welche Daten können darüber Aufschluss geben, ob diese Hypothese sinnvoll ist? Betrachten wir noch einmal das Tip-of-the-tongue-Phänomen, meist ›TOT-Phänomen‹ abgekürzt: Wir hatten gesehen, dass bei der Suche nach der passenden Wortform die phonologische Ähnlichkeit eine Rolle spielt. In unserem Beispiel haben *Sextett*, *Sekante* und die Zielwortform *Sextant* denselben Anlaut. Das könnte für die alphabetische Organisation des Lexikons der Wortformen sprechen. Schaut man genauer hin, sieht man aber, dass diese Hypothese zu simpel ist (vgl. Brown 1991): Bezogen auf eine große Zahl von TOT-Situationen findet man nur in etwa der Hälfte aller Fälle eine Übereinstimmung zwischen dem Anlaut – technisch: dem ersten Phonem – der Zielform und dem der Annäherungsformen. In etwa einem Drittel der Fälle stimmt jeweils das letzte Phonem überein. Weil »Kopf« und »Fuß« (Ende) der Wortformen also besser zugänglich zu sein scheinen als der Mittelteil, spricht man bildhaft von ›Badewanneneffekt‹: Man stellt sich einen großen

---

[5] Aus Platzgründen kann ich auf die Frage, wie das Lexikon in eine umfassende Theorie der Sprachverarbeitung einzupassen ist, nicht näher eingehen. Vgl. aber unten, Abschnitt 3.4.2, zu den sog. holistischen Theorien sowie Levelt (1993a; 1999); vgl. auch die Darstellung aus neurolinguistischer Sicht im Beitrag von Gerhard Blanken, in diesem Band, Abschnitt 9.

Menschen in einer zu kleinen Badewanne vor. Außerdem ist die Zahl der in Zielform und Annäherungsformen übereinstimmenden Phoneme insgesamt, unabhängig von ihrer Reihenfolge in den jeweiligen Wortformen, größer als nach dem Zufallsprinzip erwartbar wäre.

> Den Badewanneneffekt findet man auch bei sog. Malapropismen. Das sind Versprecher, in denen eine Wortform durch eine ähnliche ersetzt wird. Versprecher können also nicht nur durch die Bedeutungsähnlichkeit der Wörter ausgelöst werden, wie im Fall der in Abschnitt 1 besprochenen Beispiele (*hand* statt *nose*), sondern auch durch die Ähnlichkeit der phonologischen Form der Wörter. Die Existenz entsprechender Wörter vorausgesetzt, können auch Bedeutung **und** Form ähnlich sein, wie in dem oben gegebenen Versprecher *head* statt *hair*; man spricht dann von ›gemischten Fehlern‹. Beispiele für Malapropismen sind: *demontieren* statt *denotieren*, *Liaison* statt *Läsion*, *Konfusion* statt *Konklusion*.[6] Bei diesen Versprechern stimmen erstes bzw. Endphonem in 80 bzw. 70 % der Fälle überein. Für unsere Argumentation ist aber die Beobachtung wichtiger, dass Zielwortform und geäußerte Form in 75 bis fast 90 % der Fälle dieselbe Silbenzahl aufweisen und in rund 80 bis fast 100 % der Fälle auch identische Wortakzentmuster (Fay/Cutler 1977).[7]

Der Schluss daraus kann nur sein: Die Organisation des Lexikons der Wortformen gehorcht nicht einfach einem alphabetischen Prinzip, **vielmehr sind die Wortformen offensichtlich in mehreren Dimensionen geordnet.** Dabei ist neben dem ersten Phonem der Wortauslaut ebenso ein Ordnungskriterium wie – ganz wichtig – Silbenzahl und Wortakzentmuster.[8] Dass das Lexikon der **Wortbedeutungen** eine alphabetische Struktur haben könnte, erscheint schon heuristisch unplausibel. Wir hatten bereits gesehen, dass es unter anderem nach Bedeutungsähnlichkeit strukturiert zu sein scheint (vgl. oben, Abschnitt 1). Bedeutungsähnliche Wörter aber können zwar auch ähnliche phonologische Formen haben (z. B. im Versprecher *head* statt *hair*, oder *Vetter* und *Vater* als Verwandtschaftsbezeichnungen), doch ist dies bei der überwältigenden Zahl bedeutungsverwandter Wörter nicht der Fall. Mit der Struktur des Lexikons der Wortbedeutungen befassen wir uns in Abschnitt 3.4 genauer.

---

[6] Zum Terminus vgl. Clark/Clark 1977, 287 f. Der Vollständigkeit halber sei noch darauf hingewiesen, dass auch nichtsprachliche Faktoren, z. B. optische Wahrnehmungen, Versprecher auslösen können. So sagte z. B. eine Sprecherin, die gerade die Backofentür öffnete: *Hol die Butter aus dem Backofen* (statt: *aus dem Kühlschrank*).

[7] Die Zahlen divergieren je nach zugrunde gelegtem Versprecher-Korpus.

[8] Vgl. auch die ausführliche Darstellung bei Aitchison (1997) Kap. 11 und 12.

3.2 Konzept und Bedeutung

Mit dem Wort ›Bedeutung‹ verhält es sich ähnlich wie mit dem Wort ›Wort‹: Was intuitiv leicht fassbar erscheint, erweist sich bei näherem Hinsehen als äußerst komplex. Eine erste Frage, die sich in Bezug auf die mentale Repräsentation von Wortbedeutungen stellt, ist die nach dem Verhältnis von Wortbedeutung und enzyklopädischem Wissen, d. h. Weltwissen (vgl. auch den Beitrag von Peter Rolf Lutzeier in diesem Band, Abschnitt 3). Mit ›enzyklopädischem Wissen‹ ist dabei in aller Regel – und auch im Folgenden – das ›Alltagswissen‹ gemeint, nicht Wissen im Sinne der Einzelwissenschaften.[9] Mein Weltwissen von Hunden z. B. mag solche Bestandteile umfassen wie ›Erscheinung: vierbeinig, mit Fell usw.‹, ›Gebrauch: als Haustier, bei der Jagd, als Wachhund usw.‹, ›Verhalten: kann rennen, jagd gerne Katzen usw.‹, ›Biologie: ist ein Tier, wird lebend geboren, ist ein Säugetier usw.‹, ›Geschichte: wurde vom frühen Menschen domestiziert usw.‹, ›Erfahrungstatsachen, incl. episodisches Gedächtnis: Martin hat einen Hund namens Silas, Silas hat mich versehentlich gebissen; Rolf hat zwei Beagle, Upright klaut Frühstücksbrötchen usw.‹. Die Gesamtheit dieser Wissensbestände kann man als den ›Begriff‹ oder das ›Konzept‹ bezeichnen, das ich von *Hund* habe.

Wie steht es nun um die Hypothese, unser mentales Lexikon der Wortbedeutungen sei mit unserem enzyklopädischen Wissen identisch? Drei Gründe werden in der Literatur gewöhnlich dagegen angeführt (vgl. u. a. Clark/ Clark 1977, 410 ff.): Erstens ist – um bei diesem Beispiel zu bleiben – mein Konzept von Hund, nicht zuletzt aufgrund der episodischen Wissensbestände, individuell. Wortbedeutungen aber sind – das ist jedenfalls die gängige Meinung – **soziale** Phänomene, wir verständigen uns auf der Grundlage geteilter Bedeutungen. Dieser Punkt wird unten, in Abschnitt 3.3, behandelt. Eine möglicherweise unerwünschte Konsequenz dieser Auffassung wäre auch, dass sich meine **Bedeutung von *Hund*** bei jeder Begegnung mit einem Hund potenziell ändert, während wir doch auch intuitiv eher sagen würden, dass sich meine **Erfahrung mit Hunden** potenziell ändert. Zweitens ist Konzeptbildung nicht an Wortformen gebunden. Anders gesagt: Wir können z. B. ein Konzept von ›Hunde, vor denen ich Angst habe‹ bilden, dem kein Wort des Deutschen entspricht. Die mentale Enzyklopädie ist, so scheint es, nach Kategorien organisiert, die das Produkt der Klas-

---

[9] Vgl. zum Verhältnis dieser Arten von Wissen die klassische Darstellung bei Putnam (1975); eine leicht verständliche Einführung in Putnams Theorie bietet Schwarze (1982).

sifizierung von Erfahrungen darstellen. Darunter finden sich Kategorien, denen eine Wortform korrespondiert, aber auch solche, für die das nicht gilt, z. B. ›Hunde, vor denen ich Angst habe‹; oder: ›schnell springen‹, ›sehr kalt‹ und ›logisch wahr‹. Drittens bauen auch Menschen, die kein mentales Lexikon der Wortbedeutungen im Sinne der Lautsprache entwickeln können, eine mentale Enzyklopädie auf. Das gilt etwa für Menschen, die von Geburt an gehörlos sind. Gehörlose, die ausschließlich Zeichensprache verwenden, haben möglicherweise eine andere mentale Enzyklopädie als Menschen, die über die Lautsprache verfügen, aber sie verfügen über eine solche.[10] Mentale Enzyklopädie und mentales Lexikon der Wortbedeutungen bedingen sich also nicht wechselseitig.

Ein viertes Argument gegen die Gleichsetzung von mentaler Enzyklopädie und mentalem Lexikon der Wortbedeutungen ist vor allem in den letzten Jahren deutlicher herausgearbeitet worden: Lexikalische Bedeutungen müssen in der Sprachverarbeitung in syntaktische Zusammenhänge – sprich Sätze – »eingebettet« werden. Zu diesem Zweck weisen sie eine grammatische Kategorisierung auf. Im Lexikoneintrag von *Hund* z. B. findet sich die grammatische Kategorienangabe ›Nomen‹. Eine solche grammatische Kategorisierung ist für Konzepte nicht notwendig. Interne Repräsentationen von Konzepten werden in der Psychologie deshalb rein im Sinne der Bildung von semantischen Klassen modelliert, und enzyklopädische Wissensbestände stellt man gerne in Form von sog. Propositionen dar; das sind nicht-sprachliche Aussagenformate, für die grammatische Kategorien keine Rolle spielen (vgl. Wender 1988 für einen leicht verständlichen Überblick). Manfred Bierwisch, lange Jahre der profilierteste Vertreter der Hypothese, zwischen »semantischen« und »konzeptuellen Strukturen« sei kategorial zu unterscheiden, hat seine Auffassung mehrfach damit begründet, konzeptuelle Repräsentationen müssten eben »nicht notwendig an Strukturen der natürlichen Sprache gebunden sein« (vgl. u. a. Bierwisch 1983, 63). Ich komme darauf in Abschnitt 3.3 zurück.

Müssen wir also zwei getrennte Wissenssysteme ansetzen – das konzeptuelle Wissen, das nicht an Sprache gebunden ist und dessen Grundeinheit das Konzept ist, und das lexikalisch-semantische Wissen, das an Sprache gebunden und dessen Grundeinheit die sprachliche Bedeutung ist? Auch eine solche Doppelung hat Implikationen, die **gegen** sie sprechen. Das erste Argument lässt sich aus dem ontogenetischen Spracherwerb ableiten: Wie auch immer wir uns den Erwerb sprachlicher Bedeutungen konkret vor-

---

[10] Faszinierende Einblicke in die Welt der Gehörlosen bietet Sacks (1992).

stellen, in jedem Fall geschieht er im Kontext von Erfahrungen, d. h. im Kontext von Konzeptbildungsprozessen (vgl. den Beitrag von Gisela Szagun in diesem Band, Abschnitt 5). Das zweite Argument bezieht sich auf die Konzeption der Wissenssysteme selbst: Wenn ich über ein höchst reichhaltiges Konzept, sagen wir von HUND[11], verfüge, weshalb sollte ich dann **unabhängig** von diesem Konzept auch noch eine sprachliche Bedeutung ›Hund‹ benötigen?

Eine radikale Lösung dieses Problems ist es offensichtlich, die Unterscheidung von Konzept und Bedeutung aufzugeben. Herrmann (1994, 128) schlägt zumindest für die psychologische Theoriebildung genau dies vor: »Die Bedeutung eines Wortes [d. h. einer Wortform; J. D.] ist seine Verknüpfung mit Begriffen; die Bezeichnung eines Begriffs ist seine Verknüpfung mit Wörtern. [...] Bedeutung ist keine Eigenschaft eines Wortes, sondern seine Relation zu Begriffen« (vgl. auch Herrmann/Graf 1999). Dies wäre ein gleichsam zweistufiges Modell des mentalen Lexikons: Als Einheiten haben wir einmal die phonologischen Formen der Wörter, zum anderen die Konzepte. ›Bedeutung‹ meint dann die Verknüpfung zwischen beiden. Mit dieser Vorstellung kann man der Tatsache Rechnung tragen, dass es nicht-sprachliche Konzepte gibt; diese haben schlicht keine Verbindung zu einer Wortform. Wir unterscheiden demnach zwischen **lexikalischen Konzepten**, solchen mit Wortform, und **nicht-lexikalischen Konzepten**, solchen ohne Wortform (vgl. auch Levelt 1993b, 167).

Gleichwohl ist die Frage legitim, ob lexikalische Konzepte gegenüber nichtlexikalischen nicht doch einen Sonderstatus haben, der über die reine Tatsache der Verknüpfung mit einer Wortform hinausgeht. Dies wird von ForscherInnen, die für eine Unterscheidung von ›konzeptuellem‹ und ›semantischem Wissen‹ plädieren, behauptet. Sie argumentieren gerne mit Wörtern, die eine ähnliche ›Bedeutung‹ haben, angeblich aber dasselbe Konzept versprachlichen. Nach Fellbaum (1996, 216) gilt das z. B. für die englischen Verben *to rise* und *to ascend*. Sie meint, diese Verben repräsentierten dasselbe Konzept, hätten aber nicht dieselbe Bedeutung, denn z. B. auf steigende Temperaturen oder Preise könne zwar *to rise*, nicht aber *to ascend* angewendet werden. Diese Argumentation ist angreifbar: Man kann nämlich mit guten Gründen behaupten, *to rise*, deutsch *steigen, ansteigen*, repräsentiere ein anderes Konzept als *to ascend*, deutsch *aufsteigen, erklimmen*. Der ›Bedeutungsunterschied‹ ist dann auf eine konzeptuelle Differenz zurückgeführt, das Beispiel taugt nicht als Beleg für die Notwendigkeit der Unter-

---

[11] Konzepte werde ich im Folgenden in Kapitälchen schreiben.

scheidung von ›Konzept‹ und ›Bedeutung‹. Dennoch macht das Beispiel auf einen linguistisch relevanten Sachverhalt aufmerksam: Ich behaupte, dass konzeptuell sowohl *to rise* (STEIGEN) als auch *to ascend* (AUFSTEIGEN) mit dem Konzept PREIS vereinbar sind. Man sieht das leicht durch einen Vergleich mit dem Deutschen, wo Preise sowohl *steigen* als auch auf eine Rekordhöhe *klettern* können. Dass *to ascend* in Bezug auf Preise nicht angewandt werden kann, ist also tatsächlich eine lexikalische Idiosynkrasie des Englischen, und die muss gelernt und natürlich bei der Beschreibung des Englischen auch expliziert werden. Meine Hypothese ist deshalb: **Ein kategorialer Unterschied zwischen lexikalischen und nicht-lexikalischen Konzepten kann zwar theoretisch nicht begründet werden, lexikalische Konzepte können aber gegenüber nicht-lexikalischen ein PLUS aufweisen.** Dieses PLUS bezieht sich auf Einschränkungen der semantischen Kombinierbarkeit des entsprechenden Wortes, und ich möchte es, mit einem gängigen Begriff, als (semantische) **Selektionsbeschränkungen** bezeichnen (vgl. Chomsky 1969, 188ff.).

Ein Beispiel aus dem Deutschen soll das Gemeinte verdeutlichen: Die Verben *schnuppern* und *schnüffeln* lexikalisieren ein Konzept, das sich als EINE BESTIMMTE ART, AN ETWAS ZU RIECHEN explizieren lässt. Da man aber z. B. sagt, *das Kind schnuppert an der Rose*, nicht *das Kind schnüffelt an der Rose*, scheint *schnüffeln* einer Selektionsbeschränkung der Form »verträgt sich nicht mit einem Subjekt, welches das Merkmal [+menschlich] aufweist« zu unterliegen (von *schnüffeln* in Anwendung auf Drogen sehen wir hier ab). Weil andererseits Hunde sowohl *schnuppern* als auch *schnüffeln* können, hat *schnuppern* die weiter gefasste Selektionsbeschränkung »das Subjekt trägt das Merkmal [±menschlich]«.

Schließlich muss man in Rechnung stellen, dass Konzeptualisierungen durch das einzelsprachliche Vokabular beeinflusst werden können. So wird die Konzeptualisierung von räumlichen Beziehungen nachweislich durch einzelsprachenspezifische Lexikalisierungen mitbestimmt – etwa über die Bedeutungen von *vor* und *hinter*. Dies hat zur Folge, dass z. B. chinesische Kinder in der vorsprachlichen Phase andere Kategorisierungen vornehmen als nach dem Erwerb der entsprechenden Lexik; sie »lernen, dem Raum in diesem Punkt eine Struktur aufzuprägen, die in ihrer Sprache kodifiziert ist« (Klein 1994, 175; vgl. auch Szagun 1996, 164 f.).[12] Das Resultat aber ist nichts

---

[12] Diese Erkenntnis darf nicht mit einer sprachdeterministischen Position verwechselt werden, welche grob besagt, dass die Einzelsprache unser Denken bestimmt: Im Bedarfsfall können wir sehr wohl »über unsere Muttersprache hinaus denken«, wie schon die Übersetzbarkeit der Sprachen beweist. Vgl. die ausführliche Diskussion bei Seebaß

anderes als auch wieder konzeptuelles Wissen, auf das lediglich einzelsprachliche Strukturierungsvorgaben Einfluss genommen haben. Wir sehen also: Der Status eines Konzepts – ›lexikalisch‹ vs. ›nicht-lexikalisch‹ – hat zumindest potenziell einen Einfluss auf die Konzeptualisierung, und zwar sowohl im Aufbau der Konzepte als Lernprozess als auch in der Verarbeitung von Konzepten beim Sprechen. Aber es besteht keinerlei Veranlassung, daraus die Notwendigkeit einer Unterscheidung zwischen ›Konzept‹ und ›Bedeutung‹ abzuleiten. Man muss lediglich die nicht besonders aufregende Tatsache in Rechnung stellen, dass es, neben ungezählten anderen Einflüssen auf Konzeptualisierungsprozesse, auch einzelsprachliche Einflüsse gibt.

3.3 Das Lemma

Nicht berücksichtigt ist bei der jetzt diskutierten zweistufigen Modellierung aber, dass Einheiten im mentalen Lexikon, neben der Bedeutung, auch **grammatische** Informationen tragen müssen (vgl. oben, Abschnitt 3.2). Die Lösung dieses Problems liegt im Übergang von der zwei- zu einer dreistufigen Modellierung des mentalen Lexikons: Zwischen den Konzepten und den Wortformen (in der Psycholinguistik auch ›**Lexeme**‹ genannt) wird eine dritte Ebene angesetzt, die der niederländische Psycholinguist Willem J. M. Levelt die Ebene der ›**Lemmata**‹ genannt hat (vgl. Levelt 1989, 6 f.; vgl. auch den Beitrag von Gerhard Blanken in diesem Band, Abschnitt 4). ›Lemma‹ bezeichnet in der Lexikographie den gesamten Wörterbucheintrag (vgl. den Beitrag von H. Löffler in diesem Band, Abschnitt 2.2). In der Psycholinguistik ist mit ›Lemma‹ hingegen eine Größe gemeint, die sozusagen als ›Interface‹ ein lexikalisches Konzept mit seiner Wortform verbindet, darüber hinaus aber mit den notwendigen einzelsprachlich-grammatischen Informationen verknüpft ist. D. h., das Lemma, nicht das Konzept und nicht die Wortform, macht die grammatischen Informationen zugänglich, die für die Verwendung des Wortes im Satz relevant sind.[13] Beim Wort *Katze* ist das also die Information ›Nomen‹ für die Wortart und, weil das Deutsche eine Genussprache ist, die Information

---

(1981, 199 ff.). Vgl. auch Slobin (1996), der den zurzeit viel diskutierten Begriff des »thinking for speaking« entwickelt. Zum einzelsprachlichen Einfluss auf Konzeptualisierungsprozesse in der Sprachproduktion vgl. auch v. Stutterheim (1999).

[13] Vgl. die ausführliche Darstellung aus neurolinguistischer Sicht im Beitrag von Gerhard Blanken in diesem Band, Abschnitt 8.

›Femininum‹ für das grammatische Geschlecht. Hier sind auch die sog. Subkategorisierungseigenschaften der Wörter gespeichert, das sind Angaben über die grammatikalisch notwendigen Ergänzungen (›Komplemente‹). Für das Verb *geben* ist das ein Eintrag der Art: [bitransitiv; Subjekt; indirektes Objekt; direktes Objekt] (vgl. die Darstellung bei Brandt et al. 1999, Kap. 6 u. 8) . Mithin ist die Bedeutung des Lexems durch das Konzept repräsentiert, aber durch die Annahme der Lemmaebene ist der Tatsache (und dem oben, Abschnitt 3.2, angeführten Einwand von Bierwisch) Rechnung getragen, dass die Einheiten des mentalen Lexikons auch **grammatische** Eigenschaften haben (vgl. Levelt 1993b, 168; Levelt et al. 1999, 4).

Woher wissen wir aber, dass die grammatische Information am Lemma und nicht an der Wortform »hängt«? Evidenzen hierfür liefert wiederum das uns schon vertraute TOT-Phänomen: Vigliocco/Antonini/Garrett (1997) zeigten an italienischen SprecherInnen, dass bei gestörtem Wortformzugriff im Tip-of-the-tongue-Zustand das Genus des Zielwortes verfügbar ist. Folglich wird die Genusinformation nicht erst auf der Wortformebene zugänglich.[14]

Was bleibt offen? Aufmerksame LeserInnen werden sich daran erinnern, dass Konzepte prinzipiell individuellen[15], lexikalische Bedeutungen aber – jedenfalls nach klassischer Auffassung – **sozialen** Charakter haben. Dieser zweifellos aus linguistischer Sicht zentrale Punkt wird, das muss eingeräumt werden, im gängigen Drei-Ebenen-Modell des mentalen Lexikons nicht berücksichtigt. Doch spricht das nicht zwangsläufig gegen dieses Modell. Vielmehr kann man dieses Problem im Rahmen des Drei-Ebenen-Modells lösen, indem man es im Kontext der **Verarbeitung**, nicht der Repräsentation angeht: Man muss eine Theorie der »Verarbeitungstiefe« entwickeln, die für den Normalfall sprachlicher Kommunikation auf konzeptueller Ebene eine »seichte« Verarbeitung ansetzt, dergestalt, dass wir unterstellen können, unsere Kommunikationspartnerin werde dieses grobe Konzept mit uns teilen. Für den Fall von Präzisierungsbedarf (z. B. bei Missverständnis-

---

[14] Die ersten Evidenzen hierfür kamen aus der Neurolinguistik, und zwar von anomischen PatientInnen, die größte Schwierigkeiten hatten, abgebildete Gegenstände zu benennen, das Genus der Zielwörter aber immer angeben konnten (vgl. Badecker/Miozzo/ Zanuttini 1995). Vgl. dazu den Beitrag von Gerhard Blanken in diesem Band, Abschnitt 8.

[15] Ich betone hier: »prinzipiell«, denn bei der Konzeptbildung spielen selbstverständlich auch soziale Erfahrungen aller Art eine Rolle. Die Entgegensetzung ›individuell‹ vs. ›sozial‹ soll hier nur der Zuspitzung des Problems dienen.

sen) oder bei metasprachlicher Reflexion, können wir, metaphorisch gesprochen, in die Tiefe gehen und (weitere) Wissensbestände enzyklopädischer Art heranziehen. Damit wird unserer Intuition Genüge getan, derzufolge wir z. B. in einem Gespräch über Hunde kommunikativ erfolgreich mit einem unscharfen, unterstelltermaßen von unserem Kommunikationspartner geteilten Konzept arbeiten können, wenn es z. B. darum geht, dass es lästig ist, einen Hund bei jedem Wetter auszuführen. Bei Präzisierung des Themas, z. B. wenn wir auf die Kampfhundverordnung zu sprechen kommen, können wir das Konzept/die Konzepte aber auch schärfer fassen. Und wenn ich schließlich über diesen konkreten Rottweiler Silas sprechen will, muss ich meiner Kommunikationspartnerin eben die relevanten individuellen episodischen Wissensbestände im Gespräch liefern, um mich verständlich zu machen. Ich vertrete deshalb folgende Hypothese: **Der soziale Aspekt der lexikalischen Bedeutung – d. h. der Beziehung zwischen Lexem und lexikalischem Konzept – manifestiert sich nicht in der Repräsentation, sondern in der Kommunikation.** Diese Auffassung steht der des Philosophen Ludwig Wittgenstein nahe: »Man kann für eine **große** Klasse von Fällen der Benützung des Wortes ›Bedeutung‹ – wenn auch nicht für **alle** Fälle seiner Benützung – dieses Wort so erklären: Die Bedeutung eines Wortes ist sein Gebrauch in der Sprache« (Wittgenstein 1967, § 43; Hervorhebungen im Original). Will sagen: es ist die Gemeinschaft der Sprechenden, die festlegt, was ein Wort bedeutet, d. h., wie ein Wort in der Sprache ›richtig‹ gebraucht wird. Die Psycholinguistik erforscht die Mechanismen der Sprachverarbeitung. Die Frage, wie Verständigung zustande kommt, ist mit ihrem Methoden- und Theorierepertoire nicht zu klären, sie gehört in den Gegenstandsbereich der Sprachphilosophie einerseits (vgl., bei Wittgenstein anknüpfend, Kober 1998) und der Soziologie bzw. Gesprächsanalyse andererseits (vgl. Schütz 1974; Kallmeyer 1981).

3.4 Zwei Modellvorstellungen

Wenn wir das Drei-Ebenen-Modell des mentalen Lexikons zugrunde legen, müssen wir in einem nächsten Schritt klären, wie denn die Bedeutungen, sprich lexikalischen Konzepte, organisiert sind. In der Forschung werden hierzu zwei unterschiedliche Modellvorschläge diskutiert: Nach der einen Auffassung sind lexikalische Konzepte intern komplex strukturiert, d. h., sie sind aus elementaren Einheiten zusammengesetzt. Man spricht deshalb auch von einer ›kompositionellen Theorie‹ der Bedeutungsrepräsentation. Nach der konkurrierenden Auffassungen sind lexikalische

Konzepte nicht weiter zerlegbar, also ganzheitliche Größen. Man spricht deshalb auch von einer ›holistischen Theorie‹ der Bedeutungsrepräsentation. Die kompositionelle Theorie wurde in jüngerer Zeit unter anderem von dem deutschen Linguisten Manfred Bierwisch vertreten (vgl. für eine gut verständliche Anwendung Bierwisch 1970), die holistische unter anderem von dem amerikanischen Linguisten Jerry A. Fodor (vgl. die klassische Darstellung in Fodor/Garrett/Walker/Parkes 1980).

3.4.1 Die kompositionelle Theorie

Wie sieht eine kompositionelle Theorie aus? (Vgl. dazu auch den Beitrag von Peter Rolf Lutzeier in diesem Band, Abschnitt 8.1.) Nehmen wir das Wort *Junggeselle* als Beispiel: Das Konzept JUNGGESELLE kann man in erster Näherung in die Bestandteile MENSCHLICH, MÄNNLICH und UNVERHEIRATET zerlegen (vgl. Katz/Fodor 1970).[16] Diese ›semantischen Merkmale‹, wie Katz und Fodor sie nennen, bieten so etwas wie eine grobe Definition des Konzepts, die man sich auch als Paraphrase in einem einsprachigen Wörterbuch vorstellen kann (›ein Junggeselle ist ein unverheiratetes männliches Wesen‹). Es leuchtet also ein, dass eine kompositionelle Theorie für die Lexikografie nützlich zu sein scheint. Aber wie steht es um das mentale Lexikon? Gibt es Evidenzen dafür, dass auch mental Konzepte ›dekomponiert‹ repräsentiert sind und verarbeitet werden? Eine Reihe von Experimenten ging von der Überlegung aus, dass sich die Zahl der semantischen Merkmale auf die Verarbeitung der Konzepte auswirken müsste, denn beim Sprachverstehen müsste ja die Bedeutung ›dekomponiert‹, das Konzept also in seine Merkmale zerlegt werden. Semantisch komplexere Konzepte, z. B. JUNGGESELLE, sollten deshalb längere Verarbeitungszeiten aufweisen, schlechter zu erinnern sein und beim Benennen von Abbildungen schwieriger abzurufen sein als semantisch weniger komplexe Konzepte, z. B. das in JUNGGESELLE enthaltene Konzept NICHT VERHEIRATET.

> Diese Hypothese wurde in einer ganzen Reihe von Experimenten überprüft. So z. B. von Fodor/Fodor/Garrett (1975), die Versuchspersonen (Vpnn) baten, die Wahrheit von Aussagen zu überprüfen, in denen einmal *nicht verheiratet*, ein anderes Mal *Junggeselle* vorkam (›Satzverifikationsparadigma‹). Es zeigte sich, dass die Vpnn, entgegen der Vorhersage der kompositionellen Theorie, länger brauchten, um die Sätze mit *nicht verheiratet* zu verifizieren. Nun ist die Verifika-

---

[16] In erster Näherung, denn nach dieser Analyse wären z. B. auch der zweijährige Max und der Papst Junggesellen, was vielleicht etwas seltsam anmutet.

tion von Aussagen eine Aufgabe, die eine Art Problemlöseverhalten erfordert, man misst also erstens mehr als das reine Sprachverstehen und zweitens misst man Zeitabläufe **nach** der Präsentation der Sätze. Anstelle einer solchen, wie man deshalb auch sagt: ›Offline-Aufgabe‹ konzipierte die amerikanische Psychologin Anne Cutler deshalb eine ›Online-Aufgabe‹ im Paradigma des ›Phonem-Monitoring‹ (vgl. Cutler 1983). Hierbei werden Vpnn aufgefordert einen Knopf zu drücken, sobald sie in einem akustisch präsentierten Satz einen bestimmten Laut (technisch: ein Phonem) hören. Wenn das Wort, das dem Phonem vorausgeht, den Vpnn irgendwelche Schwierigkeiten macht, brauchen sie länger, die Reaktionszeit bis zum Knopfdruck steigt. Kritische Wörter waren hier z. B. *empty* und *yellow*, wobei die Bedeutung von *yellow* als einfach, die von *empty* nach der kompositionellen Theorie hingegen als komplex angesehen wurde (etwa NOT CONTAIN ANYTHING). Doch auch hier war die Reaktionszeit nach dem komplexen Konzept nicht länger als die nach dem einfachen. Zu ähnlichen Ergebnissen führten Experimente mit andern Verben (vgl. den Überblick bei Fodor/Garrett/Walker/Parkes 1980, 283ff.; vgl. auch Konerding/Wender 1985). [17]

Experimentell zeigte sich also, dass semantische Komplexität und Verarbeitungszeit **nicht** korrelieren. Was haben wir damit über das mentale Lexikon erfahren? Können wir, wie dies Aitchison (1997, 103) tut, den Schluss ziehen, dass im menschlichen Geist keine semantischen Merkmale oder elementaren Konzepte existieren, die zu komplexeren Konzepten komponiert werden? Nun, das können wir keineswegs, denn was untersucht wurde, ist ja die **Verarbeitung** von Wörtern mit mehr oder weniger komplexer Bedeutung im Sinne der kompositionellen Theorie. Außerdem liefern die Experimente nur Evidenzen für das Verstehen, nicht die Produktion. Mit anderen Worten: Es darf allenfalls darauf geschlossen werden, dass »lexikalische **Dekomposition** keine psychologische Tatsache ist«, wie Fodor/Garrett/Walker/Parkes (1980, 367; Übers. u. Hervorhebg. v. mir; J. D.) resümieren, nicht aber darauf, dass die **Repräsentation** von Konzepten im Geist keine kompositionelle Struktur habe. [18]

Aus dieser Erkenntnis folgt zweierlei: Erstens wollten wir ja auf ein Modell des mentalen Lexikons hinaus, das den Anforderungen der Verarbeitung gerecht wird. Und diesem Ziel sind wir insofern ein Stück näher gekom-

---

[17] Von einem umgekehrten Komplexitätseffekt berichten Bierwisch/Schreuder (1992): Sätze mit komplexen Bewegungsverben wurden schneller verifiziert als solche mit einfachen. Eine überzeugende Interpretation geben die Autoren nicht.

[18] Ein Problem, das die kompositionelle Theorie in Bezug auf Sprachproduktion hat, ist als ›Hyperonymproblem‹ bekannt geworden (vgl. Levelt 1989, 212 ff.): Wenn die semantischen Merkmale eines Wortes aktiv sind, sind auch alle Merkmale seiner Hyperonyme aktiv; dennoch gibt es keine Evidenzen dafür, dass wir eine Neigung hätten, Oberbegriffe der von uns intendierten Wörter zu äußern.

men, als wir nun schon wissen, dass lexikalische Konzepte offenbar eher
ganzheitlich als kompositionell **verarbeitet** werden. Zweitens eröffnen diese Forschungsergebnisse eine Chance: Solange wir über die **Repräsentation** nichts Genaueres wissen, können wir bei der Modellierung des mentalen Lexikons die Vorteile, die die Annahme semantischer Merkmale bietet,
ungeniert nutzen. Insbesondere liegt der Vorteil darin, dass mit einer kompositionellen Theorie die sog. semantischen Relationen, d. h. die Bedeutungs-
beziehungen zwischen Einträgen im mentalen Lexikon, recht plausibel beschrieben werden können (vgl. Bierwisch/Schreuder 1992, 36 ff.). So stehen zwei Konzepte z. B. in der Relation der Antonymie, wenn sie sich in
nur einem semantischen Merkmal unterscheiden, wobei die beiden Merkmale einen binären Kontrast bilden. Für die Konzepte MANN und FRAU
wären dies die Merkmale MÄNNLICH vs. WEIBLICH (vgl. Clark/Clark 1977,
421 f.). Bei Bedarf kann man also hypothetisch auf die so gefassten semantischen Relationen zurückgreifen.

3.4.2 Die holistische Theorie

Nach der holistischen Theorie der Bedeutungsrepräsentation (vgl. dazu
den Beitrag von Peter Rolf Lutzeier in diesem Band, Abschnitt 8.4) hat, mit
einem Beispiel auf den Punkt gebracht, *Junggeselle* die Bedeutung JUNGGE-
SELLE. Wir wissen auch schon, was das heißen soll: Wir verfügen über ein
Konzept JUNGGESELLE, und dieses Konzept ist die Bedeutung der Wortform *Junggeselle*. Wie aber sieht eine mögliche Struktur eines Speichers von
Konzepten aus – immer unter dem Aspekt, dass wir Zugriff auf die Konzepte in einer zeitlichen Größenordnung von rund 300 Millisekunden haben? Die gängigsten Vorstellungen von der Strukturierung der Konzepte
greifen auf die Metapher vom »Netzwerk« zurück. D. h., die Konzepte sind
im Geist als ›Knoten‹ repräsentiert und durch die Fäden des Netzes, hier
›Kanten‹ genannt, miteinander verbunden. Sie bilden ein gigantisches ›semantisches Netzwerk‹.
Das Netzwerk-Urmodell wurde in den 1960er Jahren von Ross Quillian im
Zuge der aufkommenden Künstliche-Intelligenz-Forschung entwickelt und
diente zunächst der Modellierung eines »computer memory«. Meist wird
es in der Fassung von Collins/Quillian (1969) diskutiert. Es weist zwei verschiedene Typen von Konzeptknoten auf: solche für Gegenstandskonzepte
wie TIER und VOGEL und solche für Eigenschaftskonzepte, wie HAT FLÜ-
GEL, KANN FLIEGEN, HAT FEDERN. Entsprechend gibt es auch zwei Arten von
Kanten, bei Quillian ›Zeiger‹ (›pointer‹) genannt: solche zwischen zwei

Gegenstandskonzepten (z. B. zwischen TIER und VOGEL) und solche zwischen Gegenstandskonzepten und Eigenschaften (z. B. zwischen VOGEL und HAT FLÜGEL, KANN FLIEGEN, HAT FEDERN). Die Bedeutung eines Konzepts ist nach diesem Modell identisch mit der Konfiguration von Zeigern auf andere Konzepte: Die Bedeutung von VOGEL wird also durch die Relation zu TIER – das ist der Oberbegriff – und zu den Eigenschaftskonzepten HAT FLÜGEL, KANN FLIEGEN und HAT FEDERN repräsentiert (vgl. Collins/Quillian 1969, 241).

Ordnungsprinzip dieses Netzwerks ist, wie man sieht, eine hierarchische Struktur. Wichtig ist noch, dass die Eigenschaften des Oberbegriffs an die untergeordneten Knoten ›vererbt‹ werden: TIER hat die Eigenschaft IST LEBENDIG, diese Eigenschaft wird vom untergeordneten Knoten VOGEL geerbt, sie muss nicht noch einmal abgespeichert werden. Collins/Quillian (1969, 246) bezeichnen diese Annahme als »ökonomisch«, und man hat sie später als die Hypothese der »maximalen Gedächtnisökonomie« bezeichnet (vgl. Wettler 1980, 43).

Collins/Quillian (1969, 240) stellten sich nun die Frage, welche Vorhersagen aus einem solchen Modell folgen, wenn man es als Modell für die Struktur des menschlichen »Gedächtnisses« – sprich des konzeptuellen Systems – interpretiert. Anders gesagt: Wie kann man überprüfen, ob wir ein solches semantisches Netzwerk im Geist haben? Wenn im Netzwerk KANARIENVOGEL mit VOGEL und VOGEL mit TIER in hierarchischer Weise verbunden ist, dann sollten sich, so die Hypothese von Collins und Quillian, Vpnn bei Satzverifikationsaufgaben entlang der ›Zeiger‹ von Knoten zu Knoten bewegen (Collins/Quillian 1969, 240 f.). D. h., am schnellsten sollte eine Aussage wie »A canary[19] is a canary« verifiziert werden, denn hier bewegt man sich gar nicht vom Knoten weg. Länger sollte die Verifikation von »A canary is a bird« – zum nächsten Knoten – und am längsten die von »A canary is an animal« – zwei Knoten – dauern. Das wurde experimentell auch tatsächlich gefunden. Allerdings ist die Interpretation dieses Ergebnisses nicht unproblematisch, was Collins/Quillian auch bewusst war. Aitchison (1997, 120 f.) fasst mögliche Einwände zusammen: Erstens werden *canary* und *bird* in Sätzen häufiger miteinander verknüpft als *canary* und *animal*; das könnte die Reaktionszeit, unabhängig von der hierarchischen »Entfernung«, beeinflussen. Zweitens gibt es mehr Tiere als Vögel, so dass die Überprüfung einer Aussage, in der die Kategorie TIER vorkommt, länger dauern

---

[19] Das deutsche Wort *Kanarienvogel* eignet sich für diesen Test nicht, da es den Bestandteil *Vogel* in der Wortform enthält.

könnte als eine, in der die Kategorie VOGEL vorkommt; auch dies hätte mit der hierarchischen Struktur nichts zu tun.

Man gewann in der Folgezeit mehrfach Daten, die mit den Vorhersagen des Collins-Quillian-Modells nicht vereinbar waren (vgl. u. a. Johnson-Laird 1983, 211 ff.; Klix 1988, 29): Z. B. wird zu DIAMANT der Begriff STEIN schneller als Oberbegriff erkannt als der Begriff JUWEL, und zu MAUS wird TIER schneller als Oberbegriff akzeptiert als NAGER. Beide Befunde stehen, wie man sich leicht klar machen kann, im Widerspruch zum Modell.

Muss man also die Theorie vom semantischen Netzwerk fallen lassen? Ganz und gar nicht, denn die Experimente haben letztlich nur gezeigt, dass in der Modellierung von Collins und Quillian die hierarchische Beziehung zwischen Konzepten im Sinne von Unter- und Oberbegriffen (technisch: Hyponymen und Hyperonymen) überbewertet wird. Oberbegriffe haben in der Tat einen leicht prekären Status. Es gibt Fälle, in denen die Beziehung zwischen einem Hyponym und seinem Hyperonym recht vertraut erscheint. Das gilt z. B. für SCHRANK und MÖBEL. Hier mag die Beziehung lexikalisch verfestigt sein, u. a. weil diese Begriffe häufig in syntagmatischer Relation, d. h. im Satzkontext, vorkommen. *Nager* hingegen wird vermutlich nur in bestimmten Kontexten gebraucht, etwa im Zoogeschäft, so dass das Konzept wenig vertraut und erst in einem spezifischen Räsonnement auf *Maus* bezogen wird. Aitchison (1997, 118) weist zurecht darauf hin, dass Oberbegriffe oft ungebräuchlich sind oder ihre Auffindung manchmal sehr schwierig ist. So scheint der Oberbegriff für *Hagel, Regen* und *Schnee*, nämlich *Niederschlag*, dem Wetterbericht vorbehalten zu sein. Und was ist der Oberbegriff zu *Badewanne* und *Waschbecken*, oder zu *Dosenöffner* und *Nussknacker*? In vielen Fällen erfordert das Auffinden eines Oberbegriffs auch kreative Entscheidungen, also z. B. biologisch-enzyklopädisches Wissen, wenn es um die Frage geht, ob eine Kaulquappe ein Fisch ist. Daraus kann man folgern, dass einige Hyponym-Hyperonym-Beziehungen lexikalisch angelegt, also im semantischen Netzwerk repräsentiert sind, andere hingegen eher durch Reflexion aufgefunden werden müssen. **Man muss also nicht das Prinzip der Modellierung in semantischen Netzen aufgeben, sondern lediglich weitere Arten der Strukturierung in Erwägung ziehen.**

Sechs Jahre nach dem Collins/Quillian-Artikel erschien eine Arbeit, die der Theorie vom semantischen Netzwerk zum Durchbruch verhelfen sollte: Collins/Loftus (1975) schlugen eine »spreading activation theory of semantic processing« vor, also eine Theorie der Aktivationsausbreitung im semantischen oder konzeptuellen Netzwerk – die AutorInnen verwenden beide

Begriffe synonym –, die das heute noch geltende Paradigma der Modellierung begründete. Wichtige Eigenschaften dieses Netzwerks sind: Wenn ein Konzept verarbeitet wird, wird sein Knoten ›aktiviert‹ und gibt seine Aktivation an die Knoten weiter, mit denen es verbunden ist. Die Aktivation nimmt mit der Ausbreitung ab. Die Aktivation von unterschiedlichen Quellen wird aufsummiert, und erst wenn ein bestimmter Schwellenwert erreicht wird, ›feuert‹ der Knoten und gibt seine Aktivation weiter. – Dies ist eine Analogie zu Neuronensystemen (vgl. Collins/Loftus 1975, 411).[20] – Das grundlegende Strukturierungsprinzip ist nun nicht mehr die Hierarchie der Konzeptknoten, wie bei Collins/Quillian: Das konzeptuelle Netzwerk ist vielmehr nach Bedeutungsähnlichkeit organisiert, d. h., je mehr Eigenschaften zwei Konzepte gemeinsam haben, je mehr Kanten also zwischen zwei Konzepten über dieselben Eigenschaftsknoten führen, desto näher sind sie verwandt. Schließlich gibt es noch einen Speicher der Wortformen, für die »Namen der Konzepte«, wie die AutorInnen sagen, der nach phonologischer Ähnlichkeit strukturiert ist.

Wenn man ›Bedeutungsnähe‹ über die Zahl der geteilten Eigenschaftsknoten definiert, begibt man sich offensichtlich in die Nähe einer kompositionellen Vorstellung. Angesichts der Schwierigkeiten, die man mit der Rechtfertigung der Annahme von semantischen Merkmalen hat, wollten manche ForscherInnen sich darauf nicht einlassen. Eine Alternative ist die Bestimmung der Nähe von Konzepten durch psychologische Tests. So kann man Wortassoziationsexperimente durchführen, um ein Maß für die Nähe von Konzepten im Netzwerk zu finden. Man spricht dann auch von ›assoziativen Netzwerken‹ (vgl. die anschauliche Darstellung bei Spitzer 1996, 229 ff.). Bei solchen Experimenten wird den Vpnn ein Wort vorgegeben und sie müssen spontan mit der Wiedergabe des ersten Wortes reagieren, das ihnen einfällt. Dabei sind die Reaktionen von (erwachsenen) Vpnn auf bestimmte, vor allem sehr gebräuchliche Wörter recht einhellig. Auf die Vorgabe des Wortes *weiß* z. B. wird eine größere Zahl von Vpnn mit *schwarz* antworten, auf *Mutter* mit *Vater*, auf *Tisch* mit *Stuhl* usw. Die Prozentzahlen der Reaktionen ergeben sog. Assoziationsnormen. Diese Werte kann man dann an den Kanten eines semantischen Netzwerkes eintragen und damit die mehr oder weniger enge Beziehung der Konzepte zueinander quantifizieren (vgl. Spitzer 1996, 244).

---

[20] Die Modellierung des mentalen Lexikons mittels sog. künstlicher neuronaler Netze hat sich zu einem eigenen Forschungszweig entwickelt. Da die neurophysiologischen Voraussetzungen den Rahmen eines psycholinguistischen Programms weit übersteigen, gehe ich hier auf dieses Forschungsgebiet nicht ein. Vgl. Spitzer (1996, 229 ff.).

Es gibt aber empirische Evidenzen dafür, dass eine Reihe weiterer Beziehungen zwischen Konzepten die Struktur semantischer Netzwerke mitbestimmt. Eine solche Relation ist die der Ko-Hyponymie, zur Vermeidung dieses Zungenbrechers auch ›Konjunkt-Relation‹ genannt. Damit sind Begriffe gemeint, die hierarchisch auf derselben Ebene stehen und häufig einem Oberbegriff zugeordnet werden können (deshalb der Zungenbrecher), also z. B. *rechts* und *links*, *rot*, *grün* und *blau*, *gestern*, *heute* und *morgen* usw. usf. Welche Evidenzen sprechen dafür, dass dieser Typ von Relation im mentalen Lexikon eine wichtige Rolle spielt? In erster Linie sind dies Versprecherdaten. Die Verwechslungen von *rechts* und *links* sowie ihre Kontamination (*rinks* und *lechts*) sind ja ein Topos der Witzliteratur. Wir erinnern uns aber vor allem an den Befund von Merrill Garrett zu den bedeutungsfeldinternen Wortersetzungen bei Versprechern (vgl. oben, Abschnitt 1): Die Ersetzungen z. B. von *hair* durch *head*, *nose* durch *hand* und *shoulder* durch *elbow* bewegen sich, wie wir nun sagen können, im Rahmen von Ko-Hyponymen.[21]
Eine weitere wichtige Relation ist die syntagmatische, anschaulich auch als Relation der ›Kollokation‹ bezeichnet. Wir hatten ja schon gesehen, dass in der Kritik an dem Experiment von Collins und Quillian vermutet wurde, das häufigere gemeinsame Auftreten von *canary* und *bird* im Vergleich zu *canary* und *animal* könnte die Reaktionszeiten beeinflusst haben. Auch intuitiv ist klar, dass uns Syntagmen wie *blondes Haar*, *bittere Enttäuschung*, *Messer und Gabel*, *Salz und Pfeffer* leicht über die Zunge gehen. Eine besonders stark strukturierende Wirkung scheinen sie im Spracherwerb zu haben: In Wortassoziationsexperimenten reagieren kleine Kinder auf die Vorgabe von *Tisch* eher mit *essen*, auf die von *dunkel* eher mit *Nacht*, auf die von *tief* eher mit *Loch*. Erwachsene dagegen bevorzugen die Relation der Ko-Hyponymie, sie reagieren eher mit *Stuhl*, *hell* und *hoch* (vgl. Aitchison 1997, 236). Wie robust die Kollokationsrelation aber auch bei Erwachsenen ist, dokumentiert sich in Versprechern, in denen wir auf die falsche Schiene eines Syn-

---

[21] Zur Stützung der Hypothese von der Relevanz der Ko-Hyponymie-Relation zur Strukturierung des semantischen Netzes wird gern auf neurolinguistische Daten verwiesen und behauptet, diese Relation sei auch bei schwer gestörten PatientInnen überraschend gut verfügbar (vgl. etwa Aitchison 1997, 110 f.). Tatsächlich darf man so pauschal aber nicht argumentieren (vgl. Gurd/Marshall 1993): Man muss nämlich bei AphasikerInnen genau überprüfen, ob der Störungsort einer semantischen Beeinträchtigung die Ebene der Konzepte allgemein ist (dann können sie z. B. auch Abbildungen nicht angemessen klassifizieren), oder ob das Defizit sprachlicher Natur ist, also, in der hier verwendeten Terminologie, etwas mit der Beziehung zwischen lexikalischen Konzepten, Lemmata (und gegebenenfalls: Wortformen) zu tun hat. Dann versagen die PatientInnen nur bei Aufgabenstellungen, die eine Reaktion auf sprachliche Vorgaben fordern.

tagmas geraten. Z. B.: »Der Text ist ja meistens in Prosa, äh, Präsens«, wo sich zunächst der »Text in Prosa« durchsetzt. Oder: *A*: »Und es ist Schwamm drüber gewachsen.« *B*: »Moos.« *A*: »Ja, Schwämme.«, wo *A* vom Syntagma »Schwamm drüber« trotz Korrektur durch *B* nicht loskommt (Leuninger 1996, 91; 93). **Wir postulieren also, dass das semantische Netzwerk mehrdimensional strukturiert ist.** Bisher war einerseits vom mentalen Lexikon als »Speicher« die Rede, andererseits haben wir gesehen, dass sich die Metapher vom »Netzwerk« durchgesetzt hat. Nun geht beides zwar ein Stück weit zusammen: Die Knoten im Netz stehen für die Repräsentation der Konzepte, insoweit ist das Netzwerk tatsächlich ein »Speicher«. Aber was mit der Netzwerk-Metapher nicht mehr in Einklang zu bringen ist, ist die Vorstellung, dass man aus einem Speicher etwas zum Zwecke des Gebrauchs »herausholt«. Collins und Loftus haben deshalb, wie wir gesehen haben, die Theorie der Aktivationsausbreitung im semantischen Netzwerk entwickelt. Und das ist ein ganz entscheidender Punkt: Netzwerktheorien gehen davon aus, dass die Verarbeitung sich im Netz abspielt! D. h.: es gibt zwar einen Speicher, aber es wird zum Zwecke der Verarbeitung nicht mehr etwas herausgeholt, sondern die Verarbeitung spielt sich in Form von Aktivationsprozessen im Speicher selbst ab. Der »Zugriff« auf Einträge im mentalen Lexikon wird also nun als »Aktivation« interpretiert. Man sagt, **in den Theorien vom semantischen Netzwerk sei die Unterscheidung von Speicher und Prozessor, wie wir sie aus der Computertechnologie kennen, aufgehoben.** Es lässt sich zeigen, dass eine Modellierung dieses Typs auch den ungemein kurzen »Zugriffzeiten«, mit denen wir es in der Sprachverarbeitung zu tun haben, am ehesten gerecht werden kann.[22]

4. Literatur

*Aitchison, Jean (1997): *Wörter im Kopf. Eine Einführung in das mentale Lexikon*, Tübingen: Niemeyer.
Badecker, William/Miozzo, Michele/Zanuttini, Raffaella (1995): »The two-stage model of lexical retrieval: evidence from a case of anomia with selective preservation of grammatical gender", in: *Cognition* 57, 193–216.

---

[22] Das hängt damit zusammen, dass die Aktivation sich im Netz blitzschnell ausbreitet und somit eine große Anzahl von Prozessen parallel ablaufen kann (vgl. Spitzer 1996, 244 f.).

Bierwisch, Manfred (1970): »Einige semantische Universalien in deutschen Adjektiven«, in: *Vorschläge für eine strukturale Grammatik des Deutschen*, hg. von Hugo Steger, Darmstadt: Wissenschaftliche Buchgesellschaft, 269–318.

Bierwisch, Manfred (1983): »Semantische und konzeptuelle Repräsentation lexikalischer Einheiten«, in: *Untersuchungen zur Semantik*, hg. von Rudolf Růžička/Wolfgang Motsch, Berlin: Akademie-Verlag, 61–99.

Bierwisch, Manfred/Schreuder, Robert (1992): »From concepts to lexical items«, in: *Cognition* 42, 23–60.

Brandt, Patrick/Dettmer, Daniel/Dietrich, Rolf-Albert/Schön, Georg (1999): *Sprachwissenschaft. Ein roter Faden durch das Studium*, Köln etc.: Böhlau.

Brown, Alan S. (1991): »A review of the tip-of-the-tongue experience", in: *Psychological Bulletin* 109, 204–223.

Chomsky, Noam (1969): *Aspekte der Syntax-Theorie*, Frankfurt am Main: Suhrkamp.

Clark, Herbert H./Clark, Eve V. (1977): *Psychology and Language. An Introduction to Psycholinguistics*, New York etc.: Harcourt Brace Jovanovich.

Collins, Allan M./Loftus, Elizabeth F. (1975): »A spreading activation theory of semantic processing«, in: *Psychological Review* 82, 407–428.

Collins, Allan M./M. Ross Quillian (1969): »Retrieval time from semantic memory«, in: *Journal of Verbal Learning and Verbal Behavior* 8, 240–247.

Cutler, Anne (1983): »Lexical complexity and sentence processing«, in: *The Process of Language Understanding*, hg. von Giovanni B. Flores d'Arcais/Robert J. Jarvella, Chichester etc.: Wiley, 43–79.

*Dijkstra, Ton/Kempen, Gerard (1993): *Einführung in die Psycholinguistik*, Bern etc.: Huber.

Dittmann, Jürgen (1988): »Versprecher und Sprachproduktion«, in: *Sprachproduktionsmodelle. Neuro- und psycholinguistische Modelle zur menschlichen Spracherzeugung*, hg. von Gerhard Blanken/Jürgen Dittmann/Claus-W. Wallesch, Freiburg im Breisgau: HochschulVerlag, 35–82.

Engelkamp, Johannes/Rummer, Ralf (1999): »Die Architektur des mentalen Lexikons«, in: *Sprachrezeption. Enzyklopädie der Psychologie, C, III, Bd. 2*, hg. von Angela D. Friederici, Göttingen etc.: Hogrefe, 155–201.

Fay, David/Cutler, Anne (1977): »Malapropisms and the structure of the mental lexicon«, in: *Linguistic Inquiry* 8, 505–520.

Fellbaum, Christiane (1990): »English Verbs as a semantic net«, in: *International Journal of Lexicography* 3, 245–264.

Fodor, Janet D./Fodor, Jerry A./Garrett, Merrill F. (1975): »The psychological unreality of semantic representations«, in: *Linguistic Inquiry* 6, 515–531.

Fodor, Jerry A./Garrett, Merrill F./Walker, Edward C. T./Parkes, C. H. (1980): »Against definitions«, in: *Cognition* 8, 263–367.

Garrett, Merrill F. (1992): »Lexical retrieval processes: Semantic field effects«, in: *Frames, Fields, and Contrasts. New Essays in Semantic and Lexical Organization*, hg. von Adrienne Lehrer/Eva Feder Kittay, Hillsdale, N. J.: Lawrence Erlbaum, 377–395.

Glaser, Wilhelm R./Strube, Gerhard (1996): »Repräsentation«, in: *Wörterbuch der Kognitionswissenschaft*, hg. von Gerhard Strube et al., Stuttgart: Klett-Cotta, 577–578.

Grimm, Hannelore/Engelkamp, Johannes (1981): *Sprachpsychologie. Handbuch und Lexikon der Psycholinguistik*, Berlin: Erich Schmidt.

Gurd, Jennifer M./Marshall, John C. (1993): »Semantic disorders in aphasia«, in: *Linguistic Disorders and Pathologies. An International Handbook*, hg. von Gerhard Blanken/Jürgen Dittmann/Hannelore Grimm/John C. Marshall/Claus-W. Wallesch, Berlin/New York: de Gruyter, 153–160.

Herrmann, Theo (1994): »Psychologie ohne ›Bedeutung‹? – Zur Wort-Konzept-Relation in der Psychologie«, in: *Sprache und Kognition* 13, 126–137.

Herrmann, Theo/Graf, Ralf (1999): »Conceptual and semantic knowledge: A psychological perspective«, in: *Representations and Processes in Language Production*, hg. von Ralf Klabunde/Christiane v. Stutterheim, Wiesbaden: DUV, 17–41.

Johnson-Laird, Philip N. (1983): *Mental Models. Towards a Cognitive Science of Language, Inference, and Consciousness*, Cambridge: Cambridge University Press.

Kallmeyer, Werner (1981): »Aushandlung und Bedeutungskonstitution«, in: *Dialogforschung. Jahrbuch des Instituts für deutsche Sprache 1980*, hg. von Peter Schröder/Hugo Steger, Düsseldorf: Schwann, 89–127.

Katz, Jerrold J./Fodor, Jerry A. (1970): »Die Struktur einer semantischen Theorie«, in: *Vorschläge für eine strukturale Grammatik des Deutschen*, hg. von Hugo Steger, Darmstadt: Wissenschaftliche Buchgesellschaft, 202–268.

Klein, Wolfgang (1994): »Keine Känguruhs zur Linken – über die Variabilität von Raumvorstellungen und ihren Ausdruck in der Sprache«, in: *Sprache und Kognition. Perspektiven moderner Sprachpsychologie*, hg. von Hans-Joachim Kornadt/Joachim Grabowski/Roland Mangold-Allwinn, Heidelberg etc.: Spektrum Akademischer Verlag, 163–182.

Klix, Friedhart (1988): »Gedächtnis und Wissen«, in: *Wissenspsychologie*, hg. von Heinz Mandl/Hans Spada, Weinheim/Basel: Psychologie Verlags Union, 19–54.

Kluwe, Rainer H. (1996): »Gedächtnis«, in: *Wörterbuch der Kognitionswissenschaft*, hg. von Gerhard Strube et al., Stuttgart: Klett-Cotta, 195–209.

Kober, Michael (1998): »Kripkensteins Bedeutung«, in: *Philosophisches Jahrbuch* 105, 45-59.

Konerding, Uwe, Wender, Karl F. (1985): »Experimentelle Belege gegen die psychologische Realität semantischer Komponenten«, in: *Begriffs- und Bedeutungsentwicklung*, hg. v. Thomas B. Seiler/Wolfgang Wannenmacher, Berlin [etc.]: Springer, 132-142.

Leuninger, Helen (1996): *Danke und Tschüß fürs Mitnehmen. Gesammelte Versprecher und eine kleine Theorie ihrer Korrekturen*, Zürich: Amman.

*Levelt, Willem J. M. (1989): *Speaking: From Intention to Articulation*, Cambridge, Mass.: MIT-Press.

Levelt, Willem J. M. (1993a): »The architecture of normal spoken language use«, in: *Linguistic Disorders and Pathologies. An International Handbook*, hg. von Gerhard Blanken/Jürgen Dittmann/Hannelore Grimm/John C. Marshall/Claus-W. Wallesch, Berlin/New York: de Gruyter, 1–15.

Levelt, Willem J. M. (1993b): »Lexical selection, or how to bridge the major rift in language processing«, in: *Theorie und Praxis des Lexikons*, hg. von Frank Beckmann/Gerhard Heyer, Berlin/New York: de Gruyter, 164–172.

Levelt, Willem J. M. (1999): »Models of word production«, in: *Trends in Cognitive Sciences* 3, 223-232.

Levelt, Willem J. M./Roelofs, Ardi/Meyer, Antje S. (1999): »A theory of lexical access in speech production«, in: *Behavioral and Brain Sciences* 22, 1–75.

Markowitsch, Hans J. (1996): »Neuropsychologie des Gedächtnisses«, in: *Spektrum der Wissenschaft, Heft 9/1996*, 52–61.

Meringer, Rudolf/Mayer, Carl (1895/1978): *Versprechen und Verlesen. Eine psychologisch-linguistische Studie. New Edition with an Introductory Article by A. Cutler and D. Fay*, Amsterdam: Benjamins.

*Miller, George A. (1993): *Wörter. Streifzüge durch die Psycholinguistik*, Heidelberg etc.: Spektrum Akademischer Verlag.

Pulvermüller, Friedemann (1999): »Words in the brain's language«, in: *Behavioral and Brain Sciences* 22, 253–336.

Putnam, Hilary (1975): »The meaning of ›meaning‹«, in: *Language, Mind, and Knowledge*, hg. von Keith Gunderson, Minneapolis: Minnesota Studies in the Philosophy of Science 7, 131–193.

Rosch, Eleanor (1978): »Principles of categorization«, in: *Cognition and Categorization*, hg. von Eleanor Rosch/Barbara B. Lloyd, Hillsdale, N. J.: Lawrence Erlbaum, 27–48.

Sacks, Oliver (1992): *Stumme Stimmen. Reise in die Welt der Gehörlosen*, Reinbek: Rowohlt Taschenbuch Verlag.

Schriefers, Herbert (1990): »Lexical and conceptual factors in the naming of relations«, in: *Cognitive Psychology* 22, 111–142.

Schriefers, Herbert/Meyer, Antje S./Levelt, Willem J. M. (1990): »Exploring the time course of lexical access in language production: Picture-word interference studies«, in: *Journal of Memory and Language* 29, 86–102.

Schütz, Alfred (1974): *Der sinnhafte Aufbau der sozialen Welt. Eine Einleitung in die verstehende Soziologie*, zuerst Wien 1932, Frankfurt am Main: Suhrkamp.

Schwarze, Christoph (1982): »Stereotyp und lexikalische Bedeutung«, in: *Studium Linguistik* 13, 1–16.

Seebaß, Gottfried (1981): *Das Problem von Sprache und Denken*, Frankfurt am Main: Suhrkamp.

Slobin, Dan I. (1996): »From »thought and language« to »thinking for speaking«, in: *Rethinking Linguistic Relativity*, hg. von John J. Gumperz/Stephen C. Levinson, Cambridge: Cambridge University Press, 70–96.

Spada, Hans (Hg.) (1998): *Lehrbuch allgemeine Psychologie*, 2., korr. Aufl., Bern, Göttingen: Huber.

*Spitzer, Manfred (1996): *Geist im Netz. Modelle für Lernen, Denken und Handeln*, Heidelberg etc.: Spektrum Akademischer Verlag.

Stutterheim, Christiane von (1999): »How language specific are processes in the conceptualizer?«, in: *Representations and Processes in Language Production*, hg. von Ralf Klabunde/Christiane v. Stutterheim, Wiesbaden: Deutscher Universitätsverlag, 153–179.

Szagun, Gisela (1996): *Sprachentwicklung beim Kind*, 6., vollständig überarbeitete Auflage, Weinheim/Basel: Psychologie Verlags Union.

Vigliocco, Gabriella/Antonini, Tiziana/Garrett, Merrill F. (1997): »Grammatical gender is on the tip of Italian tongues«, in: *Psychological Science* 8, 314–317.

Wender, Karl F. (1988): »Semantische Netze als Bestandteil gedächtnispsychologischer Theorien«, in: *Wissenspsychologie*, hg. von Heinz Mandl/Hans Spada, Weinheim/Basel: Psychologie Verlags Union, 55–73.

Wettler, Manfred (1980): *Sprache, Gedächtnis, Verstehen*, Berlin/New York: de Gruyter.

Wittgenstein, Ludwig (1967): *Philosophische Untersuchungen*, Zuerst Oxford 1958, Frankfurt am Main: Suhrkamp.

Zechmeister, Eugene B./D'Anna, Catherine A./Hall, James W./Paus, Cynthia H./Smith, Julie A. (1993): »Metacognitive and other knowledge about the mental lexicon: Do we know how many words we know?«, in: *Applied Linguistics* 14, 188–206.

Zimmer, Dieter E. (1991): *Die Elektrifizierung der Sprache. Über Sprechen, Schreiben, Computer, Gehirn und Geist*, Zürich: Haffmanns Verlag.

Gisela Szagun

Wörter lernen in der Muttersprache.
Der ontogenetische Vokabularerwerb

1. Einleitung

In diesem Beitrag geht es darum, wie Kinder die Wörter ihrer Muttersprache erlernen. Ich werde zunächst den frühen Vokabularerwerb darstellen und dabei behandeln, welche Wörter kleine Kinder benutzen, bzw. in welchen inhaltlichen Gebieten ihr Wortschatz sich bewegt. Dann soll die Verteilung der Wörter auf verschiedene Wortklassen dargestellt werden, und zwar vom frühesten Vokabular bis zum Vokabular im dritten Lebensjahr, sowie das Anwachsen des Vokabulars im zweiten und dritten Lebensjahr. Dabei werde ich vielfach eigene Daten zum Spracherwerb aus einer Stichprobe von 22 deutschsprachigen Kindern heranziehen. Dies sind Daten einer Längsschnittstudie, bei der Kinder im Alter von 1;4 (Jahre;Monate) bis 3;8 in regelmäßigen Abständen auf Tonband aufgenommen wurden (Szagun, accepted for publication; im Druck). Die Tonbandaufzeichnungen sind zweistündige Stichproben spontanen Sprechens in einer freien Spielsituation.

Weiter werde ich theoretische Modelle des frühen Vokabularerwerbs und des Bedeutungserwerbs darstellen. Dabei geht es in der Hauptsache um Benennungen von Objekten, also um Objektwörter. In einem letzten Teil geht es dann um den Erwerb von Wörtern und Wortbedeutungen, wenn Kinder schon älter sind und mit ihren Wörtern abstrakte Inhalte ausdrücken.

2. Die Inhalte des frühen Vokabulars

Spontane Sprechdaten und Elternfragebögen geben für verschiedene Sprachen Auskunft über die Inhalte des frühen Vokabulars kleiner Kinder (Fenson et al. 1994; Dromi 1999). Zweijährige Kinder gebrauchen Wörter in der Kategorie der Tiere – etwa *Hund* oder *Wauwau*, *Katze* oder *Miau*, *Kuh*, *Ente*, *Pferd*, Wörter für verschiedene Menschen – *Mama*, *Papa*, *Baby*, Wörter für Spielzeuge – *Ball*, *Puppe*, *Männchen*, und auch für Fahrzeuge – *Auto*, *Zug*, *Trecker*, die sowohl Spielzeuge als auch Originale sein können. Es finden sich auch Wörter für Essen und Getränke und Haushaltsgegenstände in ihrem Vokabular – *Apfel*, *Brot*, *Keks*, *Saft*, *Tee* und *Tasse*, *Löffel*, *Teller*. Sie benennen Körperteile – *Arm*, *Bein*, *Auge*, *Nase* und auch Bekleidungsstücke wie etwa *Jacke*, *Schuhe*, *Mütze*, *Hose*. Außer diesen Wörtern, die der Wortklasse der Nomen angehören, gebrauchen ein- und zweijährige Kinder auch Lautmalereien, wie *miau* und *wauwau*, *brr*, *boing*, *bum*. Was die Benennung von Tieren angeht, so wird *miau* und *wauwau* sowohl als Lautmalerei für das Geräusch, das das jeweilige Tier produziert, benutzt, wie auch als Name für das Tier. Das Letztere ist klar, wenn das Kind einen Artikel hinzufügt und somit deutlich wird, dass *miau* oder *wauwau* wie ein Nomen behandelt wird. Oftmals ist es aber auch unklar, ob ein Kind diese lautmalerischen Ausdrücke als einen Namen oder als Lautmalerei benutzt.

Neben Nomen finden sich im Vokabular kleiner Kinder auch Wörter für Begrüßungen und andere soziale Routinen – etwa *hallo*, *tschüss*, *danke*, *bitte*. Das frühe Vokabular besteht bei vielen Kindern zu einem großen Teil aus Nomen (Nelson 1973; Bates et al. 1988; Fenson et al. 1994). Verben, Adjektive, Artikel und Präpositionen kommen erst später dazu. Die ersten Verben kleiner Kinder sind oftmals Aktionswörter – *gehen*, *essen*, *laufen*, *springen*, *kommen* (Huttenlocher 1983; Fenson et al. 1994; Bloom 1991). Es sind häufig Aktionen, die eigene Bewegungen involvieren, und erst später kommen Verben dazu, die kausale Wirkungen implizieren, wie etwa *geben*, dessen Verständnis ja beinhaltet, dass es einen Gebenden und Empfangenden, also eine kausale Wirkung, gibt. Huttenlocher (1983) erklärt das damit, dass Bewegungsverben begrifflich einfacher sind. Im frühen Vokabular von Kindern finden sich auch schon Funktionswörter, etwa Partikel wie *ab*, *auf*, *weg* (Nelson 1973; Bates et al. 1988). Kinder mögen mit diesen Partikeln auf Handlungen und Ereignisse Bezug nehmen (Clark 1983) – *ab* mag für *abmachen* und *auf* für *aufstehen* oder *aufmachen* stehen. Verben sind wahrscheinlich schwieriger für Kinder als Nomen, weil sie sich typischerweise auf vorübergehende und veränderliche Zustände beziehen, und auch auf Relationen zwischen Personen und Dingen (Clark 1983; Gentner 1978). Im zweiten Lebensjahr benutzen Kinder auch schon Beschreibungen von Gegenständen oder Zuständen, indem sie Adjektive gebrauchen – etwa *klein, groß, heiß, kaputt*. Im dritten Lebensjahr werden auch innere Zustände benannt, etwa grundlegende Gefühle wie *freuen, traurig, Angst, sauer* (*ärgerlich*). Es können Gefühlswörter gebraucht werden oder auch Wörter für Ausdrucksverhalten, etwa *lachen* und *weinen* (Bretherton et al. 1986). Neben den Beschreibungen äußerer Zustände, etwa wie Objekte aussehen, können schon Zweijährige also auch innere Zustände benennen.

Insgesamt kann man sagen, dass das frühe Vokabular von Kindern die Gegenstände, Personen und Lebewesen betrifft, die sich in ihrem unmittelbaren Erfahrungsbereich befinden. Wörter für Dinge, die außerhalb ihres unmittelbaren Erfahrungsbereiches liegen, werden später erworben. Auch bei den Handlungswörtern scheinen die Kinder mit der unmittelbaren eigenen Erfahrung, nämlich der Bewegung, anzufangen. Beschreibende Wörter schließlich bezeichnen sichtbare Zustände von Objekten und über das Gefühl erfahrbare innere Zustände von Personen.

Tabelle 1: Die häufigsten Wörter (in abnehmender Reihenfolge) auf drei Altersniveaus

Alter	Nomen	Verben	Adjektive	Funktionswörter
1;4	mama	anzieh'n	heile	da
	auto	haben		ja
	wau(wau)	geht		nee/nein
	papa			auf
	kuh			hier
	fahrrad			das
	ball			ab
	arm			die
	hund			weg
	baby			an
dazu kommen:				
1;8	puppe	nehmen	lecker	so
	teddy	malen	blau	rein
	hase	spielen		zu
	schuh	fahren		auch

	bagger	machen		mehr
	katze	gucken		hallo
	mond	holen		ein
	müll	abmachen		alle
	hammer			noch
	maus			den
dazu kommen:				
2;5	eis	essen	gut	ich
	milch	passt	viel	mal
	schule	kommen	heiß	der
	tee	einkaufen	groß	nich
	geld	lesen	leer	du
	telefon	tanken	kaputt	was
	oma	aufmachen	klein	jetz
	haus	brauch		und
	feuerwehr	helfen		denn
	tür			wo

Tabelle 1 zeigt die Wörter, geordnet nach Wortklassen, die in unseren Daten im spontanen Sprechen der Kinder auf drei Altersniveaus am häufigsten benutzt wurden. Es wurden nur Wörter aufgeführt, die mindestens zehnmal bei insgesamt 22 Kindern vorkommen. Die maximale Häufigkeit war 2285 für das Wort *da*. Die einzelnen Wörter sind kumulativ aufgeführt, d. h. die Wörter, die auf den niedrigen Altersniveaus schon genannt wurden, werden auf den nächsten nicht noch einmal genannt, auch wenn sie weiterhin zu den häufigsten Wörtern gehören. Die häufigsten Wörter in der Sprache deutschsprachiger Kinder sind denen ähnlich, die in anderen Studien genannt werden (Fenson et al. 1994; Dromi 1999). Sie bezeichnen Gegenstände, Personen und andere Lebewesen, Handlungen und Eigenschaften, die dem unmittelbaren Erfahrungsbereich der Kinder entsprechen. Das Vokabular in einer Spielsituation ist natürlich von den im Spielzimmer vorhandenen Gegenständen abhängig und darf daher nicht gleichgesetzt werden mit dem Vokabular, über das die Kinder unabhängig von der Sprechsituation verfügen. Was die Bezeichnungen von Tieren, Nahrungsmitteln, Fahrzeugen, Gebäuden, Werkzeugen u. a. angeht, so handelt es sich dabei um Spielzeuggegenstände oder Bilder. In der Tabelle ist auffallend, dass in der Kategorie der Funktionswörter schon früh Artikel auf-

tauchen. Das mag sprachspezifisch für deutsch sein und auch damit zusammenhängen, dass Artikel pronominal gebraucht werden können.

3. Der Gebrauch von Wortklassen im frühen Vokabular

Es ist für verschiedene Sprachen beobachtet worden, dass das frühe Vokabular von Kindern zum überwiegenden Teil aus Nomen besteht und Verben, Adjektive und Funktionswörter in geringerem Maße vorkommen
(Fenson et al. 1994; Caselli et al. 1991; Dromi 1999; Maital et al. 2000).
Unter frühem Vokabular werden hier meist die ersten 50 Wörter verstanden. Diese wurden über verschiedene Methoden erhoben, entweder durch
Aufzeichnungen der Eltern in Form von Tagebuchaufzeichnungen, oder
indem man den Eltern ein Formblatt für die ersten 50 Wörter gegeben hat,
das z. B. auch nachfragt, ob ein Wort spontan oder in Imitation produziert
wird (Nelson 1973), oder durch Fragebögen, in denen die Eltern in einer
vorgegebenen Liste von Wörtern ankreuzen, welche der Wörter ihr Kind
produziert (Fenson et al. 1994). In meinen eigenen Daten haben wir die
Eltern gebeten, die ersten 50 Wörter der Kinder aufzuzeichnen nach dem
Formblatt von Nelson (1973), in dem auch der Kontext notiert wird und ob
das Wort spontan oder in Imitation produziert wird. Nur spontane – also
nur produktive und keine imitativen Äußerungen eines Wortes wurden
gezählt. Von 17 Kindern liegen Daten vor. Die Verteilung der Wörter über
die Wortklassen zeigt eine eindeutige Präferenz für Nomen (vgl. Tabelle 2).
Bei allen 17 Kindern sind 60,5 % der ersten Wörter bis zu einem Vokabular
von 50 Wörtern Nomen. Auf Verben und Adjektive verteilen sich 6,7 %
und 4,7 %, und Funktionswörter werden mit 28,6 % gebraucht. Diese Ergebnisse für die deutsche Kindersprache entsprechen den Ergebnissen für
englisch (Fenson et al. 1994), hebräisch (Dromi 1987; 1999) und italienisch
(Caselli et al. 1991). Der Grund, warum kleine Kinder überwiegend Nomen benutzen, könnte sein, dass Begriffe für Objekte für sie einfacher sind,
weil man Objekte sehen kann und sie dauerhaft vorhanden sind, während
z. B. Verben Handlungen ausdrücken, die vorübergehend sind (Gentner
1978).

Tabelle 2: Relative Häufigkeiten von Nomen, Verben, Adjektiven und Funktionswörtern im Vokabular der ersten 50 Wörter

| Anzahl der | | mittlere Häufigkeit (%) | | |
Kinder	Nomen	Verben	Adjektive	Funktionswörter
17 (alle)	60,5	6,7	4,7	28,6
referenzielle* Kinder:				
15	64,6	7,1	4,6	23,4
pronominale* Kinder:				
2	29,5	3,0	5,0	63,0

*Die Begriffe ›referenzielle‹ und ›pronominale Kinder‹ werden im Text erklärt.

Allerdings muss man mit dieser Erklärung vorsichtig sein. Es gibt nämlich individuelle Unterschiede zwischen Kindern, was das frühe Vokabular angeht. Zwar entsprechen die meisten Kinder dem Muster, überwiegend Nomen zu gebrauchen, aber es gibt auch Kinder, die überwiegend Funktionswörter – wie *da, das, ab* – und soziale Routinen – wie *hallo, danke* – in ihrem frühen Vokabular haben (Nelson 1973; Bates et al. 1988). Nelson (1973) hatte als Erste in ihrer Studie zum Erwerb von amerikanischem Englisch darauf hingewiesen. Bates et al. (1988) haben – ebenfalls für amerikanisches Englisch – diese Ergebnisse bestätigt und sprechen von unterschiedlichen Stilen, mit denen Kinder in die Sprache einsteigen. Es gibt »referenzielle Kinder«, in deren frühem Wortschatz mehr als 50 % der Wörter Nomen sind, und »pronominale Kinder«, deren früher Wortschatz zu einem geringeren Anteil als 50 % aus Nomen besteht und zum größten Teil aus Funktionswörtern, stereotypen Ausdrücken und Routinen (genauer vgl. Szagun 2000). In den 50 Wörtern der 17 Kinder meiner Stichprobe waren 15 Kinder referenziell, 64,6 % ihres Wortschatzes bestand aus Nomen. Zwei Kinder waren pronominal. Bei ihnen bestand der Wortschatz nur zu 29,5 % aus Nomen und zu 63,0 % aus Funktionswörtern (vgl. Tabelle 1). Wenn es so ist, dass einige Kinder den Einstieg in die Sprache über Funktionswörter finden, so kann man vielleicht nicht generell sagen, dass der Einstieg über Objektbenennungen leichter ist. Funktionswörter drücken Beziehungen zwischen Objekten und Handlungen aus. Offensichtlich beginnen einige Kinder auch mit diesen Beziehungen.

Wie geht es mit der Verteilung der Wörter über Wortklassen weiter, wenn sich das Vokabular der Kinder erweitert? Ich habe in meinen Daten eine Aufteilung in ein frühes und späteres Wortschatzniveau vorgenommen und die Verteilung von Wörtern über Wortklassen auf beiden untersucht (vgl. auch Szagun, im Druck). Auf dem frühen Wortschatzniveau hatten die 22 Kinder der Stichprobe ein Vokabular von durchschnittlich 74 Wörtern, auf dem späteren von durchschnittlich 187 Wörtern. Die relativen Häufigkeiten der Wörter über die Wortklassen Nomen, Verben, Adjektive und Funktionswörter sind in Abbildung 1 dargestellt.

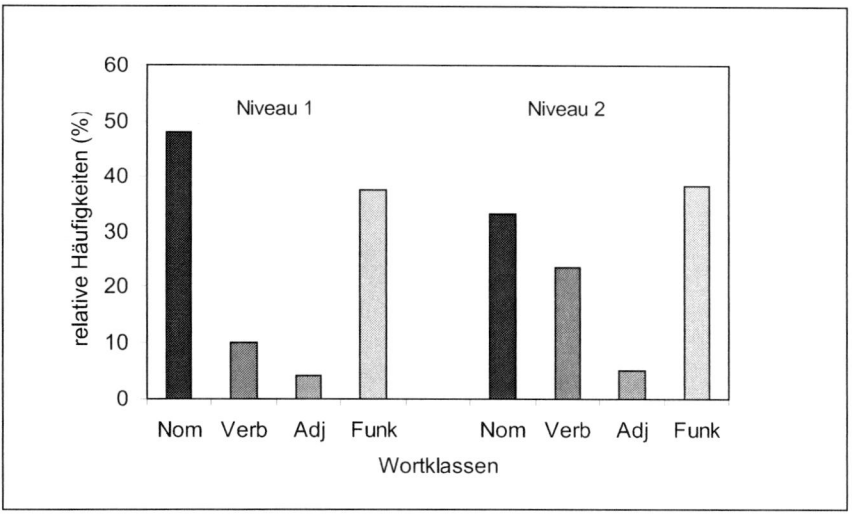

Abbildung 1: Relative Häufigkeiten von Nomen, Verben, Adjektiven und Funktionswörtern auf einem frühen und einem späteren Wortschatzniveau

Auf dem frühen Wortschatzniveau gebrauchen die Kinder noch überwiegend Nomen, – nämlich 47,9 % –, und nur 10 % Verben und 4,1 % Adjektive. Auf dem späteren Wortschatzniveau geht der relative Anteil der Nomen zurück auf 33,1 %, während der relative Anteil der Verben auf 23,4 % stark ansteigt und die Adjektive mit 5,1 % nur geringfügig ansteigen. Der relative Anteil von Funktionswörtern ist auf beiden Wortschatzniveaus sehr ähnlich: 37,4 % und 38,3 %. Er ist jedoch relativ hoch. Diese Ergebnisse entsprechen den Ergebnissen für das amerikanische Englisch (Bates et al. 1988; Fenson et al. 1994). Auch im Deutschen überwiegen zunächst die Nomen, während die Anzahl der Verben erst allmählich ansteigt. Funktionswörter spielen jedoch schon früh eine wichtige Rolle und ihr relativer Anteil in der Sprache der Kinder ist schon bei einem durchschnittlichen Wortschatz von 74 Wörtern relativ hoch. Die Ergebnisse zum Gebrauch der häufigsten Wörter spiegeln ein ähnliches Bild wider. Schon früh werden verschiedene Funktionswörter häufig gebraucht, während die Anzahl der Verben und Adjektive nur gering ist. Funktionswörter haben in einer Sprache den wichtigen Zweck, Relationen zwischen den anderen Wörtern auszudrücken. Es scheint, dass Kinder damit schon früh beginnen und dass sich dieser Gebrauch, was den relativen Anteil des Gebrauchs von Funktionswörtern angeht, kaum verändert.

4. Das Anwachsen des frühen Vokabulars

In vielen Studien wurde beobachtet, dass Kinder zunächst einen sehr langsamen Vokabularerwerb haben (Nelson 1973; Bates et al. 1988; Piaget 1945/ 69; Dromi 1987; vgl. auch Szagun 2000). Meist fangen Kinder im Alter von ca. einem Jahr an, einzelne Wörter zu sprechen. Es dauert dann Monate, bis sie ihr Vokabular entscheidend erweitern. Viele Studien beschreiben, wie das Vokabular von Kindern monatelang aus einigen Wörtern besteht, die nur sehr langsam mehr werden. Wenn das Vokabular dann zwischen 50 und 100 Wörtern umfasst, ist es meistens so, dass plötzlich ein explosionsartiges Wachstum des Vokabulars einsetzt. Das Alter der Kinder variiert und kann zwischen ca. 17 bis 30 Monaten liegen (Fenson et al. 1994). Man nennt diesen plötzlichen schnellen Anstieg im Vokabular auch den »Vokabelspurt«.

Es werden verschiedene Erklärungen für den Vokabelspurt gegeben. Es könnte sein, dass Kinder plötzlich merken, dass Dinge Namen haben (Piaget 1945/69). Plunkett (1993) macht darauf aufmerksam, dass es eines der zentralen Probleme für kleine Kinder sein muss zu erkennen, wie gehörte Sprache zu segmentieren ist, bzw. zu erkennen, wo die Grenzen von Wörtern sind. In einer Studie mit zwei dänischen Kindern beobachtete er, dass die Kinder neben dänischen Wörtern sub-lexikalische Einheiten gebrauchten, d. h. Einheiten, die kleiner sind als die Wörter der Muttersprache, und formelhafte Ausdrücke – etwa *schön gemacht* –, die als größere unanalysierte Einheiten gebraucht werden, d. h. sie sind nicht in die einzelnen Wörter, aus denen sie bestehen, analysiert. Nachdem die Kinder den Vokabelspurt durchgemacht hatten, ging der Gebrauch von sub-lexikalischen Einheiten und formelhaften Ausdrücken zurück (Plunkett 1993). Plunkett sieht in dem Vokabelspurt einen Indikator dafür, dass Kinder das Segmentationsproblem gelöst haben. Wenn Kinder eine gewisse Anzahl von Wörtern erworben haben, erkennen sie, was ein Wort ist und was nicht. Das Segmentationsproblem ist gelöst, und sie sehen jetzt nicht mehr sub-lexikalische Einheiten und formelhafte Ausdrücke als Einheiten an, sondern nur noch Wörter. Dadurch dass das Segmentationsproblem gelöst ist, wird es aber möglich, sehr schnell neue Wörter zu erwerben.

Ich stelle in Abbildung 2 das Vokabelwachstum am Beispiel von zwei Kindern unserer Studie, FAL und EME, im Alter zwischen 1;4 und 2;10 dar. Abbildung 2 zeigt die kumulative Anzahl von Wörtern pro Kind. FALs Vokabular steigt kurz vor zwei Jahren explosionsartig an, bei EME ist das erst sehr viel später, um zweieinhalb Jahre, der Fall. Das Ergebnis entspricht den Ergebnissen von Fenson et al. (1994) für amerikanische Kinder. Auch hier wurden beträchtliche individuelle Unterschiede beim Einsetzen des Vokabelspurts beobachtet.

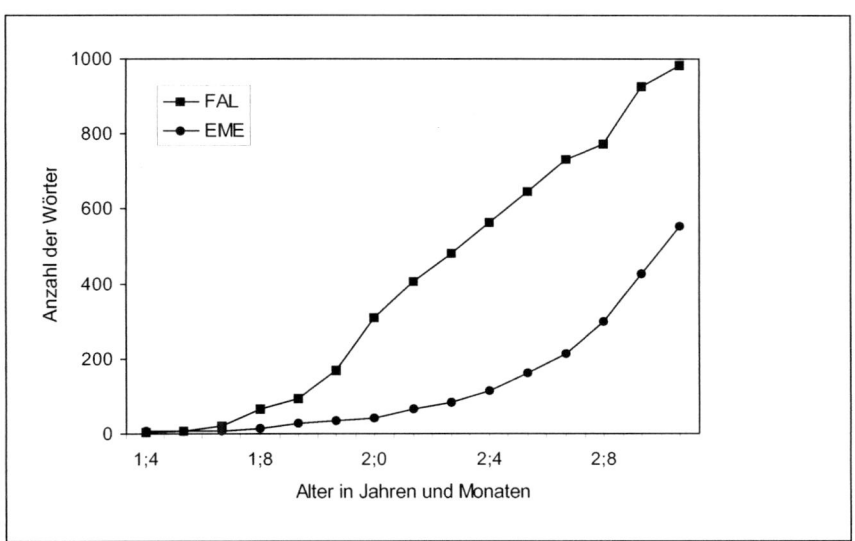

Abbildung 2: Das kumulative Lexikon für die Kinder FAL und EME

5. Struktur von Wortbedeutungen und früher Wortbedeutungserwerb

Bedeutet für kleine Kinder ein Wort das Gleiche wie für Erwachsene? Wie sieht die Struktur von Wortbedeutungen aus? Mit dieser Frage haben sich einige Forscherinnen und Forscher befasst. Fast alle Theorien der Bedeutung verstehen unter Bedeutung einen Begriff, der verbal enkodiert ist (Carey 1982; Szagun 1991). Ein Begriff ist eine geistige Struktur, die Dinge in der Welt aufgrund von Ähnlichkeiten zusammengruppiert. Er schafft so eine Klasse von Objekten oder auch Ereignissen, die uns erlaubt, mit einer schier unendlichen Vielfalt von Einzelobjekten und Ereignissen in der Welt umzugehen. So gruppieren wir einzelne Katzen in die Klasse oder den Begriff *Katze*, auch wenn jede einzelne Katze etwas anders aussieht und individuell unterschiedliche Verhaltensweisen hat. Wie das Beispiel zeigt, geben wir unseren Begriffen auch Namen. Kleine Kinder mögen einen Begriff von einem Objekt haben, das sie aus ihrem Umgang mit dem Objekt kennen, bevor sie seinen Namen haben. Wenn dann der Name mit dem Begriff assoziiert ist, ist seine Bedeutungsstruktur weitgehend mit der begrifflichen Struktur identisch. (Vgl. auch den Beitrag von Dittmann in diesem Band, Abschnitt 3.2.) Ein Begriff mag allerdings idiosynkratischer sein (Nelson 1985), und zur Wortbedeutung kommt Information bezüglich der Wortklasse und der semantischen Verwandtschaft zu anderen Wörtern hinzu (vgl. den Beitrag von Jürgen Dittmann in diesem Band, Abschnitte 3.2 und 3.3).

Was macht nun die Struktur eines Begriffes bzw. einer Wortbedeutung aus? Wir können uns selber fragen, was denn für uns die Bedeutung von *Katze* ausmacht. Wahrscheinlich antworten wir mit einer Liste von Merkmalen oder Eigenschaften der Katze: relativ kleines Tier, vier Beine, weiches Fell, miaut, kratzt, faucht, klettert auf Bäume, bewegt sich fast geräuschlos, kann einen Buckel machen, schläft viel, liegt gern auf warmen Plätzen, ist nachts aktiv und kann im Dunkeln sehen, fängt Mäuse und Vögel und frisst Fleisch. Wir haben also *Katze* durch eine Ansammlung von Merkmalen definiert. Viele Bedeutungstheorien gehen ähnlich vor. Eine empirische Lösung zum Problem der Bedeutung wäre, dass man die Sprecher einer Sprache in einer Kultur die Merkmale bestimmen lässt. Ungelöst bleibt das Problem, wo die Liste der Merkmale endet, auf welche Art sie sich kombinieren, ob es wesentliche und unwesentliche Merkmale gibt, und welche das sind. In psychologischen Ansätzen zum Bedeutungserwerb hat man auf semantische Merkmalstheorien und Prototypentheorien der

Bedeutung zurückgegriffen (vgl. den Beitrag von Peter Rolf Lutzeier in diesem Band, Abschnitt 8).

Clark (1973) ging davon aus, dass Wortbedeutungen eine Ansammlung semantischer Merkmale sind (zu Merkmalstheorien vgl. auch den Beitrag von Peter Rolf Lutzeier in diesem Band, Abschnitt 8.1). So wäre, wenn wir beim obigen Beispiel der Katze bleiben, die Bedeutung von *Katze* die Summe der genannten Merkmale. Kinder erwerben die Merkmale allmählich und nacheinander. Sie werden im Laufe der Zeit addiert und auch hierarchisch angeordnet. Sie erwerben auch allgemeinere Merkmalen vor spezifischen. So würde das Merkmal »Vierbeinigkeit« auf alle vierbeinigen Tiere zutreffen und zuerst erworben sein. Die spezifischeren Merkmale, die z. B. Hunde, Katzen, Kühe und Schafe unterscheiden, würden erst allmählich dazu kommen, so z. B. dass Katzen miauen und Hunde bellen, dass Kühe Euter haben und Schafe kleiner sind als Kühe. Nach dieser Theorie fangen Kinder mit einer breiten Kategorie an, die vieles gleichermaßen umfasst, und die dann allmählich spezifischer und ausdifferenzierter wird. Das Kind lernt Wortbedeutungen, indem es mehr semantische Merkmale hinzuaddiert und dabei gleichzeitig feinere Unterscheidungen macht. Es lernt Wortbedeutungen über einen additiven Prozess und einen Differenzierungsprozess vom Allgemeinen zum Spezifischen. So nähert sich die kindliche Bedeutung allmählich der Erwachsenenbedeutung an. Der Ursprung der Merkmale von Wortbedeutungen liegt bei Kindern in der Wahrnehmung. Die ersten kritischen Merkmale einer Wortbedeutung sind von den perzeptuellen Merkmalen eines Objektes abgeleitet. Semantische Merkmale haben danach ihren Ursprung in Kategorien der Sinneswahrnehmung.

Im Gegensatz zu dieser letzteren Auffassung meint Nelson (1985), dass der Kern eines Objektbegriffs und damit auch der Kern der dazugehörigen Wortbedeutung aus der Erfahrung des Kindes, und damit aus den Tätigkeiten mit dem Objekt, entspringt. Der Begriff wird vor der Benennung gebildet. Es bildet begriffliche Strukturen durch seinen tätigen Umgang mit Dingen und ordnet den so gebildeten Begriffen Benennungen oder Lautfolgen zu. Der Name – oder das Wort – wird mit dem Begriff assoziiert. Die Bedeutung des Wortes ist dann die begriffliche Struktur. Diese besteht im Kern aus den Funktionen des Objekts. Nachdem die Funktionen über das Umgehen mit dem Objekt gelernt wurden, kommen andere Merkmale des Objekts dazu. Diese betreffen statische Eigenschaften, wie z. B. das Aussehen des Objekts. Aus Nelsons Überlegungen folgt, dass Objekte zunächst über ihre Funktionen und erst später über ihre statischen Eigenschaften, wie das Aussehen, als zur gleichen Klasse gehörig klassifiziert und benannt werden. Nelson (1985) meint auch, dass das erste Wissen um Objekte beim Kind persönlich gefärbt ist, da es aus der persönlichen Erfahrung stammt. Im Laufe der Entwicklung passen sich Bedeutungen immer mehr den gesellschaftlich verbindlichen Wortbedeutungen an. Ein weiterer Ansatz zur Bedeutung, der beim Wortbedeutungserwerb eine Rolle spielt, ist die Prototypentheorie (Rosch 1975; 1978; vgl. auch den Beitrag von Peter Rolf Lutzeier in diesem Band, Abschnitt 8.3). Prototypentheorien gehen von der Beobachtung aus, dass manche Mitglieder einer Kategorie für Menschen typischer sind als andere. So ist für uns eine Meise ein typischer Vogel, aber ein Pinguin eher untypisch (Rosch 1975). Wenn nicht alle Mitglieder einer Bedeutungskategorie gleich sind, impliziert das aber, dass auch nicht alle Bedeutungsmerkmale für jedes Mitglied einer Kategorie gleich sind. Möglicherweise gibt es zentrale oder wesentliche Merkmale und weniger zentrale, und diese sind bei Einzelmitgliedern der Kategorie in unterschiedlicher Anzahl und Gewichtung vorhanden. Es kann auch sein, dass unterschiedliche Merkmale in einer aktuellen Situation im Gedächtnis unterschiedlich stark aktiviert werden. Gemäß der Prototypentheorie (Rosch 1978) verteilen sich über die Kategorie eine Anzahl von Merkmalen, die aber nicht alle Mitglieder der Kategorie gemeinsam haben. Manche Mitglieder haben viele Merkmale gemeinsam. Das sind die eindeutigen – oder prototypischen – Fälle einer Begriffskategorie. Andere Mitglieder haben nur einige Merkmale gemeinsam. Das sind die weniger eindeutigen Fälle und peripheren Mitglieder der Kategorie. Je mehr Merkmale Mitglieder einer Kategorie gemeinsam haben, desto prototypischer sind sie für die Kategorie. Eine Meise und ein Rotkehlchen sind prototypische Vögel. Sie haben viele Merkmale der Kategorie »Vogel«. Ein Huhn ist ein weniger prototypischer Vogel und hat weniger Merkmale mit den prototypischen Vögeln gemeinsam. Menschen ordnen prototypische Exemplare schneller einer Kategorie zu als weniger prototypische (Rosch 1975). Was macht diese theoretischen Ansätze für die Kindersprache relevant? Es ist häufig beobachtet worden, dass Kinder zu Beginn des Spracherwerbs – meist im Alter zwischen 1;1 bis 2;6 – häufiger Wörter überdehnen. Das heißt, dass ein Kind mit einem Wort Bezug nimmt auf ein Objekt, dass ein Erwachsener nicht mit diesem Wort bezeichnet. Ein Beispiel wäre, wenn U-Bahnen, Straßenbahnen und Züge ebenso wie Autos mit *Auto* bezeichnet werden. Das Kind hat die semantische Kategorie zu weit gefasst – oder überdehnt. Beispiele von Überdehnungen aus Kindersprachdaten finden sich in Tabelle 3. Was liegt dem Verhalten der Überdehnung zugrunde? Kinder beachten offenbar nicht alle Merkmale der Kategorie, sondern überdehnen auf der Basis nur eines Merkmals. Clark (1973) meinte, dass Kinder auf der Basis von perzeptuellen Merkmalen überdehnen. Sie benennen gleich, was gleich aussieht, gleiche Geräusche macht oder die gleiche Größe hat (vgl. Beispiele in Tabelle 3). Aber andere Daten zeigen, dass perzeptuelle Merkmale alleine nicht ausreichen. Kinder überdehnen auch auf der Basis von funktionalen und lokativen Merkmalen (Stern/Stern 1928), sowie auf der Basis von emotionalen Merkmalen (Bowerman 1977).

Tabelle 3: Beispiele von Überdehnungen

Benennung	Referenzobjekte/Ereignisse	das der Überdehnung zugrunde liegende Merkmal
ball	Gummiball, Apfel	rund
sch	fahrender Zug, Musik, Geräusch von Bewegung, von Rädern, Bällen	Geräusch
fly	Fliege, kleine Schmutzflecken, Staub, kleine Insekten, eigene Zehen	kleine Größe
nase	Nase, Stiefelspitzen beim Zupfen beider	Funktion
bichu (bücher)	Schublade, Wickelkommode (die Bücher lagen in einer Schublade der Wickelkommode)	Lokalisierung
too tight	als Mutter das Kinn festhält, wenn Mutter Ärmel herunterzieht, das Kind wickelt, die Ohren wäscht (Protest in Situationen, die einschränkend sind)	emotional
moon	Mond, halbe Grapefruit, Lampe, Buchstabe D,	Form +
	halbmondförmige Zitronenscheibe, runder Knopf an Geschirrspülmaschine,	Farbe +
	Stierhörner, Bilder von Gurken und Erbsen oben an der Wand	Lokalisierung

Vor allem bleiben die Merkmale, und auch die Art der Merkmale nicht stabil, sondern mal wird auf der Basis des einen, mal auf der Basis des anderen Merkmals überdehnt, oder auf der Basis unterschiedlicher Kombinationen von Merkmalen, wie das Beispiel der Überdehnung von *moon*

(*Mond*) (aus Bowerman 1977) in Tabelle 3 zeigt. Bei diesem Beispiel ist es mal die (leuchtende) Farbe, mal die Form (rund oder Sichel), mal die Lokalität, mal verschiedene Kombinationen dieser Merkmale, die der Überdehnung zugrunde zu liegen scheinen. Das spricht aber gegen die Theorie Clarks (1973), bei der Merkmale nacheinander addiert werden, und eher für eine Prototypentheorie. Offenbar verfügt das Kind über alle Merkmale der Kategorie, es kombiniert sie nur unterschiedlich. Der Mond scheint das prototypische Objekt zu sein, das alle Merkmale auf sich vereint, während die anderen, vorübergehend der Kategorie zugeordneten Objekte nur ein Merkmal oder Kombinationen einiger Merkmale aufweisen.

Wenn man die Überdehnung von Wörtern so interpretiert, dass sie Anzeichen für eine prototypische Kategorienbildung ist, so interpretiert man die Überdehnung als Ausdruck einer begriffsbildenden Aktivität. Das Kind stellt Ähnlichkeiten zwischen Objekten fest und gibt so einem begriffsbildenden Prozess Ausdruck. Es mag dabei auch vorübergehend Merkmale herausisolieren, weil der Begriff noch nicht vollkommen gebildet und auch noch nicht fest mit einem Wort assoziiert ist. Andererseits mag die Überdehnung auch eine Art Symbolspiel mit Wörtern sein (Piaget 1945/69), bei der das Kind mal das eine, dann das andere Objekt mit dem Wort benennt. Es spielt mit wechselnden Objekten als Referenzobjekten, obwohl es weiß, dass die Objekte eigentlich nicht mit dem Wort assoziiert sind. Letztlich mag die Überdehnung auch Ausdruck einer Überlastung des kindlichen Informationsverarbeitungssystems bei der Produktion von Sprache sein. Das Kind mag das richtige Wort verstehen, aber noch nicht abrufbar haben, wenn zu viel Information gleichzeitig verarbeitet werden muss. (Eine ausführlichere Diskussion der theoretischen Ansätze und der Überdehnung findet sich in Szagun 2000).

6. Theoretische Ansätze zum Prozess des Wortlernens

Andere Ansätze beschäftigen sich nicht mit der inneren Struktur der Bedeutung, sondern damit, wie Kinder Wörter lernen, bzw. lernen, dass sich bestimme Lautfolgen auf bestimmte Gegenstände beziehen. Der Ausgangspunkt dieser Ansätze war die philosophische Argumentation Quines (1960), dass es eine schier unendliche Anzahl von Möglichkeiten gibt, wie ein Wort den tatsächlichen Vorkommnissen in der Welt zugeordnet sein kann. Wenn man eine Sprache nicht kennt, woher soll man dann wissen, wenn ein Sprecher dieser Sprache einen Hund mit *Hund* bezeichnet, ob dieser Name sich auf das gesamte Tier oder einen Körperteil des Tieres, oder die Laute oder Bewegungen des Tieres bezieht? Die Lage eines Wörter lernenden Kindes wurde nun als äquivalent betrachtet. Es wurden eine Reihe von Prinzipien aufgestellt, die die Möglichkeiten der Zuordnungen zwischen Vorkommnissen in der Welt und Benennungen einschränken. Das ist notwendig, da sonst die Lernaufgabe nicht zu bewältigen wäre. Man nimmt an, dass Kinder mit Prinzipien operieren, die die möglichen Bedeutungen, die Wörter haben können, einschränken. Sie gehen an den Bedeutungserwerb mit einer Art Prädisposition heran, die bestimmte Interpretationen vor anderen bevorzugt.

Als eine der ersten Forscherinnen führte Markman (1989) die Prinzipien ein, dass Kinder davon ausgehen, dass jedes Objekt nur einen Namen hat, das sog. Ausschließlichkeitsprinzip, und dass sich der Name auf ganze Objekte, und nicht Teile von Objekten, bezieht. In bestimmten experimentellen Bedingungen scheinen Kinder nach diesen Prinzipien zu verfahren. Wenn man zweijährigen Kindern Paare von Objekten zeigt und diese benennt, wobei die Kinder den einen Namen kennen und der andere neu ist, so nehmen sie an, dass der neue Name sich auf das Objekt bezieht, dessen Namen sie bisher noch nicht kannten. Das heißt also, sie verfahren nach dem Ausschließlichkeitsprinzip: Jedes Objekt hat nur einen Namen (Markman/Wachtel 1988). Wenn man vierjährigen Kindern einen neuen Namen für ein Objekt gibt, für das sie schon einen Namen kennen, so nehmen sie an, dass der neue Name sich auf einen Teil des Objekts bezieht, – einen Teil allerdings, der in der experimentellen Situation hervorgehoben wird, z. B. die Flosse eines Fisches auf dem Bild eines Fisches (Markman/ Wachtel 1988). Auch hier wird das Prinzip, das jedes Objekt nur einen Namen hat, angewendet. Dass dieses Prinzip aber nicht in jeder Situation angewendet wird, zeigen allein die spontanen Sprechdaten in Tabelle 1 weiter oben. Die Kinder meiner Stichprobe gebrauchten sowohl *Wauwau* als auch *Hund*, und keineswegs für verschiedene Objekte, sondern für die gleichen. Im spontanen Sprechen verfahren sie offenbar nicht immer nach dem Prinzip, dass jedes Objekt nur einen Namen hat.

Ein weiteres Prinzip, das von Markman (1989) und Gelman (1988) hervorgehoben wird, ist, dass gleiche Benennungen von Gegenständen von Kindern als Quelle der Begriffsbildung genutzt werden. Kinder können Gegenstände danach ordnen, wie sie thematisch zusammenpassen, – z. B. zum Pudel gehört sein Fressnapf –, oder wie sie taxonomisch in einer benannten Oberkategorie zusammenpassen, – z. B. zum Pudel gehört der Schäferhund –, da beide zur Klasse der Hunde gehören (Markman 1985;

1989). Markman (1989) hat eine Reihe von Experimenten durchgeführt, die zeigen, dass Kinder Objekte dann taxonomisch ordnen, wenn die Objekte benannt sind, aber thematisch ordnen, wenn sie nicht benannt sind. Es zeigt sich also, dass Benennung ein Ordnungsprinzip für Objekte in der Welt sein kann.

In ähnlicher Weise konnte Gelman (1988, Gelman/Markman 1986) zeigen, dass Kinder aus der Mitgliedschaft eines Objektes in einer Oberkategorie, die benannt wird, auf die Eigenschaft eines Exemplars einer natürlichen Kategorie schließen. Gelman/Markman (1986) führten eine Reihe von Experimenten durch, um zu testen, ob Kinder natürliche Objekte nach deren Aussehen oder nach dem Faktenwissen und der damit verbundenen Einordnung in eine Oberkategorie, die eine Benennung trägt, ordnen. So wurden z. B. Bilder von einem Flamingo, einer Fledermaus und einer Amsel gezeigt. Die beiden letzteren gehören nicht zur gleichen Oberkategorie, aber gleichen sich im Aussehen (jedenfalls auf den bildlichen Darstellungen, die Fledermaus und Amsel mit ausgebreiteten Flügeln zeigten). Der Flamingo und die Amsel wurden mit *Vogel* bezeichnet, die Fledermaus mit *Fledermaus.* Dann wurde den Kindern faktisches Wissen über die Tiere gegeben, so z. B. dass der Vogel (Flamingo) seinen Babys Brei zu fressen gibt und die Fledermaus Milch. Danach wurde gefragt, ob der Vogel (Amsel) seinen Babys Brei zu fressen gibt oder Milch. Das Gleiche wurde mit insgesamt 20 Kategorien von jeweils drei Items gemacht. Die jeweils zwei Objekte, die zur gleichen Oberkategorie gehörten, waren sich perzeptuell unähnlich, die zwei, die nicht zur gleichen Oberkategorie gehörten, waren sich perzeptuell ähnlich. Es zeigte sich, dass schon vierjährige Kinder aufgrund der Kategoriezugehörigkeit entscheiden und nicht aufgrund der perzeptuellen Ähnlichkeit. Im dargestellten Beispiel entscheiden sie, dass die Amsel ihren Babys Brei gibt. Wenn man also erfährt, was ein Vogel frisst, wird aus der Kategorisierung als Vogel, die benannt wird, darauf geschlossen, dass ein anderes so benanntes Exemplar der Oberkategorie der Vögel sich hinsichtlich der Nahrung genauso verhält. Es ist die taxonomische Zuordnung und ihre Benennung, die das Klassifizieren von Objekten in der Welt bestimmt.

Das vollständigste Modell der Prinzipien des Wortlernens wurde von Golinkoff et al. (1994) aufgestellt. Hier werden verschiedene Prinzipien angeführt, die nacheinander in der Entwicklung operativ werden. Zunächst operieren die Prinzipien der Referenz, der Generalisierung und der Objektbenennung. Das Referenzprinzip besagt, dass Wörter Objekte, Handlungen und Ereignisse symbolisieren. Das Prinzip der Generalisierung besagt, dass Kinder Wörter auf andere Objekte der Objektklasse ausdehnen. Sie benutzen eine Benennung nicht nur für ein Exemplar der Klasse, sondern für andere Exemplare ebenso. Das Prinzip der Objektbenennung bezieht sich darauf, dass Kinder zunächst dazu neigen, ganze Objekte, und nicht deren Teile oder Handlungen, in denen sie involviert sind, zu benennen. Diese drei Prinzipien werden als die gesehen, die zum Beginn des Erwerbs von Wörtern funktional sind. Darauf aufbauend kommen andere Prinzipien ins Spiel. Eines ist das Prinzip der Konventionalität. Kinder merken, dass Benennungen eine Verbindlichkeit haben, konventionell sind, in dem Sinne, dass man nicht mehr – wie etwa bei der Überdehnung – heute einen Mond *Mond* nennt und morgen den Buchstaben D. Das nächste Prinzip ist das der taxonomischen Organisation. Kinder verfahren nicht mehr nach dem Prinzip der perzeptuellen Ähnlichkeit, sondern nach dem Prinzip der Zuordnung zu semantisch geordneten Kategorien. Ein weiteres Prinzip ist die Annahme, dass neue Namen sich auf Objekte beziehen, für die das Kind bisher keinen Namen hatte. Die drei letzten Prinzipien werden nach Golinkoff et al. (1994) erst später in der Entwicklung des Wortlernens wirksam.

Die Ansätze des Wortlernens, die mit den oben genannten Prinzipien operieren, lassen außer Acht, dass Kinder Wörter in einem sozialen Kontext lernen (Nelson 1988). Kinder sind nicht in der Situation, in der sie eine große Anzahl von Möglichkeiten haben, zu raten, worauf Wörter sich wohl beziehen. Sie sind in einer Situation, in der sie auf ein bestimmtes Objekt konzentriert sind, mit dem sie umgehen, und in der ein Erwachsener rät, auf was sie wohl fokussiert sind, und das dazugehörige Wort zur Verfügung stellt (Nelson 1988). In ähnlicher Weise macht Tomasello (1995) auf den sozialen Kontext des Worterwerbs aufmerksam. In einer Reihe von Experimenten (Tomasello/Farrar 1986; Tomasello/Barton 1994) konnte er zeigen, dass Kinder Objekte aufgrund von Hinweisen in der sozialen Situation, also aufgrund von Hinweisen, die von einer anderen Person herrühren, benennen. Das kann einmal dazu führen, dass Objekte, auf die Kind und Erwachsener ihre gemeinsame Aufmerksamkeit richten, benannt werden, und nicht solche, die keine gemeinsame Aufmerksamkeit erfahren. Es kann auch dazu führen, dass Kinder sich eine neue Benennung merken, wenn ein Erwachsener das Signal gibt, dass diese Benennung wohl die richtige ist, indem er sich erfreut zeigt bei einem bestimmten Objekt, das ein Kind auf die neue Benennung hin nimmt, und bei anderen nicht (Tomasello/Barton 1994).

Wie diese verschiedenen Ansätze zeigen, wird das Problem des Erwerbs
von Wörtern von verschiedenen Seiten angegangen. Nachdem man sich
mit der internen Bedeutungsstruktur von Wörtern befasst hatte, befasste
man sich mit Prinzipien der Zuordnung von Wörtern zu Objekten. Wieder
andere Ansätze machten auf den sozialen Kontext des Wortlernens aufmerksam.

7. Abstrakte Wörter

Zuletzt möchte ich noch kurz auf den Erwerb sog. abstrakter Begriffe und
Wörter eingehen. Abstrakte Begriffe lassen sich nicht durch die Auflistung
von Merkmalen, die möglicherweise stark auf perzeptuellen Ähnlichkeiten
zwischen den Mitgliedern der Begriffsklasse beruhen, erfassen. Murphy/
Medin (1985) heben hervor, dass abstrakte Begriffe immer theoriegeleitet
sind. Der Begriff wird durch Attribute und einem dahinterstehenden erklärenden Prinzip bestimmt. Zwischen den Attributen bestehen Beziehungen,
die auf schlussfolgernden Prozessen beruhen und auch repräsentiert werden. Als Entwicklungsmechanismus fungiert die sich verändernde Organisation von Attributen und Relationen aufgrund des sich verändernden
Weltwissens des Kindes. Es werden größere Zusammenhänge, in die einzelne Begriffe vernetzt sind, geschaffen (Murphy/Medin 1985).
Eine Reihe von Forscherinnen haben den Aufbau abstrakter Begriffe anhand einzelner Begriffe untersucht, so den Begriff *Leben* (Carey 1985) die
Begriffe *Mitleid* (Szagun 1992) und *Mut* (Szagun/Schäuble 1997), die Begriffe *Geld* und *Bank* (Claar 1990). Ihnen allen ist ein theoretischer Ansatz
gemeinsam, bei dem unter einem Begriff eine inhaltsspezifische Wissens-
struktur verstanden wird, die das Wissen um Sachverhalte, Dinge oder
interne Zustände repräsentiert und mit einem Wort (d. h. der Wortform)
assoziiert ist. Die Assoziation zwischen Wort und Begriff wird schnell gelernt und bleibt stabil, während der Begriff selber sich stark verändern
kann im Laufe der kindlichen Entwicklung. Diese Veränderung ist empirisch erfassbar als sukzessive, alters- und erfahrungsabhängige Begriffs-
struktur. Die Struktur von Begriffen ähnelt naiven Theorien. Sie umfasst
definierende Attribute, sowie Erklärungen und Schlussfolgerungen, die
Relationen zwischen den Attributen herstellen und dem Begriff Kohärenz
verleihen. Sowohl die Attribute als auch ihr Zusammenhalt unterliegen
aufgrund der sich erweiternden Erfahrung des Kindes Veränderungen,
wobei sich die begriffliche Struktur allmählich der des Erwachsenen annä-

hert. Ziel einer begriffsorientierten Bedeutungsforschung ist es, diese sukzessiven Veränderungen aufzuzeigen. Ich möchte das hier für die drei abstrakten Begriffe *Leben*, *Mitleid* und *Mut* darstellen.

Carey (1985) untersuchte den Begriff *Leben* bei Kindern zwischen 4 und 10 Jahren und bei Erwachsenen mittels einer Befragung. Es ging darum, ob einzelnen Lebewesen Leben zugestanden wird und auch die einzelnen Kriterien des Lebendigen zugestanden werden, wie Stoffwechsel (atmen, essen, trinken), Wachstum, Eigenbewegung, Fortpflanzung (Babys haben), Empfindung. Weiter wurde eine experimentelle Methode angewendet, bei der den Kindern Wissen über ein inneres Organ eines Lebewesens antrainiert wurde und dann überprüft wurde, auf welche anderen Lebewesen dieses Wissen um das Organ übertragen wurde. Die Ergebnisse zeigten, dass für vierjährige Kinder Menschen die prototypischen Lebewesen sind. Ihnen wurden alle Eigenschaften des Lebendigen zugestanden. Das war bei keinem anderen Lebewesen der Fall. Anderen Lebewesen wurden mal die einen, mal die anderen Kriterien des Lebendigen zugestanden, selbst nah verwandten Säugetieren. Je unähnlicher das Lebewesen dem Menschen war, desto eher waren die vierjährigen Kinder geneigt, es in geringerem Maße als lebendig zu betrachten. Pflanzen wurden überwiegend nicht als lebendig charakterisiert. Einem unbelebten, aber menschenähnlichen Objekt, wie einem mechanischen Affen, wurde von vielen Vierjährigen Leben zugestanden. Bei den sieben- und zehnjährigen Kindern wurden die Kriterien des Lebens zunehmend den Tieren und Pflanzen vorbehalten und es entfiel die Ähnlichkeit mit dem Menschen als Bedingung für das Attribuieren von Leben. Carey (1985) meint, dass jüngere Kinder noch wenig biologisches Wissen über Lebewesen haben, und dass sie daher Lebewesen anthropozentrisch betrachten.

In meinen Untersuchungen zum Verstehen von Wörtern, die Gefühle und mentale Zustände bezeichnen, wurde mit halbstrukturierten Interviews gearbeitet. Kinder im Alter von sechs, zehn und 14 Jahren sowie Erwachsene wurden befragt. Im Falle von *Mitleid* (Szagun 1992) gab es Fragen nach der Situation, in der Mitleid erlebt wurde, nach den Personen/Lebewesen, auf die es sich richtet, und nach dem gefühlsmäßigen Erleben. Die Ergebnisse zeigen, dass jüngere Kinder das emotionale Erlebnis auf die Basisemotion *traurig sein* reduzieren, während Mitleid mit zunehmendem Alter als multidimensionales emotionales Erlebnis beschrieben wird. Dieses besteht aus einer Kombination von traurig sein, dem Wunsch zu helfen und alles beherrschenden Gedanken an die Leidsituation. Auch die Personen/ Lebewesen, auf die sich Mitleid richtet, ändern sich. Bei den jüngeren Kindern handelt es sich um Lieblingstiere und Freunde, bei den älteren um Menschen und Tiere in dauerhaften Leidsituationen, wie Hunger oder durch Umweltverschmutzung verursachtes Leid.

Bei der Befragung zum Begriff *Mut* (Szagun/Schäuble 1997) wurden Fragen nach der Situation, in der Mut erlebt wurde, nach dem mentalen Erleben und der zeitlichen Abfolge von mentalen Zuständen sowie nach der Kontrolle der mentalen Zustände gefragt. Es zeigte sich, dass jüngere Kinder körperliche Risiken als Situationen, in denen sie Mut empfinden, nennen, wie z. B. auf ein Dach klettern, während mit zunehmendem Alter psychologische Risiken genannt werden, z. B. unpopuläre Meinungen äußern. Jüngere Kinder beschreiben das innere Erlebnis als ein Gefühl der Stärke und Überwindung von Angst, nennen aber Angst explizit nicht. Mit zunehmendem Alter wird Angst stärker betont, gefolgt von der Überwindung der Angst. Als weitere Komponenten des mentalen Zustandes werden ein Drang zu handeln und das Durchdenken des Risikos genannt. Mut wird von den älteren Kindern und Erwachsenen als ein konflikthafter Zustand erlebt. Die Kontrolle über die inneren Erlebnisse geschieht bei den jüngeren Kinder durch das Handeln selbst, bei den älteren durch die Konzentration auf das, was man kann, und bei den Erwachsenen dadurch, dass man alle Gefühle zulässt. Man kann sagen, dass sich bei jüngeren Kindern eine direkte Korrespondenz zwischen innerem Zustand und äußerer Handlung findet, während es bei den älteren Kindern und Erwachsenen keine direkte Beziehung zwischen mentalem Zustand und Handlung gibt. Bei ihnen ist Mut ein multiples Erlebnis gleichzeitig auftretender, konflikthafter mentaler Zustände. Bei beiden mentalen Begriffen, Mitleid und Mut, finden sich Veränderungen im Verstehen des emotionalen Erlebens und der äußeren Situationen, auf die sich die Gefühle beziehen.

Die hier dargestellten Untersuchungen zeigen, dass sich das Verständnis abstrakter Begriffe, und damit die Bedeutung der Wörter, die diese Begriffe bezeichnen, über mehrere Jahre hin während der Kindheit verändert.

8. Zusammenfassung

In diesem Beitrag wurde zunächst der frühe Vokabularerwerb behandelt. Die Inhalte des frühen Vokabulars, die Verteilung des Vokabulars über Wortklassen sowie das Anwachsen des Vokabulars wurden anhand von empirischen Ergebnissen dargestellt und diskutiert. Dann wurden theoretische Ansätze zur inneren Struktur von Wortbedeutungen unter Einbezug von Daten zur Überdehnung von Wörtern bei kleinen Kindern vorgestellt. Als Nächstes ging es um Ansätze zum Wörterlernen, die das Problem der Referenz und semantischen Ordnung thematisieren, und einige empirische Ergebnisse innerhalb dieser Ansätze. Abschließend wurde eine begriffsorientierte Herangehensweise an die Untersuchung von abstrakten Begriffen mit einigen empirischen Ergebnissen dargestellt.

9. Literatur

Bates, E./Bretherton, I./Snyder, L. (1988): *From first words to grammar: Individual differences and dissociable mechanisms*, Cambridge: Cambridge University Press.

Bowerman, M. (1977): »The acquisition of word meaning: an investigation of some current concepts«, in: P. Johnson-Laird/P. Watson (Eds.), *Thinking: Readings in cognitive science*, Cambridge. Cambridge University Press.

Bretherton, I./Fritz, J./Zahn-Waxler, C./Ridgeway, D. (1986): »Learning to talk about emotions: a functionalist perspective«, in: *Child Development* 57, 529–548.

Carey, S. (1982): »Semantic development: The state of the art«, in: E. Wanner/L. R. Gleitman (Eds.), *Language acquisition: The state of the art*, Cambridge: Cambridge University Press.

Carey, S. (1985): *Conceptual change in childhood*, Cambridge, Mass.: Bradford.

Caselli, C. M./Bates, E./Casadio, P./Fenson, J./Fenson, L./Sanderl., L./Weir, J., (1995): »A cross-linguistic study of early lexical development«, in: *Cognitive Development* 10, 159–199.

Claar, A. (1990): *Die Entwicklung ökonomischer Begriffe im Jugendalter: Eine strukturgenetische Analyse*, Berlin: Springer.

Clark, E. (1973): »What's in a word? On the child's aquisition of semantics in his first language«, in: T. Moore (Ed.), *Cognitive development and the acquisition of language*, New York: Academic Press.

Dromi, E. (1987): *Early lexical development*, Cambridge, UK: Cambridge University Press.

*Dromi, E. (1999): »Early lexical development«, in: M. Barrett (Ed.), *The development of language*, pp. 99–131. Hove: Psychology Press.

*Fenson, L./Dale, P./Reznick, J. S./Bates, E./Thal, D./Pethick, S. (1994): »Variability in early communicative development«, in: *Monographs of the Society for Research in Child Development* 59.

Gelman, S. (1988): »Children's expectations concerning natural kind categories«, in: *Human Development* 31, 28–34.

Gelman, S. A./Markman, E. M. (1986): »Categories and induction in young children«, in: *Cognition* 23, 183–209.

Gentner, D. (1978): »On relational meaning: The acquisition of word meaning«, in: *Child Development* 49, 988–998.

Golinkoff, R. M./Mervis, C. B./Hirsh-Pasek, K. (1994): »Early object labels: The case for a developmental lexical framework«, in: *Journal of Child Language* 21, 125–155.

Maital, S./Dromi, E./Sagi, A./Bornstein, M. (2000): »The Hebrew CDI: Language specific properties and cross-linguistic generalization«, in: *Journal of Child Language*.

Markman, E. (1985): »The acquisition of hierarchical organization by children«, in: C. Sophian (Ed.), *Origins of cognitive skills*, Hillsdale, N.J.: Erlbaum.

Markman, E. (1989): *Categorization and naming in children*, Cambridge, M.A.: Bradford Books.

Markman, E./Wachtel, G. (1988): »Children's use of mutual exclusivity to constrain the meaning of words«, in: *Cognitive Psychology* 20, 121–157.

Murphy, G. L./Medin, D. L. (1985): »The role of theories in conceptual coherence«, in: *Psychological Review* 92, 289–316.

Nelson, K. (1973): »Structure and strategy in learning to talk«, in: *Monographs of the Society for Research in Child Development* 38, (1-2).

Nelson, K. (1985): *Event knowledge: Structure and function in development*, Hillsdale, N.J.: Lawrence Erlbaum.

Nelson, K. (1988): »Constraints on word learning?«, in: *Cognitive Development* 3, 221–246.

Piaget, J. (1945/69): *Nachahmung, Spiel und Traum*, Stuttgart: Klett, 1969 (franz. Original 1945).

*Plunkett, K. (1993): »Lexical segmentation and vocabulary growth in early language acquisition«, in: *Journal of Child Language* 20, 43–60.

Quine, W. (1960): *Word and object*, Cambridge, MA.: MIT Press.

Rosch, E. (1975): »Cognitive representations of semantic categories«, in: *Journal of Experimental Psychology* 104, 192–233.

Rosch, E. (1978): »Principles of categorization«, in: E. Rosch/B. Lloyd (Eds.), *Cognition and categorization*, New York: Wiley.

Stern, C./Stern, W. (1928): *Die Kindersprache: Eine psychologische und sprachtheoretische Untersuchung*, Leipzig: Barth, 4. Aufl., (Nachdruck: Wissenschaftliche Buchgesellschaft, Darmstadt, 1981).

Szagun, G. (1991): »Psychologische Perspektiven zum Erwerb von Wortbedeutungen«, in: *Der Deutschunterricht* 43, 62–77.

Szagun, G. (1992): »Children's understanding of the feeling experience and causes of sympathy«, in: *Journal of Child Psychology and Child Psychiatry* 33, 1183–1191.

Szagun, G. (2000): *Sprachentwicklung beim Kind*, Weinheim: Beltz Taschenbuch, Nachdruck der 6. Auflage.

Szagun, G. (accepted for publication): »Learning the h(e)ard way: The acquisition of grammar in young German-speaking children with cochlear implants and with normal hearing«, in: Windsor, F./Kelly, L./Newlett, N. (Eds.): *Themes in Clinical Phonetics and Linguistics*, Mahwah, New Jersey: Lawrence Erlbaum.

Szagun, G. (im Druck): »Spracherwerb bei Kindern mit Cochlear-Implantat im Vergleich zu normal hörenden Kindern«, in: *Sprache – Stimme – Gehör*.

Szagun, G./Schäuble, M. (1997): »Children's and adults' understanding of the feeling experience of courage«, in: *Cognition and Emotion* 11 (3), 291–306.

Tomasello, M. (1995): »Joint attention as social cognition«, in: C. Moore/P. J. Dunham (Eds.), *Joint attention: Its origins and the role in lexical development*, Hillsdale, N.J.: Lawrence Erlbaum.

Tomasello, M./Barton, M. (1994): »Learning words in non-ostensive context«, in: *Developmental Psychology* 30, 639–650.

Tomasello, M./Farrar, J. (1986): »Joint attention and early language«, in: *Child Development* 57, 1454–1463.

Claudia Schmidt

Wörter lernen in der Fremdsprache. Das Lexikon im ungesteuerten und gesteuerten Zweitsprachenerwerb

1. Einleitung: zum ungesteuerten und gesteuerten Zweitsprachenerwerb

Wenn wir in ein fremdsprachiges Land reisen, nehmen wir kein Grammatikbuch mit, sondern ein Wörterbuch. Verfügen wir über die Wörter, können wir uns schon auf der Grundlage von wenigen Grammatikstrukturen über viele Lebensbereiche verständigen. Aber auch bei guter Beherrschung einer Fremdsprache fehlt uns oft das passende Wort. Ungenügendes Wortschatzwissen stellt beim Lesen und Schreiben fremdsprachlicher Texte für LernerInnen aller Kompetenzniveaus das größte Problem dar (vgl. z. B. Lutjeharms 2000, 206). Während das Erlernen der Grammatik einer Sprache ein zwar nicht unbedingt leicht zu erreichendes, aber doch fest umrissenes Lernziel ist – die Beherrschung einer begrenzten Anzahl von Regeln ermöglicht das Produzieren und Verstehen einer unbegrenzten Zahl von Sätzen –, scheint der Erwerb von zehntausenden von Wörtern[1] eine kaum zu bewältigende Aufgabe zu sein. Schon zum minimalen Verstehen des Englischen sollten mindestens 5 000 Wörter beherrscht werden, zum flüs-

---

[1] Vgl. hierzu die Zahlenangaben zum muttersprachlichen Wortschatz in dem Beitrag von Jürgen Dittmann in diesem Band, Abschnitt 2.2.

sigen Lesen 8 000 (vgl. Laufer 1998, 256). Um als AusländerIn an einer
niederländischen Universität studieren zu können, muss nach einer Studie
von Hazenberg/Hulstijn (1996) ein Mindestwortschatz von 10 000 bis 11 000
lexikalischen Einheiten[2] vorhanden sein. Zu dem quantitativen Aspekt des
Vokabularerwerbs kommt der qualitative hinzu: Gelernt werden müssen
sowohl die phonologisch-phonetischen und orthographisch-graphematischen
Informationen eines Wortes (Wie wird es ausgesprochen und geschrieben?)
als auch die syntaktischen und semantischen (Welche Satzfunktion hat es
und welche Bedeutung trägt es?). Ein besonderes Problem beim Fremd-
sprachenlernen stellt häufig der Erwerb des semantischen Wissens dar, zu
dem u. a. der situationsadäquate Sprachgebrauch gehört (vgl. dazu den
Beitrag von Peter R. Lutzeier in diesem Band, Abschnitt 8.2). So dürfte das
Wort *Bulle* Deutsch-als-Fremdsprache-Lernenden nicht nur aufgrund der
Homonymie (eine Form, aber verschiedene Inhalte) Schwierigkeiten berei-
ten: In der Bedeutung ›Polizist, abwertend gemeint‹ kann es ohne Probleme in einem Gespräch mit Jugendlichen verwendet werden, in der Diskussion mit einem Polizisten hätte sein Gebrauch fatale Folgen.
Trotz der offensichtlichen Bedeutung des Vokabularerwerbs beim Aufbau
der zweitsprachlichen Kompetenz hat die Zweitsprachenforschung ihm bisher weitaus weniger Beachtung geschenkt als dem Grammatikerwerb. Die
Zahl der Veröffentlichungen ist zwar seit Ende der 80er Jahre stetig ange-
stiegen, aber es fehlt ein führendes Theoriemodell; man kann daher mit
Paul Meara (1989, 8) von »Piece-Meal Research« sprechen. Ursache ist die
Dominanz der syntaxorientierten Theoriediskussion in der Zweitsprachenerwerbsforschung (vgl. hierzu Abschnitt 2.1).
Betrachtet man Arbeiten zum Vokabularerwerb, so ist zwischen ungesteuertem und gesteuertem Zweitsprachenerwerb zu unterscheiden. Die beiden Forschungszweige haben je eigene Zielsetzungen und Fragestellungen;
Ansätze und Methoden sind verschiedenen linguistischen Disziplinen entnommen. Ihnen ist gemeinsam, dass sie sich auf empirisch gewonnene
Sprachdaten stützen (als Einführungen sind Klein 1984 und 2000 zu empfehlen). Ich werde im Folgenden die beiden Richtungen auf dem Hintergrund ihrer wissenschaftsgeschichtlichen Entwicklung skizzieren, wobei auch
auf die oft verwirrende Begrifflichkeit eingegangen wird.
Die Unterscheidung zwischen ungesteuertem und gesteuertem Zweitsprachenerwerb geht auf die Aufteilung der angloamerikanischen Sprach-
erwerbsforschung Ende der 70er Jahre in Second Language Acquisition

---

[2] Ich verwende die Begriffe ›lexikalische Einheit‹ und ›Wort‹ hier synonym.

und Foreign Language Learning zurück und wurde insbesondere von Stephen Krashen (1981 und 1982) im europäischen Forschungsraum etabliert.[3] Zweitsprachenerwerb bedeutet in dieser Tradition den nach bereits abgeschlossenem Erstsprachenerwerb stattfindenden Erwerb einer Sprache in dem Land, in dem diese die dominante ist (vgl. Lallemann 1996, 3). Es hat sich eingebürgert, von **natürlichem** oder **ungesteuertem Zweitsprachenerwerb** zu sprechen, um zu betonen, dass die zweite(n) Sprache(n)[4] ohne Unterrichtseinfluss erworben wird (werden). Unterschieden wird zwischen dem Zweitsprachenerwerb des Kindes (3–4 Jahre bis zur Pubertät) und dem des Erwachsenen (vgl. Klein 1984, 27). Erwirbt ein Kind zwischen ein und drei Jahren zwei Sprachen gleichzeitig, spricht man von bilingualem Erstspracherwerb (ebd.). Streng genommen gehört dieser nicht mehr zum Zweitsprachenerwerb, ist aber in vielen Überblicksdarstellungen aufgenommen[5] und findet aufgrund seiner Bedeutung auch in dem vorliegenden Beitrag Berücksichtigung. Arbeiten zum ungesteuerten Zweitsprachenerwerb haben die Zielsetzung, Gesetzmäßigkeiten in der Abfolge von Erwerbssequenzen aufzuzeigen (übersichtliche Gesamtdarstellungen bieten Ellis 1994 und Lallemann 1996). Ansätze und Methoden basieren auf der Theoretischen Linguistik und sind stark von der Diskussion um Noam Chomskys Universalgrammatik beeinflusst.[6]

Unter **gesteuertem Zweitsprachenerwerb** versteht man den Erwerb einer zweiten Sprache – der Fremdsprache – durch bzw. im Unterricht. Der Begriff **Fremdprache** impliziert, dass eine Sprache außerhalb des Landes gelernt wird, in der sie die Verkehrssprache ist. Man muss sich darüber klar sein, dass in der Forschung eine idealtypische Unterscheidung vorgenommen wird, denn in der Sprachpraxis verwischen sich häufig die Unterschiede zwischen gesteuertem und ungesteuertem Erwerb.[7] Arbeiten zum

---

[3] Sie führte im deutschsprachigen Forschungsraum zur Ausbildung der wissenschaftlichen Disziplinen der Zweitsprachenerwerbsforschung und der didaktisch ausgerichteten Sprachlehrforschung; letztere wird im englischsprachigen Raum auch als Classroom Research bezeichnet.

[4] Grundsätzlich können natürlich auch mehrere Sprachen (zeitlich parallel oder aufeinander folgend) ungesteuert erworben werden.

[5] Vgl. z. B. Klein (1984, 23 ff.); Lallemann (1996, 4) dagegen rechnet ihn zum Bilingualismus.

[6] Vorwiegend Veröffentlichungen zum ungesteuerten Zweitsprachenerwerb finden sich in den Zeitschriften *Second Language Research* und *Studies in Second Language Acquisition.*

[7] Beim gesteuerten Erwerb spielen ungesteuerte Momente (durch Begegnungs- und Austauschprogramme sowie Auslandsaufenthalte) inzwischen eine immer größere Rolle; ein rein ungesteuerter Erwerb beim Wechsel in ein anderssprachiges Land findet kaum

gesteuerten Zweitsprachenerwerb analysieren die im fremdsprachlichen Unterricht ablaufenden Lernprozesse mit dem Ziel, Steuerungsmaßnahmen zu ihrer Optimierung zu entwickeln (einen guten Überblick vermittelt Ellis 1990). Zum Teil ziehen sie dabei Ergebnisse aus dem ungesteuerten Zweitsprachenerwerb heran, hauptsächlich für Erwerbsprozesse im Bereich der Grammatik. Zugrunde gelegt werden seit den 80er Jahren vor allem Methoden und Ansätze der Psycholinguistik.[8]

Im Hinblick auf den Erwerb des Wortschatzes – in der Forschungsliteratur wird zumeist der Begriff ›Lexikon‹ verwendet – gilt, dass beide Forschungsrichtungen unterschiedliche Aspekte des Lexikons berücksichtigen, verbunden mit einer jeweils spezifischen Auffassung von dem, was den Wortschatz einer Sprache ausmacht.

Meiner Darstellung lege ich folgende Begrifflichkeit zugrunde: Wie inzwischen in der Zweitsprachenforschung üblich, verwende ich die Begriffe ›erwerben‹ und ›lernen‹ synonym; ›Fremdsprache‹ der obigen Definition entsprechend nur im Rahmen des gesteuerten Zweitsprachenerwerbs, für beide Forschungsrichtungen die Abkürzung L2 für Zweitsprache sowie L1 für Erstsprache (Muttersprache). Außerdem benutze ich das vor allem in Arbeiten zum ungesteuerten Zweitsprachenerwerb übliche Begriffspaar ›Zielsprache‹ vs. ›Ausgangssprache‹ (L2 vs. L1).

2. Das Lexikon im ungesteuerten Zweitsprachenerwerb

2.1 Zweitsprachenerwerbstheorien und das Lexikon

Zur Beschreibung und Erklärung des Zweitsprachenerwerbs (bei Erwachsenen)[9] wurden seit Etablierung des Forschungsbereichs in den 70er Jahren zahlreiche Theorien entwickelt (vgl. den Überblick bei Lallemann 1996, 28 ff.). Auf diejenigen, die Relevanz für den Lexikonerwerb haben, werde ich im Folgenden näher eingehen (vgl. Appel 1996, 390 ff.). Es ist zu betonen ist, dass jeweils nur Teilaspekte, nie die Gesamtheit des Erwerbsprozesses

---

statt, da Erwachsene und Kinder normalerweise Sprachkurse im Rahmen von staatlich geförderten Eingliederungsprogrammen erhalten.

[8] Veröffentlichungen zum gesteuerten Zweitsprachenerwerb finden sich vor allem in den Zeitschriften *Applied Linguistics*, *Language Learning* und *Zeitschrift für Fremdsprachenforschung*.

[9] Erklärungsansätze zum ungesteuerten L2-Erwerbs beziehen sich fast ausschließlich auf erwachsene LernerInnen. Den Einflussfaktor Alter werde ich in Abschnitt 2.2.3 behandeln.

erfasst werden. Viele Fragen in diesem Forschungsbereich sind noch offen, denn, wie Klein (1984, 35) es formuliert:»Der Zweitsprachenerwerb ist ein ziemlich verwickeltes Phänomen, das von vielen Faktoren bestimmt wird und dessen systematische Beschreibung, ganz zu schweigen von seiner Erklärung, außerordentlich schwierig ist.«

Nach der **Kontrastivhypothese** beeinflusst die Ähnlichkkeit bzw. der Kontrast zwischen L1 und L2 den Erwerb einer Zweitsprache (vgl. z. B. Dulay et al. 1982). Es kann zu positivem und negativem Transfer kommen. Beim Vokabularerwerb hat vor allem die positive Übertragung von Wortformen eine große Bedeutung. Ähnlichkeit zwischen L1- und L2-Wörtern erleichtern L2-LernerInnen den Lexikonaufbau. Insbesondere ›Cognates‹, Wörter wie z. B. *bensin* (schwedisch) – *Benzin* (deutsch), die in der Form und Bedeutung nahezu identisch sind, wirken als Lernhilfen. Umgekehrt führen sog. False Friends wie das englische Verb *to become* und das deutsche *bekommen* häufig zu Lernproblemen, da LernerInnen fälschlicherweise von der Wortformähnlichkeit auf Bedeutungsgleichheit schließen. Hier findet ein negativer Transfer statt.

Um eine andere Form des Kontrastes geht es bei der **Akkulturationshypothese**, und zwar um die psychologische, soziale und kulturelle Distanz zwischen L2-LernerInnen und der fremden Gemeinschaft (vgl. z. B. Schuhmann 1990). Je weniger Unterschiede vorhanden sind, desto eher entwickelt sich im Prozess der Anpassung an die andersartige Kultur eine positive Einstellung zu deren Sprachgemeinschaft und desto mehr Input (sprachliche Information) wird aufgenommen. Schon allein dadurch sind gute Möglichkeiten für einen erfolgreichen L2-Lexikonaufbau gegeben, speziell für den Bedeutungserwerb aufgrund des leichteren Erlernens neuer kultureller Konzepte oder spezifisch gesellschaftlicher Bedeutungen. Als Deutsche besitzen wir sicher das gleiche Konzept von *Schlange* wie EngländerInnen, nämlich die Vorstellung von einem gefährlichen, giftigen und meist etwas ekligen Kriechtier, während für ChinesInnen die Vorstellung von kulinarischer Delikatesse überwiegen wird – ein für uns sicher schwer zu erwerbendes Konzept. Offen bleibt bei diesem Erklärungsansatz, wie viele Wörter überhaupt kulturspezifische Bedeutungen tragen und wie diese zu erfassen sind (vgl. Appel 1996, 397).

Nach der **Interlanguage-Hypothese** ist der Zweitsprachenerwerb als ein nach einer inneren Systematik verlaufender Prozess zu beschreiben, der durch die Aufeinanderfolge von **Lernervarietäten** gekennzeichnet ist. Die Verarbeitung der L2-Daten durch den individuellen Lerner/die individuelle Lernerin und ihr Produkt, die von der zweitsprachlichen Norm sowie

der Erstsprache abhängende **Lernersprache**, die »Interlanguage« (von
Selinker 1972 eingeführt) sind hier der Forschungsgegenstand. Die Theorie ist zu den kognitiven Lerntheorien zu zählen.[10] Die Analyse der
Lernervarietäten dient zwar schwerpunktmäßig der Erfassung des Aufbaus
der (Lerner)Grammatik, aber da das Ziel die Beschreibung des L2-Lern-
prozesses in seiner Gesamtheit ist (mit dem Schwerpunkt mündliche Sprachproduktion), wird auch die Entwicklung des L2-Lexikons erfasst (vgl. z. B.
Perdue 1993). Der Vokabularerwerb wird hauptsächlich unter quantitati-
vem Aspekt gesehen, wobei lexikalische Kategorien wie z. B. die Wortarten Berücksichtigung finden.

Ein in der Fremdsprachendidaktik stark berücksichtigtes Erwerbsmodell
wurde in den 80er Jahren von Krashen (1981, 1982 und 1985) aufgestellt.
Es basiert auf fünf Hypothesen (vgl. Lallemann 1996, 34 ff.), von denen
sich hauptsächlich der **Monitor-Hypothese** Aussagen über den L2-
Lexikonaufbau ableiten lassen. Ausgehend von der Grundannahme
Krashens, dass zwischen Erwerb (Acquisition) als unbewusstem Prozess,
vergleichbar mit dem L1-Erwerb, und Lernen (Learning) als bewusstem
Prozess zu unterscheiden ist, wird ein Monitor angenommen, der die Form
einer Äußerung nach der (unbewussten) Produktion kurz vor dem Sprechen (bewusst) ändern kann. Der Monitor verfügt über das gesamte lexikalische Wissen und kann bei einer Störung des automatischen Wortab-
rufs helfend eingreifen. Die häufig in Äußerungen von L2-LernerInnen zu
beobachtenden Verzögerungsphänomene und Korrekturen auf der lexikalischen Ebene ließen sich so erklären (vgl. Appel 1996, 395). Die Monitor-
Hypothese beschreibt einen Aspekt der L2-Sprachproduktion, nicht den
Erwerbsprozess selbst.[11]

Den größten Einfluss auf die Zweitsprachenforschung übte und übt heute
noch die **Identitätshypothese** (L2 = L1) aus. Die bereits in den 70er Jahren aufgestellte Theorie (Ervin-Tripp 1978) wurde durch die Einbeziehung
der Generativen Grammatik Chomskys (1965) als theoretische Grundlage
Anfang der 80er Jahre zur fruchtbarsten Erwerbstheorie. Sie geht davon

---

[10] Kognitiven Lerntheorien beschreiben den L2-Erwerb (und auch den in L1) als einen
      Lernprozess, bei dem die gleichen mentalen Prozesse erforderlich sind wie bei anderen
      kognitiven Leistungen (vgl. z B. O'Malley et al. 1987); auf diesem Hintergrund wer-
      den auch Lernstrategien definiert (vgl. ebd.).

[11] In der Linguistik haben Krashens Hypothesen wenig Beachtung gefunden(vgl. Lalle-
      mann 1996, 35). Kritisiert wurden sie vor allem aus der Sicht der kognitiven Erwerbs-
      theorien, die davon ausgehen, dass Automatisierung, also unbewusste Prozesse, nur
      nach einem Lernprozess stattfinden können (vgl. z. B. McLaughlin 1987).

aus, dass alle Menschen eine angeborene Sprachfähigkeit in Form der Universalgrammatik besitzen, auf die beim L2-Erwerb der gleiche Zugriff erfolgt wie beim L1-Erwerb.[12] Sie wird daher auch als **Nativistische Lerntheorie** bezeichnet.[13] Dem syntaxorientierten Ansatz entsprechend spielt das Lexikon eine untergeordnete Rolle; die empirischen Untersuchungen behandeln vor allem den Erwerb von Wortstellungsregeln und Morphemen. Erst in jüngster Zeit wird dem Erwerb des L2-Lexikons im Rahmen der sog. Basisvarietät mehr Aufmerksamkeit geschenkt. Das von Wolfgang Klein und Clive Perdue (1997) auf der Grundlage des Minimalistischen Programms (Chomsky 1995), einer Weiterentwicklung der Generativen Grammatik, ausgearbeitete System beschreibt Lernervarietäten in der Anfangsphase des L2-Erwerbs.[14] Ein wesentliches Strukurelement dieses lernersprachlichen Systems ist das L2-Lexikon. Erfasst werden die lexikalischen Einheiten als komplexes Set von Merkmalen (vgl. Klein/Perdue 1997, 334 und Klein 2000, 561 ff.), und zwar von semantischen, phonologischen und formalen (Syntaxkategorien wie ›ist ein Nomen‹ oder Kasusinformationen wie ›Akkusativ‹); der Schwerpunkt liegt auf letzteren.

2.2 Der Erwerb zweitsprachlicher lexikalischer Einheiten

2.2.1 Datengewinnung

Um den Verlauf des ungesteuerten L2-Erwerbs analysieren zu können, benötigen LinguistInnen geeignete L2-LernerInnen, sog. **InformantInnen**, die bestimmte Kriterien erfüllen müssen. Der ›ideale‹ Informant lässt sich folgendermaßen charakterisieren (vgl. Perdue 1993, 40 ff.): Sie oder er ist einsprachig, besitzt höchstens geringe Kenntnisse der Zielsprache, hat kein durch die Schule erworbenes metasprachliches Wissen und nimmt nicht an L2-Sprachkursen teil; sie oder er ist zwischen 18 und 30 Jahre alt, nicht mit

---

[12] Von Geburt an ist eine bestimmte Anzahl von abstrakten, allgemeinen Prinzipien vorhanden, die für alle Sprachen gelten, und von Parametern, die Beschränkungen innerhalb eines Prinzips darstellen – die Universalgrammatik. Durch die Prinzipien und Parameter wird die Menge der möglichen und natürlichen Erwerbssprachen definiert.

[13] Auch Krashens Modell ist als nativistische Erwerbstheorie zu bezeichnen. Es beschreibt allerdings nicht spezifisch den Syntaxerwerb, sondern Erwerbsprinzipien in einem sehr allgemeinen Sinne.

[14] Es lässt sich als ›minimales‹ Set von Prinzipien darstellen, die die Äußerungsstruktur, die Semantik und die Pragmatik der Lernervarietät charakterisieren (vgl. dazu auch den Überblick bei Klein 2000, 561 ff.); zum linguistischen Status der Basisvarietät vgl. Jordens 1997, 293 f.

einem L2-Sprecher bzw. einer L2-Sprecherin verheiratet, hat keine schul-
pflichtigen Kinder und lebt in einer Umgebung, in der regelmäßige Kon-
takte mit SprecherInnen der Zielsprache gewährleistet sind. Es sind in der
Regel ImmigrantInnen, die anhand dieses Kriterienkatalogs ausgewählt
werden und in sehr aufwendigen **Langzeitstudien** von Aufenthaltsbeginn
an über einen längerer Zeitraum untersucht werden. In einem der größten
europäischen Forschungsprojekte zum ungesteuerten L2-Erwerb wurde der
Lernfortschritt von 40 L2-LernerInnen über einen Zeitraum von 30 Monaten erfasst (vgl. Perdue 1993).[15]
Eine weniger aufwendige Art der Datengewinnung stellen die sog.
Querschnittsstudien dar, in denen eine größere Anzahl von L2-LernerInnen
zum gleichen Zeitpunkt untersucht wird. Diese werden dann je nach
Kompetenzniveau verschiedenen Erwerbsphasen zugeordnet.[16] Die in den
Studien zugrunde gelegten Daten werden aus **spontanem Sprechen** oder
durch **Experimente** gewonnen. ›Spontanes Sprechen‹ kann bedeuten, dass
die InformantInnen sich mit Interviewern bzw. InterviewerInnen über ein
beliebiges Thema unterhalten, Rollenspiele kommunikativ bewältigen oder
aber auch einen gerade gesehen Film nacherzählen. In Experimenten wird
ein spezifisches sprachliches Wissen überprüft, so müssen z. B. Pluralformen
eingesetzt oder Grammatikalitätsurteile über vorgegebene Sätze gefällt
werden.

2.2.2 Erwerbsverlauf

LinguistInnen, die sich mit dem Erwerb des L2-Lexikons beschäftigen, sehen sich mit einer Anzahl methodischer Probleme konfrontiert. Wie aus
den im vorigen Abschnitt vorgestellten Methoden der Datengewinnung
ersichtlich ist, erfassen selbst umfangreiche Langzeitstudien nur eine ver-
hältnismäßig geringe Anzahl von L2-LernerInnen, so dass Charakteristika
von Erwerbsverläufen auch immer spezifisch für diese individuellen
SprecherInnen sein könnten. Verallgemeinerungen sind daher nur schwer
möglich. Das Problem der Validität stellt sich verschärft bei der Auswertung der Sprecherdaten: Je nach Kommunikationsaufgabe werden unterschiedliche Texte mit spezifischen Formulierungsanforderungen produziert;

---

[15] Das Projekt »Second Language Acquisition by Adult Immigrants« erfasst fünf Zielsprachen und sechs Ausgangssprachen (vgl. Perdue 1993, 4 ff.); zu weiteren umfang-
reichen Langzeitstudien vgl. ebd., 14 ff.

[16] Da bei der Zuordnung ein hoher Interpretationsanteil vorhanden ist, wird diese Daten-
grundlage häufig kritisiert (vgl. Lallemann 1996, 9 f.).

zudem variiert die Länge der Texte. L2-ForscherInnen müssen sich also fragen, inwieweit Schlussfolgerungen über Größe und Vielfalt des Lerner-lexikons auf der Grundlage einer spezifischen Sprechaktivität zulässig sind (vgl. Broeder et al. 1993, 146 f.).[17]
Die bisherigen (wenigen) Forschungsergebnisse sind auf diesem Hinter-grund zu betrachten. Die Untersuchungen beschäftigen sich fast ausschließ-lich mit den Anfangsphasen des L2-Erwerbs – die Datenlage ist dann noch übersichtlich (vgl. Appel 1996, 386) – und präsentieren die Ergebnisse in Form von Listen mit den am häufigsten verwendeten Wörtern, zumeist unter Berücksichtigung der Wortklassen. Die Analysen erfolgen fast im-mer rein deskriptiv.
Die meisten Ergebnisse liegen zum **Erwerb der Wortklassen** vor. In der Basisvarietät, also der Lernersprache zu Lernbeginn, überwiegen die sog. Inhaltswörter, d. h. vor allem Nomen, Verben sowie einige Adjektive und Adverbien (vgl. z. B. Dietrich 1989). Pronomen werden nur vereinzelt ein-gesetzt, und zwar als Verweis auf HörerIn, SprecherIn oder eine dritte Per-son (in deiktischer und anaphorischer Funktion), nie als Verweis auf Unbe-lebtes (vgl. Klein/Perdue 1997, 312 f.). Außerdem sind einige Numeralia (Zahlwörter), zumeist ein Wort für Negation und eine Anzahl von Präposi-tionen mit übergeneralisierter lexikalischer Bedeutung vorhanden (vgl. ebd.). Die Flexionsmorphologie, z. B. Kasusmarkierungen, fehlt völlig. Im weite-ren Lernverlauf – nach der Phase der Basisvarietät – nimmt der Anteil der Artikel, Konjunktionen und Pronomen zu, während gleichzeitig der der Nomen, Adjektive und Adverbien abnimmt (vgl. Broeder et al. 1993, 158 f.). Auffällig ist die Zunahme der Verben, die eine bedeutende Rolle bei der Entwicklung des Lexikons spielen (vgl. ebd., 157 f.).
Die **phonologischen Aspekte des Lexikonerwerbs** finden in den empiri-schen Arbeiten wenig Berücksichtigung. Seit den 90er Jahren wird zwar die Theoriediskussion zum L2-Phonologieerwerb verstärkt geführt, in der Forschungspraxis aber bisher kaum umgesetzt.[18] Betont werden der starke Einfluss der Erstsprache auf die phonologische Form der zweitsprachlichen lexikalischen Elemente und die dabei ablaufenden Transferprozesse (vgl. z. B. Klein/Perdue 1997, 311).

---

[17] Ein kritischer Punkt ist z. B., wie LernerInnen ihre Wörter auswählen: Fortgeschrittene LernerInnen, also gute SprecherInnen treffen eine Auswahl aus ihrem Lexikon gemäß der kommunikativen Situation und produzieren eben gerade nicht so viele unterschied-liche Wörter, wie es ihnen möglich wäre (vgl. Broeder et al. 1993, 149).

[18] So fehlt in der bereits erwähnten Langzeitstudie von Perdue (1993) der Phonologierwerb völlig.

Der **Erwerb der Wortbedeutungen** erfolgt in zwei Richtungen: Immer mehr Wörter werden erworben, wobei die Bedeutung jedes Wortes entweder erweitert oder eine spezifischere Bedeutung gelernt wird (vgl. Appel 1996, 387). LernerInnen erwerben zuerst eine Art Kernbedeutung: z. B. für *Schirm* ›Gegenstand, der vor Regen schützt‹, später ergänzt um die Bedeutung ›Schutz einer Lampe‹ in *Lampenschirm* sowie einen metaphorischen Bedeutungsaspekt wie in *Schirmherrschaft*. In der weiteren Entwicklung werden spezifische Bedeutungen in Kollokationen (syntagmatischen Verwendungsweisen) und Phraseologismen erworben. Gleichzeitig kommen bei LernerInnen in der Anfangsphase häufig Bedeutungsüberdehnungen vor, ähnlich wie bei Kindern im Erstprachenerwerb (vgl. den Beitrag von Gisela Szagun in diesem Band, Abschnitt 5). So gebrauchen ImmigrantInnen mit Schwedisch als L2 in einer Studie von Kotsinas (1983) das Verb *koma* (›kommen‹) auch für ›gehen‹, ›reisen‹ und ›beginnen‹. Außerdem wird angenommen, dass zunächst Wörter mit geringer semantisch-kognitiver Komplexität erworben werden. Präpositionen, die einen Ort anzeigen, sind kognitiv weniger komplex als richtungsweisende Präpositionen (Ort plus Bewegung) und werden demnach früher gelernt (vgl. Appel 1997, 396). Die **Erwerbsfolge lexikalischer Elemente** wird allerdings auch noch von anderen Faktoren beeinflusst, insbesondere von Art und Umfang des Inputs – hierauf werde ich im folgenden Kapitel eingehen – sowie von der Nützlichkeit. Ein berühmtes Beispiel hierfür stammt aus dem Heidelberger Forschungsprojekt »Pidgin-Deutsch« (vgl. Klein/Dittmar 1979), das den Erwerb des Deutschen durch italienische und portugiesische GastarbeiterInnen untersuchte. Alle LernerInnen verwendeten häufig das Wort *kaputt*: Es war für sie äußerst nützlich, da damit Bedeutungen wie ›zerbrochen‹, ›nicht richtig in Ordnung‹, ›erfolglos‹ abgedeckt werden können, es also in Situationen einsetzbar ist, in denen etwas nicht gut verläuft – was für ImmigrantInnen häufig der Fall ist (vgl. Appel 1996, 396).

Eine offene Frage in der L2-Forschung ist, ob das L2-Lexikon je den Umfang des L1-Lexikons erreichen kann oder eine **Fossilierung**[19], d. h. eine ›Versteinerung‹ der lexikalischen Entwicklung stattfindet. In dem bereits genannten Forschungsprojekt »Second Language Acquisition by Adult Immigrants« (vgl. Abschnitt 2.2.1) endet für ungefähr ein Drittel der ImmigrantInnen die grammatische Entwicklung nach der Anfangsphase bzw. nach Erreichen der Basisvarietät; der Vokabularerwerb scheint sich fortzusetzen, aussagefähige Daten hierzu fehlen aber (vgl. Klein/Perdue 1997, 303).

---

[19] Den Terminus verwendete erstmals Selinker (1972).

2.2.3 Einflussfaktoren

Es gibt eine Anzahl von Faktoren, die Einfluss auf den ungesteuerten Erwerb einer Zweitsprache ausüben (vgl. hierzu den Überblick bei Lallemann 1996, 21 ff.). Sie lassen sich in externe, d. h. nicht-linguistische, und linguistische Einflussfaktoren einteilen. Die meisten ForscherInnen gehen davon aus, **dass nicht-linguistische Faktoren wie z. B. Motivation oder auch Unterricht nur die Geschwindigkeit des Zweitsprachenerwerbs beeinflussen, nicht aber den Prozess selbst.**

Ein wichtiger linguistischer Einflussfaktor ist die **Erstsprache**. Transferprozesse, also Übertragungen von L1 in L2, finden auf allen Ebenen statt: insbesondere der Semantik (vgl. dazu die Beispiele in Abschnitt 2.1) und Syntax, aber auch der Morphologie, Phonologie und Pragmatik, und zwar in allen Erwerbsstadien (vgl. Jordens 2001).

Der **Input** ist ein weiterer linguistischer Faktor, der insbesondere den Lexikonerwerb beeinflusst. Zunächst einmal muss der Zugang zu L2-Input, also die Möglichkeit zu kommunizieren gegeben sein. Dann spielt die Vorkommenshäufigkeit lexikalischer Einheiten eine bedeutende Rolle. In der Untersuchung von Kotsinas (1983) gebrauchten die ImmigrantInnen in großem Umfang die Wörter, die die höchste Frequenz im gesprochenen und geschriebenen Schwedischen haben (ca. 90 % des Wortschatzes); zudem noch diejenigen (ca. 10 %), die relevant für ihre spezifische soziale Situation sind (z. B. *skatt* – ›Steuer‹; vgl. Appel 1996, 394). Faktoren wie Input bzw. Frequenz interagieren natürlich mit anderen wie z. B. der semantischen Komplexität eines Wortes. Ein Problem stellt der Zusammenhang zwischen aktivem und passivem Wortschatz dar; es ist anzunehmen, dass weniger frequente Wörter von den L2-LernerInnen zwar verstanden, aber nicht produziert werden können.

Den am heftigsten diskutierten nicht-linguistischen Einflussfaktor stellt das **Alter** dar. Die häufig von FremdsprachendidaktikerInnen vertretene Ansicht, dass sich nach der Pubertät das Sprachlernvermögen verschlechtert oder sogar verschwindet, wird von der Zweitsprachenerwerbsforschung nicht gestützt.[20] Erst im Senium, d. h. über 60, lässt die Lernfähigkeit im Allgemeinen nach und damit auch die Fähigkeit, Fremdsprachen zu lernen.

---

[20] In der Literatur wird z. T. die These des Biologen Lenneberg (1996) von der »kritischen Phase« des Erstspracherwerbs irrtümlich auf den L2-Erwerb übertragen; obwohl dieser betont, dass wir »auch mit 40 Jahren« noch Fremdsprachen lernen können (vgl. ebd., 216 ff.).

Erwachsene unter 60 Jahren können sowohl beim Morphologie- und Syntaxerwerb als auch bei dem Erwerb der Aussprache genauso erfolgreich sein
wie Jugendliche – z. T. sogar erfolgreicher (vgl. die Literaturhinweise bei
Klein 2000, 545). Für den Erwerb lexikalischer Einheiten nimmt man keinen Alterseinfluss an (vgl. ebd.).

In der Forschungsliteratur werden weiterhin – neben dem **Unterricht** –
folgende nicht-linguistische Einflussfaktoren aufgeführt: **Einstellung und
Motivation**, **Sprachbegabung**, **Lernstil** und **Persönlichkeitsmerkmale**
der LernerInnen (vgl. Lallemann 1996, 25 ff.). Die Untersuchung dieser
Einflüsse ist allerdings mit erheblichen methodischen Problemen verbunden; Ergebnisse liegen bisher kaum vor.

2.3 Die Differenzierung des Lexikons im bilingualen Erstspracherwerb

Eine der zentralen Fragen der linguistischen Forschungen[21] zum bilingualen Erstspracherwerb – in der Literatur auch als ›doppelter‹ oder ›simulta-
ner‹ Erwerb zweier (oder mehrerer) Sprachen bezeichnet – ist, ab welchem
Zeitpunkt bilinguale Kinder ihre Sprachen trennen können (einen detaillierten Überblick mit ausführlichen Literaturhinweisen geben Tracy/
Gawlitzek-Maiwald 2000). Sie wird in erster Linie im Hinblick auf die
konzeptuelle Trennung der Grammatiksysteme sowie der angemessenen
Sprachwahl im jeweiligen Diskurszusammenhang gestellt, wobei der Entwicklung des Lexikons eine besondere Bedeutung zukommt. Diskutiert
wird die Hypothese, »dass bilinguale Kinder ungeachtet des doppelten
Sprachangebots zunächst ein einziges, undifferenziertes Kenntnissystem
ausbilden« (ebd., 510), sie also anfangs nicht im eigentlichen Sinne bilingual sind. Im Mittelpunkt der Diskussion steht seit 20 Jahren das Modell von
Volterra/Taeschner (1978), wonach die Systemtrennung innerhalb der ersten drei Lebensjahren in drei Phasen erfolgt: In einer ersten Phase, die der
Einwortphase entspricht, werden die Wörter beider Zielsprachen einem
gemeinsamen Lexikon zugeordnet; charakteristisch ist das Fehlen lexikalischer Äquivalente, d. h. ein Wort erscheint immer nur in einer der beiden
Sprache. In einer zweiten Phase erfolgt die Teilung des Lexikons, was aus

---

[21] Die Auswirkungen des bilingualen Erstspracherwerbs auf ein Individuum sind seit jeher auch außerhalb der Sprachwissenschaft ein wichtiges Thema: Vor- und Nachteile
einer frühen Mehrsprachigkeit werden unter sozialem, politischem, kognitivem und
emotionalem Aspekt diskutiert (vgl. z. B. Kielhöfer/Jonekeit 1983, 9 f.).

dem Auftreten von Übersetzungsäquivalenten gefolgert wird; weiterhin ist
aber nur ein grammatisches Regelystem vorhanden. In den inzwischen
produzierten Mehrwortäußerungen kommen häufig Mischäußerungen vor,
z. B. auf der Ausspracheebene. Die Ausbildung differenzierter syntaktischer
Systeme erfolgt erst in einer dritten Phase.

Dieses Modell wurde in den letzten Jahren in empirischer[22], methodischer
und theoretischer Hinsicht heftig kritsiert (vgl. hierzu Tracy/Gawlitzek-
Maiwald, 510 ff.). Insbesondere die Annahme des Verzichts auf Über-
setzungsäquivalente in der Anfangsphase ist inzwischen durch andere Studien widerlegt: Bilinguale Kinder beginnen sogar sehr früh mit deren Erwerb, und der Anteil am Gesamtwortschatz nimmt kontinuierlich zu (vgl.
Deuchar/Quay 2000; Quai 1995).[23] Das Phänomen der Übersetzungs-
äquivalente ist auch unter theoretischem Aspekt für den Aufbau des kindlichen Lexikons von großem Interesse. Neben anderen Prinzipien spielt
das sog. Kontrastprinzip hierbei eine große Rolle (vgl. z. B. Clark 1987). Es
besagt, dass Kinder von formalen Unterschieden auf unterschiedliche Bedeutungen bzw. Referenten schließen. Für bilinguale Kinder entsteht dadurch ein Konflikt: »[...] weil das Kind aufgrund des Kontrastprinzips keine
Synonymie erwartet, wird es aufgrund positiver Evidenz (dem doppelten
Sprachangebot im Input, gekoppelt mit Hinweis auf identische Referenz)
mit einem Problem konfrontiert, das seine Erwartung ständig in Frage stellt«
(Tracy/Gawlitzek-Maiwald 2000, 517). Diesen Konflikt kann das Kind kon-
struktiv nutzen, um die beiden Sprachen erfolgreich zu trennen (vgl. ebd.).
Der Lexikonerwerb bilingualer Kinder scheint sich zumindest z. T. von
dem monolingualer zu unterscheiden. Bilinguale Kinder sind eher bereit,
auch innerhalb einer Sprache Äquivalente zu akzeptieren (vgl. Tracy/
Gawlitzek-Maiwald 2000, 517). Betrachtet man den Erwerbsverlauf bilingualer und monolingualer Kinder in seiner Gesamtheit, geht man heute

---

[22] Empirische Grundlage der Studie von Volterra/Taeschner (1978) sind die Daten ihrer
beiden eigenen Kinder, die mit Deutsch und Italienisch aufwuchsen. Die Sprachentwicklung wurde durch Tagebucheinträge und unregelmäßige Videoaufnahmen (30
Minuten pro Monat) erfasst. Der vergleichbaren Erwerbsstudie von Deuchar/Quai
(2000) liegen Daten (eines Kindes) aus 60 zweistündige Videoaufnahmen, die zweimal
pro Woche erfolgten und zusätzlichen täglichen Tagebucheinträgen zugrunde. Aufgrund der Vielzahl kontextueller Faktoren sind Fallstudien zum bilingualen Erstspracherwerb starker Kritik ausgesetzt.

[23] Das von Deuchar/Qai (2000) untersuchte Kind (englisch-spanisch aufwachsend) ver-
fügte von Sprachbeginn an über lexikalische Äquivalente, deren Anteil am Gesamtwortschatz ständig stieg; im Alter von 1;10 betrug der Anteil 44 % (146 Wörter; vgl.
ebd., 58).

von einer relativen Gleichheit aus. Es kommt weder im Bereich des Lexikons, noch der Phonologie oder der Syntax zu Verzögerungen. Auch der
Sprechbeginn verschiebt sich nicht.

3. Das Lexikon im gesteuerten Zweitsprachenerwerb

3.1 Die Entwicklung des zweitsprachlichen Lexikons

Wenn wir im Fremdsprachenunterricht ein neues Wort lernen, erfassen
wir zumeist nur einen Teil der dazugehörigen Informationen. Durch die
nach bestimmten didaktischen Kriterien ausgewählten bzw. konzipierten
Texte erhalten wir nur einen begrenzten Input. So ist bei mehrdeutigen
Wörtern durch einen vorgegebenen Kontext meist nur eine Bedeutung erschließbar: z. B. ›Schloss‹ des englischen Wortes *castle*, aber nicht ›Turm im
Schachspiel‹. Auch die morphologischen Informationen eines Wortes sind
nicht von Lernbeginn an vollständig zugänglich; z. B. erscheint in Texten
zunächst nur das Tempus Präsens mit den entsprechenden Konjugations-
formen. Außerdem kann es passieren, dass wir ein bereits gelerntes Wort
zu einem späteren Zeitpunkt wieder vergessen haben. Als Fremdsprachen-
lernerIn haben wir oft über einen langen Zeitraum ein lückenhaftes, insta-
biles und sich permanent veränderndes lexikalisches Wissen (vgl. Börner/
Vogel 1994b). Die sich daraus ergebenden Konsequenzen für die Modellierung des sog. mentalen Lexikons, des ›Speichers‹ der Wörter ›im Geist‹
(vgl. dazu den Beitrag von Jürgen Dittmann in diesem Band), stehen im
Mittelpunkt der seit den 80er Jahren von den Fragestellungen der
Psycholinguistik beeinflussten Forschungen zum fremdprachlichen Vokabularerwerb.[24] Sie beziehen Forschungsergebnisse zum bilingualen Lexikon sowie zur bilingualen Sprachproduktion ein.[25]

---

[24] Davor wurde der gesteuerte Erwerb des zweitsprachlichen Lexikons hauptsächlich im
Hinblick auf Lernbedingungen untersucht: welche Faktoren Einfluss nehmen auf den
Lernprozess und mit welchen Methoden Vokabeln effizient gelernt werden können
(vgl. dazu den folgenden Abschnitt 3.2).

[25] Die Fragestellungen der psycholinguistisch orientierten Bilingualismusforschung deck-
en sich z. T. mit denen des L2-Lexikonerwerbs; während allerdings die Zielsetzung
ersterer die (statische) Beschreibung der Organisation des Lexikons bei Zwei- bzw.
Mehrsprachigen ist (vgl. dazu z. B. die Beiträge in Schreuder/Weltens (1993)), geht es
in der L2-Forschung um das Erfassen der im Erwerbsverlauf ablaufenden Veränderungen des Lexikons.

Das Wissen eines Sprachbenutzers/einer Sprachbenutzerin über die Wörter der von ihm/ihr beherrschten Sprache(n) ist im mentalen Lexikon als Teil des Langzeitgedächtnisses ›gespeichert‹ (vgl. dazu den Beitrag von Jürgen Dittmann in diesem Band, Abschnitt 2.1). Ein Lexikoneintrag in L1 enthält die semantischen, syntaktischen, phonologischen (und orthographischen) sowie morphologischen Informationen einer lexikalischen Einheit (eines einzelnes Worts oder auch einer Phrase). Sie werden zwei Komponenten des Lexikons zugeordnet: dem sog. Lemma, das die Bedeutungsmerkmale und die syntaktischen Informationen (z. B. die Wortart) trägt, sowie dem sog. Lexem, das die Informationen zur Aussprache (und zur Rechtschreibung) und die verschiedenen morphologischen Varianten (z. B. die Deklinationsformen) eines Wortes trägt (vgl. Levelt 1989, 6 f. sowie den Beitrag von Jürgen Dittmann in diesem Band, Abschnitt 3.2 und 3.3). Bei Gebrauch eines Wortes in natürlicher Kommunikation werden die Informationen automatisch aktiviert.[26]

Im Gegensatz zu den Einträgen im L1-Lexikon sind die Lexikoneinträge in L2 zumeist unvollständig. Die Gründe hierfür liegen in den unterschiedlichen Erwerbsprozessen. Während beim L1-Erwerb Kinder durch den stark kontextualisierten Input in der Lage sind, die Informationen vollständig in einen Lexikoneintrag zu integrieren, ist für L2-LernerInnen aufgrund der qualitativen und quantitativen Beschränkung des Inputs in der Unterrichtssituation dies nur schwer möglich. Ein weiterer Unterschied besteht in dem bei L2-LernerInnen bereits etablierten mentalen L1-Lexikon, insbesondere der semantischen Informationen bzw. des konzeptuellen Systems (vgl. dazu den Beitrag von Jürgen Dittmann in diesem Band, Abschnitt 3.2). Dadurch kann das lexikalische Konzept eines L2-Wortes durch Übertragung des (oft nicht deckungsgleichen) L1- Konzeptes erworben werden.

Werden diese Defizite nun im Verlauf des L2-Erwerbsprozesses beibehalten oder lassen sich Entwicklungsprozesse in Richtung einer Annäherung an das L1-Lexikon feststellen? Hierzu hat in jüngster Zeit Jiang (2000) ein Modell vorgestellt, das **drei Phasen der lexikalischen Entwicklung** in L2 unterscheidet. Seine Beschreibungen umfassen sowohl die Repräsentationen zweitsprachlicher lexikalischer Elemente als auch die bei der Sprachverarbeitung in einer Fremdsprache ablaufenden Prozesse; ich werde haupt-

---

[26] Auf das Problem der Definition von automatischen im Unterschied zu kontrollierten Prozessen bei der Sprachverarbeitung kann hier nicht eingegangen werden; vgl. dazu Levelt (1989, 20 ff.).

sächlich auf den ersten Aspekt eingehen (zu den Prozessabläufen vgl. ebd., 55 ff.).

In der **ersten Phase** enthält ein Lexikoneintrag in L2 nur die phonologischen Informationen (und eventuell die orthographischen) zur Wortform, das Lemma ist sozusagen leer (vgl. De Bot 1997, 314). Ein sog. Zeiger (»Pointer«) stellt bei Aktivierung des L2-Wortes eine Verbindung zum L1-Übersetzungsäquivalent her, über das auf die konzeptuelle Ebene zugegriffen wird. Die semantischen, syntaktischen und morphologischen Informationen können für den Lerner/die Lernerin zwar verfügbar sein – z. B. durch das Lernen expliziter Grammatikregeln zu diesem Wort –, sie sind aber kein integrierter Teil des mentalen Lexikons und werden nicht automatisch aktiviert. Der produktive Gebrauch von L2-Wörtern ist in dieser Phase sehr mühsam, da der Zugriff nicht direkt, sondern durch Aktivierung des L1-Lexikoneintrags erfolgen muss. Verursacht wird dies durch die Unterrichtssituation: Um sich die Wörter zu merken, richten L2-LernerInnen ihre Aufmerksamkeit auf die (unbekannten) Formaspekte, während die Bedeutung entweder durch Übersetzung in L1 oder durch vorgegebene Definitionen gelernt werden – und nicht durch selbständiges Erschließen aus dem Kontext (vgl. Jiang 2000, 50).

Mit zunehmender Erfahrung in L2 entwickeln sich stärkere Verbindungen zwischen L2-Wörtern und ihren Übersetzungsäquivalenten in L1, so dass beim Gebrauch des L2-Wortes die L2-Wortform zusammen mit den Informationen des L1-Lemmas aktiviert wird. Die **zweite Phase** ist erreicht, wenn die Informationen des L1-Lemmas, also die semantischen und syntaktischen Informationen, in den L2-Lexikoneintrag kopiert sind. Dadurch kann der Zugriff auf das L2-Wort sowohl beim produktiven als auch beim rezeptiven Gebrauch direkt erfolgen, so dass ein hohes Maß an Automatisierung erreicht werden kann (vgl. ebd., 56). Die morphologischen Informationen fehlen weiterhin, da sie aufgrund ihrer Sprachspezifik nicht übertragen werden können. Ein weiteres Charakteristikum dieser Phase ist die schwache Verbindung zwischen der lexikalischen Einheit und der konzeptuellen Repräsentation (vgl. De Groot 1992), was auf eine noch nicht vollständige Integration der Lemma-Informationen hinweist (vgl. Jiang 2000, 52). Auf dieser Stufe fossilieren viele LernerInnen, d. h. ihr Lexikon entwickelt sich nur noch quantitativ weiter.[27]

---

[27] Für das Phänomen der Fossilierung, das auch im ungesteuerten L2-Erwerb zu beobachten ist (vgl. Abschnitt 2.2.2), gibt es noch keinen zufriedenstellenden Erklärungsansatz (vgl. dazu Ellis 1994, 604 f.).

In der **dritten Phase** schließlich sind die semantischen, syntaktischen und morphologischen Spezifika eines L2-Worts vollständig entschlüsselt und als Informationen im lexikalischen Eintrag enthalten. Sowohl die Repräsentationen der lexikalischen Einheiten als auch die beim Sprachgebrauch ablaufenden Prozesse sind damit in L2 nahezu identisch mit L1.

Das Modell basiert auf Daten und Ergebnissen aus Untersuchungen zum bilingualen Lexikon (vgl. die Zusammenstellung bei Jiang, ebd., 58 ff.); zur Überprüfung bedarf es weiterer empirischer Forschung. Außerdem sind nicht alle Aspekte des Vokabularerwerbs berücksichtigt. So gelten die Aussagen (wie in den meisten Arbeiten zum fremdsprachlichen Vokabularerwerb) nur für die sog. Inhaltswörter wie Nomen, Adjektive u. a., nicht aber für die sog. Funktionswörter wie Präpositionen, Konjunktionen u. a. Zudem ist zu beachten, dass das Modell nur die Entwicklungsphasen beschreibt, die ein spezifisches Wort durchläuft und nicht die Entwicklung der lexikalischen Kompetenz einer individuellen Lernerin/eines individuellen Lerners. Auch hier besteht noch Klärungsbedarf.

3.2 Lexikalische Kompetenz

Was bedeutet es, ein Wort gelernt zu haben? In vielen empirischen Studien zum fremdsprachlichen Vokabularerwerb wird der Lernerfolg daran gemessen, ob ein Wort (oder seine Bedeutung) wiedererkannt oder wiedergegeben werden kann. Zur Überprüfung dienen u. a. Aufgabenstellungen wie Übersetzen des L2-Wortes in L1 oder Auffinden von Synonymen (vgl. z. B. Ellis/Beaton 1993). Die lexikalische Kompetenz einer individuellen Lernerin/eines individuellen Lerners wird dann durch den prozentualen Anteil der erfolgreich wiedergegebenen Wörtern an den insgesamt neu zu lernenden Wörtern bestimmt.[28]

Eine erweiterte Definition von lexikalischer Kompetenz liegt Arbeiten zugrunde, die Kompetenz im Sinne von umfangreichem lexikalischem Wissen über ein Wort beschreiben (vgl. z. B. Nation 1990). Das bedeutet, dass LernerInnen nur dann erfolgreich ein Wort gelernt haben, wenn sie neben

---

[28] Nicht berücksichtigt wird durch die Art der Aufgabenstellung, dass LernerInnen in der Regel einen viel größeren passiven als aktiven Wortschatz haben; letzteren benötigen sie z. B. beim freien Schreiben (vgl. Laufer 1998).

der Form und Bedeutung auch die Regeln für dessen adäquaten situativen Gebrauch sowie die Selektionsbeschränkungen[29] kennen.

Eine dritte Definitionsmöglichkeit ergibt sich durch Zugrundelegung des Kriteriums der Automatisierung lexikalischer Prozesse. Mit Hilfe von Reaktionszeitmessungen wird wie bei psycholinguistischen Experimenten zur Worterkennung der Grad der Automatisierung und damit auch die Stufe der lexikalischen Kompetenz ermittelt (vgl. z. B. Kempe/MacWhinney/ Bates 1996).

Von Jiang (2000) wird auf der Grundlage seines im vorigen Abschnittes vorgestellten Modells zur Entwicklung des L2-Lexikons eine vierte Definition vorgeschlagen. Ein L2-Wort gilt dann als gelernt, wenn das semantische, syntaktische, morphologische und phonologische/orthographische Wissen in einem lexikalischen Eintrag im mentalen Lexikon integriert ist und in natürlicher Kommunikation automatisch abgerufen werden kann (vgl. ebd., 65 f.). Wichtigstes Kriterium für die Bestimmung der lexikalischen Kompetenz ist die Integration in den lexikalischen Eintrag; nicht integrierte lexikalische Informationen, die LernerInnen bewusst zugänglich sind, werden **lexikalisches Wissen** genannt.

Von jeder der vier Definitionen werden wichtige Aspekte der fremdsprachlichen Lexikonentwicklung aufgezeigt. Aus psycholinguistischer Sicht erscheint Jiangs Definition am plausibelsten. Sie lässt aber die Frage offen, wie in der Empirie zwischen lexikalischer Kompetenz und lexikalischem Wissen unterschieden werden kann. Auch für die Entwicklung von Tests zur Bestimmung der lexikalischen Kompetenz in der Unterrichtspraxis scheint der Ansatz wenig praktikabel. Es lassen sich aber Folgerungen für effizientes Lernen von Vokabeln ableiten, auf die in dem folgenden Abschnitt eingegangen wird.

3.3 Lerntechniken

Wie lernt man am besten Vokabeln? Gehen wir von der im vorigen Abschnitt eingeführten Definition Jiangs (2000) der lexikalischen Kompetenz aus, ist die Erschließung von Wörtern aus dem Kontext die effizienteste Lerntechnik. Vor allem beim Lesen kann durch Inferieren, also durch Ein-

---

[29] Darunter werden Beschränkungen verstanden, die festlegen, mit welchen anderen Wörtern ein Wort in Sätzen sinnvoll kombiniert werden kann; vgl. dazu den Beitrag von Jürgen Dittmann in diesem Band, Abschnitt 3.2.

beziehen außersprachlichen Wissens, die Bedeutung unbekannter L2-Wörter entschlüsselt werden. Die Technik fördert den Erwerb semantischer Informationen und sorgt damit für eine Stabilisierung des Lexikoneintrags auf der Lemma-Ebene (vgl. Abschnitt 3.1). Außerdem minimiert sie die Neigung von L2-LernerInnen, ein unbekanntes L2-Wort in L1 zu übersetzen. Der Technik des Erschließens, auch als **indirektes Lernen** bezeichnet, wird sowohl in der Zweitsprachenforschung als auch in der Fremdsprachendidaktik die größte Aufmerksamkeit geschenkt (vgl. dazu den Überblick von Scherfer 1993). Ihre Effizienz wurde z. B. in einer Studie von Krantz (1991) zu Lesestrategien in L2 nachgewiesen. Die an den Experimenten teilnehmenden StudentInnen hatten allein durch das Lesen der vorgegebenen Texte ihren Wortschatz vergrößert; sie lernten auf diese Weise sogar mehr Wörter als durch Zuhilfenahme eines Wörterbuches. Eine besondere Bedeutung kommt bei dieser Technik dem Kontext zu, in dem die zu lernenden Wörter präsentiert werden. Er muss nicht nur eindeutige Hinweise auf die Entschlüsselung der unbekannten Bedeutung des L2-Wortes liefern, sondern auch auf die Erschließung der Syntaxinformationen. Da gerade letztere oft sehr komplex sind (z. B. die Valenz von Verben), sind mehrere ›typische‹ Kontexte nötig, die authentische Texte in der Regel nicht bieten (vgl. Scherfer 1993, 1143 f.). Weil LernerInnen insbesondere in der Anfangsphase überfordert sind oder falsche Schlüsse ziehen, wird in manchen Arbeiten empfohlen, neue Wörter zunächst mit ihren Übersetzungsäquivalenten anzugeben und erst nach Erwerben einer Grundkompetenz das indirekte Lernen anzuwenden (vgl. z. B. ebd., 1149).

Weitere Techniken sind das ›klassische‹ **Lernen in Wortlisten** (mit Übersetzungsäquivalenten oder zielsprachlichen Paraphrasierungen) sowie die **Schlüsselwortmethode**. Letztere zählt zu den bekanntesten Mnemotechniken und wird häufig als effiziente Technik propagiert (vgl. z. B. Ellis/ Beaton 1993). Sie funktioniert folgendermaßen: Das zu lernende L2-Wort bzw. seine Bedeutung soll mit einem L1-Wort über eine ›Eselsbrücke‹, also assoziativ in ein mentales Bild umgesetzt werden. Z. B. wird das englische Wort *salient* (›wichtig‹, ›bedeutend‹) mit dem deutschen (L1-)Wort *Salz* an die Assoziation ›Salz ist wichtig‹ gekoppelt.

Unabhängig von den angewandten Techniken beeinflussen beim Lernen von Vokabeln in Unterrichtssituationen die bereits für den ungesteuerten Erwerb aufgeführten Faktoren wie Erstsprache, Motivation u. a. (vgl. Abschnitt 2.2.3) den Erwerbsprozess. In diesem Zusammenhang wird auch die Bedeutung der (individuellen) Arbeitsgedächtniskapazität für den Lernerfolg diskutiert (vgl. hierzu den Überblick von Dittmann/Schmidt 1998).

4. Literatur

*Appel, René (1996): »The lexicon in second language acquisition«, in: Jordens/Lallemann (Hg.), 381–403.

Börner, Wolfgang/Vogel, Klaus (Hg.) (1994a): *Kognitive Linguistik und Fremdsprachenerwerb: das mentale Lexikon,* Tübingen: Narr.

Börner, Wolfgang/Vogel, Klaus (1994b): »Mentales Lexikon und Lerner-sprache«, in: Börner/Vogel (Hg.) (1990a), 1–18.

Broeder, Peter, Guus, Extra, Van Hout, Roland (1993): »Richness and variety in the developing lexicon«, in: Perdue (Hg.) (1993), 145–163.

Chomsky, Noam (1965): *Aspects of the theory of syntax,* Cambridge, Mass.: MIT Press.

Chomsky, Noam (1995): *The minimalist program,* Cambridge, Mass.: MIT Press.

De Bot, Kees/Paribakht, T. Sima/Wesche, Marjorie Bingham (1997): »Toward a lexical processing model for the study of second language vocabulary acquisition: Evidence from ESL reading«, in: *Studies in Second Language Acquisition* 19, 309–329.

De Groot, Annette (1992): »Bilingual lexical representation: A closer look at conceptual representations«, in: *Orthography, Phonology, Morphology and Meaning,* hg. von Ram Frost, Amsterdam: Elsevier, 389–412.

Clarc, Eve V. (1987): »The principle of contrast: a constraint on language acquisition«, in: *Mechanism of language acquisition,* hg. von Bates McWhinney, Hillsdale, N. J.: Erlbaum, 1–33.

Deuchar, Margaret/Quai, Suzanne (2000): *Bilingual acquisition. Theoretical implications of a case study,* Oxford: Oxford University Press.

Dietrich, Rainer (1989): »Communicating with a few words. An empirical account of the second language speaker's lexicon«, in: *Language processing in social context,* hg. von Rainer Dietrich, Amsterdam: North Holland, 233–276.

Dittmann, Jürgen/Schmidt, Claudia (1998): »Verbales Arbeitsgedächtnis, Lernen und Fremdsprachenerwerb. Ein Forschungsüberblick«, in: *Deutsche Sprache* 26, 304–336.

Dulay, Heidi/Burt, Marina/Krashen Stephen D. (1982): *Language two,* New York: Oxford University Press.

Ellis, Nick C./Beaton, Alan (1993): »Psycholinguistic determinants of foreign language vocabulary«, in: *Language Learning* 43, 559–617.

Ellis, Rod (1990): *Instructed Second Language Acquisition,* Cambridge, Mass.: Basil Blackwell.

Ellis, Rod (1994): *The study of second language acquisition*, Oxford: Oxford University Press.

Hazenberg, Suzanne/Hulstijn, Jan (1996): »Defining a minimal receptive second language language vocabulary for non-native university students: An empirical investigation«, in: *Applied Linguistics* 17, 145–163.

*Jiang, Nan (2000): »Lexical representation and development in a second language«, in: *Applied Linguistics* 21, 1, 47–77.

Jordens, Peter (1997): »Introducing the Basic Variety«, in: *Second Language Research* 13, 289–300.

Jordens, Peter (2001): »Constraints on the shape of second language learner varieties«, in: *IRAL* 39, 51–74.

Jordens, Peter/Lalleman, Jeanette (Hg.) (1996): *Investigating second language acquisition. A textbook of second language research*, Dordrecht: Mouton de Gruyter.

Kempe, Victor/MacWhinney, Brian/Bates, Elisabeth (1996): »The crosslinguistic assessment of foreign language vocabulary learning«, in: *Applied Psycholinguistics* 17, 149–183.

Kielhöfer, Bernd/Jonekeit, Sylvie (1993): *Zweisprachige Kindererziehung*, 8. Aufl., Tübingen: Stauffenberg Verlag.

*Klein, Wolfgang (1984): *Zweitspracherwerb. Eine Einführung*, Königstein/Ts.: Athenäum Verlag.

Klein, Wolfgang (2000): »Prozesse des Zweitspracherwerbs«, in: *Sprachentwicklung. Enzyklopädie der Psychologie. Sprache*, Bd. 3, hg. von Hannelore Grimm, Göttingen etc.: Hogrefe, 537–570.

Klein, Wolfgang/Perdue, Clive (1997): »The Basic Variety (or: Couldn't natural languages be much simpler?)«, in: *Second Language Research* 13, 301–347.

Kotsinas, Ulla-Britt (1983): »On the aquisition of vocabulary in immigrant Swedish«, in: *Förhandlinger vid conference on psycholinguistics and foreign language learning*, hg. von Håkan Ringbom, Åbo: Åbo akademie, 75–100.

Krantz, Gösta (1991): *Learning vocabulary in a foreign language. A study of reading strategies*, Göteborg: Acta Universitatis Gothburgensis.

Krashen, Stephen D. (1981): *Second language acquisition and second language learning*, Oxford: Pergamon Press.

Krashen, Stephen D. (1982): *Principles and practice in second language acquisition*, Oxford: Pergamon Press.

Krashen, Stephen D. (1985): *The Input Hypothesis: Issues and implications*, London: Logman.

*Lallemann, Josine (1996): »The state of the art in second language research«, in: Jordens/Lallemann (Hg.) (1996), 3–70.

Laufer, Batia (1992): »The development of passive and active vocabulary in a second language: same or different?«, in: *Applied Linguistics* 19, 255–271.

Lenneberg, Eric (1996): *Biologische Grundlagen der Sprache*, übers. von Friedhelm Herboth (Original 1967), Anh.: »Die Formale Natur der Sprache«, Noam Chomsky et al., 3. Aufl., Frankfurt am Main: Suhrkamp.

Levelt, Willem J. M. (1989): *Speaking*, Cambridge, Mass; London: MIT Press.

Lutjeharms, Madeline (2000): »Wortschatzerwerb beim autonomen Lernen: Normen der Lernenden bei der Wortwahl«, in: *Normen im Fremdsprachenunterricht*, hg. von Wolfgang Börner/Klaus Vogel, Tübingen: Narr, 203–227.

MacLaughlin, Barry (1987): *Theorie of second-language learning*, London: Edward Arnold.

O'Malley, J. Michael/Chamot, Anne/Walker, Carol (1987): »Some implications of cognitive theory to second language acquisition«, in: *Studies in Second Language Acquisition* 9, 287–306.

Meara, Paul (1989): »Models of the lexicon in English and other funny languages«. in: *Toegepaste Taalwetenschap in Artikelen* 34, 7–12.

Nation, Paul (1990): *Teaching and learning vocabulary*, New York: Heinle and Heinle.

Perdue, Clive (Hg.) (1993): *Adult language acquisition: cross-linguistic perspectives. Volume 1, Field methods*, Cambridge: University Press.

Qai, Suzanne (1995): »The bilingual lexicon: Implications for studies of language choice«, in: *Journal of Child Language* 22, 360–387.

Scherfer, Peter (1993): »Indirect L2-vocabulary learning«, in: *Linguistics* 31, 1141–1153.

Schreuder, Robert/Weltens, Bert (Hg.) (1993): *The bilingual lexicon*, Amsterdam: John Benjamins.

Schuhmann, John H. (1990): »Extending the scope of the Acculturation/Pidginization model to include cognition«, in: *TESOL Quarterly* 24, 667–684.

Selinker, Larry (1972): »Interlanguage«, in: *International Review of Applied Linguistics* 10, 209–231.

Tracy, Rosemarie/Gawlitzek-Maiwald, Ira (2000): »Bilingualismus in der frühen Kindheit«. in: *Sprachentwicklung. Enzyklopädie der Psychologie. Sprache*, Band 3, hg. von Hannelore Grimm, Göttingen etc.: Hogrefe, 495–535.

Volterra, Virginia/Taeschner, Traute (1978): »The acquisition and development of language by bilingual children«, in: *Journal of Child Language* 5, 311–326.

Gerhard Blanken

Fehlende Wörter. Pathologische Störungen der Einzelwortverarbeitung

1. Einleitung

Störungen im Gebrauch lexikalischen Wissens gehören zu unterschiedlichen entwicklungsbedingten oder erworbenen Formen von Sprachstörungen. Im Verlauf dieses Aufsatzes werde ich mich nur auf die sog. aphasischen Sprachstörungen beziehen, die als Folge von Hirnverletzungen (z. B. Schlaganfällen) auftreten können. Praktisch alle von Aphasie betroffenen PatientInnen leiden neben anderen möglichen Symptomen unter der pathologisch eingeschränkten Fähigkeit, Wörter zu gebrauchen.

Die primäre Motivation, sich mit den aphasischen Sprachstörungen auseinander zu setzen, kann sehr unterschiedlich sein. Sie kann z. B. diagnostische und therapeutische Ziele betreffen, sie kann sich auf die biologischen Grundlagen der menschlichen Sprache beziehen, sie kann die psychosoziale und kommunikative Situation in den Blick nehmen, oder sie kann sich auf die kognitive Ebene der sprachlichen Informationsverarbeitung und ihrer Störungen richten. Wir werden im Rahmen dieses Aufsatzes die letztere Perspektive einnehmen.

2. Störungen des Wortzugangs bei Sprachgesunden

Wer kennt sie nicht, die peinliche Situation, einem Bekannten gegenüberzutreten, jedoch will sich der Name des Gegenübers partout nicht einstellen, oder die Prüfungssituation, wo der entscheidende Terminus nicht abrufbar ist, der schlagartig das erworbene Wissen demonstrieren könnte? Wir alle sind, mehr oder weniger häufig, davon betroffen, dass Wörter oder Namen momentan nicht abrufbar sind, obwohl wir glauben, sie von ihrer Bedeutungs- oder Referenzseite her verfügbar zu haben. Neben diesen sporadisch auftretenden Wortfindungsstörungen, also Situationen, in denen die momentane Lücke in unserem Vokabular bewusst erlebbar ist, produzieren wir gelegentlich auch falsche Wörter, die zum Teil sogar von der Sprecherin bzw. vom Sprecher unbemerkt bleiben. Hier fehlen nicht Wörter schlechthin, sondern hier fehlen die richtigen oder passenden Wörter, und andere Wörter, sog. Versprecher, drängen sich vor.

Sind die oben genannten Phänomene wie Wortfindungsstörungen oder Versprecher bereits Symptome einer Krankheit? Gott sei Dank sind sie es nicht, obwohl Sigmund Freud den Begriff der Alltagspathologie in diesem Zusammenhang benutzt hat. Er hat damit aber weder gemeint, dass wir uns nur alltags versprechen, noch dass wir wirklich in ärztliche Obhut gehören, sondern dass dieses Leiden uns alle immer und überall befallen kann, so dass wir es getrost als normal betrachten können (vgl. den Beitrag von Jürgen Dittmann in diesem Band, Abschnitt 2.1).

Der menschliche Sprachprozessor ist ein bewundernswertes System. Nach Levelt (1999) hat er Zugriff auf über 50 000 lexikalische Einträge (bei einem gebildeten Erwachsenen) und kann etwa 120–150 Wörter/Min. hervorbringen. Dies entspricht 6 000–8 000 Silben/Min. bzw. 14–16 Phonemen/Sek. Dabei werden über 100 Muskeln des Artikulationssystems angesteuert. Und doch machen wir durchschnittlich nicht mehr als ein oder zwei Fehler pro 1 000 Wörter. Dies ist eine großartige Leistung, aber perfekt ist das gesunde mentale Sprachsystem nicht. Sich diesen Umstand bewusst zu machen, ist die beste Voraussetzung, wenn man sich den wirklichen pathologischen Erscheinungen im Bereich der Sprachverarbeitung zuwenden will. Denn viele dieser Symptome, wenn auch nicht alle, ähneln jenen Erscheinungen, die wir an uns selbst in Form von Versprechern und anderen Fehlleistungen beobachten können.

3. Die pathologische Seite: Was sind aphasische Sprachstörungen?

In Deutschland entwickeln jedes Jahr neu über 20 000 Menschen eine aphasische Sprachstörung als Folge eines Schlaganfalls. Schlaganfälle werden ausgelöst durch akute Durchblutungsstörungen in der sprachdominanten, meist linken Hirnhälfte. In der Regel ist bei Aphasie die mittlere Hirnarterie bzw. deren Äste betroffen. Gefäßverengungen bzw. -verschlüsse bilden die häufigste Ursache von Schlaganfällen. Eine zweite Ursache bilden die cerebralen Blutungen als Folge aufgerissener, geplatzter Gefäße. Hält die unzureichende Durchblutung länger als etwa sechs Stunden an, kommt es zum unwiederbringlichen Untergang des betroffenen Zellgewebes und der jeweils damit verknüpften Funktionen. Da Aphasien oft über viele Jahre bestehen bleiben, ist die Gruppe der SchlaganfallpatientInnen mit Aphasie insgesamt ein vielfaches größer als die o. g. Zahl der jährlich Neubetroffenen. Etwa 20 % aller Aphasien entstehen darüber hinaus auf Grund anderer Hirnerkrankungen bzw. -verletzungen (z. B. Tumore, Schädel-Hirn-Traumata, Enzephalitiden, umschriebene neurodegenerative Prozesse). Auch PatientInnen mit allgemeineren kognitiven Abbauprozessen (z. B. bei Alzheimer-Demenz) können im sprachlichen Bereich Symptome zeigen, die an Aphasien erinnern, sollten jedoch gesondert betrachtet werden.

Was ist eine Aphasie? Aphasie ist eine durch Hirnverletzung erworbene Kommunikationsstörung, die aus der Beeinträchtigung zentraler Sprachverarbeitungsfunktionen resultiert. Erworbene Aphasien müssen unterschieden werden von den Formen entwicklungsbedingter kindlicher Sprachstörungen. Die meisten AphasikerInnen befinden sich in ihrer zweiten Lebenshälfte und waren bis zum Erwerb der Aphasie sprachlich unauffällig. Aphasien können zwar schon im Kindesalter (z. B. bei Gefäßmissbildungen oder Traumata) vorkommen, sind jedoch glücklicherweise selten. Im Mittelpunkt der aphasischen Störung stehen die vormals intakten Leistungen und Teilleistungen, auf denen die Produktion und Rezeption gesprochener Sprache basiert. Viele dieser Leistungen lassen sich linguistisch beschreiben (z. B. semantisch, lexikalisch, syntaktisch, morphologisch, phonologisch). Aphasische Beeinträchtigungen treten nicht nur in quasi natürlichen Kommunikationssituationen auf, sondern auch in spezielleren Situationen (z. B. Therapie- und Testsituationen) und bei spezifischen Aufgaben (z. B. Reimaufgaben, Sprachspiele). Die Schädigungen des sprachlichen Systems können relativ global sein, d. h. viele sprachliche Leistungen parallel betreffen, sie können sich aber auch nur schwerpunktartig auf spezifische Teilleistungen erstrecken und andere weitgehend verschonen. Aphasien sind Sprach-, keine Sprech- bzw. Artikulationsstörungen. Letztere können jedoch Aphasien begleiten (z. B. Dysarthrien/Dysarthrophonien und Sprechapraxien). Da Aphasien relativ zentrale Instanzen der Ver- und Entschlüsselung sprachlicher Informationen betreffen, sind in der Regel die mit der Lautsprache verkoppelten Aspekte von Lese- und Schreibleistungen ebenfalls in Mitleidenschaft gezogen. Erworbene Störungen des Lesens bzw. Schreibens werden als ›Alexien‹ bzw. ›Agraphien‹ (manchmal auch ›Dyslexien/Dysgraphien‹) bezeichnet. Letztere können jedoch auch relativ unabhängig von Aphasien auftreten, da schriftsprachliche Funktionen bei geübten LeserInnen und SchreiberInnen selbständige Aspekte der Repräsentation umfassen.

Die meisten AphasikerInnen leiden sehr unter ihren eingeschränken Möglichkeiten zu kommunizieren. Oft weichen sie auf non-verbale Mittel der Kommunikation aus, in die Schriftsprache (falls möglich), oder es gelingt ihnen, ihre Kommunikationsinhalte zu einem späteren Zeitpunkt besser zu übermitteln. Deshalb ist anzunehmen, dass die meisten aphasischen PatientInnen in ihrer Fähigkeit, kommunikative Motive, Ziele oder Intentionen rational zu verfolgen, nicht oder wenig beeinträchtigt sind. Pragmatische Abweichungen (im Sinne von dialogisch inadäquatem Verhalten) können vorkommen, sind jedoch meist durch vorangegangene Fehler im Sprachverständnis erklärbar. Normale Leistungen im non-verbalen Teil von Intelligenztests sind mit der Diagnose von Aphasie durchaus vereinbar.

Aphasien lassen sich am ehesten als Beeinträchtigungen in der Effizienz der Sprachverarbeitung beschreiben. Ein wirklicher Verlust sprachlicher Kenntnisse kann nicht sicher nachgewiesen werden. Erkennbar sind Störungen, die sich an der sprachlichen Oberfläche in Fehlern, Blockaden und einer verlangsamten Sprachverarbeitung manifestieren. Verstummen (Mutismus) kann in der akuten Phase auftreten, insbesondere in den ersten Wochen nach Krankheitsbeginn. Darüber hinaus wird Mutismus bei Aphasie selten berichtet und bildet kein kanonisches aphasisches Symptom der chronischen Phase. Die chronische Phase beginnt etwa 4–6 Monate nach dem auslösenden Ereignis. Anders als in der akuten Phase verbessert sich der sprachliche Status hier oft nur noch unmerklich, wenn keine therapeutischen Maßnahmen erfolgen.

Ein großer Teil der Geschichte der Aphasieforschung (vgl. Tesak 2001) besteht aus der Beschäftigung mit der Frage, ob und wie man Formen von Aphasien unterscheiden kann und damit Syndrome bilden kann, denen

einzelne PatientInnen zugeordnet werden können. Fragen der Syndrom-klassifikation (und andere Fragen wie z. B. des Schweregrades) können heute mit der Anwendung von Aphasietests beantwortet werden. Für den deut-schen Sprachraum liegt der Aachener Aphasie-Test vor (Huber et al. 1983, 1997), dessen Konzeption auch schon in andere Sprachen übertragen wur-de. Eine präzise Beschreibung der Auftretensformen und Ursachen von Aphasien findet man bei Huber et al. (1997) und Wallesch/Kertesz (1993). Ein weiterer Ansatz in der Aphasieforschung, der sich etwa in den letzten 30 Jahren besonders stark entwickelt hat, kann als psycholinguistische Rich-tung bzw. als Richtung der kognitiven Neuropsychologie der Sprache be-zeichnet werden. Dieser Ansatz versteht Aphasien als (manchmal selekti-ve) Störungen in einer Hierarchie kognitiver (d. h. informationsverarbeiten-der) Prozesse vor dem Hintergrund theoretischer Annahmen über die Ar-chitektur und Abläufe ungestörter, normaler Sprachverarbeitung (z. B. in Produktion oder Rezeption). Der zentrale Gesichtspunkt ist, dass Aphasien zwar mehr oder weniger schwer gestörte bzw. veränderte mentale Systeme der Sprachverarbeitung darstellen, keineswegs aber völlig neuartige Syste-me, denn viele der prämorbiden Leistungen können erhalten sein oder nur sehr leicht beeinträchtigt sein. Aphasien bieten somit die Gelegenheit, sprach-liche Leistungen und Teilleistungen im Zustand der Auflösung bzw. Disso-ziation zu studieren, so dass sich einzelne sprachliche Mechanismen als relativ unabhängig von anderen erweisen können. Aber nicht nur für die psycholinguistische Forschung sind Nachweise dieser Art von Interesse. Auch die Diagnostik kann verfeinert werden, wenn PatientInnen nicht nur nach Gruppenzugehörigkeit klassifiziert werden, sondern die sprachliche Symptomatik auf gestörte psycholinguistische Mechanismen der Sprach-verarbeitung zurückgeführt werden kann. Für die Einzelwortverarbeitung steht inzwischen das (rechnergestützte) Instrument LeMo (»Lexikalische Modellorientierte Aphasiediagnostik«) zur Verfügung, welches auf dem sog. Logogenmodell basiert ist (De Bleser et al. 2000).
Im Rahmen des psycholinguistischen Ansatzes richtet sich die Aufmerk-samkeit verstärkt auf einzelne PatientInnen und ihre individuellen Störungs-muster. Statt Assoziationen von Defiziten zeigen zu wollen (z. B. die Symptomkombination A und B gehört zur Gruppe X), ist hier der Nach-weis möglicher Dissoziationen von primärem Interesse (z. B. das Symptom A kann auftreten ohne das Symptom B), und zwar auch auf der Ebene sog. Einzelfallstudien. Voraussetzung für solche Studien ist ein expliziter theore-tischer Hintergrund in Form von Hypothesen zur menschlichen Sprach-verarbeitung.

4. Theoretische Aspekte der menschlichen Spracherzeugung

Die wichtigsten Annahmen moderner Theorien der normalen Sprachproduktion können am einfachsten anhand der Aufgabe, Objekte oder Objektabbildungen (z. B. Tomate oder Möhre) zu benennen, deutlich gemacht werden. Lassen Sie uns zunächst einen Blick auf die Menü-Karte werfen, bevor wir auswählen, welchen der einzelnen Gängen wir uns genauer zuwenden wollen. Die Reihenfolge der Gänge wird uns übrigens sehr interessieren (vgl. Abb. 1).

Praktisch alle Forscher auf diesem Gebiet sind sich darüber einig, dass für den kognitiven Prozess des Bilderbenennens mindestens vier Ebenen unterschieden werden müssen. Da ist zunächst die Ebene der visuellen Verarbeitung des präsentierten Objekts. Die aktivierten visuellen Objektmerkmale müssen ausreichen, um auf einer zweiten Ebene Zugriff zu entsprechenden semantischen Repräsentationen bzw. Konzepten zu erhalten (mitsamt dem dort gespeicherten Wissen über das Objekt). Drittens muss eine Ebene der Aktivierung und Auswahl lexikalischer Repräsentationen (Wörter) angenommen werden. Schließlich ist eine Ebene oder Komponente anzusetzen, die mit der Artikulation, d. h. der Planung und Durchführung sprechmotorischer Bewegungen betraut ist.

Die dritte Stufe wird von manchen Forschern noch einmal unterteilt. Der lexikalische Zugriff erfolgt ihrer Meinung nach in zwei Schritten: dem Lemma-Zugriff, wo syntaktische Informationen z. B. über Wortart und Genus verfügbar werden, und dem Wortform-Zugriff, wo phonologische und morphologische Eigenschaften aktiviert werden. Diese Annahme wird als 2-Stufen-Theorie des lexikalischen Zugriffs bezeichnet und wird z. B. von Levelt vertreten (vgl. insbesondere Levelt et al. 1999). Aktivierte Wortformen werden nach Levelt auf kontext-flexible Weise phonologisch enkodiert, nicht fertig abgerufen.

Damit haben wir die wichtigsten Gänge in unserem Menü kennengelernt. Um die Aufgabe überschaubar zu halten, schlage ich vor, den ersten und letzten Gang in der weiteren Diskussion wegzulassen. Vernachlässigen wir also im weiteren den visuellen Input und den artikulatorischen Output. Vgl. Abb. 1.

Objekt (z. B. Tomate)

- *visuelle Verarbeitung*

{**Semantische Repräsentationen (Konzepte)**}

- *semantische Verarbeitung*

{**Lexikalische Repräsentationen**}

- *Lemma-Zugriff und syntaktische Enkodierung*

- *Wortform-Zugriff und morphophonologische Enkodierung*

{**Artikulationsebene**}

- *Programmierung und Durchführung der Sprechmotorik*

Abb. 1: Ebenen der Produktion von Einzelwörtern beim Objektbenennen

Während unter PsycholinguistInnen relative Einigkeit darüber herrscht, welche Ebenen der Sprachproduktion zu postulieren sind, werden Fragen des zeitlichen Ablaufs der Aktivierung lexikalischer Repräsentationen heftig diskutiert. Im Wesentlichen gibt es drei Lager: Vertreter der **seriellen Theorie** (z. B. Levelt, Garrett, Butterworth) vertreten die Auffassung, dass den lexikalischen Stufen jeweils eine diskrete Verarbeitungsphase entspricht, die durchlaufen und abgeschlossen werden muss, bevor die nächste im Sinne der Hierarchie der Ebenen beginnen kann. Gleichzeitig wird möglichst sparsam umgegangen mit der Annahme der parallelen (d. h. simultanen) Aktivierung von mehreren Einheiten auf den jeweiligen Ebenen. Lexikalische Selektion wird bei Levelt et al. auf der Lemma-Ebene abgeschlossen. Hier endet normalerweise der Wettbewerb lexikalischer Kandidaten (meist Mitglieder eines semantischen Feldes, z. B. *Tomate, Möhre, Lauch* usw.), so dass auf der anschließenden Wortform-Ebene nur das ausgewählte Lemma phonologisch (und gegebenenfalls morphologisch) aktiv wird, also keine parallele Wortform-Verarbeitung stattfindet.
Vertreter **interaktiver Theorien** (z. B. Dell, Harley, Martin, Berg, Schade) glauben, dass die zur Produktion eines Wortes nötige Aktivierung sich über angrenzende Ebenen hinweg ausbreitet (»spreading activation«), und zwar nicht nur im Sinne der Hierarchie der Ebenen, sondern auch durch gegen-

läufigen Aktivationsfluss (Rückkoppelungen). Parallelverarbeitung stellt in diesem Modell auf allen Ebenen den Normalfall dar. Lexikalische Selektion findet somit statt unter dem Einfluss der nächst höheren, aber auch der nächst tieferen Ebene, wobei auf allen Ebenen konkurrierende Planungseinheiten beteiligt sind. Ihre Aktivationsstärke und ihre musterhafte Verfestigung im Zusammenspiel der Ebenen führen im ungestörten Fall zur Auswahl der lexikalischen Zieleinheit.

Die **Kaskadentheorie** (z. B. Riddoch, Humphreys) verfolgt ähnliche theoretische Ziele wie der interaktive Ansatz. Ein wesentlicher Unterschied ist jedoch, dass sie auf die Rückkoppelungsannahme verzichtet. Im Mittelpunkt stehen das Prinzip die Parallelität, also die Möglichkeit der Mehrfachaktivation auf den Ebenen der Sprachverarbeitung, und das Prinzip der sofortigen Weitergabe von Aktivation, d. h. dass jede aktive Einheit – sei sie nun die Zieleinheit oder nicht – die assoziierten Einheiten der folgenden Ebene ansprechen kann. Dies kann zur Folge haben, dass konkurrierende Einheiten schneller die nächste Stufe der Produktion erreichen können als das Zielitem und dass Entscheidungen tendenziell auf eine spätere Stufe »verschleppt« werden. Für die lexikalische Selektion bedeutet dies, dass Vertreter eines Kaskaden-Ansatzes diesen Prozess nicht auf der Lemma-Ebene enden lassen, sondern ihn bis auf die Wortform-Ebene ausdehnen (vgl. Jescheniak/Schriefers 1998 für psycholinguistische Daten zu synonymen Zielwörtern). D. h., nicht Lemmas, sondern die durch sie aktivierten Wortformen fechten den Streit um die Wortauswahl aus.

Übersetzt in unserere oben benutzte Menü-Metapher, könnte man sagen, dass die Vertreter der drei theoretischen Ansätze sich relativ einig sind, was serviert werden soll, aber keineswegs, wie es verzehrt werden soll. Die einen bevorzugen eine strenge Abfolge unabhängiger Gänge. Andere wählen ihre Hauptspeise erst dann aus, wenn gleichzeitig auf die Vor- und Nachspeise zugegriffen werden kann. Wieder andere sehen in Vor- und Hauptspeise nur die nötige Vorbereitung für das krönende Dessert (eine ausführlichere Darstellung der theoretischen Ansätze finden Sie auch in Blanken 1996; 2000).

Welche Theorie hat recht? Nun, die empirische psycholinguistische Forschung ist bemüht, dies zu klären. Dies ist jedoch nicht einfach, denn die Prozesse, die zur Debatte stehen, sind einer direkten Beobachtung nicht zugänglich. Tatsächlich können wir kaum introspektive Angaben über den Prozess zwischen Bildvorgabe und lexikalischer Selektion machen (der nach Levelt et al. 1999 in der Regel nach nur 275 ms abgeschlossen ist). Vielleicht können jedoch – neben psycholinguistischen Studien an Gesunden –

auch neurolinguistische Beobachtungen, die an PatientInnen mit Wortzu-
gangsproblemen gemacht werden, helfen, den kurzen Prozess der Wortwahl besser auszuleuchten. Einige pathologische Phänomene, die hier eine
Rolle spielen können, sollen im Folgenden vorgestellt werden.

5. Aphasische Fehlertypen beim Wortzugriff

Praktisch alle AphasikerInnen haben Probleme bei der Produktion von
einzelnen Wörtern. Diese Probleme können ganz im Vordergrund stehen,
wie bei den sog. amnestischen AphasikerInnen (auch anomische AphasikerInnen genannt), deren Hauptsymptom der gestörte lexikalische Abruf
(Wortfindungsstörungen bzw. Anomie) ist, während andere Leistungen
relativ unauffällig sein können. Die wichtigsten Fehlertypen der aphasischen
Wortproduktion sollen im Folgenden für den Bereich des Bilderbenennens
und am Beispiel des Zielwortes *Zitrone* kurz vorgestellt werden (vgl.
Goodglass et al. 1998 für ein umfangreiches Korpus von aphasischen Be-
nennfehlern).

• Wortfindungsstörung: Die Patientin/der Patient gibt zu erkennen, dass
das Zielwort blockiert ist. Dies kann durch non-verbale Kommunikation
geschehen (z. B. durch Kopfschütteln) und/oder durch Kommentare (z. B.
»Ich weiß, was es ist, kann es aber nicht sagen«).

• Wortfindungsstörung mit Umschreibung: Hier kann die Patientin/der
Patient das Zielwort nicht äußern, es gelingt jedoch eine komplexe verbale
Annäherung im Sinne einer Umschreibung, Beschreibung oder Definition
(z. B. »Es ist eine saure, gelbe Frucht, aber ich kann das Wort nicht finden«).

• Semantische Paraphasie: Es kommt zu einer Wortersetzung, welche eine
semantische Relation zum Zielwort aufweist. Am typischsten ist die Ersetzung durch ein semantisch nebengeordnetes Wort (z. B. *Orange* oder – weiter entfernt – *Apfel*). Daneben können Begriffe, die einer übergeordneten
(*Frucht*) oder untergeordneten (*Boskop*) semantischen Ebene zugehören, genannt werden. Auch die Nennung von Funktionen (*zum Essen*), Eigenschaften (*sauer*) und anderen semantisch assoziierten Wörtern sowie Teil-Gan-
zes-Beziehungen (*Schale*) kommen als semantische Fehler vor.

• Gemischte Paraphasie: Es handelt sich um eine semantische Paraphasie
mit zusätzlicher phonologischer Ähnlichkeit zum Zielwort (z. B. *Melone*).
Der theoretische Status dieses Fehlertyps ist umstritten (vgl. unten, Abschnitt 9).

• Formale Paraphasie: Die Patientin/der Patient produziert ein Wort mit phonologischer Ähnlichkeit zum Zielwort (z. B. *Pistole*) ohne gleichzeitige semantische Ähnlichkeit. Dieser Fehlertyp bildet für die Gruppe der AphasikerInnen ein eher seltenes Symptom, kann jedoch bei einzelnen PatientInnen gehäuft auftreten.

• Unrelationierte Paraphasie: Die Patientin/der Patient äußert ein Wort, ohne dass eine erkennbare Beziehung zum Zielwort vorliegt (z. B. *Fahrrad*). Fehler dieser Art treten eher bei schwerer gestörten PatientInnen auf und sind insgesamt nicht sehr zahlreich.

• Neologismus: Hier wird ein Wort angezielt, es kommt jedoch zu einer fehlerhaften phonologischen Realisierung der Wortform. Der Fehlerprozess kann sich im Sinne von sog. phonematischen Paraphasien auf einzelne Phoneme beziehen (d. h. Ersetzung, Auslassung, Hinzufügung, Vertauschung, Verschiebung von einzelnen Phonemen), wobei auch Mehrfachfehler pro Zielwort möglich sind, bis hin zu völlig abstrusen und unverständlichen Neuschöpfungen (vgl. Dittmann 1991). Neologistische Fehler zeigen typischerweise einen hohen Grad an phonologischer Variabilität, d. h. eine Zitrone kann z. B. als *Kitone*, ein anderes Mal z. B. als *Tizene* benannt werden. Einen Sonderfall stellen neologistische Vermischungen zweier Wortformen dar (sog. »Blends«, z. B. *Litrone* aus *Limone* und *Zitrone*). Auch aus realen Wörtern bzw. Morphemen gebildete Neuschöpfungen (z. B. *Bartmaschine* für Rasierapparat) werden Neologismen genannt.

Diese Liste der möglichen Abweichungen beim aphasischen Bilderbenennen ist keineswegs vollständig. Z. B. können verlangsamte Reaktionen beim Benennen auftreten. Es können sog. Perseverationen, d. h. inadäquate Wiederholungen früherer (korrekter oder falscher) Benennversuche vorliegen. Auch visuelle Erkennungsfehler der Objektabbildungen (z. B. *Ball* für *Zitrone*) sind möglich, insbesondere in der akuten Phase, obwohl dieses Symptom nicht als aphasisch eingestuft werden muss. Das Selbstkorrekturverhalten kann aphasisch gestört sein. Morphologisch motivierte Fehlleistungen (z. B. beim Benennen von Nomina Komposita) können auftreten. Darüber hinaus haben wir die Phänomene pathologisch stereotyper Sprache (Sprachautomatismen, Stereotypien, Floskeln), unter denen eine Untergruppe aphasischer PatientInnen leidet, noch nicht erwähnt (vgl. dazu Blanken et al. 1992). Kennzeichnend dafür ist die formstarre Wiederkehr bestimmter, an den individuellen Sprachgebrauch der Patientin/des Patienten gebundener Wörter, Wortfolgen oder neologistischer Lautketten.

Für stereotype Symptome gilt eine recht hohe Vorhersagbarkeit. Für die oben aufgelisteten nicht-stereotypen Phänomene lässt sich aber ein konkretes Fehlereignis nur schwer voraussagen. Dies gilt für die Korrekt/Falsch-Dimension und um so mehr für das Vorhersagen einzelner Fehlertypen. Wenn auch die aphasische Reaktion nicht sicher vorausgesagt werden kann (ob z. B. beim nächsten Benennversuch eine korrekte Leistung, eine Wortfindungsblockade oder eine phonologische Fehlleistung auftritt), so zeigen die meisten PatientInnen doch für eine ganze Serie von Objektabbildungen (z. B. in Form von Benenntests) ein spezifisches Leistungs- bzw. Fehlleistungsmuster, welches auch über mehrere Sitzungen hinweg relativ stabil sein kann. Stimulus- bzw. Zielworteigenschaften können dabei einen statistischen Einfluss auf das Ergebnis in Benenntests haben. Z. B. ist bei langen bzw. mehrsilbigen Zielwörtern das Auftreten phonologischer Fehler wahrscheinlicher als bei kurzen Zielwörtern, und Wortfindungsstörungen kommen häufiger bei seltenen und wenig vertrauten Zielwörtern vor als bei geläufigen Wortformen. Das Studium aphasischer Sprache basiert deshalb ganz wesentlich auf quantitativen Untersuchungen an repräsentativen Sprachkorpora, welche mit Hilfe kontrollierter Stimuluslisten erhoben wurden (und nicht auf Beispielanalysen).

Viele PatientInnen zeigen eine Mischung verschiedener Fehlertypen, z. B. Wortfindungsstörungen, semantisch bezogene Paraphasien und Neologismen. Dabei können auch semantische Paraphasien durch phonologische Fehler entstellt werden (z. B. *Danane* für *Zitrone* (via *Banane*)). Es gibt jedoch auch AphasikerInnen, die phonologisch relativ unauffällig sind (z. B. amnestische AphasikerInnen). Im Folgenden soll es in erster Linie um das Sprachverhalten von AphasikerInnen ohne deutliche phonologische und morphologische Störungen gehen, d. h. wir werden uns auf Wortfindungsstörungen und auf semantisch bezogene Fehler konzentrieren.

6. Modalitäts- und aufgabenspezifische Störungen und Verschonungen

Als Modalitäten werden in der Neurolinguistik die vier sprachlichen Input- bzw. Output-Kanäle bezeichnet, d. h. der Weg zum Verständnis gesprochener Sprache, zum Verständnis geschriebener Sprache, zur Produktion gesprochener Sprache und zur Produktion geschriebener Sprache. Natürlich gibt es neben sprachlichen Aufgaben, die im Rahmen einer Modalität verbleiben (z. B. Lesesinnverständnis oder mündliches Benennen), auch weitere Aufgaben, die die Leistungen unterschiedlicher Modalitäten kombinieren. Zu solchen transmodalen Aufgaben gehören das Nachsprechen, das laute Lesen oder Diktatschreiben. Oben, in Abschnitt 3, war schon gesagt worden, dass aphasische Störungen manchmal auf sehr selektive Weise einzelne oder mehrere spezifische Teilleistungen betreffen können, und somit nur bestimmte inner- oder transmodale Prozesse beeinträchtigen (vgl. Howard/Franklin 1988 für eine besonders beeindruckende Analyse einer Vielzahl von neurolinguistisch beschreibbaren Teilleistungsdefiziten bei einem einzelnen aphasischen Patienten).

An dieser Stelle soll nur der Frage nachgegangen werden, wie die Leistungen in anderen Modalitäten und Aufgaben bei PatientInnen mit Benennstörungen in der mündlichen Modalität (Wortfindungsstörungen und semantisch bezogene Fehler) aussehen können. Die Antwort: Alle übrigen Prozesse können praktisch intakt sein, d. h. es ist möglich, dass ein solcher Patient/eine solche Patientin im auditiven Sprachverständnis unauffällig ist (vgl. z. B. Benson 1979; Gainotti et al. 1986) und dass auch das Lesen, Nachsprechen und Diktatschreiben weitgehend intakt sind. Solche möglichen Dissoziationen in der Wortverarbeitung können auf die Art der Aufgabenstellung zurückgeführt werden. Während beim mündlichen Benennen nur auf der Grundlage semantischer Prozesse ein Wort ausgewählt bzw. gefunden werden soll, können in den o. g. transmodalen Aufgaben auditiv oder visuell vermittelte Input-Merkmale die Wortidentifikation abstützen, so dass das eigentliche Problem der Patientin/des Patienten, nämlich nur auf der Basis semantischer Entscheidungen das passende Wort zu finden, umgangen wird.

Doch wie sieht es mit dem schriftlichen Benennen aus, also der analogen Aufgabe zum mündlichen Benennen? Hier sind zwei Hypothesen denkbar. Erstens wäre es vorstellbar, dass der lexikalische Zugang für den schriftlichen Bereich, also für die lexikalische Orthographie, prinzipiell an den mündlichen Bereich gekoppelt ist. In diesem Fall wäre es erwartbar, dass sich die Wortfindungsstörungen und auch die lexikalischen Zugangsfehler, die in der mündlichen Sprache auftreten, in der graphischen Produktion spiegeln sollten – die sog. orthographische Dependenzhypothese. Nach einer zweiten Hypothese – der orthographischen Autonomiehypothese – sind die schriftsprachlichen Wortformen beim geübten Schreiber unabhängig von der Lautsprache repräsentiert und können auf der Basis semantischer Prozesse direkt, d. h. ohne Zuhilfenahme lautsprachlicher Planungsprozesse abgerufen werden. Tatsächlich sprechen die verfügbaren neurolinguistischen Daten für die letztere Hypothese (vgl. z. B. Miceli et al. 1997; Rapp et al. 1997). Berichtet wurden sowohl krasse Leistungsunterschiede zwischen dem mündlichen und schriftlichen Benennen bei einzelnen PatientInnen (z. B.

praktisch aufgehobene mündliche in Gegenwart relativ verschonter schrift-
licher Leistungen) als auch klare Unterschiede im Fehlermuster. Die
Schlussfolgerung lautet: Es gibt einen modalitätsspezifischen Zugang zu
lexikalischen Informationen. Dies soll nicht heißen, dass es keine Verbindungen zwischen den Output-Modalitäten auf lexikalischer Ebene gibt.
Vielmehr wird angenommen, dass wir bei Störungen dieser intermodalen
Verbindungen die Gelegenheit bekommen, das Maß der Autonomie der
beiden Output-Modalitäten zu studieren.

Einschränkend muss ergänzt werden, dass die Evidenzen für eine relative
lexikalische Autonomie der beiden Output-Modalitäten primär die Wortform-Ebene betreffen. Für den Bereich der Lemma-Ebene und der syntaktischen Enkodierung liegen keine vergleichbar starken Evidenzen vor, und
es werden derzeit kontrastierende theoretische Annahmen verfolgt. Die
Lemma-Hypothese, die von vielen Forschern vertreten wird, geht davon
aus, dass Lemmas und ihre Verarbeitung auf einer supramodalen bzw. modalitätsneutralen Ebene anzusiedeln sind. Erst auf der Wortform-Ebene wird
ein modalitätsspezifischer Zugang möglich. Caramazza hingegen bestreitet
die Existenz einer Lemma-Ebene und damit die Zweistufigkeit des lexikalischen Zugriffs (siehe Abb. 1). Im Rahmen seines theoretischen Ansatzes
(das sog. »Independent Network Model«) postuliert er nur eine lexikalische Stufe, welche modalitätsspezifisch in phonologische und orthographische Formen organisiert ist. Beide Wortform-Systeme seien ihrerseits in der
Lage, in einem postlexikalischen Prozess auf syntaktische Merkmale zuzu-
greifen, welche in einem unabhängigen syntaktischen Netzwerk repräsentiert sind (vgl. Caramazza/Miozzo 1997). Caramazza postuliert also einen
modalitätsspezifischen Zugang zur Syntax. Da – wie gesagt – die Datenlage
in Bezug auf diese interessante theoretische Auseinandersetzung nach meiner Einschätzung noch zu schwach ist, möchte ich hier auf eine weitere
Diskussion verzichten.

7. Wortfindungsstörungen und das »Es-liegt-mir-auf-der-Zunge«-Phänomen

Wir haben in Abschnitt 3 gesagt, dass wir es bei Aphasie mit einer Auflösung des vormals intakten sprachlichen Verarbeitungssystems zu tun haben und dass eine solche Desintegration zu charakteristischen Dissoziationen sprachlicher Teilleistungen führen kann, deren Analyse von potentiel-
lem Interesse für unser Verständnis der normalen Architektur des mensch-

lichen Sprachverarbeitungssystems ist. Ein schönes Beispiel für solche Dissoziationen haben wir gerade angesprochen, nämlich die Möglichkeit, dass bei einigen PatientInnen das schriftliche Benennen dem mündlichen weit überlegen ist. Da bei anderen auch das gegenteilige Muster gefunden werden kann, also bessere mündliche als schriftliche Leistungen, kann man hier sogar von einer »doppelten« Dissoziation sprechen.

Im Folgenden geht es um die Frage, ob man auch innerhalb einer Modalität, hier der mündlichen Wortproduktion, Ablösungen bestimmter Teilfunktionen oder Prozessstufen bei Aphasie beobachten kann. Nun, Wortfindungsstörungen können uns genau diese Möglichkeit demonstrieren. Wenn eine Aphasikerin/ein Aphasiker in Bildbenennaufgaben nicht reagiert, kann dies viele Ursachen haben. Kann er jedoch das Objekt semantisch korrekt umschreiben, zeigt auch in Sprachverständnisaufgaben intakte Leistungen und ist in seinen Äußerungen ansonsten phonologisch und artikulatorisch weitgehend unauffällig, so liegt wahrscheinlich ein lexikalisches Zugangsproblem vor. Eine solche Einschätzung wird unterstützt, wenn die Patientin/der Patient »etwas« über das blockierte Wort berichten kann, etwa dass es drei Silben hat und mit dem Buchstaben Z beginnt. Solche PatientInnen können also in solchen Situationen durchaus einen partiellen Zugang zur Wortform haben und leiden oft darunter, dass das Wort ihnen quasi »auf der Zunge liegt« und sie es trotzdem nicht vollständig abrufen können. Dieses »tip-of-the-tongue (TOT)« Phänomen, wie es im Englischen heißt, tritt also nicht nur bei Sprachgesunden auf (vgl. dazu den Beitrag von Jürgen Dittmann in diesem Band, Abschnitt 3.1). Bei vielen AphasikerInnen kann es jedoch aufgrund der pathologischen Störung viel häufiger auftreten als bei gesunden SprecherInnen (vgl. z. B. Goodglass et al. 1976).

Ein verwandtes Phänomen, wenn auch mit reziproken Zügen, ist die sog. Anlauthilfe (auch Deblockierungshilfe oder »cueing« genannt) (z. B. Kohn/Goodglass 1985). In diesem Fall wird der Patientin/dem Patienten bei Wortfindungsblockaden der Anlaut (oder die erste Silbe) des Zielwortes vorgesprochen. Viele Patienten profitieren sehr stark von dieser phonologischen Hilfe. Oft wird das Zielwort unmittelbar nach dem »cue« so spontan geäußert, als sei es längst vorbereitet gewesen.

Beide Phänomene (»TOT« und »cueing«) können helfen, den »Ort« zu identifizieren, wo der Benennprozess bei Anomie unterbrochen ist. Die Tatsache, dass korrekte Angaben (z. B. im Fall von *Zitrone*: »drei Silben«, »beginnt mit *Z*«) über das Zielwort gemacht wurden, zeigt, dass nicht z. B. *Apfelsine* als eine mögliche semantische Paraphasie angesteuert wurde. Auch

die oft prompt wirkende Anlauthilfe würde nicht so erfolgreich sein können, wenn das Zielwort nicht schon als guter Kandidat vorausgewählt worden wäre. Was nicht gelingt, scheint der vollständige Abruf der korrekten
Wortform zu sein und als Konsequenz die Weitergabe an phonologische
und schließlich artikulatorische Planungsprozesse.

8. Wortfindungsstörungen und syntaktisches Wissen

Bisher ist deutlich geworden, dass die Ursache von Wortfindungsblockaden
bei vielen AphasikerInnen auf der Ebene des Wortform-Zugriffs lokalisiert
werden kann. Offen geblieben ist jedoch bisher die Rolle der Lemmas. Die
2-Stufen-Theorie der Lexikalisierung hat ja explizit vorgeschlagen, dass der
Wortzugriff aus zwei Schritten besteht, nämlich aus dem Zugriff auf Lemma-
Einheiten, welche durch Konzepte aktiviert werden und syntaktische Informationen verfügbar machen, und aus dem Zugriff auf Wortform-Einhei-
ten. Stimmt diese Theorie, so ist voraussagbar, dass PatientInnen existieren
sollten, die unter Wortfindungsstörungen leiden in Gegenwart verschonter
syntaktischer Kenntnisse und somit eine Dissoziation zwischen dem ersten
und zweiten Schritt der Lexikalisierung zeigen. Die Möglichkeit einer solchen Dissoziation im »Naturexperiment Aphasie« würde die 2-Stufen-Theo-
rie erheblich untermauern.
Tatsächlich wurde ein Patient beschrieben, dessen Dissoziationslinie exakt
dem von der 2-Stufen-Theorie verausgesagten Muster folgte. Es handelt
sich um den Fall eines jungen Italieners (genannt Dante), der in Folge einer
Gehirnhaut/Gehirnentzündung (Meningoencephalitis) eine Aphasie mit im
Vordergrund stehenden Wortfindungsproblemen entwickelte (Badecker
et al. 1995). In den durchgeführten Benennexperimenten litt Dante immer
wieder unter hartnäckigen Blockaden im Wortzugriff und konnte in diesen
Situationen nur selten korrekte Angaben zu Wortformeigenschaften machen. Ganz im Gegensatz zu den schweren formseitigen Zugangsproblemen
war sein Wissen über das grammatische Genus des Zielwortes auch im
Blockadezustand nahezu perfekt verfügbar. In einer Folgestudie mit demselben Patienten konnten Miozzo/Caramazza (1997) demonstrieren, dass
Dantes grammatisches Wissen sich keineswegs auf den Bereich der Genus-
Zuweisung bei Nomina beschränkte, sondern auch für die Verb-Produkti-
on nachweisbar war. In einer Aufgabe, in der abgebildete Handlungen mit
Hilfe von Verben zu benennen waren, war Dante fast fehlerfrei in der Be-

stimmung des passenden Hilfsverbs (ital. *avere* und *essere*), wenn er sich für das Vollverb in einem anomischen Zustand befand.

Der Fall Dante konnte zweifellos wichtige neurolinguistische Evidenzen liefern für die Hypothese einer Trennung zwischen syntaktischen und wortformbezogenen Funktionen beim lexikalischen Zugang. Unklar war jedoch die Reihenfolge der Verfügbarkeit syntaktischer und phonologischer Informationen (vgl. die Kritik an der Lemma-Wortform-Abfolge von Caramazza/Miozzo 1997).

Kulke/Blanken (2001) gingen dieser Frage nach, indem sie syntaktische Merkmale semantischer Paraphasien beim Bilderbenennen untersuchten. Im Rahmen einer Gruppenstudie analysierten sie die Genusverteilungen nebengeordneter Paraphasien und ihrer Zielwörter und fanden klare Effekte der Genuserhaltung, d. h. die Fehlbenennungen bewahrten in überzufälliger Weise die Genera ihrer Zielwörter (unter Berücksichtigung der Genusverteilung im Deutschen). Dieses Ergebnis ist nicht vereinbar mit der Hypothese von Caramazza, wonach syntaktische Merkmale erst nach der lexikalischen Auswahl aktiviert würden. Stattdessen muss angenommen werden, dass Genus-Merkmale den Prozess der lexikalischen (Fehl-) Selektion beeinflussen können.

Die Debatte, wie und an welcher Stelle syntaktische Worteigenschaften im Informationsfluss determiniert werden, beschränkt sich keineswegs auf den Bereich der Genuszuweisung. Verwandte Diskussionen werden auch für die Verarbeitung syntaktischer Kategorien geführt (z. B. Nomen, Verben, Funktionswörter). So können aphasische PatientInnen beispielsweise in der Verbproduktion (Benennen von Handlungen) bessere Leistungen zeigen als bei den Nomina (Benennen von Objekten), während andere das umgekehrte Bild präsentieren. Bei der Analyse der Ursachen solcher Dissoziationen gilt es wiederum, semantische, syntaktische und formbezogene Aspekte zu berücksichtigen (vgl. z. B. Berndt et al. 1997; Breedin et al. 1998; Shapiro et al. 2000). Schädigungen in Bezug auf grammatische Eigenschaften von Wörtern können sehr selektiv auftreten. Z. B. beschreiben Semenza et al. (1997) eine Patientin, die nach rückentwickelter anomischer Aphasie ein isoliertes Defizit im grammatischen Umgang mit Stoffnamen (›mass nouns‹) (im Gegensatz zu Gattungs- und Eigennamen) zurückbehielt. Charakteristisch für die gesamte um den Lemma-Begriff kreisende Diskussion ist, dass syntaktische Defizite und Verschonungen »in Wortnähe« untersucht werden. Es geht also um das Zusammenspiel syntaktischer und lexikalischer Informationen.

9. Semantisch bezogene Fehler und das Lemma-Dilemma

Die Lemma-Hypothese von Levelt und Mitarbeitern hat eine Reihe von psycho- und neurolinguistischen Untersuchungen hervorgebracht. Doch keineswegs herrscht Übereinstimmung über die genauen Eigenschaften von Lemmas auch unter den Forschern, die diesen Begriff verwenden. Schließlich umfasst die Lemma-Hypothese eine Reihe von Behauptungen, welche jeweils vor dem Hintergrund empirischer Untersuchungen unterschiedlich bewertet werden können. Hierzu gehört ihr dezidiert lexikalischer Status, ihre Modalitätsneutralität, ihre Vorgängigkeit und Unabhängigkeit von den Wortform-Ebenen sowie ihre Eigenschaft, Basis der lexikalischen Selektion zu sein. Gerade der letzte Punkt ist im Kontext semantischer Fehler von zentraler Bedeutung. Denn wenn die lexikalische Auswahl auf der Ebene der Lemmas stattfindet, dann darf angenommen werden, dass auch die lexikalische Fehlselektion hier »lokalisiert« werden kann. Und tatsächlich wurde diese Annahme auch von wichtigen Protagonisten der Lemma-Theorie vertreten (vgl. z. B. Levelt, 1993; 1999; Garrett 1992).

Im Einzelnen wird nach der diskreten 2-Stufen-Theorie des lexikalischen Zugriffs von Levelt und Mitarbeitern angenommen, dass – ausgelöst durch aktive Konzepte – eine sog. Lemma-Kohorte aufgebaut wird. Sie besteht in der Regel aus Ausschnitten semantischer Felder (wie z. B. Gemüsesorten, Körperteile oder Haustiere), wobei alle parallel aktivierten Lemmas um Selektion konkurrieren. Kommt es zu einem Selektionsfehler, so wird zwar ein falsches Lemma ausgewählt; da es jedoch aus der Lemma-Kohorte des Zielworts stammt, ist eine enge semantische Ähnlichkeit wahrscheinlich (z. B. *Karotte* für *Tomate*). Die Wortwahl wird in der Regel auf der Lemma-Ebene abgeschlossen, findet also getrennt (»diskret«) von der Wortform-Ebene statt. Nur für das ausgewählte Lemma wird anschließend eine Wortform aktiviert (vgl. jedoch den Ausnahmefall synonymer Wörter).

Wir hatten in Abschnitt 4 schon gesagt, dass Vertreter von Kaskaden- oder interaktiven Theorien dies ganz anders sehen. Sie nehmen einen »kontinuierlichen« Informationsfluss an, d. h. alle aktiven Lemmas haben die Möglichkeit, Einfluss auf die Wortform-Ebene zu nehmen. Darüber hinaus geht die interaktive Theorie sogar von der Einflussnahme tieferer Informationen auf höhere Stufen aus, so dass z. B. die Aktivation der Lemma-Ebene durch phonologische Informationen verändert werden kann (vgl. für detaillierte Darstellungen insbesondere Dell et al. 1997; Rapp/Goldrick 2000). Gemeinsam ist den nicht-diskreten Theorien, dass die lexikalische (Fehl-) Selektion keineswegs beschränkt wird auf Prozesse der Lemma-Ebene, son-

dern Prozesse der Wortform-Verarbeitung mitumfasst. Welche aphasiolo-
gischen Daten sind hier von Interesse, um den Status semantisch bezoge-
ner Fehler besser zu verstehen und gleichzeitig die o. g. Theorien zu bewerten? Werfen wir einen Blick auf die Möglichkeit modalitätsspezifischer semantischer Fehler und auf das Auftreten sog. gemischter Paraphasien.
Einige AphasikerInnen scheinen unter einer relativ zentralen semantischen
Störung zu leiden. Sie zeigen in vergleichbaren Aufgaben ähnliche Proportionen semantischer Fehler über die Modalitäten hinweg (z. B. Hillis et al.
1990; Beaton et al. 1997). Das Bild, das bei diesen Patienten beobachtet
werden kann, ist durchaus vereinbar mit einer lexikalischen Selektion auf
der modalitätsneutralen Lemma-Ebene. Insbesondere Fehlaktivationen im
konzeptuellen Bereich können hier als Ursache für semantisch fehlerhafte
Wortselektionen angenommen werden (vgl. auch Ellis et al. 1992 für Fälle
semantisch bedingter Benennstörungen). Benson (1979) hatte diese Form
der Benennstörung, die mit einer supramodalen konzeptuellen Störung
verbunden ist, als »semantic anomia« bezeichnet.
Andere AphasikerInnen machen hingegen semantische Fehler nur in bestimmten Modalitäten, z. B. bei der mündlichen Sprachproduktion (Bilderbenennen und Lesen), aber nicht beim Schreiben und in Sprachverständnisaufgaben (Caramazza/Hillis 1990) oder nur beim Schreiben, aber nicht
beim Sprechen (Caramazza/Hillis 1991). Letztere Evidenzen verweisen auf
die Möglichkeit, dass semantische Fehler durch modalitätsspezifische Mechanismen bzw. deren Störungen hervorgebracht werden können.
Noch ein weiteres aphasisches Dissoziationsphänomen ist in diesem Zusammenhang von Interesse: Die kategorienspezifischen Dissoziationen. In
der Tat können sich die sprachlichen Verarbeitungsstörungen oder -ver-
schonungen bei Aphasie auf definierbare Ausschnitte des Vokabulars beziehen (vgl. den Überblick bei Goodglass 1994). Diese Dissoziationen können z. B. syntaktische Kategorien betreffen (wie z. B. Nomen, Verben,
Funktionswörter), grammatische Differenzierungen innerhalb der Klasse
der Nomen (z. B. Eigen-, Stoff- und Gattungsnamen), allgemeinere »semantische« Einteilungen des Vokabulars (abstrakt vs. konkret, bildhaft vs. nicht-
bildhaft, lebend vs. nicht lebend), aber auch spezifische semantische Felder
(wie z. B. Körperteile, Früchte). Die meisten dieser kategorienspezifischen
Dissoziationen wurden bei PatientInnen mit zentralen semantischen Störungen gefunden. Der hier besonders interessante Punkt ist, dass dieser
Zusammenhang nicht notwendigerweise vorliegen muss. So beschreibt
Cipolotti (2000) eine Patientin mit Pick-Krankheit vom temporalen Typ
(fortschreitende Aphasie mit Demenz), die beim mündlichen Benennen und

lauten Lesen viele semantische Fehler machte mit der Ausnahme von Länder- und Nationalitätsnamen, welche sie nahezu perfekt beherrschte. In der schriftlichen Produktion (Benennen und Diktatschrift) hingegen hatte sie nur Probleme mit Eigennamen (mit Ausnahme von Ländernamen). Zusammenfassend können wir sagen, dass semantische Fehler, die nur in einer Modalität auftreten, oder semantischer Fehler bzw. deren selektive Aussparung, die zugleich an eine Modalität und an eine Kategorie gebunden sind, Evidenzen gegen eine notwendig modalitätsneutrale Basis semantischer Fehler liefern können. Stattdessen kann auf Grund dieser Phänomene vermutet werden, dass modalitätsspezifische Wortformen in den Prozess der lexikalischen Selektion involviert sind. Benson hatte schon (1979) diese Form der Benennstörung von der »semantic anomia« unterschieden und »word selection anomia« genannt.

Eine zweite wichtige Arena der Auseinandersetzung zwischen diskreten und nicht-diskreten Modellen ist die Frage nach den sog. gemischten Fehlern (z. B. *Melone* zu *Zitrone*) und ihren Erzeugungsmechanismen. Die Debatte um gemischte Fehler hat die psycholinguistische Versprecherforschung der letzten 20 Jahre durchzogen, und in jüngerer Zeit sind auch neurolinguistische Fehlerdaten in die Diskussion aufgenommen worden. Dabei hat nie jemand bestritten, dass es gemischte Fehler gibt; dies wäre auch töricht, denn sie tauchen in allen Fehlerkorpora auf. Problematisch war aber lange Zeit die Frage, ob gemischte Fehler eine theoretisch relevante Fehlergruppe bilden oder ob sie wie rein semantische Fehler erklärt werden können und sich nur dem Umstand verdanken, dass eine »zufällige« Formähnlichkeit auch zwischen semantischen Konkurrenten vorliegen kann. Martin et al. (1996) prüften die Zufallshypothese, indem sie zunächst die semantischen Fehler (N = 230), die 19 AphasikerInnen im Philadelphia-Benenntest gemacht hatten, mit ihren Zielwörtern auf Formübereinstimmungen verglichen. Dann verglichen sie die gewonnenen Proportionen für die einzelnen Formüberlappungen mit den Werten, die sie bei zufällig zusammengestellten Paarungen aus den Gruppen der Zielwörter und der semantischen Fehler bei ansonsten gleicher Methodik ermittelten. Als Ergebnis berichten Martin und Mitarbeiter starke Erhaltungseffekte insbesondere für die ersten beiden Phoneme und die erste betonte Silbe.

Die Studie von Martin et al. (1996) legt also nahe, Einflüsse der Phonologie auf den Prozess der lexikalischen Auswahl anzunehmen (vgl. auch Laine/Martin 1996 und Blanken 1998 für Evidenzen aus Einzelfallstudien gegen die diskrete 2-Stufen-Hypothese). Einen entscheidenden Nachteil hatte jedoch die Studie von Martin und Mitarbeitern. Die Merkmale phonologischer Ähnlichkeit wurden über alle semantischen Kategorien hinweg ermittelt. Dabei unterscheiden sich semantische Felder beträchtlich hinsichtlich ihrer Formeigenschaften. Erstrebenswert wäre, die phonologische Ähnlichkeit zwischen tatsächlichen semantischen Konkurrenten, also innerhalb von semantischen Feldern zu ermitteln. Die Frage ist: Hat die aufgetretene Wortersetzung neben ihrer semantischen Nähe auch eine größere phonologische Nähe zum Zielwort als die anderen Konkurrenten des semantischen Feldes? Dieser Frage gingen Kulke/Blanken (2001) nach, indem sie nebengeordnete semantische Paraphasien wortfeldspezifisch auf phonologische Ähnlichkeiten untersuchten. Dabei wurden jeweils die Zielwörter mit ihren Paraphasien und die Zielwörter mit allen anderen möglichen semantischen Alternativen ihrer Felder auf phonologische Überlappungen untersucht. Anschließend wurde dieselbe Analyse für Pseudo-Paraphasien durchgeführt, d. h. für zufällig bestimmte semantische Alternativen aus den betreffenden Wortfeldern. Das Ergebnis war, dass die realen Paraphasien auf überzufällige Weise eine häufigere phonologische Ähnlichkeit zum Zielwort zeigten als die Pseudo-Paraphasien, ein Resultat, das von nicht-diskreten Theorien vorausgesagt wird. Blanken (1998) und Kulke/Blanken (2001) legen in ihrer Interpretation den Akzent auf die Möglichkeit der parallelen Aktivierung mehrerer Wortformen, so dass im Prozess der phonologischen Enkodierung durch Lemmas aufgerufene Wortformen um Selektion wettstreiten.

Trotz einer Reihe von Evidenzen aus sprachpathologischen Studien, die Schlüsse in Richtung auf nicht-diskrete, kontinuierliche Prozesseigenschaften bei der Sprachproduktion und speziell der lexikalischen Selektion zulassen, bleibt es weiterhin strittig, inwieweit diese Schlussfolgerungen auf normale, geglückte Prozesse verallgemeinert werden dürfen. Dennoch ist nicht zu übersehen, dass im Licht der Fortschritte empirischer Forschung beide theoretischen Positionen, die diskreten und nicht-diskreten Ansätze, sich angenähert haben, so dass man hoffen kann, dass – wie Levelt es einmal bildlich ausdrückte – aus sich wetzenden Messern eine scharfe Schere entsteht.

10. Literatur

Badecker, William/Miozzo, Michele/Zanuttini, Raffaella (1995): »The two-stage model of lexical retrieval: Evidence from a case of anomia with selective preservation of grammatical gender«, in: *Cognition* 57, 193–216.

Berndt, Rita Sloan/Mitchum, Charlotte C./Haendiger, Anne N./Sandson, Jennifer (1997): »Verb retrieval in aphasia. 1. Characterizing single word impairment«, in: *Brain and Language* 56, 68–106.

Beaton, Alan/Guest, Joy/Ved, Rajul (1997): »Semantic errors of naming, reading, writing, and drawing following left-hemisphere infarction«, in: *Cognitive Neuropsychology* 14, 459–478.

Benson, D.F. (1979): »Neurologic correlates of anomia«, in: *Studies in Neurolinguistics*, Vol. 4, hg. von H. Whitaker/H. A. Whitaker, New York: Academic Press, 293–328.

Blanken, Gerhard (1996): »Psycholinguistische Modelle der Sprach-produktion und neurolinguistische Diagnostik«, in: *Neurolinguistik* 10, 29–62.

Blanken, Gerhard (1998): »Lexicalisation in speech production: Evidence from form-related word substitutions in aphasia«, in: *Cognitive Neuropsychology* 15, 321–360.

Blanken, Gerhard (2000): »Sprachverarbeitungsmodelle und Aphasie«, in: *Aphasie und verwandte Gebiete* 14, 27–44.

Blanken, Gerhard/Dittmann, Jürgen/Wallesch, Claus-W. (1992): »Studies on the »speechless man«. The case of speech automatisms«, in: *Prehistory, History and Historiography of Language, Speech and Linguistic Theory*, hg. von B. Brogyanyi, Amsterdam/Philadelphia: Benjamins, 339–358.

Breedin, Sarah D./Saffran, Eleanor M./Schwartz, Myrna F. (1998): »Semantic factors in verb retrieval: An effect of complexity«, in: *Brain and Language* 63, 1–31.

Caramazza, Alfonso/Hillis, Argye (1990): »Where do semantic errors come from?«, in: *Cortex* 26, 95–122.

Caramazza, Alfonso/Hillis, Argye (1991): »Lexical organization of nouns and verbs in the brain«, in: *Nature* 349, 788–790.

Caramazza, Alfonso/Miozzo, Michele (1997): »The relation between syntactic and phonological knowledge in lexical access: Evidence from the ›tip-of-the-tongue‹ phenomenon«, in: *Cognition* 64, 309–343.

Cipolotti, Lisa (2000): »Sparing of country and nationality names in a case of modality-specific oral output impairment: Implications for theories of speech production«, in: *Cognitive Neuropsychology* 17, 709–729.

De Bleser, Ria/Cholewa, Jürgen/Stadie, Nicole/Tabatabaie, Sia (2000): *Lexikalische Modellorientierte Aphasiediagnostik (LeMo)*, Göttingen: Hogrefe.

*Dell, Gary S./Schwartz, Myrna F./Martin, Nadine/Saffran, Eleanor M./Gagnon, Deborah A. (1997): »Lexical access in aphasic and nonaphasic speakers«, in: *Psychological Review* 104, 801–838.

Dittmann, Jürgen (1991): »Phonematische Störungen bei Aphasie«, in: *Einführung in die Linguistische Aphasiologie. Theorie und Praxis*, hg. von Gerhard Blanken, Freiburg im Breisgau: HochschulVerlag, 43–88.

Dittmann, Jürgen/Tesak, Jürgen (1993): *Neurolinguistik*, Heidelberg: Groos.

Ellis, Andrew W./Kay, Janice/Franklin, Sue (1992): »Anomia: Differentiating between semantic and phonological deficits«, in: *Cognitive Neuropsychology in Clinical Practice*, hg. von David Ira Margolin, New York: Oxford University Press, 207–228.

Gainotti, Guido/Silveri, Maria C./Villa, Giampiero/Miceli, Gabriele (1986): »Anomia with and without lexical comprehension disorders«, in: *Brain and Language* 29, 18–33.

Garrett, Merrill (1992): »Disorders of lexical selection«, in: *Cognition* 42, 143–180.

Goodglass, Harold (1994): »Category-specific lexical dissociations«, in: *Linguistics and Cognitive Neuroscience*, hg. von Dieter Hillert, Linguistische Berichte, Sonderheft, Opladen: Westdeutscher Verlag, 49–61.

Goodglass, H./Kaplan, E./Weintraub, S./Ackerman, N. (1976): »The »tip-of-the-tongue« phenomenon in aphasia«, in: *Cortex* 12, 145–153.

Goodglass, Harold/Wingfield, Arthur/Hyde, Mary R. (1998): »The Boston corpus of aphasic naming errors«, in: *Brain and Language* 64, 1–27.

Hillis, Argye E./Rapp, Brenda/Romani, Cristina/Caramazza, Alfonso (1990): »Selective impairment« of semantics in lexical processing«, in: *Cognitive Neuropsychology* 7, 191–243.

Huber, Walter/Poeck, Klaus/Weniger, Dorothea/Willmes, Klaus (1983): *Der Aachener Aphasie-Test*, Göttingen: Hogrefe.

Huber, Walter/Poeck, Klaus/Weniger, Dorothea (1997): »Aphasie«, in: *Klinische Neuropsychologie*, hg. von Wolfgang Hartje/Klaus Poeck. Stuttgart: Thieme, 80–143.

*Howard, David/Franklin, Sue (1988): *Missing the Meaning? A Cognitive Neuropsychological Study of Processing of Words by an Aphasic Patient*, Cambridge: MIT Press.

Jescheniak, Jörg D./Schriefers, Herbert (1998): »Discrete serial versus cascaded processing in lexical access in speech production: Further evidence from the coactivation of near-synonyms«, in: *Journal of Experimental Psychology: Learning, Memory, and Cognition* 24, 1256–1274.

Köhler, Kerstin/Bartels, Claudius/Herrmann, Manfred/Dittmann, Jürgen/ Wallesch, Claus-W. (1998): »Conduction aphasia – 11 classic cases«, in: *Aphasiology* 12, 865–884.

Kohn, Susan E./Goodglass, Harold (1985): »Picture-naming in aphasia«, in: *Brain and Language* 24, 266–283.

Kulke, Florian/Blanken, Gerhard (2001): »Phonological and syntactic influences on semantic misnamings in aphasia«, in: *Aphasiology* 15, 3–16.

Laine, Matti/Martin, Nadine (1996): »Lexical retrieval deficit in picture naming: Implications for word production models«, in: *Brain and Language* 53, 283–314.

Levelt, Willem J.M. (1993): »Lexical selection, or how to bridge the major rift in language processing«, in: *Theorie und Praxis des Lexikons*, hg. von F. Beckmann/G. Heyer, Berlin: De Gruyter, 164–172.

Levelt, Willem J.M. (1999): »Models of word production«, in: *Trends in Cognitive Sciences* 3, 223–232.

*Levelt, Willem J.M./Roelofs, Ardi/Meyer, Antje S. (1999): »A theory of lexical access in speech production«, in: *Behavioral and Brain Sciences* 22, 1–75

Martin, Nadine/Gagnon, Deborah A./Schwartz, Myrna F./Dell, Gary S./ Saffran, Eleanor M. (1996): »Phonological facilitation of semantic errors in normal and aphasic speakers«, in: *Language and Cognitive Processes* 11, 257–282.

Miceli, Gabriele/Benvegnù, B./Capasso, Rita/Caramazza, Alfonso (1997): »The independence of phonological and orthographic lexical forms: Evidence from aphasia«, in: *Cognitive Neuropsychology* 14, 35–69.

Miozzo, Michele/Caramazza, Alfonso (1997): »On knowing the auxiliary of a verb that cannot be named: Evidence for the independence of grammatical and phonological aspects of lexical knowledge«, in: *Journal of Cognitive Neuroscience* 9, 160–166.

Rapp, Brenda/Benzing, Lisa/Caramazza, Alfonso (1997): »The autonomy of lexical orthography«, in: *Cognitive Neuropsychology* 14, 71–104.

*Rapp, Brenda/Goldrick, Matthew (2000): »Discreteness and interactivity in spoken word production«, in: *Psychological Review* 107, 460–499.

Semenza, Carlo/Mondini, Sara/Cappelletti, Marinella (1997): »The grammatical properties of mass nouns: An aphasia case study«, in: *Neuropsychologia* 35, 669–675.

Shapiro, Kevin/Shelton, Jennifer/Caramazza, Alfonso (2000): »Grammatical class in lexical production and morphological processing: Evidence from a case of fluent aphasia«, in: *Cognitive Neuropsychology* 17, 665–682.

Tesak, Jürgen (2001): *Geschichte der Aphasie*, Idstein: Schulz-Kirchner Verlag.

Wallesch, Claus-W./Kertesz, Andrew (1993): »Clinical symptoms and syndromes of aphasia«, in: *Linguistic Disorders and Pathologies. An International Handbook*, hg. von Gerhard Blanken/Jürgen Dittmann/Hannelore Grimm et al., Berlin/New York: de Gruyter, 98–119.

Anmerkung: Umfangreiche Bibliographien zur Neurolinguistik können in der Zeitschrift *»Neurolinguistk«* 12, 1998 und in Dittmann/Tesak (1993) gefunden werden.

Personenregister

Sachregister

Autorinnen und Autoren

Harald Baßler, Dr. phil., Dipl. Päd., geb. 1962 in Neustadt/Weinstraße. Studium der Erziehungswissenschaft, Deutsch als Fremdsprache, Französisch (PH Freiburg); Promotionsstudium der Germanischen Philologie (Hauptfach Sprachwissenschaft), Erziehungswissenschaft und Soziologie (Universität Freiburg); Promotion 1994 mit einer Arbeit zu mündlicher Fachkommunikation in Lehrwerkstätten der Kfz-Industrie. Seit November 1995 am Deutschen Seminar I der Universität Freiburg als wissenschaftlicher Mitarbeiter tätig; zur Zeit in einem Forschungsprojekt der Volkswagenstiftung zu deutschen und russischen Wissenschaftsstilen. Veröffentlichungen unter http://fips.igl.uni-freiburg.de/~auer/haraldpublikationen.html.

Karin Birkner, Dr. phil., geb. 1960 in Rheda-Wiedenbrück; studierte Germanistik und Hispanistik an der FU Berlin sowie Deutsch als Fremdsprache an der Universität Bielefeld. Nach Tätigkeiten in Forschungsprojekten zum Zweitspracherwerb in Berlin und zu Geschlechtsspezifischer Interaktion in Bielefeld arbeitete sie von 1994 bis 1998 im Forschungsprojekt »Alltagsrhetorik in Ost- und Westdeutschland« an der Universität Hamburg. Die Dissertation *Ost- und Westdeutsche im Bewerbungsgespräch. Eine kommunikative Gattung in Zeiten gesellschaftlichen Wandels* erschien im Frühjahr 2001 bei Niemeyer, Tübingen. Seit 1999 ist sie Wissenschaftliche Mitarbeiterin am Deutschen Seminar der Universität Freiburg.

Gerhard Blanken, Dr. phil., apl. Professor, geb. 1954 in Bad Oeynhausen. Promotion 1986 und Habilitation 1992 an der Universität Freiburg im Breisgau über neuro- und psycholinguistische Themen. Arbeitete an der Neurologischen Klinik und am Deutschen Seminar der Universität Freiburg, ab 1999 an der Neurologischen Klinik der Universität Magdeburg. Seit 1999 apl. Professor für Neuro- und Psycholinguistik an der Universität Freiburg. Autor zahlreicher Artikel in Fachzeitschriften, Herausgeber der Zeitschrift *Neurolinguistik*, Mitherausgeber mehrerer Sammelbände und der Reihe ›Mentale Sprachverarbeitung‹.

Jürgen Dittmann, Dr. phil., geb. 1947 in Meinerzhagen. Promotion 1974, Habilitation 1977, seit 1980 Professor für Germanische Philologie/ Neuere deutsche Sprachwissenschaft am Deutschen Seminar I der Universität Freiburg im Breisgau. Hauptforschungsgebiete Neurolinguistik und Gegenwartsdeutsch. Mitglied des Graduiertenkollegs »Menschliche und maschinelle Intelligenz«. (Mit-)Verfasser mehrerer Monografien, von ca. 100 sprachwissenschaftlichen Beiträgen und (Mit-)Herausgeber mehrerer Sammelbände, darunter des Handbuchs *Linguistic Disorders and Pathologies* (1993). Zuletzt erschien *Die neue Rechtschreibung* (Planegg 1999).

Konrad Kunze, Dr. phil., geb. 1939 in Titisee-Neustadt; apl. Professor, Deutsches Seminar I der Universität Freiburg im Breisgau. Promotion 1966 Freiburg, Habilitation 1984 Würzburg. Zahlreiche Publikationen besonders zur Legenden- und Heiligenforschung, zur Kunst sowie zur deutschen und lateinischen Literatur des Mittelalters, zur Sprachgeschichte, Dialektologie und Namenkunde. Lehrtätigkeit an den Universitäten Freiburg, Eichstätt, Innsbruck, Jasi/Rumänien und Mainz. Mitträger des Landes-Lehrpreises Baden-Württemberg 1993.

Heinrich Löffler, Dr. phil., geb. 1938 in Engen. Promotion 1965, Habilitation 1974 Universität Freiburg im Breisgau; seit 1975 o. Prof. für Deutsche Philologie an der Universität Basel. Hauptforschungsgebiete: Sprachgeschichte, Dialektologie, Namenforschung, Soziolinguistik, Kommunikations- und Medienwissenschaft. Autor zahlreicher Monografien und Artikel in internationalen Zeitschriften. *Probleme der Dialektologie* (1990), *Germanistische Soziolinguistik* (1994), *Linguistische Grundlagen* (1998); Hg.: *Alemannische Dialektforschung* (1995), *Namenforschung. Internationales Handbuch zur Onomastik* (1995/ 96), *Zur Dynamik urbanen Sprechens: Spracheinstellung und Dialektvariation* (= *Basler Studien zur deutschen Sprache und Literatur 71*). Tübingen, Basel 2001 (im Druck). Seit 1996 Vorsitzender des Wissenschaftlichen Beirates am Institut für deutsche Sprache in Mannheim.

Peter Rolf Lutzeier, Dr. phil., geb. 1948. Nach Stationen in Stuttgart, Oxford, Berlin, Köln, San Diego, Los Angeles und München Head of School/Akademischer Dekan der fakultätsähnlichen School of Language, Law and International Studies an der University of Surrey,

Guildford UK, dort gleichzeitig Inhaber des Lehrstuhls in German.
Seine Forschungsinteressen betreffen Lexikologie, Semantik, Korpus-
linguistik, und er praktiziert deren Anwendung als Unternehmens-
berater im Bereich der Markenwerte (›Branding‹). Näheres ist unter
http://www.surrey.ac.uk/LIS/lutzeier.html zu finden.

Winfried Nöth, Dr. phil., geb. 1944 in Gerolzhofen; Professor für Angli-
stik/Linguistik und Semiotik sowie Direktor des Wissenschaftlichen
Zentrums für Kulturforschung an der Universität Gesamthochschu-
le Kassel. Er lehrt außerdem Semiotik an der Katholischen Universität São Paulo und ist Präsident der Deutschen Gesellschaft für
Semiotik. Sein *Handbuch der Semiotik* erschien 2000 in 2. völlig neu
bearbeiteter Auflage. Nöth ist Verfasser von 11 Büchern (in deutscher, englischer und portugiesischer Sprache) und von über 130
Artikeln zu Themen der anglistischen Linguistik sowie der Angewandten und Theoretischen Semiotik. Als Herausgeber hat er u. a.
Origins of Semiosis (1994), *Semiotics of the Media* (1997) sowie *Medien-
theorie und die digitalen Medien* (mit K. Wenz 1998) veröffentlicht. Nöths
Website ist http://www.uni-kassel.de/~noeth.

Damaris Nübling, Dr. phil., geb. 1963 in Paraguay. Studium der Romanischen (Spanisch, Französisch) und Germanischen Philologie in Freiburg; 1991 Promotion, 1998 Habilitation in Germanischer und Nord-
germanischer Philologie. 1988–1992: Wiss. Angestellte im SFB
»Mündlichkeit und Schriftlichkeit«, 1992–1998 Assistentin am Institut für Vergleichende Germanische Philologie und Skandinavistik,
1998–2000 Hochschuldozentin für germanistische und skandina-
vistische Linguistik in Freiburg; seit 2000 Professur für Historische
Sprachwissenschaft des Deutschen an der Universität Mainz. Forschungsschwerpunkte: Morphologie, Sprachwandel, Grammatikalisierung; Onomastik; kontrastive Linguistik; gender studies. Wichtige Publikationen: *Klitika im Deutschen – Schriftsprache, Umgangssprache,
alemannischer Dialekt.* Tübingen: Narr 1992. Deutsch-schwedische
Divergenzen in Entstehung und Struktur der Familiennamen. In:
Beiträge zur Namenforschung 32 (1997), Heft 2, 41–173. *Prinzipen der
Irregularisierung. Eine kontrastive Untersuchung von zehn Verben in zehn germanischen Sprachen.* Tübingen: Niemeyer 2000.

Burkhard Schaeder, Dr. phil., geb. 1938 in Striegau. Studium der Germanistik, Geschichte, Philosophie in Bonn und Berlin; Promotion 1979, Habilitation 1987; Universitätsprofessor für Germanistik/Linguistik/ Fachsprachliche Kommunikation im Deutschen am Fachbereich 3 »Sprach-, Literatur- und Medienwissenschaften« der Universität-Gesamthochschule Siegen. Forschungsschwerpunkte: Orthographie, Lexikologie, Lexikographie, Fachsprachenlinguistik, Kontrastive Linguistik, Deutsch als (Fach)Fremdsprache.
Publikationen: *Germanistische Lexikographie.* Tübingen 1987. – *Wortarten* (Hg. zus. mit C. Knobloch) Tübingen 1992. – *Fachlexikographie* (Hg. zus. mit H. Bergenholtz). Tübingen 1994. – *Neuregelung der deutschen Rechtschreibung. Beiträge zu ihrer Geschichte, Diskussion und Umsetzung* (Hg.). Frankfurt/M. 1999. - Rd. 260 Artikel zur Lexikologie in H. Glück (Hg.): *Metzler Lexikon Sprache.* Stuttgart 2000. – Rd. 130 Beiträge in Zeitschriften und Handbüchern.
Homepage: www.lissie.uni-siegen.de/lehrende/schaeder [lissie=Linguistik-Server Siegen].

Jürgen Schiewe, Dr. phil. habil., Privatdozent, geb. 1955 in Königslutter-Lelm. Studium der Germanistik, Philosophie und Geschichte in Regensburg und Freiburg. Hochschuldozent für Germanische Philologie an der Albert-Ludwigs-Universität Freiburg, z. Z. Vertreter des Lehrstuhls für Germanistische Sprachwissenschaft an der Ernst-Moritz-Arndt Universität Greifswald. Promotion 1986, Habilitation 1994. Forschungsschwerpunkte: Sprachgeschichte des Deutschen, Geschichte der Sprachkritik, Wissenschafts- und Institutionensprache, Sprache in der DDR und der Bundesrepublik Deutschland. Letzte Buchveröffentlichungen: *Die Macht der Sprache. Eine Geschichte der Sprachkritik von der Antike bis zur Gegenwart,* 1998, *Witzkultur in der DDR. Ein Beitrag zur Sprachkritik,* 2000 (zus. mit Andrea Schiewe).

Claudia Schmidt, Dr. Phil., M.A., geb. 1955 in Unna. Studium der Germanistik und Geographie in Freiburg; 1987 Promotion mit der Arbeit *Geschlechtstypisches Kommunikationsverhalten in studentischen Kleingruppen* (Tübingen 1988); Wissenschaftliche Angestellte am Deutschen Seminar I (Arbeitsbereich Deutsch als Fremdsprache) der Albert-Ludwigs-Universität Freiburg; Forschungsschwerpunkte: Zweitsprachenerwerb, Fremdsprachliches Leseverstehen, Linguistische Geschlechterforschung.

Johannes Schwitalla, Dr. phil., geb. 1944 in Bitburg. Promotion 1977 an der Universität Freiburg im Breisgau mit der Arbeit *Dialogsteuerung in Interviews* (München 1979). Habilitation 1982 mit *Deutsche Flugschriften 1460-1525* (Tübingen 1983). Arbeitete danach mehrere Jahre am Institut für deutsche Sprache, Mannheim, im Projekt »Kommunikation in der Stadt«. Seit 1994 Professor für Deutsche Sprachwissenschaft an der Universität Würzburg. Neuere Veröffentlichungen: *Gesprochenes Deutsch. Eine Einführung* (Berlin 1997); *Flugschrift* (Tübingen 1999).

Helmut Spiekermann, Dr. phil., M.A., geb. 1968 in Meppen. Von 1989 bis 1995 Studium der Sprach- und Literaturwissenschaft in Osnabrück. 1995–1998 Wissenschaftlicher Mitarbeiter an der Universität Osnabrück u. a. im DFG-Projekt »Computerbasierte Modellierung orthographischer Prozesse«. Seit 1998 am Deutschen Seminar I der Albert-Ludwigs-Universität Freiburg, seit April 1999 als Wissenschaftlicher Assistent. Promotion 1999 im Bereich Sprachwissenschaft des Deutschen mit einer Arbeit über den *Silbenschnitt in deutschen Dialekten.*

Gisela Szagun, Dr. phil., studierte Psychologie an der London School of Economics, University of London, und schloss mit einem B.Sc. und Ph.D. ab. Sie habilitierte sich am Institut für Psychologie der Technischen Universität Berlin. Seit 1984 ist sie Professorin für Entwicklungspsychologie an der Carl-von-Ossietzky Universität Oldenburg. Ihre Forschungsgebiete sind der Spracherwerb bei Kindern, der Erwerb von mentalen Begriffen und interkulturelle Studien in diesen Bereichen. Zur Zeit forscht sie über den Spracherwerb bei hörgeschädigten Kindern mit Cochlea-Implantat und bei normal hörenden Kindern, auch in einem Kooperationsprojekt mit der Hebräischen Universität Jerusalem.

Norbert Richard Wolf, Dr. phil. Dr. phil. h. c. mult., geb. 1943 in Salzburg. Promotion 1966 an der Universität Innsbruck mit der Arbeit *Die weltlichen Lieder des Mönchs von Salzburg*, Habilitation 1974 mit *Regionale und überregionale Norm im späten Mittelalter* (Innsbruck 1975). Seit 1977 Professor der deutschen Sprachwissenschaft an der Universität Würzburg. Neuere Veröffentlichungen zur Wortbildungslehre: Diminutive im Kontext. In: Fs. Wolfgang Fleischer. Frankfurt 1997; Motion im (Kon-)Text. In: Fs. Horst Haider Munske. Tübingen 2000; Vom Dank zur Dankbarkeit. Das Wortbildungsnest ›Dank‹ im Mittelhochdeutschen und in der Goethe-Zeit. In: *Ethische Konzepte und mentale Kulturen 2.* Vaasa 2000.